中国社会发展年度报告

李汉林 主编

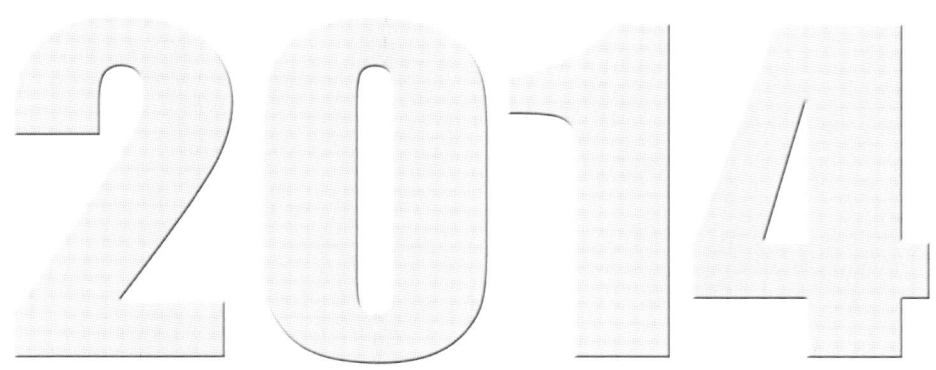

中国社会科学出版社

图书在版编目（CIP）数据

中国社会发展年度报告（2014）/李汉林主编. —北京：中国社会科学出版社，2014.12

ISBN 978 - 7 - 5161 - 5450 - 2

Ⅰ.①中… Ⅱ.①李… Ⅲ.①社会发展—研究报告—中国—2014 Ⅳ.①D668

中国版本图书馆 CIP 数据核字（2014）第 311131 号

出 版 人	赵剑英
责任编辑	王　茵
特约编辑	孙　萍
责任校对	朱妍洁
责任印制	王　超

出　　版	中国社会科学出版社
社　　址	北京鼓楼西大街甲 158 号（邮编 100720）
网　　址	http://www.csspw.cn
发 行 部	010 - 84083685
门 市 部	010 - 84029450
经　　销	新华书店及其他书店
印　　刷	北京君升印刷有限公司
装　　订	廊坊市广阳区广增装订厂
版　　次	2014 年 12 月第 1 版
印　　次	2014 年 12 月第 1 次印刷
开　　本	710×1000　1/16
印　　张	31.75
插　　页	2
字　　数	385 千字
定　　价	85.00 元

凡购买中国社会科学出版社图书，如有质量问题请与本社联系调换
电话：010 - 84083683
版权所有　侵权必究

《中国社会发展年度报告》编委会

主　编　李汉林

编　委　葛道顺　刘白驹　夏传玲　渠敬东
　　　　沈　红　高　勇　钟宏武　张晨曲

目　　录

第一章　追求公平的社会发展………………………………（1）

第二章　社会景气与社会信心………………………………（20）

第三章　城市居民生活质量…………………………………（65）

第四章　城市居民工作环境…………………………………（95）

第五章　城市基本公共服务均等化…………………………（145）

第六章　政府社会责任………………………………………（179）

第七章　公众对政府的信任…………………………………（219）

第八章　社会治理绩效………………………………………（252）

第九章　权益保护与基层参与………………………………（281）

第十章　民众的环境满意度…………………………………（301）

第十一章　社区参与…………………………………………（323）

第十二章　社会包容状况……………………………………（343）

第十三章　国际比较:中国社会发展阶段分析………………（367）

附录一　调查抽样与数据清理………………………………（402）

附录二　调查数据主要变量频数……………………………（417）

后记……………………………………………………………（502）

第一章 追求公平的社会发展

对于公平的关注与讨论历史悠久。中国有"不患寡而患不均"的政治洞见，西方有"正义恰是树立社会秩序的基础"的深刻哲理。从社会发展的视角出发，社会公平的内涵意蕴如何界定？均等、公正、公平的概念如何区分？为什么公平如此重要？对上述问题的回答，有益于我们进一步加深对社会发展理念的理解。

《人类发展报告 2005：追求公平的人类发展》中对于"均等"、"正义"、"公平"概念的内涵进行了较为细致的辨析。[①] 均等（equality）是一个实证性的概念，它是对一种客观的分配结果或分配状态的描述，它只是回答不同人之间的结果是否有差别或者是否有差距，但不判断这种分配结果是合理还是不合理。均等是可以进行经验测量的。正义（justice）是一种价值观念，是对社会运行状态和人际关系（包括分配关系）进行判断的价值标准。正义包括了"合理性"和"善"的内容，具有非常强的规范性，它是任何一个社会必不可少的精神支柱，是社会成员达成共识和合作的基础，是解决矛盾和冲突的依据。公平（equity）则是用正义原则对分配过程和分配结果进行的价值判断。如果一种

---

① 联合国开发计划署驻华代表处等，2005，《人类发展报告 2005：追求公平的人类发展》，北京：中国对外翻译出版公司。

分配过程和结果被认为是公平的,那么这种分配过程和结果就是符合社会成员共识中的正义原则的。均等并不必然意味着公平,公平也并不等同于均等。

一 公平是社会发展的基本理念

社会发展是致力于人民福祉、社会公平、包容、可持续发展的一种理念:社会发展的根本目标是人民福祉;社会发展的基本要求是公平;社会发展的主要机制是包容;社会发展的前提条件是可持续。

- 公平发展是实现人民福祉的必然要求。从宏观来看,尽管存在着公平与效率之争,但是在更为基础的层面上,经济增长与社会平等之间存在着彼此促进的关系。[1] 有研究认为中国经济飞速发展的核心原因,就在于改革初期较为平等的社会结构和在此基础上产生的中性政府。[2] 从微观来看,绝对收益和幸福感的关系并不是正相关的。人们的幸福感,不仅受到个体自身的绝对收益的影响,而且与其参照群体的相对比较结果有关。在同等的绝对收益条件下,人们在一个较为公平的环境中幸福感更高。
- 公平发展与社会包容的理念有着密切的关系。社会包容意味着每个人都能够有尊严地生活,不仅基本需求能得到满足,而且与别人的差异也受到尊重。社会包容的反面是

---

[1] 斯蒂格里茨,2013,《不平等的代价》,北京:机械工业出版社。
[2] 贺大兴、姚洋,2011,"社会平等、中性政府与中国经济增长",《经济研究》第1期。

第一章　追求公平的社会发展

"社会排斥"。在社会包容的概念中，社会关系层面的公平被尤其加以强调，任何人都不应该被排斥于某些社会关系之外。[①] 公平发展与社会包容都关心人们在机会和尊严方面的平等，强调人参与社会生活的能力应当得到最切实的保护。

- 公平发展与可持续发展绝不可分割而孤立地看待。两者都与分配正义的理念有关。可持续发展就是在人类代际之间实现的公平性发展，当代人的发展不能以牺牲未来子孙后代的发展机会为代价。不公平的发展则是在社会结构和关系上不可持续的发展，社会结构的冲突与矛盾会使得不公平的发展模式难以为继，不可持续。正如《人类发展报告2011》所指出的，尽管两者在某些情况下存在着权衡取舍，但总体而言不可持续的发展将会加剧不平等现象，因为最弱势的群体往往对于环境恶化的影响最为脆弱。[②]

公平之所以如此重要，一方面在于公平本身具有内在价值，另一方面在于公平对于发展具有重要的工具性作用。从微观上来讲，不公平的发展机会导致人们具有的能力不能够得到充分发挥，发展潜力无法实现，资源分配也丧失效率。那些处于不利境地者无法获得与其能力相适应的教育机会和健康卫生保障，人力资本无法得到有效积累，无法在市场上获得相应的信贷支持和产权保障。这一过程当中，既有经济原因更有社会原因。个体的身份定

[①] 阿玛蒂亚·森，2005，"论社会排斥"，王燕燕译，《经济社会体制比较》第3期。

[②] 联合国开发计划署，2011，《人类发展报告2011：可持续性与平等》，http://www.undp.org/。

位和社会认同都会使得处于不利境地者的发展潜力进一步受损,甚至进入"自我实现预言"的固化陷阱。从宏观上来讲,不公平的状况会形塑经济和政治制度,而制度构成了发展所依赖的环境。如果经济增长的成果分配和社会认可的分配伦理之间存在差距,就有可能导致社会冲突进而增大发展成本。在参与社会活动机会方面的不公平,会使得处于不利境地者的呼声无法反映到制度设计当中,制度可能被扭曲为只有利于少数人。长期可持续发展所必需的激励机制就会因此无法实现,甚至"锁定"在低效率但有利于少数人的发展路径当中。过于不公平的状况还可能会增强人们违反社会规范的激励,对于社会秩序形成破坏,这对于可持续发展也是相当不利的。正是基于上述理由,公平会为发展带来"双重红利":"第一,机会的增加,穷人更多地参与发展过程,可让穷人直接受益。第二,提高公平程度,可以改善制度,更有效地管理冲突,包括穷人的潜在资源在内,社会上的所有潜在资源都可以得到更好的利用,因此发展过程本身也会更加成功,更有弹性。"[1]

公平也是中国发展道路中的重要经验之一。有研究表明,中国过去三十多年的经济发展,在一定程度上也得益于作为改革起点的较为平等的社会结构。[2] 在这种较为平等的社会结构下,政府在社会群体之间没有特定长期偏好,因此更可能把资源分配给生产力比较高的社会群体,从而促进经济增长。此外,教育、健康与生育是人力资本的有机组成部分,中国发展模式的重要经验

---

[1] 世界银行,2006,《2006年世界发展报告:公平与发展》,北京:清华大学出版社。

[2] 贺大兴、姚洋,2011,"社会平等、中性政府与中国经济增长",《经济研究》第1期。

之一就是采用低成本启动人力资本内生改善，提高劳动力素质，以较为平等的方式保障了全民健康和普及教育。①

二 社会公平的多维性

人们通常用收入不平等或财富不平等状况来衡量一个社会的平等程度，作为探讨社会公平问题时的客观基准。基尼系数是测量收入不平等或财富不平等的最常见指标。虽然对于基尼系数的测量方式和具体数值仍有诸多争论②，但是研究者们的共识是，中国的基尼系数已经处于一个较高的水平。从图1—1中显示的国家统计局公布的全国居民收入基尼系数变动趋势来看，虽然从2008年以来略有下降，但基尼系数基本保持在0.47—0.49。另外一些指标也同样显示了收入不平等程度确实较大：北京大学中国社会科学调查中心公布的数据显示，全国收入最低10%的家庭的收入累计占所有家庭总收入不到1%，而收入最高5%的家庭的收入却约占家庭总收入的1/4。收入排名在全国90%的家庭的收入水平是排名在10%家庭的13倍。谢宇等根据CFPS 2010和2012年数据指出，不同收入阶层的收入变动趋势并不相同：中间收入阶层的家庭收入增长较快，而低收入阶层的收入增长速度明显低于其他收入阶层，结果可能导致低收入阶层与其他社会阶层的差距越来越大。③ 财富的非均等性更甚于收入的非均等性。北京大

---

① 李玲，2009，"人力资本、经济奇迹与中国模式"，载潘维主编《中国模式：解读人民共和国的60年》，北京：中央编译出版社。

② 西南财经大学公布的基于中国家庭金融调查（CHFS）数据估计的2010年中国家庭基尼系数高达0.61。

③ 谢宇，2010，"认识中国的不平等"，《社会》第3期。

学中国社会科学调查中心的研究指出,中国的财产不平等程度在迅速升高:1995年我国财产的基尼系数为0.45,2002年为0.55,2012年达到0.73;顶端1%的家庭占有全国1/3以上的财产,底端25%的家庭拥有的财产总量仅在1%左右。①

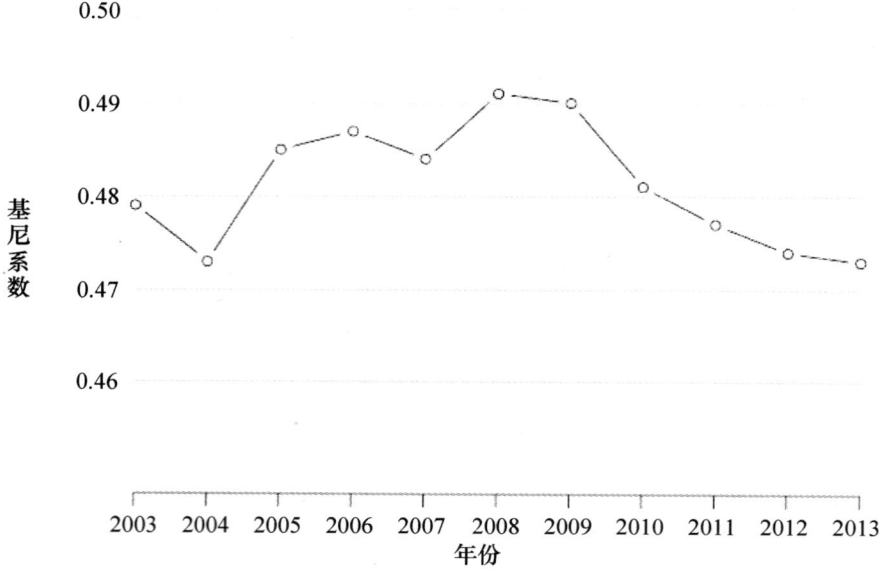

图1—1 全国居民收入基尼系数的变动趋势

数据来源:国家统计局。

中国地区间经济发展水平也相当不均衡。图1—2显示了2013年间各省、市、自治区的人均地区生产总值(GDP)。天津、北京、上海三个直辖市的人均GDP均在9万元以上。与此同时,有20个省级辖区的人均GDP不足4.5万元,即不到前述三个直

---

① 谢宇、张晓波、李建新、于学军、任强,2014,《中国民生发展报告2014》,北京:北京大学出版社。

辖市区域的一半；更有4个省级辖区的人均GDP不足3万元，不到前述三个直辖市区域的1/3。人均GDP较高、经济发展水平较为发达的地区均集中于东南沿海（内蒙古是一个例外），而人均GDP较低的地区较多地集中在西部腹地。除了地区间经济发展水平和收入水平的不均衡外，中国城乡之间的差距也是非常显著的，但近年来城乡居民收入比有所下降。据国家统计局数据，从2009年到2013年，城乡居民收入比从3.33:1下降到3.03:1。

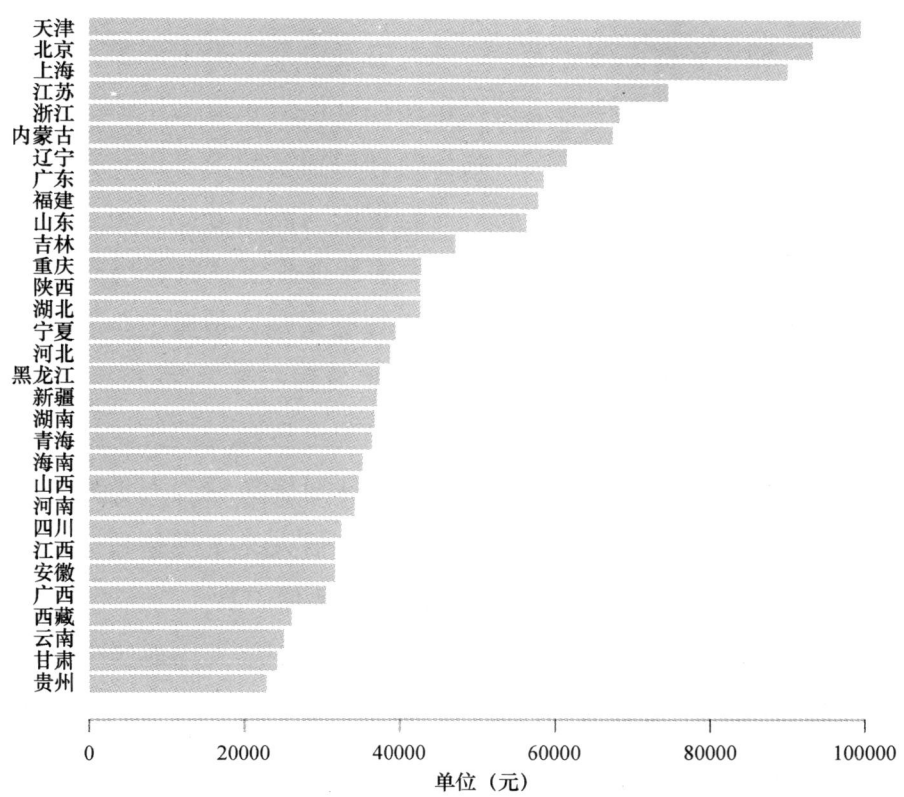

图1—2　2013年各省、市、自治区的人均地区生产总值

数据来源：国家统计局。

用收入不平等或财富不平等程度来衡量的经济平等度相当重要，但是除此之外，社会发展视角下的公平观包含了更多意蕴。阿玛蒂亚·森指出，"我们应关注人们困顿的生活，而非他们干瘪的钱包，贫困是一种能力剥夺，而不仅是收入匮乏"①。收入不平等仅仅是影响社会公平的一个重要方面，但绝非全部内容。与单纯强调"经济增长"的发展观相对应，1990年联合国开发计划署编写的《人类发展报告》正式提出了"人类发展"的概念："人是国家真正的财富。发展的基本目标是创造有利环境，使人类长寿、健康和富有创造力。……人类发展是一个不断扩大人们选择权的过程。最关键的选择权包括拥有健康长寿的生命，受教育和享受高品质生活的权利。其他选择权包括政治自由、有保障的人权与自尊。……人类发展将商品生产与商品分配、拓展人类能力与利用人类能力结合起来。"在这种理念下，联合国开发计划署提出了"人类发展指数"的发展评估指标，健康卫生、教育水平与经济发展水平一样构成了"人类发展指数"的重要维度，因为教育和健康都具有内在价值，并影响个体参与经济、社会和政治生活的能力。在这之后联合国开发计划署又对"人类发展指数"进行了不断改进，提出了不平等调整后人类发展指数、性别不平等指数和多维贫困指数等重要的发展评估工具。

图1—3显示了各个省、市、自治区2013年人均地区生产总值与2010年预期寿命之间的关系，其中表示各个省、市、自治区的圆点面积与其总人口数成正比。图中的纵向虚线表示2013年全国人均GDP值41907.59元，横向虚线表示2010年全国平均预期

---

① 阿玛蒂亚·森，2005，"论社会排斥"，王燕燕译，《经济社会体制比较》第3期。

寿命 74.83 岁。从图中可以看出，北京、上海、天津以及多数沿海省份的人均 GDP 和预期寿命均超过全国平均水平。而甘肃、新疆、贵州、云南、青海、西藏的人均 GDP 和预期寿命均显著低于全国水平。其他多数省份则在平均水平附近。内蒙古的情况则比较特殊，其人均 GDP 水平已经接近甚至超过部分东部沿海省份，但是其预期寿命则处于全国平均水平之下。这表明，经济水平与预期寿命之间虽然存在着较为密切的关系，但两者仍然是彼此独立的分析维度。

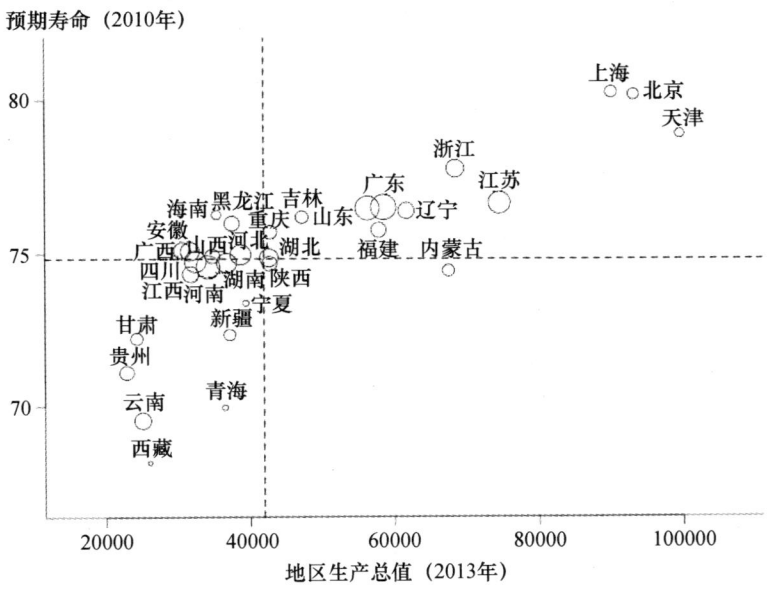

图 1—3　人均地区生产总值与预期寿命

数据来源：国家统计局。

教育公平同样是社会公平的重要基础。在促进教育均衡发展、大力发展农村教育方面，中国已经有诸多进步。对农村义务教育阶段家庭经济困难学生进行的"两免一补"政策（即免杂费、免书本费、补助寄宿生），对于加快农村义务教育事业的发展有着重要意义。但是，教育公平领域仍然面临诸多现实问题。研究表明，出生于城市还是农村家庭对个人的升学机会仍然有极大影响。[1] 在义务教育的均衡发展上，不同学校在办学条件上仍然相差很大，流动人口子女的教育权利仍需要得到切实保障。

除了经济方面的公平、健康和教育方面的公平，社会发展观视角下的公平观还强调在获取各种社会支持和参与社会生活机会方面的公平。在这些方面的不平等构成了"社会排斥"（social exclusion）研究所主要关注的内容。尤其要关注那些在发展进程中社会支持体系和社会参与渠道受损的人群。大量研究表明，由于制度安排与身份认同原因，"农民工"群体在社会支持和社会参与方面处于不利境地。[2] 户籍制度成为差别性资源配置的工具，将国家负担的医疗、教育、社保等支出控制在一定范围之内，免去了为流入人员提供公共教育服务和制度性社会保障及其他各种社会服务、社会支持的职责。流动人口既没有得到现代城市中的制度性社会支持，而来自传统乡村社区和家庭的社会支持体系又在失效。很多情况下，对于社区发展来说，最重要的资源是社会资源，它决定着其他资源能否得到有效的利用，能否真正用于改善社区成员福祉，促进社区的可持续发展。[3] 近年来对于留守儿童的研究也表明，在那些内部关系紧密，村民互助精神完好的村

---

[1] 李春玲，2014，"教育不平等的年代变化趋势（1940—2010）：对城乡教育机会不平等的再考察"，《社会学研究》第 2 期。

[2] 陈映芳，2005，"农民工：制度安排与身份认同"，《社会学研究》第 3 期。

[3] 潭深，2011，"中国农村留守儿童研究述评"，《中国社会科学》第 1 期。

庄，即使父母不在身边，留守儿童也能生活得健康快乐。但是，各个群体既有的社会支持体系和社会参与渠道并不是平等得到发展的，甚至可能出现社会资源在发展进程中遭到破坏的情况。

收入不平等、教育和健康的不平等、社会支持和社会参与的不平等往往是相互交织在一起的，从而具有一种彼此强化的作用，这正是解决不平等问题的难点所在。那些无法发挥出自身发展潜能的个体，往往面临的是"多重匮乏"，而不仅仅是收入低下或财富不足。在某种程度上，收入不平等正是其他不平等问题（教育、健康、社会支持、社会参与）的结果和反映。此外，在解决不平等问题时，就不能只关注收入不平等问题，而要深入其背后的过程和机制当中，必须关注社会公平的多维性。尤其要避免在发展过程中在单方面提升人们的收入时，却损害了他们的教育机会和健康，瓦解其社会支持体系，降低其社会参与能力。

三 公平问题的社会机制

如前所述，公平不同于均等。它是基于正义原则对客观的社会分配过程和分配结果的主观价值判断。因此研究公平问题，就不能仅限于描述各种资源在人群中的分配现状，而且要探索其背后的运作机制和过程。从社会发展的视角来看，公平问题与人的主观社会认知、社会结构背景、社会流动经历有着重要的关系。

（一）公平问题与主观认知

如前所述，公平问题不仅仅是一种客观现状的描述，而且也包含着对客观现状的主观社会性认知。客观现状与主观认知的作用模式，是影响社会公平发展的重要因素。如果经济增长的成果分配和社会认可的分配伦理之间存在差距，就有可能导致社会冲突进而增大发展成本。虽然多项社会调查都表明，贫富差距已经成为受访者认为最为严重的社会问题，但是这种认知背后的具体内容和机制仍然需要认真探讨。怀默霆认为，不能理所当然地认为基尼系数的上升会导致人们对当前社会秩序的不满。他发现，尽管大概有1/4的受访者认为，外部的或结构性的"不公平"是解释在中国成为穷人和富人的重要原因，但是大部分受访者认为最主要的原因仍然是个人绩效。与国际相比较，中国人在贫富归因上更强调个人绩效因素，而更少强调结构性因素。[①] 怀默霆的研究表明，虽然中国公众倾向于认为整个社会的收入差距很大，但是多数人认为自己身边的不平等是可以接受的，甚至是公平的。如果人们更倾向于参照那些处于他们周边环境中的人而不是整个国家的人来认知公平问题，那么这一结论无疑是令人欣慰的。但是，也有研究表明，人们的比较参照系正在从自己归属的社会单元转向整个社会中收入等市场要素的占有，因此出现了地位层级认同下移的现象。[②] 必须要看到，人们的公平感受到多种因素的影响，不仅包括客观的收入与福利，而且也包括主观的社会归属感和社会认同感。

（二）公平问题与社会结构

从社会发展的角度来看，公平问题不仅仅存在于个体与个体

[①] 怀默霆，2009，"中国民众如何看待当前的社会不平等"，《社会学研究》第1期。

[②] 高勇，2013，"地位层级认同为何下移　兼论地位层级认同基础的转变"，《社会》第4期。

之间的比较中，还存在于群体与群体之间的比较中，后者甚至比前者更为重要。公平问题不仅仅是收入在个体间的分布情况，而且涉及各个社会群体在社会生活中的诸多关系。群体往往被其成员和他人视为一个整体，从而形成社会认同感。这种社会认同会深刻地影响到社会发展路径和社会内在结构。有学者指出，"以人群为主体的平等与以个人为主体的平等含义非常不同。更何况，消除群体间不平等不失为彻底消除个体间不平等的一个有效途径。……单个的人对不平等反感在政治上无关紧要，但群体对不平等的反感可能破坏社会和谐、颠覆政治稳定、中断经济发展的进程"[①]。在中国情境中，地区差别、民族差别、城乡差别、户籍差别、阶层差别都是事关未来社会发展前景的大问题。

在中国情境中，城乡差别构成了探讨公平问题最重要的一个结构维度。伴随着城镇化的推进和农民外出务工数量的增多，新的城乡"三元"结构（城市居民、农村居民、在城市生活但无法融入城市生活的农业转移人口）已经形成。根据国家统计局抽样调查结果，2013年全国外出农民工（即在户籍所在乡镇地域外从业的农民工）总量为1.66亿人，其中举家外出农民工3525万人，占到21.2%。如果包括其随迁家属，这部分人口总量达到2.34亿人，他们多数未能在教育、就业、医疗、养老、保障性住房等方面享受到城镇居民的基本公共服务，市民化进程滞后。目前农民工群体中1980年及以后出生的新生代农民工比例已经占到46.6%。他们受教育程度更高，消费倾向更高，对于权利维护和公平感更为敏感。今后相当长一段时间是我国城镇化发展的关键

[①] 王绍光，2004，"平等问题研究框架"，http://www.aisixiang.com/data/8275.html。

时期，处理在城镇化发展进程中的公平问题将是未来一段时期内的重要课题。

(三) 公平问题与社会流动

在现代社会中，公平问题与社会流动有着密切关系。人们的幸福感不仅来自于绝对收益，而且还来自于与自身过去经历和他人收益和地位的相对比较。研究表明，人们所经历的向上代际流动和代内流动，以及向上流动的感知和预期都会显著地增加公平感知。反过来，社会流动机会的日益减少和流动体系的日益僵化，不仅会降低人们的公平感，而且会窒息社会发展的活力，阻碍社会发展的潜力发挥。改革开放的历史契机为中国人提供了大量的地位流动机会，但是伴随着发展逻辑的深化演变，某些结构性的流动樊篱正在悄然加固，向上流动的门槛日益提升。在此特别值得注意的是作为以往重要流动渠道的教育的作用。教育作为一种制度设置，既可能成为社会结构再生产、优势地位者传递优势的工具，也可能成为不同的社会成员获取充分流动机会和公平发展机会的渠道。研究表明，近年来城乡之间、阶层之间受教育机会分配的不平等程度在加大。在这种情况下，教育的功能可能更多地不是赋予各个社会成员更多平等机会的制衡器，而是不同地位群体之间竞争的竞技场，非精英层借此渠道进入精英层的可能性就会因此减少。从这个角度来看，切实保障基础教育和基本医疗卫生作为公共物品向全民提供，既是确保社会公平的前提条件，也是促进社会流动和社会发展的积极举措。

四 未来展望与政策建议

公平问题具有多维性，收入不平等、教育和健康的不平等、社会支持和社会参与的不平等往往相互交织、彼此强化，但各个维度又有各自的独立性。公平问题与人的主观社会认知、社会结构背景、社会流动经历有着重要的关系。上述特点使得公平问题的解决不可能一蹴而就，而需要在多个方面进行持续的努力。党的十八大报告提出："逐步建立以权利公平、机会公平、规则公平为主要内容的社会公平保障体系，努力营造公平的社会环境，保证人民平等参与、平等发展权利。"这对于中国发展进程中的公平问题，既提出了发展目标，也给出了解决方案。唯有切实保证公平，使发展成果更多、更公平地惠及全体人民，社会才能健康持续地发展进步。

（一）将促进社会公平的政策与促进经济发展的政策统一起来

社会发展应当利用宏观战略和微观干预手段，使社会政策与经济政策融合到同一个发展框架中，来协同应对发展问题，满足社会需求，解决社会问题，促进人类福祉。[①] 单纯的经济进步并不必然促进人类福祉。如果经济发展没有带来相应的社会进步，经济发展与社会发展就会出现脱节。然而，关注公平并不意味着经济效率低下，促进公平的政策与促进经济增长的政策存在有机

---

① 米奇利，2009，《社会发展：社会福利视角下的发展观》，上海：格致出版社、上海人民出版社。

关联。如下发展政策都是既有利于公平也有利于发展的途径：营造公平竞争环境，以信贷和技术方式鼓励小型企业和社会企业；重视"非正式部门"就业，发挥普通人的潜能；促进地方社区发展，增强人们相互合作能力；培育各种社区公共组织，有序推进人们的民主参与和基层自治；逐步加大对教育、卫生和其他社会事业的财政投资和社会投入；增加社会服务开支，直接应对贫困人口的基本需求等。

（二）推进依法治国，维护社会权利公平

《中共中央关于全面推进依法治国若干重大问题的决定》中指出，要"依法保障公民权利，加快完善体现权利公平、机会公平、规则公平的法律制度，保障公民人身权、财产权、基本政治权利等各项权利不受侵犯，保障公民经济、文化、社会等各方面权利得到落实，实现公民权利保障法治化"。发展要以保障人民根本权益为出发点和落脚点，加强法治是确保人民权利公平、机会公平、规则公平的根本途径。推进依法治国，关键在于建设法治政府，真正做到法定职责必须为、法无授权不可为。

（三）切实保障基础教育和基本医疗卫生作为公共物品向全民提供

切实保障基础教育和基本医疗卫生是实现公平和效率双赢的最有效途径。研究表明，人力资本最有效的投资时期是早年最具可塑性的时期。早年的劣势往往因为成长过程的累积效应而不断强化。因此对于公平取向的政策干预来说，最佳的时机也是在儿童成长早期进行弥补和投资。人力资本的培育也是在一个社会环

境中进行的，它必然包括了个体与社区和学校的互动，这些互动构成了重要的支持体系。诸多发展实践表明，对社区和学校的投资往往更为经济易行，长期而言更具效率。

在中国新型城镇化加速的背景下，农业转移人口的基本医疗卫生及其子女的义务教育问题需要得到妥善解决。根据六普数据的推算结果表明，2010年全国0—17岁流动儿童规模为3581万人，其中0—14周岁儿童规模为2291万人，其中义务教育阶段儿童共计1393万人。[1] 全国城镇中流动儿童比例为26.16%，意味着全国城镇中每四个儿童有一个就是流动儿童。《国家新型城镇化规划（2014—2020年）》指出，要建立健全由政府、企业、个人共同参与的农业转移人口市民化成本分担机制，政府要承担农业转移人口市民化在义务教育、劳动就业、基本养老、基本医疗卫生、保障性住房以及市政设施等方面的公共成本。

（四）建立符合我国国情的低成本社会保障模式

对于我国社会保障体系的研究指出，社会保障体系的多重分割既损害了发展效率也有违公平原则：一方面，农村迁移劳动者保护不足，以致流动性过高，甚至罔顾人力资本积累；另一方面，公共部门编制内人员保护过度，以致流动性过低乃至冗员难消。[2] 这种多重分割现象不仅不利于人力资本积累和经济的可持续增长，还直接激化了不同利益群体之间的福利竞争，以公共部门人员为

---

[1] 段成荣、吕利丹、王宗萍、郭静，2013，"我国流动儿童生存和发展：问题与对策——基于2010年第六次全国人口普查数据的分析"，《南方人口》第4期。

[2] 朱玲，2014，"转向适应市场经济运行的社保体系"，《劳动经济研究》第4期。

参照要求提高福利待遇。对于农民工群体来说,如果城市中缺乏相应的社会保障和公共服务,他们就很难定居下来,实现充分的城市化和市民化。经济学家的研究表明,上述状况不仅有违公平原则,而且往往导致部分农民工退回农村而过早地撤出劳动力市场,造成城市劳动力短缺进而影响着经济发展的效率。[1] 社会保障体系首先要依据其预防贫困的底线需求,设定社会保险特别是养老保险待遇,同时以弹性附加保险及其他差异化的制度安排为企业或机构留下机动余地。

(五) 开辟多种社会参与渠道,促进社会融合

公众积极参与公共事务的决策过程,既是社会公平的一个重要维度,也是纠正利益失衡的有效手段。公众的意见必须有制度性渠道来进行表达,这些意见必须得到决策部门的应有尊重和及时反馈。现有的公共决策参与渠道,如立法听证会等,迫切需要使其更具有实质性意义而不能流于形式。关系到众多民众的民生问题,只有依靠公众参与才能确保政府"以人为本、统筹兼顾"工作目标的实现,才能确保社会的和谐稳定。困难群体在社会经济上处于弱势,同时在社会参与机会上也处于劣势。在新形势下,政府应发挥以往群众工作的历史资源和组织优势,一方面切实关心困难群体的民生之急,一方面调动困难群体的参与积极性、增强困难群体的自主性,使他们有能力维护自己的权利,得到平等充分的发展机会。

---

[1] 樊刚、郑鑫,2014,"农民工早退与新型城镇化",《劳动经济研究》第1期。

我国已经进入了全面建成小康社会的决定性阶段。离开了社会公平，小康社会建设中的不平衡、不协调、不可持续发展等问题势必难以解决，小康社会也就难以全面建成。公平不仅是全面建设小康社会的重要目标，而且是全面建设小康社会的前提和保证。在这样一个重要的历史阶段中，中国人民在处理公平与发展议题上的探索和进展，必将成为人类社会的宝贵经验与共同财富。

第二章　社会景气与社会信心

一　引言：经济"新常态"与社会发展

2014年是不平凡的一年。在这一年里，召开了党的十八届四中全会，第一次以依法治国作为了全会的主题，并形成了《中共中央关于全面推进依法治国若干重大问题的决定》的文件，把依宪治国、依宪执政、构建法治国家作为了建设中国特色社会主义的重要任务，为国家的长治久安，实现公平正义打下了一个坚实的法治基础。

2014年，中国经济的发展，保持在经济运行的合理区间，并更为平稳、成熟和具有定力。2014年末召开的中央经济工作会议上，正式提出了"经济新常态"的概念，概括了经济新常态的九大特征[1]，使人们对中国经济发展的概括与把握更有韧性，更有

---

[1] 1. 模仿型排浪式消费阶段基本结束，个性化、多样化消费渐成主流；2. 基础设施互联互通和一些新技术、新产品、新业态、新商业模式的投资机会大量涌现；3. 我国低成本比较优势发生了转化，高水平引进来、大规模走出去正在同步发生；4. 新兴产业、服务业、小微企业作用更凸显，生产小型化、智能化、专业化将成产业组织新特征；5. 人口老龄化日趋发展，农业富余人口减少，要素规模驱动力减弱，经济增长将更多依靠人力资本质量和技术进步；6. 市场竞争逐步转向以质量型、差异化为主的竞争；7. 环境承载能力已达到或接近上限，必须推动形成绿色低碳循环发展新方式；8. 经济风险总体可控，但化解以高杠杆和泡沫化为主要特征的各类风险将持续一段时间；9. 既要全面化解产能过剩，也要通过发挥市场机制作用探索未来产业发展方向。载：http://szb.qzwb.com/dnzb/html/2014-12/12/content_66711.htm。

潜力，更有回旋余地以及有着更深刻的内涵。

按照社会学的观点，一个国家的经济结构，包括人们在经济活动中的行为总是嵌入这个国家的社会结构之中，与之息息相关，相互影响和制约。[1] 当一个国家的经济行为以及相应的经济结构发生变化的时候，或者说，经济增长的方式、过程、结构等诸方面开始调整的时候，这势必会和与之相关的社会结构、社会行为以及社会环境发生联动，形成相互影响与制约的效应。这一方面意味着，经济结构的变化与调整关联到社会结构的状态与属性，对经济发展状况的把握需要时刻关注经济与社会之间的内在关系、二者间的协同变化及总体性的经济社会结构特征。另一方面，经济状况既构成了人们价值和行为取向的约束条件，同时也会影响到人们对社会发展的期望和信念。事实上，如果对经济发展状况的监测与经济问题的预测脱离具体的社会发展环境，那么，人们不仅难以有效把握经济发展的监控与预测，而且还会由于对社会情势的把握不准而使得制定的一系列政策产生各种"非预期性后果"。这样一来，非但不能使经济与社会协调发展，而且还会产生更为严重的经济问题乃至社会危机。所以，正确理解中国经济发展的新常态，同时正确认识与之相关的中国社会发展的阶段、特征与环境，理解人们在推动经济发展的新常态过程中的社会行为以及社会态度，对于我们推动经济社会的协调发展，最终实现我们的"中国梦"，具有举足轻重的意义。

上述的这些思考，既是我们实施 2014 年中国城镇居民社会态度调查的初衷，也是我们分析 2014 年以及比较过去两年中国社会

---

[1] Granovetter Mark, 1985, "Economic Action and Social Structure: The Problem of Embeddedness." *American Journal of Sociology*, Vol. 81, No. 3, pp. 489 – 515.

景气与社会信心状况的基础。

二 分析框架

毫无疑问,如何观测一个社会的发展状况取决于研究者如何认识与理解社会发展。在对国外一些发展理论的梳理以及对国内改革开放的一些发展经验和发展思路总结的基础之上,我们将社会发展的理念归纳为致力于人民福祉、社会公平、社会包容、社会可持续发展的路径和模式。[①] 当然,对于上述四个方面,人们可以选择不同的观测方式,如通过客观指标对社会发展的状况进行评估与比较,通过个案分析深化人们对社会发展的理解。在这里,我们则试图通过分析人们对其所处的社会环境的主观感受,即通过观察人们的社会态度来探讨和把握社会发展的状况。

在一般意义上可以假定,一个发展状况良好的社会应该是一个景气的社会,同时也是人们对未来有着良好预期与信心充足的社会。在此假定的基础上,我们试图通过"社会景气"与"社会信心"这两个概念来对社会发展的现状与趋势进行概括。和2013年一样,在对社会发展进行研究的过程中,我们首先尝试从社会景气与社会信心出发,对整个社会的发展状况进行评估。我们认为,一个社会的景气与社会信心状况是反映一个社会发展程度的"晴雨表",许多外在客观变化都能在人们的主观感受中稳定地表现出来。社会景气强调的是人们对当下所处的社会环境的感受与

---

① 参见中国社会科学院社会发展战略研究院"社会发展与社会态度研究"课题组,2012,"社会发展的四个理念",《社会发展研究》(第一期),中国社会科学出版社,第3—19页。

看法，社会信心则是人们在综合考虑各方面因素的基础上对社会未来发展的理性预期。虽然是对人们主观态度的测量，但反映的是整个社会结构是否整合有序，整个社会环境是否安定团结，整个社会方向是否顺应民意。一个发展良好的社会理应是一个民众满意度水平高、相对剥夺感低、对政府信任的社会；一个发展良好的社会也理应是一个民众对未来有着良好预期与信心充足的社会。正是在上述研究逻辑之上，我们将社会景气的测量操作化为满意度、相对剥夺感和对政府的信任度；将社会信心操作化为对社会宏观层面的信心度和个体微观层面的信心度（见图2—1）。

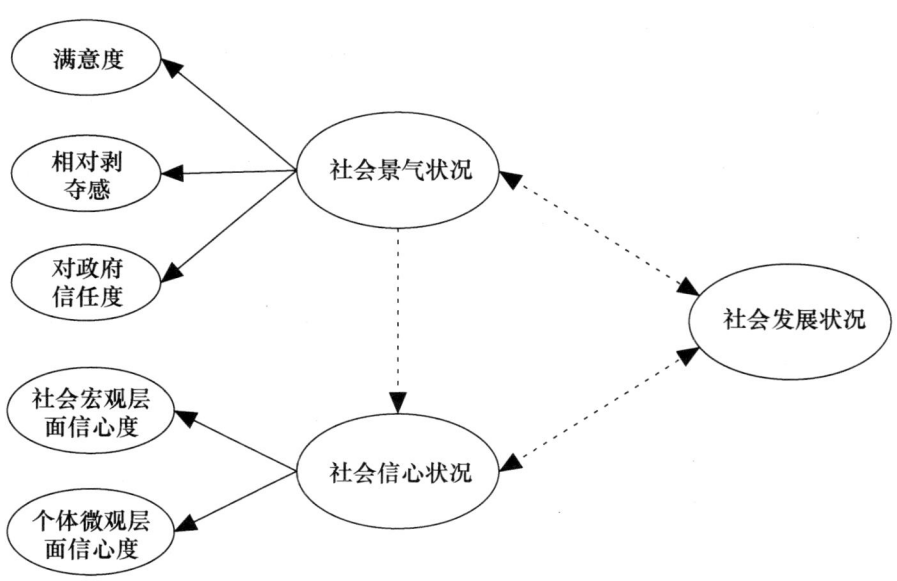

图2—1　社会景气、社会信心与社会发展

三 2014年社会景气与社会信心状况及变动趋势

在调查数据（分别是2012、2013和2014年的全国性抽样调查数据，样本量分别为8070、7114、7171）和对观测量表进行检验的基础上，课题组构建了用以分析社会发展状况的两项指针——社会景气指数和社会信心指数。① 以2012年为基准，社会景气指数与社会信心指数均呈现不同程度的增长态势，2014年社会景气指数为100.84，对总体性事项的信心指数为100.78，对个体性事项的信心指数为100.83（见图2—2）。这一方面意味着，民众对社会发展现状的满意度不断提升，社会在总体上稳步前进；另一方面也显现出，民众对未来的发展趋势信心充足、预期良好。虽然统计分值的变化呈现微弱增势，但却蕴含着重要的社会意义。第一，党的十八大以来，在新领导集体的带领下，用"踏石留印，抓铁有痕"的决心，全面深化改革，扎实稳健地推进中国发展，民众的主观感受亦反映出近年来社会发展所不断取得的成就。第二，在经济结构性减速的"新常态"下，其积极的意义在于促进就业更加充分、收入不断均衡、社保日趋完善、增长更为平稳、物价保持稳定等方面，② 社会景气指数的稳步上升亦显现出经济社会结构良性协同变化的新迹象。第三，从社会景气指数与社会信心指数的关系来看，人们对未来的良好预期和充足信心是建立在当下社会发展状况之上的，一个景气的社会是一个发展状况良

---

① 参见李汉林、魏钦恭，2013，《社会景气与社会信心研究》，北京：中国社会科学出版社，第12—22页。

② 许志峰、成慧，2014，"新常态，辩证看"，《人民日报》8月11日。

好的社会，也是人们对未来有着良好预期的社会（见图2—3）。

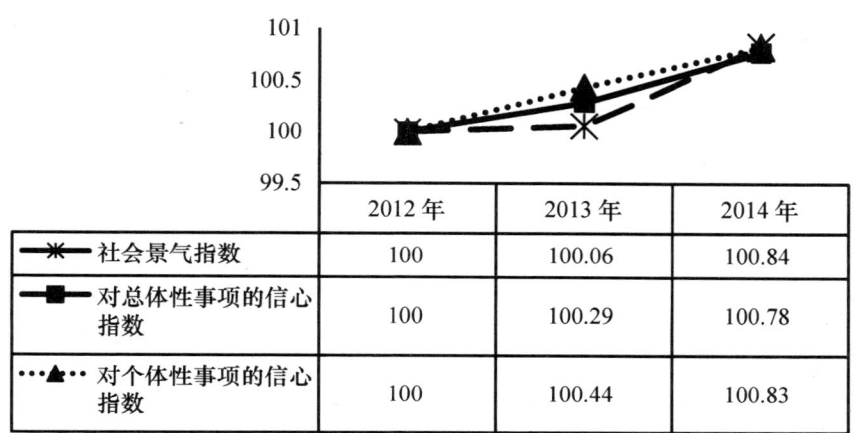

图2—2 社会景气与社会信心指数（2012—2014）

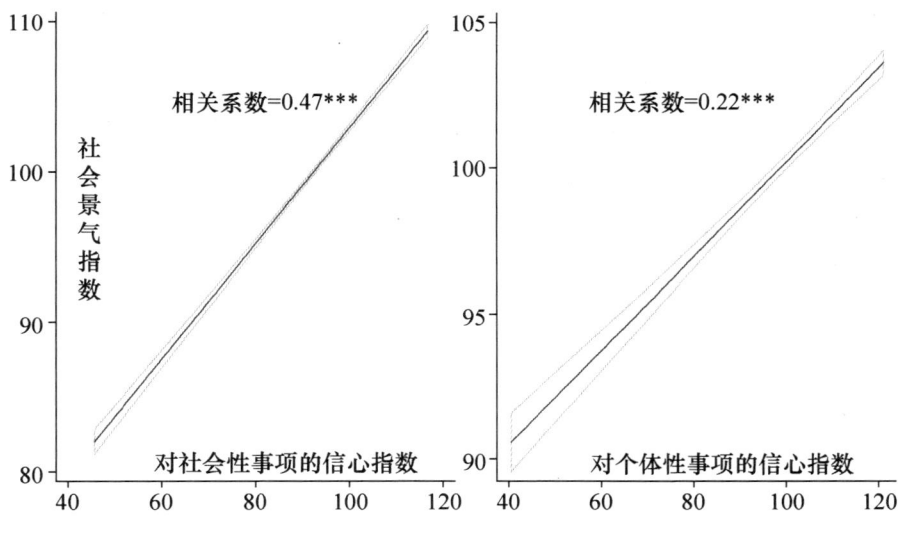

图2—3 社会景气与社会信心之间的相关关系

在对社会景气和社会信心状况变动趋势的描述基础上，下文将对其构成因素——满意度、对政府信任度、相对剥夺感、社会信心及其属性特征进行分析,以进一步查看哪些因素更多地影响民众对社会景气状况的感受和未来预期,进而为下一步的决策制定和制度安排提供事实基础。

(一) 对满意度状况的分析

满意度不仅是人们心理上的一种主观感受,群体乃至社会整体层面的满意度水平亦能反映出一个社会在特定发展阶段的景气状况;人们的满意度不仅是个人期望是否得以满足的体现,同样受到社会发展情势的影响。在一定程度上,民众对个体事项和社会总体事项的满意度水平是衡量一个社会发展与稳定程度的有力指针。也正是在这种意义上,一个矛盾凸显和冲突频发的社会必定是人们满意度处于很低水平的社会;反之,一个发展态势良好、总体景气的社会也必定是大多数人满意度较高的社会。[1]

图2—4是满意度指数的变动趋势,可以看到,以2012年为基准,在2014年,人们无论是对总体事项还是对个体事项的满意度都呈现出不同程度的增长态势。在2014年,人们对总体事项满意度的指数为100.11,对个体事项满意度指数为100.94。这表明,在总体上,我们社会正在朝着良性、协调的方向发展。虽然总体的发展趋势令我们振奋,但这种总体印象对于进行更为细致的判断难以"对症下药",接下来还需要对满意度的各事项进一步分解,以知晓哪些因素是当下民众最不满意的以及哪些因素是阻碍人们满意度提升的关键。

---

[1] 李汉林等,2013,"发展过程中的满意度",《社会学评论》第1期。

第二章 社会景气与社会信心

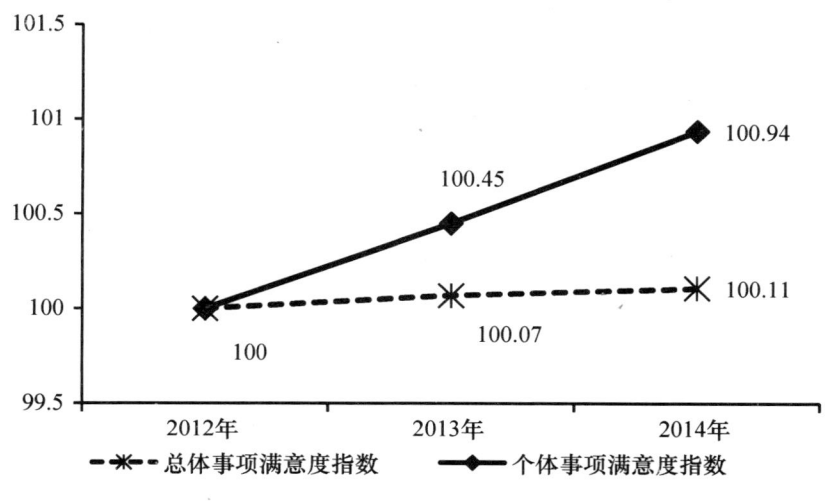

图 2—4 满意度指数的变化趋势（2012—2014）

1. 对总体事项满意度的分析

图 2—5 是不同年份民众对总体事项的满意度状况，可以看出，在三个年份的比较中，满意度水平较高的事项分别是基础设施建设、教育水平和治安状况；满意度水平较低的事项分别是物价水平、食品安全和环境质量。其中，在 2014 年，人们对国家基础设施的建设水平（满意的比例为 48.33%）、教育水平（满意的比例为 39.98%）以及治安状况（满意的比例为 37.89%）的满意程度较高。

下面，我们将进一步以人们对社会和谐状况的满意度为因变量，以构建总体满意度的各事项为自变量，通过统计分析来查看各项因素对社会和谐状况的影响力大小。

为了对社会总体事项满意度的内在结构进行分析，我们采用夏普利值分解方法对社会总体事项满意度所包含的维度即采用的题器的重要性进行了排序。在这里，运用这种方法进行排序的原则主要是，社会总体满意度的各个题器或事项将依据被访者对相

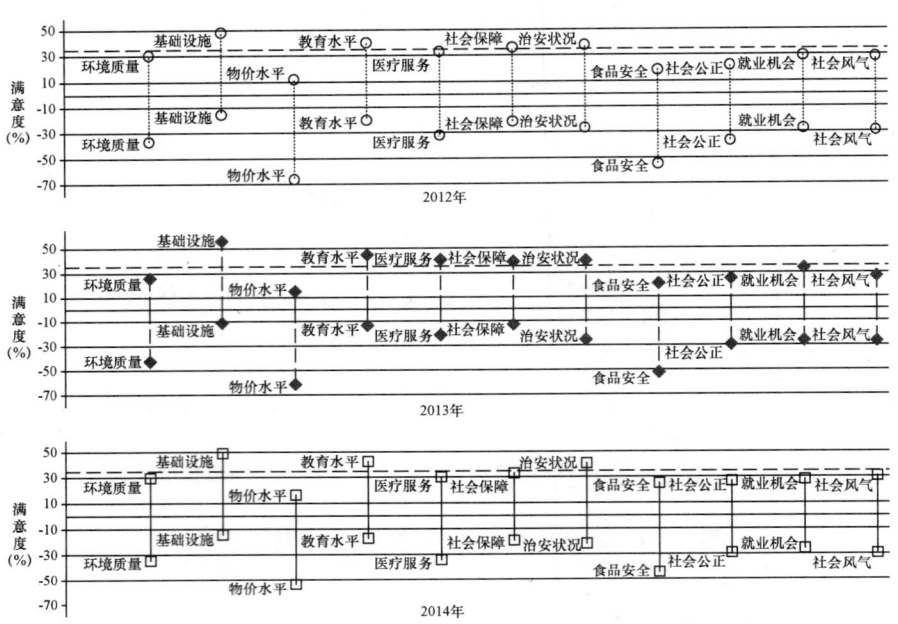

图 2—5　民众对社会总体事项的满意度状况（2012—2014）

关题器认知上的贡献率大小来进行排序。统计结果表明，影响力较高的事项分别是社会风气（贡献率为 8.94%）和社会公正（贡献率为 8.55%）（见表 2—1）。然后，我们再根据满意度水平高低和影响大小进行矩阵分析，以确定哪些因素满意度较低且对社会总体和谐状况的影响力最高。

表 2—1　对社会总体满意度影响因素的夏普利值分解

因素	贡献额	贡献率（%）
环境质量	0.0406	6.56
基础设施	0.0102	1.65
物价水平	0.0324	5.24

续表

因素	贡献额	贡献率（%）
教育水平	0.0187	3.02
医疗服务	0.0324	5.24
社会保障	0.0432	6.98
治安状况	0.0429	6.94
食品安全	0.0161	2.60
社会公正	0.0529	8.55
就业机会	0.0197	3.19
社会风气	0.0553	8.94
合计	0.3644	58.92
残差	0.2542	41.10
总计	0.6186	100.00

图2—6是民众对社会事项满意度与各因素影响力大小的关系矩阵，可以看到，环境质量（不满意比例为36.65%，贡献率为6.56%）和社会公正（不满意比例为36.91%，贡献率为8.55%）问题不仅民众满意度水平较低而且其对社会和谐状况的贡献率也很大，故而对此两项问题的解决更需要保持政策和制度安排的优先性，进而有效提升总体满意度，促进社会景气发展。

2. 对个体事项满意度的分析

与上述分析逻辑一致，首先查看民众对个体事项满意度各个具体因素的分布状况。图2—7的结果表明，在三个年度的调查中，民众满意度较高的事项分别是家庭关系、健康状况和人际关系；相比之下，满意度较低的事项分别是生活压力、收入水平和住房状况。

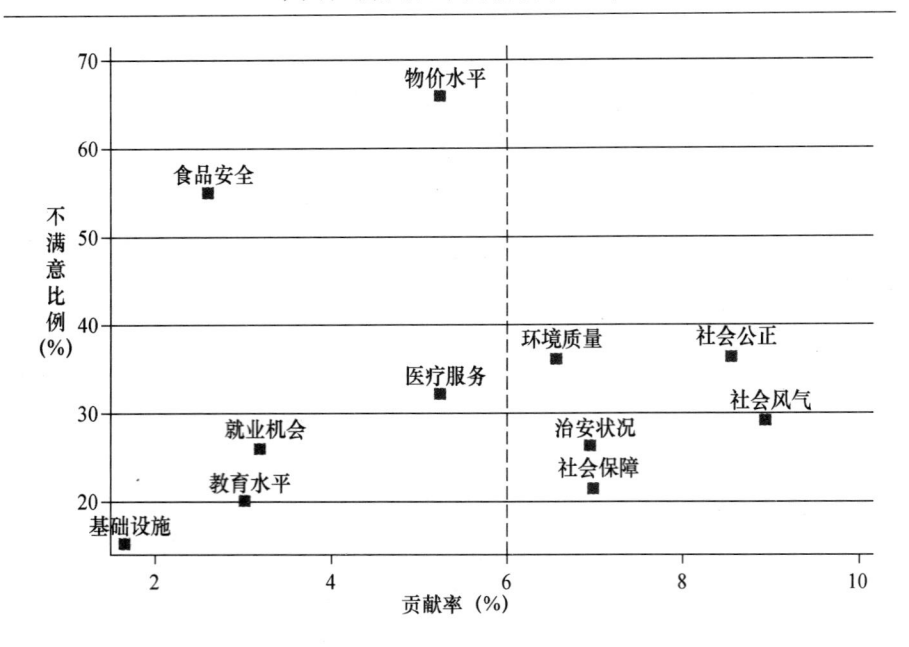

图 2—6 社会总体事项满意度水平与内部具体因素重要性的关系矩阵

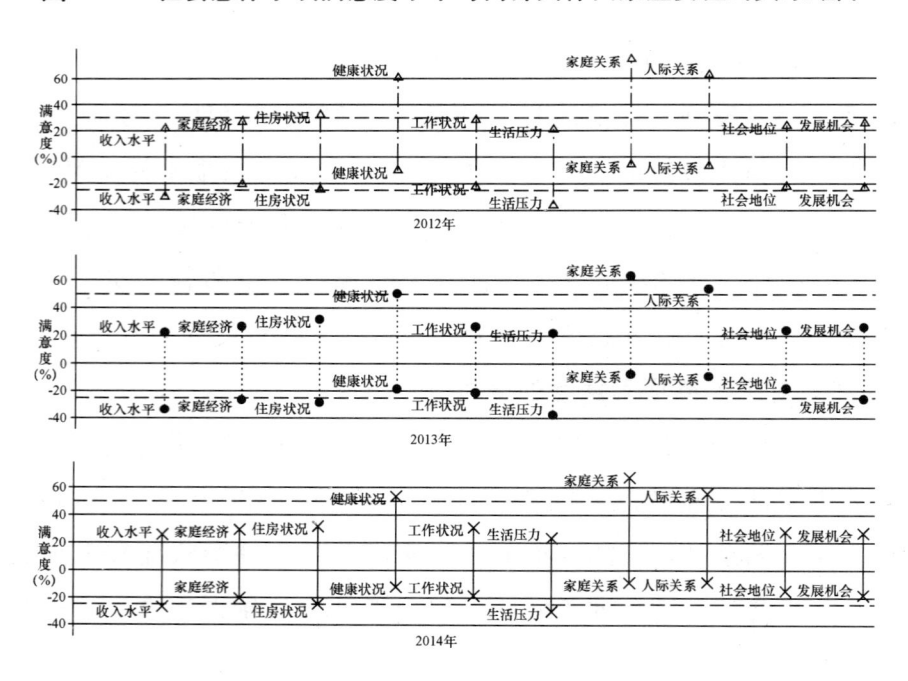

图 2—7 民众对个体事项的满意度状况（2012—2014）

第二章 社会景气与社会信心

在我们的调查中，有一项题器专门询问受访者对个体事项的总体满意度，答案分为"很满意"、"较满意"、"一般"、"较不满意"和"很不满意"五类。在此基础上，通过统计分析进一步查看各类事项对总体满意度的影响大小。夏普利值分解的结果表明，收入水平、家庭经济和住房状况三类事项的贡献率最高，也意味着在所调查的个体事项中，这三类因素更多地影响民众的总体满意度水平（见表2—2）。

表2—2　对个体事项总体满意度影响因素的夏普利值分解

因素	贡献额	贡献率（%）
收入水平	0.2114	9.98
家庭经济	0.1666	7.87
住房状况	0.1382	6.52
健康状况	0.0854	4.03
工作状况	0.1200	5.67
生活压力	0.1159	5.47
家庭关系	0.0743	3.51
人际关系	0.0793	3.74
社会地位	0.1142	5.39
发展机会	0.1121	5.29
合计	1.2173	57.48
残差	0.9005	42.52
总计	2.1178	100.00

在上述基础上，通过交互分析，形成民众对各事项满意度和

其重要性的关系矩阵（见图2—8）。结果显示，在所有事项中，收入水平（不满意比例为27.03%，贡献率为9.98%）、住房状况（不满意比例为24.97%，贡献率为6.52%）和家庭经济（不满意比例为20.70%，贡献率为7.87%），不仅民众的满意度较低，而且也构成了对总体满意度水平影响最为重要的因素。

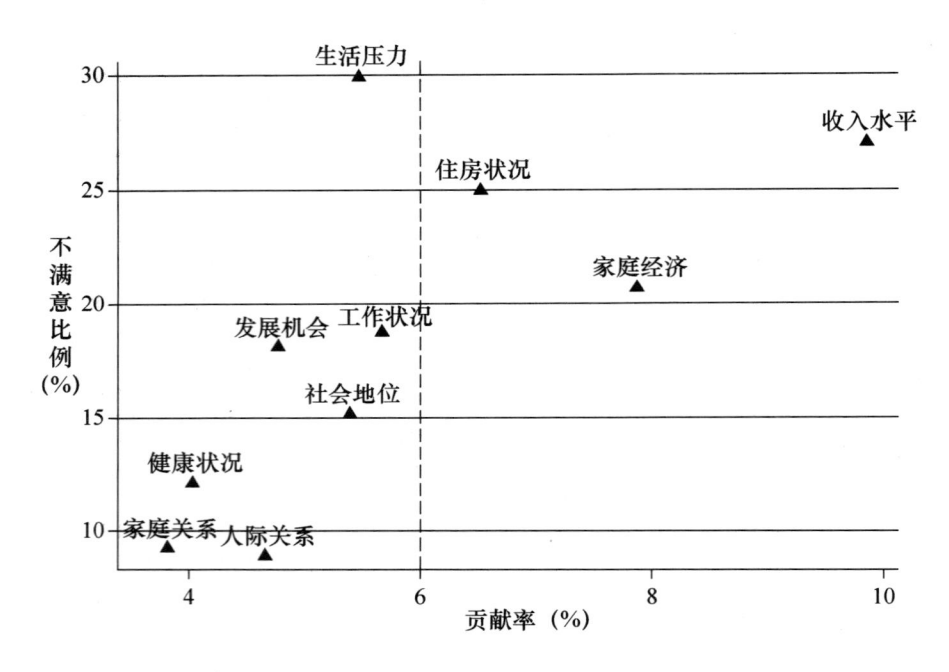

图2—8 个体事项满意度水平与其重要性的关系矩阵

前述统计结果对构成社会景气的子量表——总体事项满意度和个体事项满意度的特征与分布状况进行了描述性分析。结果表明，在当下，影响民众满意度高低的关键事项分别是总体层面的环境质量、社会公正以及个体层面的收入水平、住房状况和家庭经济。这样我们就能较为清晰地确定影响民众满意度的关键要因，进而使得政策安排能够有的放矢。同时也意味着，在当前以及今后一段时期内，需要加大上述几个方面的政策力度，使得民众的收入与经济发展同步增长、社会实现公正、环境质量改善,以进一步实现人们不断增长的需求,提升民众的满意度。

上述结果所隐含的其他意义还在于:一方面,通过对民众满意度诸事项的调查与分析,也即对民众社会态度走向的把握可以从根本上反映出我们社会处于何种发展阶段。与 GDP 水平或者基尼系数等过于单一的客观指标不同,民众的社会态度包含着综合的心理感受和价值判断,从而可以更为全面地反映一个社会的发展水平。另一方面,此处的分析纠正了以往关于民众满意度研究的一个偏误,即只对总体的满意度水平进行判断,忽视满意度的组成因素及各因素间的差异,而我们恰恰需要的是"目无全牛",并非"盲人摸象"。当然,更重要的意义在于,对不同事项满意度水平的测量,可以从一个侧面反映出我们的社会在践行各项政策时所存在的差距以及面临的问题,从而为政府解决这些问题和进行合理的制度安排提供一项事实基础。

(二) 对政府信任度的分析

政府信任是人们对政府执政能力的主观感受,是对政府所做相应制度安排的评价,同时也是人们对政府行为绩效以及对政府行为预期与实现状况之间关系的评判。政府信任涉及的是政治信任(political trust)的核心议题,即政府执政的合法性(legitimacy)和政策执行的有效性(effectiveness)问题。就合法性而言,对政府的信任程度反映了一个国家(或地方)的政府及其行为在多大程度上得到了一般民众的认可;对于政策执行的有效性而言,民众对政府的信任度过低则意味着政府行为丧失了民众基础,从而使得政策的制定和执行过程遇到更多的阻力和反对,需付出更大成本。① 与政体信任不同，政府信任主要关注的是民众对当下政府以及政治权威的信任程度，并不涉及具体的政治体制问题。② 但在现实状况中，这种学理上的清晰界定并不能完全厘清民众价值观念中的综合倾向。

当然，将民众对政府的信任纳入对社会景气状况的考量之中，还需要强调与政府绩效有别的社会信任问题。与前期研究将政府信任仅仅当作民众对政府绩效的评判观不同，另外一种视角则在某种程度上将政府信任看作社会信任在政治领域的扩散和投射，将政府主体看作一般性社会主体之一种。③ 随着两种视角的争辩，后期的研究则发现二者并不是截然两分，而是相互补充、互相融合的。也正是在这种意义上，一个景气的社会，既是政府有效履行职责、提供公共服务，民众对其绩效认可的社会，也是民众社会信任资源充分、民众合理预期有效实现的社会。

图2—9是在历年调查数据基础上所计算的政府信任度指数，根据测量题器，分为对政府职能部门的信任度和对政府总体服务的信任度两类。在总体变化上，以2012年为基准，对政府职能部门的信任度在2014年迅速提升（101.85），对政府总体服务的信任度与往年相比没有显著变化。在这里，我们可以清晰地看到，民众对政府信任"央强地弱"的差序结构仍然明显（见图2—10）。以往的众多研究都表明，民众对中央政府的信任度最高，依次是各级地方政府，这一结果也意味着，在普通民众心目中，

---

① 马德勇，2007，"政治信任及其起源：对亚洲8个国家和地区的比较研究"，《经济社会体制比较》第5期。

② 李连江，2012，"差序政府信任"，《二十一世纪》第6期。

③ 转引自高勇，2014，"参与行为与政府信任的关系模式研究"，《社会学研究》第5期。

第二章　社会景气与社会信心　　35

中国政府并不是一个完整的整体,而是一个多层次的复杂系统。①

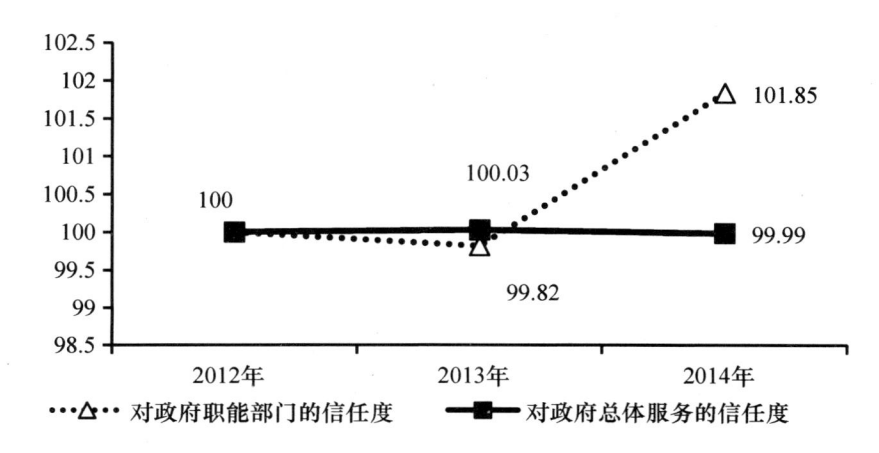

图2—9　政府信任度指数的变化趋势(2012—2014)

图2—10　民众对不同层级政府的信任度②

中央政府　2013　80.32%
中央政府　2014　78.28%
省市政府　2013　66.97%
省市政府　2014　66.65%
区县政府　2013　50.03%
区县政府　2014　51.05%

---

① 参见高学德、翟学伟,2013,"政府信任的城乡比较",《社会学研究》第2期。
② 对不同层级政府的信任度以及相关事项的测量题器由于在2012年的调查中没有设置,从而在此处的分析中出现缺失。

从受访者的回答比例来看，民众对中央政府的信任度显著高于对省、市政府和县、区政府。但值得关注的另外一项事实是，与2013年（50.03%）相比，2014年人们对县、区政府的信任度出现了提升（51.05%），虽然提升的幅度并不是很大，但这在一定程度上意味着，长期颇遭"微词"的基层政府，在中央落实"八项规定"和转变工作作风的制度环境下，其在民众心目中的总体印象出现了好转。

在上述对政府信任的总体印象进行勾勒之后，接下来，具体关注民众对政府行为的满意度。可以清晰地看到，在不同年份的比较中，民众满意度较高的主要是对弱势群体的社会保护，满意度较低的是廉洁自律、办事公开透明等。但在对两个年份进行比较后，可以发现，2014年，民众对政府惩治腐败、办事效率和公开透明的不满意比例出现了明显下降（见图2—11）。这也在一定程度上意味着，随着政府"以零容忍态度惩治腐败"和强力推进政府工作作风建设，民众的主观感受"灵敏"地捕捉到了政府行为方式的转变。

以政府信任度为因变量，政府所提供的社会保护和行为方式为自变量，夏普利值分解的结果表明，政府是否依法行政、办事效率高低和公开透明程度三个事项对政府信任度的贡献率最高，分别为7.17%、5.96%和5.78%（见表2—3）。在此基础上，通过交互方式，生成民众对政府行为的满意度和其影响力大小的关系矩阵，结果表明，依法行政（不满意比例为22.87%）、公开透明（不满意比例为29.33%）和办事效率（不满意比例为27.52%）不仅满意度较低，而且也是关乎政府总体信任度高低的关键因素。因此，在政府职能转变和工作方式改进的过程中，需要对这些方面进一步加强。

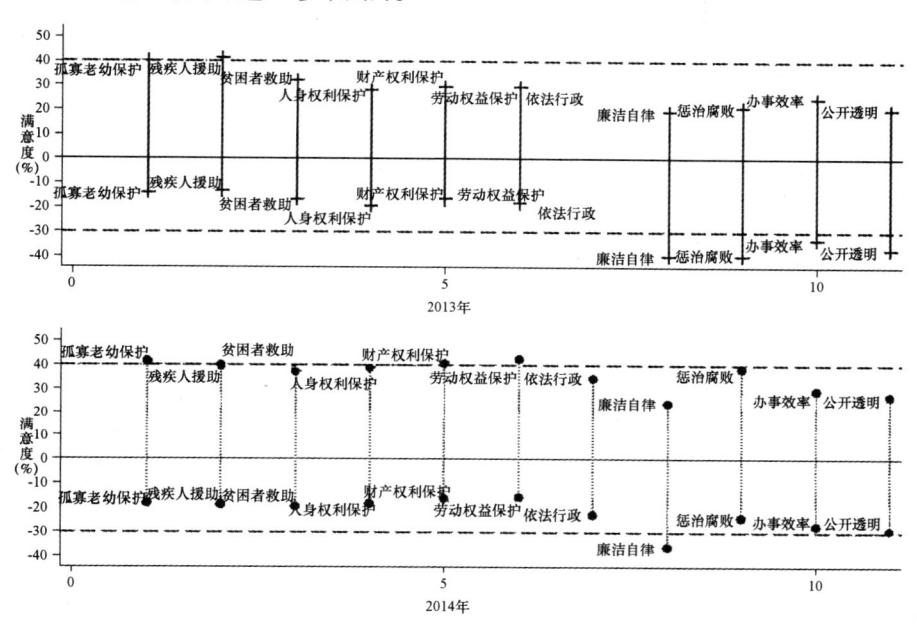

图2—11 民众对政府服务和行为方式的满意度状况（2013—2014）

表2—3　　　对政府信任度影响因素的夏普利值分解

因素	贡献额	贡献率（%）
对孤寡老人、孤儿的社会保护	0.0591	4.01
对残疾人的社会援助	0.0541	3.67
对贫困群体的社会救助	0.0646	4.38
法律对公民人身权利的保护状况	0.0840	5.70
法律对公民财产权利的保护	0.0765	5.19
法律对公民劳动权益的保护	0.0679	4.61
政府能够做到依法行政	0.1057	7.17
公务员廉洁自律	0.0731	4.96
预防和惩治腐败	0.0654	4.43
政府办事效率	0.0879	5.96

续表

因素	贡献额	贡献率%
政府公开透明	0.0853	5.78
合计	0.8235	55.87
残差	0.6504	44.13
总计	1.4739	100.00

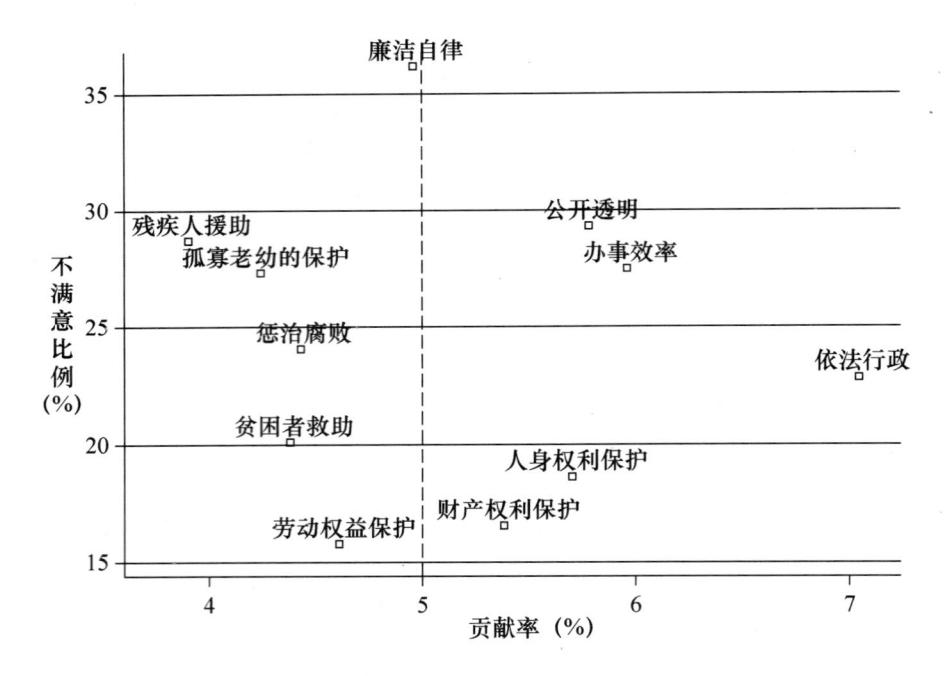

图2—12 政府行为的满意度水平与其重要性的关系矩阵

政府信任度作为社会景气综合指数的一个重要方面，还具有如下的理论和现实意义：

首先，对政府的信任问题在国内长期未被研究者论及。一方面是因为新中国成立后，国家和政府拥有改造社会的强大动员能力可以赢得社会的认可和支持，国家有足够的资源汲取和配置能力，能够保证社会改造目标的实现，因而政府在民众中拥有很高的合法性地位，在政策执行中具有很强的效率。另一方面，新中国的国家政权以其巨大的革命功绩赢得了民众的广泛拥戴，民众对国家和政府基本上是深信不疑的。尽管在实际工作中存在失误，甚至严重失误，国家仍能凭其意识形态论述所展现的力量和前景获得整个社会的拥护。① 改革以来，随着国家的合法性基础从以"意识形态"为主转向以"绩效"为主，社会管理的方式从以"运动式"的动员为主转向以政策制度的推动为主，政府与民众的关系从以"革命教化"为主转向"治理参与"为主，各级政府在执政过程中出现的问题和暴露的不足也不再是"难以启齿"的瑕疵，而是成为改革不断推进和社会经济发展的阻碍。在这层意义上，通过调查反映政府行为的不足和民众的需求意愿，对于提高政府执政能力，稳固执政的民众基础具有现实意义。

其次，需要辩证地看待民众对政府信任度的高低。政府信任即是政府有效施政的"蓄水池"，在一个民众对政府高度信任的社会，即使政府执政出现较大失误、政府行为发生偏差，若能及时纠正，仍能得到民众的支持，从而为政府提供了一个缓冲。但如果执政者不能及时意识到民意的涨跌变化，过度地利用民众信任资源而偏废执政绩效和民众诉求，那么由于过高的信任而产生的反弹作用将会更加强烈，进而威胁到执政合法性。当然，民众对政府的信任度高低也与一个社会的政治文化传统密切相关，在一个权力集中且以绩效为主要合法性基础的社会，民众对政府的信任度一般较高，但这也为政府的行为背负上了一个沉重的包袱。一旦政府绩效不能适时满足民众需求，那么过高的信任度会负向

---

① 冯仕政，2011，"中国国家运动的形成与变异：基于政体的整体性解释"，《开放时代》第1期。

转化为对政府的不满和愤慨，从而使执政者长期处于不断提高执政绩效的压力下。事实上，从古今中外的历史变迁来看，一个社会在发展和改革的进程中，政府在调整利益格局、改变惯性思维、打破社会藩篱的过程中，总会涉及一部分人的既得利益，从而引发不满甚至抵抗改革，但并不用偏激地看待政府信任，只要政府改革顺应大多数人的意愿，民众信任度处于一个合理区间，便不会对社会的发展和政府执政产生掣肘。

（三）对相对剥夺感的分析

相对剥夺感主要是指人们从期望得到的和实际得到的差距中所产生出来的，特别是与相应的参照群体在比较过程中所生发的一种负面感受，如不满、愤慨、不公平等情绪。[1] 与绝对剥夺不同，相对剥夺的主要意涵在于强调相对比较，在某种意义上，自身也构成了主体可比较的参照群体。但正如默顿所指出的，人们据以进行比较的参照群体虽然广泛且多元，但在特定的社会结构环境下，特定个体乃至群体的参照群体则是由制度结构所规约和塑造的。[2] 虽然，不同群体进行比较的参照系和参照点各有不同，但在较为宽泛的意义上，由经济收入—社会地位和组织内比较—与社会上他人比较两个范畴构成的分类图式可以成为我们对相对剥夺感进以分析的基础（见图2—13）。这样，相对剥夺感的测量指标可由四项题器构成，分别是与单位同事的经济收入、社会地

---

[1] 李汉林、魏钦恭，2013，《社会景气与社会信心研究》，北京：中国社会科学出版社，第94页。

[2] 默顿，2008，《社会理论和社会结构》，唐少杰、齐心等译，南京：译林出版社。

位比较以及与社会上其他人的经济收入、社会地位比较。

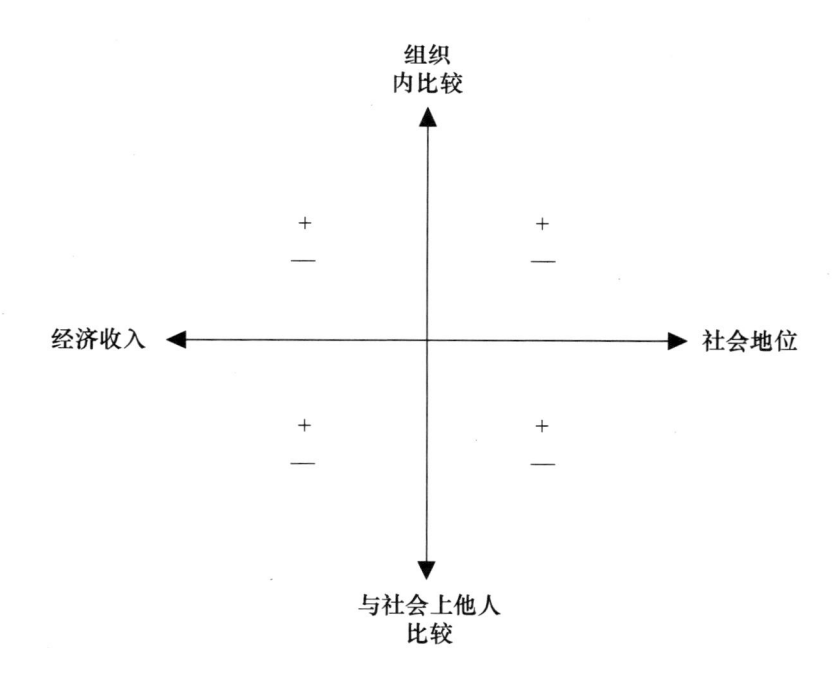

图 2—13　相对剥夺感影响因素的分类图式

图 2—14 是历年相对剥夺感指数的变动趋势，以 2012 年为基准，从 2012 年到 2014 年，由我们的调查数据所推论的民众总体相对剥夺感并没有发生显著变化（见图 2—14）。这表明，在总体进程中，社会资源的分配状况并未朝着不公平的方向恶化。在以往的研究中，相对剥夺感既可被用来作为一个社会收入差距程度的测量指标[1]，又可被当作一个社会收入不公平感的替代物[2]，还

---

[1] Nanak Kakwani, 1984, "The Relative Deprivation Curve and Its Applications", *Journal of Business & Economic Statistics*, Vol. 2, No. 4.

[2] 付允，2011，《可持续发展的公平度量》，北京：中国发展出版社。

被用以表征一个社会民众对资源获得差异的容忍度[①]。但无论如何，作为一种负面的社会态度，其与一个社会的资源分配状况、群体间关系以及民众对资源差异的心理承受力紧密关联。正因如此，一个发展良好和状况景气的社会，必定是民众相对剥夺感较低的社会。

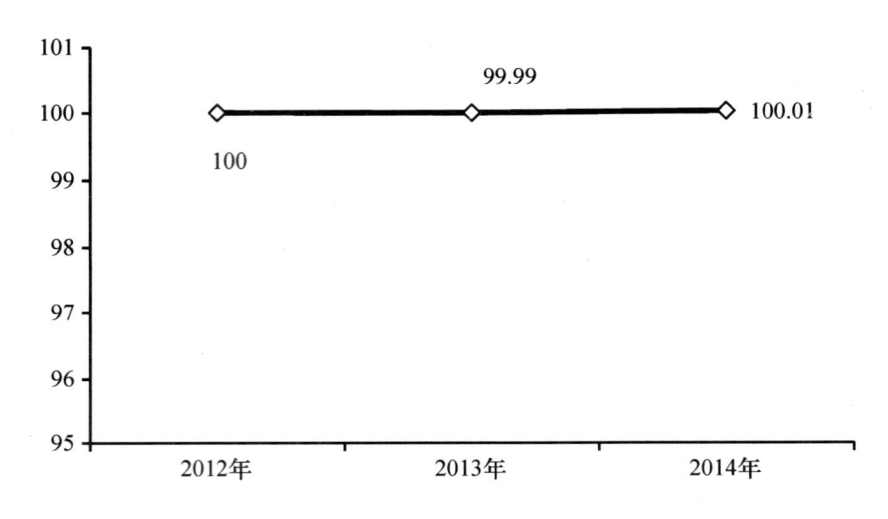

图2—14 相对剥夺感指数的变化趋势（2012—2014）

图2—15是对三个年份的调查数据进行分析后，所描绘的相对剥夺感四类测量指标的变动趋势，图中的标示是与参照群体比较后，民众认为自身经济收入和社会地位较低的比例。可以看出，在总体趋势上，2014年的调查结果与前两个年份相比，相对剥夺感各项组成指标都呈下降态势。同时，还可以看到，无论是对经济收入还是社会地位状况变动的认知，组织内的相对剥夺感显著低于组织外，这也在某种意义上表明，随着市场化的推进和传统

[①] 阿尔伯特·赫希曼，2010，"经济发展过程中收入不平等容忍度的变化"，刁琳琳译，《比较》第3期。

第二章　社会景气与社会信心　　43

单位制度的式微，组织内外资源的分化已甚于组织内资源可得性的差异。其所蕴含的另外一层含义在于，组织内外的比较不仅在参照对象上不同，而且据以进行比较的机制也有差异。组织内的比较更多的是建立在组织制度的认同基础之上，与社会其他人的比较更多的是建立在社会制度认同的基础之上。这种从组织内向组织外比较的扩展过程包含着众多复杂因素，如社会的分配制度、地位获得的文化观念、阶层的固化属性、对不公平的容忍度等，由于数据变量的约束，此处不再展开分析。

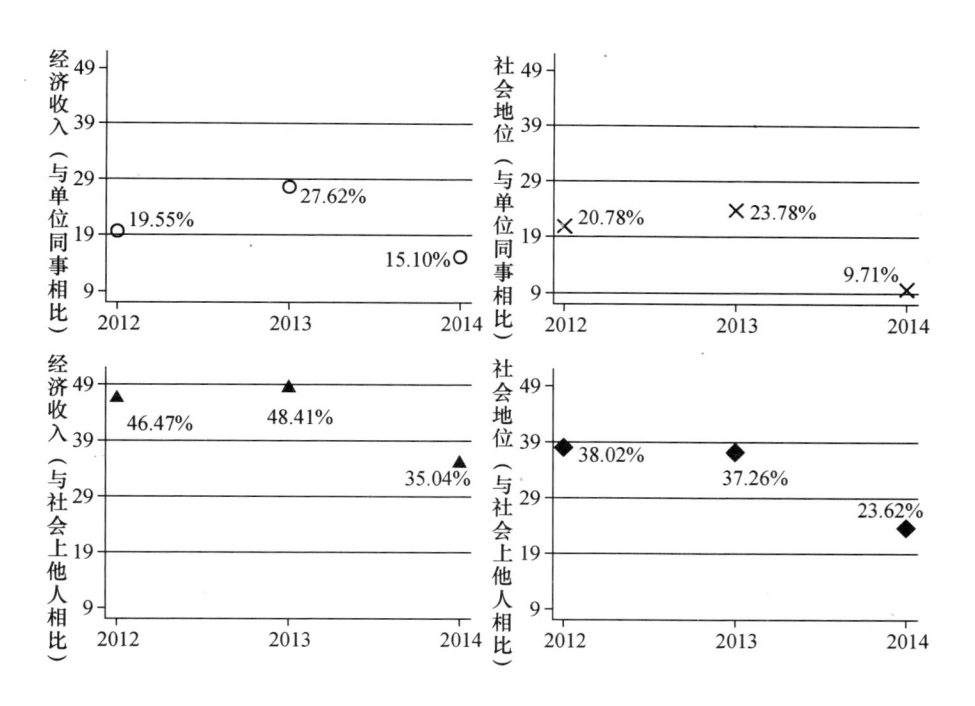

图 2—15　相对剥夺感各指标的年度比较（2012—2014）

为了进一步分析影响民众相对剥夺感强弱的主要因素，我们从三个层面进行分类与解析。第一个层面主要是横向的群体比较，即在与参照群体比较的过程中，自身利益得失与相对剥夺感强弱的变化;第二个层面主要是与自身的历史状况进行纵向比较后,社会地位和经济收入状况的变动与相对剥夺感受的变化;第三个层面,将人们相对剥夺感的产生放置到仍未实现的预期之中,通过对自身社会经济地位变动的未来期望的程度来反映相对剥夺感的高低。与前两个层面不同,第三个层面的地位变动虽未实现,但可以令人信服的逻辑是,无论个体或群体在现实中的社会经济地位处于较高、一般还是较低状态,如果预期在未来其地位会下降,这本身就是一种相对剥夺感。

表2—4是在控制受访者的公平感、对资源获得的价值取向以及客观收入水平之后,从历史比较、当下现状和未来预期三个方面的主观社会经济地位变动状况来考察其对相对剥夺感影响的统计结果。可以看到,人们的相对剥夺感更多地受到历史比较和当下现状的影响。也就是说,那些与过去相比以及与周围群体相比,社会经济地位上升的受访者,相对剥夺感更低。这也在很大程度上表明,相对剥夺感的高低更多地是由预期—实现的对比机制决定。如果用福利经济学的术语来表示,即相对剥夺感的增强会削弱人们的总体福利,而一个人的福利状况不仅取决于自身的收入多寡抑或地位高低,而且取决于他所预期的目标能否实现。假如某人原本无法预计自身社会经济地位的变动状况,那么周围的人以及社会上其他人的境遇则构成了其预期的标杆。[1]

---

[1] 阿尔伯特·赫希曼,2010,"经济发展过程中收入不平等容忍度的变化",刁琳琳译,《比较》第3期。

表2—4 以相对剥夺感为因变量的多元线性回归统计结果和夏普利值分解结果

影响因素	回归分析结果 回归系数	标准误	夏普利值分解结果 贡献额	贡献率%
宏观社会公正	-0.8901***	0.2192	0.0095	3.50
微观收入公平感	-0.8843**	0.2996	0.0093	3.42
能力取向	-0.5066*	0.2218	0.0002	0.09
运气取向	0.0257	0.2161	0.0019	0.70
机会取向	-0.4727*	0.2139	0.0040	1.46
客观收入水平	0.0004***	0.0001	0.0241	8.86
经济收入（五年前相比）	-1.3436***	0.2682	0.0295	10.87
社会地位（五年前相比）	-2.2668***	0.2808	0.0360	13.28
经济收入（当下）	-1.8342***	0.3768	0.0464	17.09
社会地位（当下）	-1.4565***	0.3687	0.0375	13.83
经济收入（未来预期）	0.4873*	0.2888	0.0000	0.00
社会地位（未来预期）	-0.3840	0.2864	0.0034	1.26
截距/合计[a]	98.2569***	0.3169	0.2019	74.38
样本数/残差[a]	3750	0.0695		25.62
Adj R^2/总计[a]	0.13	0.2714		100

注：*$p<0.05$，**$p<0.01$，***$p<0.001$；a 表示夏普利值分解结果相关事项。

马克思在谈论"雇佣劳动与资本"的时候，曾这样描述相对剥夺感："一座房子不管怎样小，在周围的房屋都是这样小的时候，它是能满足社会对住房的一切要求的。但是，一旦在这座房子近旁耸立起一座宫殿，这座小房子就缩成茅舍模样了。这时，狭小的房子证明它的居住者不能讲究或者只能有很低的要求；并且不管小房子的规模怎样随着文明的进步而扩大起来，只要近旁的宫殿以同样的或更大的程度扩大起来,那座小房子的居住者就会在四壁之内越发觉得不舒适,越发不满意,越发感到受压抑。"① 所以马克思认为:"我们在衡量需要和享受时是以社会为尺度,而不是以满足它们的物品为尺度的。因为我们的需要和享受具有社会性质,所以它们具有相对的性质。"② 正是在这种意义上,相对剥夺感在个体层面上反映的是相对地位的变动,但其在深层次上,反映的是一个社会的发展变动状况。与一个稳定的社会相比,在一个变动剧烈的社会中,人们更加敏感于自己的得失,无论是客观的社会分层还是主观的经济社会地位变动都能够在人们的主观意识中显现出来,而相对剥夺感的变化可以较好地反映这种分层意识或不平等意识的变化。③

在上述意义上,相对剥夺感的社会属性要强于满意度感受,有时甚至是带有想象的差异。在更深的层面,人们相对剥夺感的变化与整个社会的宏观氛围密切相关,时刻会受到整个社会结构及文化变迁的影响。在一个不公平感强烈、社会包容性较差的社会,一旦人们认为自身的经济社会地位与参照群体直接相比或间接相比较低,就会产生相对剥夺感。如果说,人们在比较后所产生的得失感甚至嫉妒感是人之常情,那么在社会发展的进程中更需要关注相对剥夺感的结构特征,也即如果某些群体或阶层长期处于某种不利的、相对剥夺的境地,那么则存在着矛盾和冲突发生的风险。

---

① 马克思,2012/1849,《马克思恩格斯选集》(第一卷),北京:人民出版社,第345页。
② 同上。
③ 刘欣,2002,"相对剥夺地位与阶层认知",《社会学研究》第1期。

（四）对社会信心的分析

与社会景气不同，社会信心强调的是对未实现之状态的某种期望，是对某事物发生（或不发生）的预期和欲求。对社会信心的强调在于，虽然与一般社会态度一样，信心是无法被直接观察到的心理状态，但却是人们行为的重要微观基础。因为即使是内省也能让我们认识到其真实存在性，尽管我们周围个体的行动和运转方式都是不透明的，但是，把他人理解成通过心理状态导致行动的客体，这样就能够预测别人的行动。[①] 由此，社会信心成为社会行动发生的主要心理机制之一，成为预测行动发生的动机和因果基础。这也是人们对一系列有关行为方式的信心状态，如消费信心、发展信心等进行研究的意义所在。2014年年末召开的中央经济工作会议强调要更加注重引导社会预期，也从一个侧面说明了对社会信心研究的极端重要性。

关于社会信心，学界并没有一致的概念认定，依据信心所指涉对象的不同则有着不同的具体含义。有研究将社会信心理解为公众信心，定义为一种能够使公众相信某一事物（目标）未来可以实现的心理力量，指公众对某一行动主体、某一事物、某个具体对象的一种认可、信任的心理状态以及在此基础上形成的稳定的心理期望。[②] 有研究者把社会信心理解为包括三个相互整合的层面，即对国家政权的信心、对己身所处社会的信心和对社会中自我的信心。其中，个人对自我的信心是基础，横向延展出去形

---

① 赫斯特洛姆，2010，《解析社会：分析社会学原理》，南京：南京大学出版社，第42~43页。
② 朱力，2013，"公众信心聚散的社会心理学解读"，《人民论坛》第5期。

成对社会的信心，纵向攀升而上的是对国家政权的信心。[1] 我们此处的分析更强调与社会发展事项相关的民众预期，如个体性的收入和住房状况等以及总体性的社会公正、环境质量等。同时，社会信心的变动状况从另一个层面反映出当下社会的发展状况，因为人们对未来的预期并非空泛而生，而是在对当下状况评判的基础上产生的。所以，对社会景气与社会信心的研究就成为相互勾连、互为条件的对一个社会发展状况进行观测的两个维度。

从社会信心的影响结果而言，信心不足会延滞人们的预期行为或者改变行为取向，在宏观的意义和更为严重的后果上，如果一个社会民众总体的信心出现不足或溃散，则会影响整个社会的发展前景。正因如此，有研究者在对金融危机的社会后果进行分析后指出，社会信心的不足成为经济风险发生和扩大的助推器，当一个国家或社会遭遇经济危机之时，重建民众社会信心成为走出危机的关键所在。[2] 从上述分析可以看出，社会信心既是一定时期民众的总和性心理预期，具有稳定性，但其又容易受到结构环境变迁的影响；不仅是人们的主观心理表征，而且会引导行为取向，进而影响总体的经济社会发展状况。

前文已经对社会信心指数的总体变动趋势进行了描述，接下来，将对构成社会信心指数的各事项进一步展开分析。

1. 对总体事项的未来预期

通过对三个年份的调查数据进行统计比较，结果表明，以2012年为基准，在对未来三年的发展预期中，基础设施、教育水平和社会保障是民众预期变好比例最高的事项；相比之下，物价

---

[1] 褚松燕，2013，"公众信心聚散机理与重塑对策"，《人民论坛》第5期。
[2] 孙立平，2009，"金融危机的逻辑及其社会后果"，《社会》第2期。

第二章 社会景气与社会信心

水平和社会公正的未来预期明显不足（见图2—16）。事实上，这一结果与前文分析中民众对当下相关事项的满意度状况呈明显的关联状态，也即那些在当下最不满意的事项也是民众对未来预期不足的事项，这也进一步凸显了在社会的发展进程中，社会景气与社会信心的关联属性，以及从实证的角度指向了我们今后制度安排的着力点。

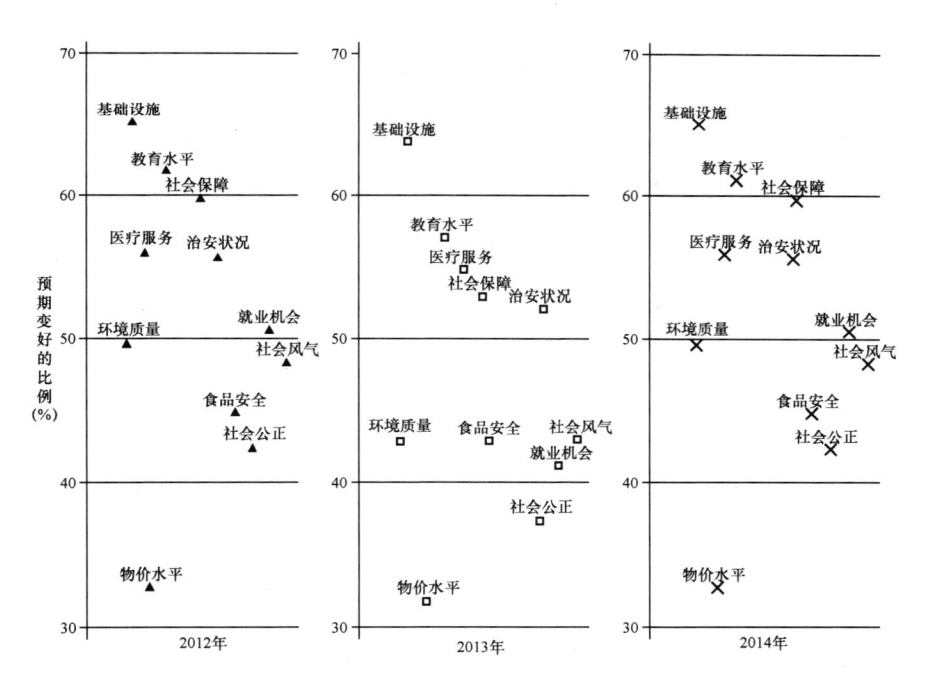

图2—16 民众对总体事项的发展预期（2012—2014）

与前文的分析逻辑一致，在历年比较的基础上，通过进一步的统计分析来确认各事项在总体信心中的贡献率大小。夏普利值分解结果显示，社会公正、环境质量和物价水平三个事项是影响人们总体预期的关键因素（见表2—5）。

表2—5 对总体事项信心状况影响因素的夏普利值分解结果

因素	贡献额	贡献率（%）
环境质量	0.0058	11.61
基础设施	0.0000	0.00
物价水平	0.0055	10.89
教育水平	0.0013	2.67
医疗服务	0.0024	4.86
社会保障	0.0013	2.57
治安状况	0.0029	5.84
食品安全	0.0019	3.76
社会公正	0.0070	13.94
就业机会	0.0021	4.15
社会风气	0.0021	4.12
合计	0.0324	64.42
残差	0.0179	35.58
总计	0.0503	100.00

在上述各自分析的基础上，构建民众对各事项的预期状态与其贡献率的关系矩阵，交互结果告诉我们，社会公正（预期变好的比例为52.47%，贡献率为13.94%）、环境质量（预期变好的比例为54.58%，贡献率为11.61%）和物价水平（预期变好的比例为43.88%，贡献率为10.89%）不仅是影响民众总体满意度的关键因素，也成为危及人们社会信心提升和对未来良好预期的要因（见图2—17）。

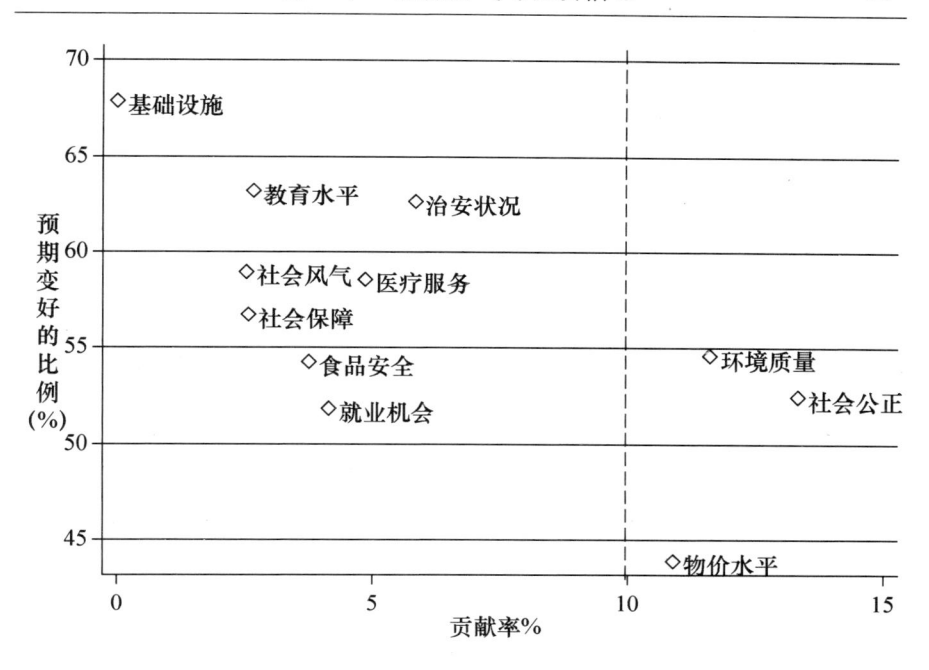

图 2—17　民众对总体事项的预期状态与其重要性的关系矩阵

2. 对个体事项的未来预期

对个体事项未来预期的分析结果表明，在三个年度中，人们预期较高的事项分别是家庭关系、家庭经济和人际关系；相比之下，住房状况的改善、社会地位的提升和生活压力的减轻仍然预期不足，但历年比较的结果显示出，这几项因素预期不足的比例明显下降（见图 2—18）。然后以总体预期为因变量，以相关事项为自变量，进行回归分析基础之上的因素影响力分解，统计结果表明，贡献率最高的几项因素依次是收入水平、家庭经济和住房状况（见表 2—6）。

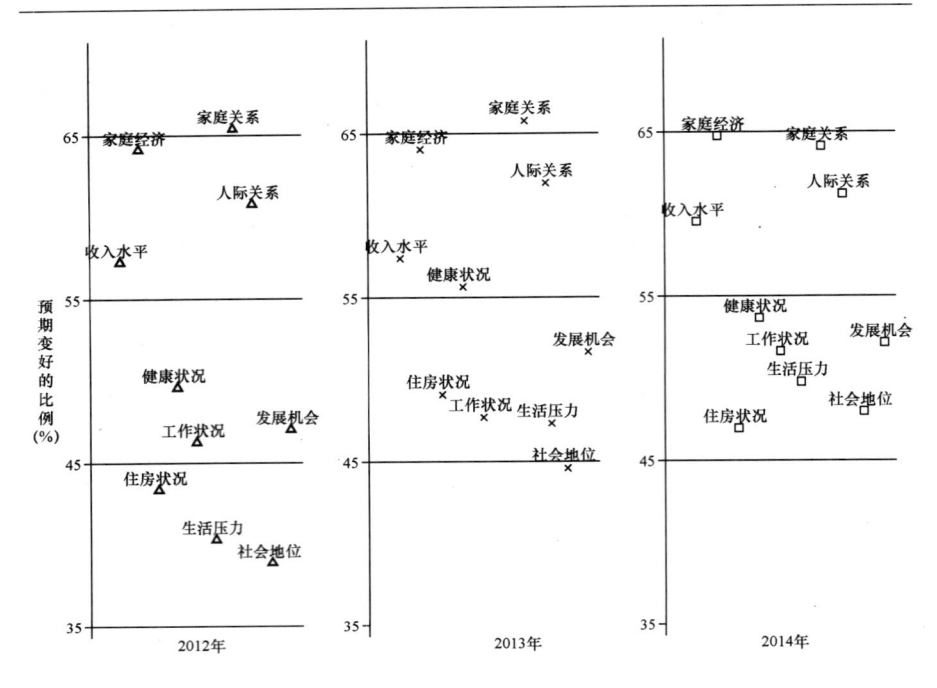

图 2—18　民众对个体事项的发展预期（2012—2014）

表 2—6　对个体事项信心状况影响因素的夏普利值分解结果

因素	贡献额	贡献率%
收入水平	0.2408	9.98
家庭经济	0.1935	7.87
住房状况	0.1300	6.52
健康状况	0.1075	4.03
工作状况	0.1246	5.67
生活压力	0.1060	5.47
家庭关系	0.1215	3.51
人际关系	0.1225	3.74
社会地位	0.1102	5.39
发展机会	0.1237	5.29
合计	1.3802	57.24
残差	1.0311	42.76
总计	2.4113	100.00

第二章 社会景气与社会信心

在上述统计基础上，未来预期状态和因素影响力的关系矩阵显示，民众住房状况（预期变好的比例为46.98%，贡献率为6.52%）的改善是今后一段时期内影响民众社会信心提升最为重要的事项（见图2—19）。"社会态度与社会发展（2014）"调查结果显示，受访者中租房的比例为16%，其中40岁以下者占70%。事实上，住房状况与收入水平以及生活压力紧密关联，甚至在某种意义上，如桑德斯所认为的，当下社会，衡量一个人的时候，其住房状况比工作状况更为重要，住房已成为社会不平等的主要来源之一。[①] 随着我国城镇化的不断推进，住房问题在一段时期内还将是一项关乎民生的重要问题，从而需要政府从制度层面进行改革和完善。处理好政府提供公共服务和市场化的关系、住房发展的经济功能和社会功能的关系、需要和可能的关系、住房保障和防止福利陷阱的关系，以真正实现"居者有其屋"。[②]

上述对社会信心组成因素的状态属性进行了分析，在理论上，仍需要强调社会信心对社会发展的重要意义。一个社会的发展取决于多重因素，但要确认哪些因素对社会发展具有决定性作用，则会陷入各种的争执之中。对于如何确认这个关乎人类社会的终极首要性或确定性问题，既让人神伤，又难以得到答案，因为"社会比我们有关它们的理论更加混杂"。但是在毫无争议的状态下，人类及其行动无疑构成了一个社会发展的基础，其他诸如地理环境、资源要素、技术手段、制度文化等则构成了社会发

[①] Peter Saunders, 1984, "Beyond Housing Classes: The Sociological Significance of Private Property Rights in Means of Consumption", *International Journal of Urban and Regional Research*, Vol. 8, Issue 2.

[②] 《习近平谈住房问题 要求处理好四个关系》，《新华网》，2013年10月31日，http://news.xinhuanet.com/politics/2013-10/31/c_117939410.htm。

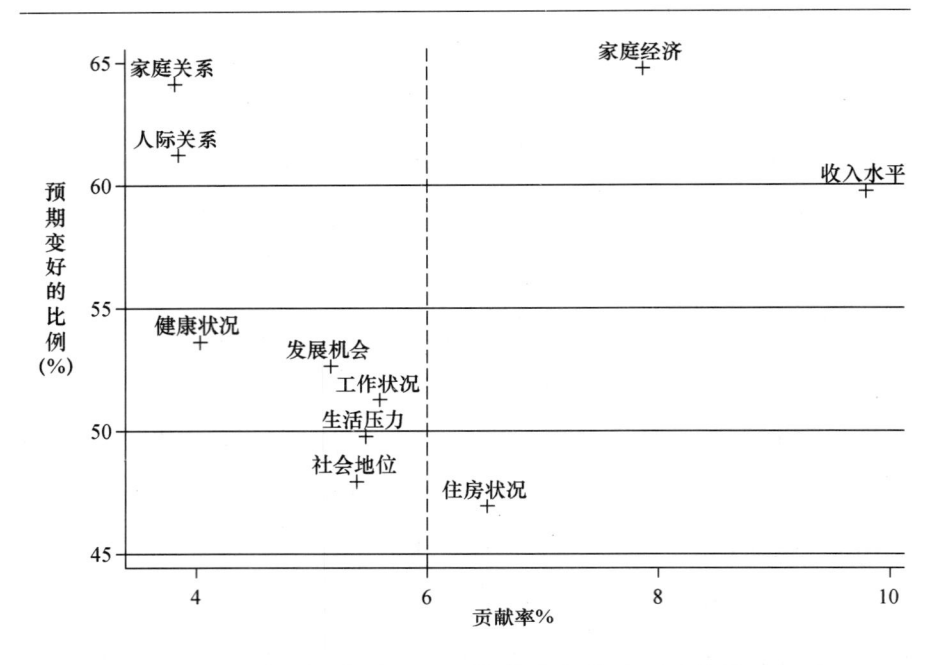

图 2—19 民众对个体事项的预期状态与其重要性的关系矩阵

展的条件。也正是在这个意义上,马克思强调:"人们自己创造自己的历史,但是他们不是随心所欲地创造,并不是在他们自己选定的条件下创造,而是在直接碰到的、既定的、从过去继承下来的条件下创造。"① 在承认人类行动是社会发展的基础以及人类是不断追求其目标的主体这一先决认识下,主体行动的预期,对更加深入地理解社会行动具有基础性意义。

在社会学的分析概念中,由默顿所提出的"自证预言",在某种意义上指的正是人们的行为预期对社会产生的非预期性后果。默顿以银行的破产为例,一家原本运转良好的银行,由于储户对谣言的信任和对银行偿付存款的信心不足而进行的挤兑行为最终

---

① 马克思,2012/1851,《马克思恩格斯选集》(第一卷),北京:人民出版社,第 603 页。

酿成倒闭后果的发生。① 正是在这个意义上，从个人行动的社会性角度看，个人的决策既受到他人行为的影响，同时，在迅速变化的社会中，人们也会把宏观走势作为决策的依据。② 从而，特定时段、特定群体的行为预期和社会信心状况会对其行为产生关键影响，进而对社会的发展形成或积极或消极的后果。如"买涨不买跌"、"高储蓄、低消费"等都是在特定的结构环境下，由人们的行为预期和社会信心状况所引致的行为模式。

人们对未来的预期和信心构成了一个社会发展的民众行为基础，在政策实践意义上，时刻把握民众对未来的预期和信心状况，对民众反映强烈的事项加大关注和解决力度，则能及时化解社会问题乃至阻止社会危机的蔓延和传导，进而推动社会更为景气地发展。

（五）影响因素分析

前文，我们分析了构成社会景气指数和社会信心指数相关因素的属性及分布特征，为了进一步了解社会景气和社会信心状况是否以及在多大程度上受到其他事项的影响，根据调查所涉题器构建了多元线性回归模型。其中模型1以社会景气为因变量，模型2和模型3分别以对总体事项的信心度和对个体事项的信心度为因变量。

从统计结果可以看出（见表2—7），民众对社会发展景气状况的感受显著地受到其所处环境的公平公正状况、生活质量状况、社会保护状况和行为取向的影响。具体而言，在社会公正方面，

---

① 默顿，2008，《社会理论和社会结构》，唐少杰、齐心等译，南京：译林出版社，第549—550页。
② 刘世定，2009，"危机传导的社会机制"，《社会学研究》第2期。

无论是对宏观的社会公平正义还是微观的收入公平，感到不满的受访者，认为社会更加不景气；在生活质量方面，受访者的收入水平高低和所拥有的房产数量多寡并不显著影响其对社会景气状况的感知，而自身健康状况、所处地区环境质量以及公共服务的完善程度是社会景气的显著影响因素；在行为取向上，那些价值观处于失范状态的受访者认为社会更不景气；在消费意愿上，对购买大宗商品（房产、汽车等）有清晰打算的受访者认为社会更加景气；在社会保护状况上，受访者的养老保险、医疗保险、住房公积金等越完善，认为社会更加景气。

表2—7　以社会景气和社会信心为因变量的多元线性回归统计结果①

变量	模型1		模型2		模型3	
性别	0.315	(0.92)	-0.677	(-1.52)	-0.113	(-0.24)
年龄	0.055**	(3.20)	0.083***	(3.70)	-0.018	(-0.77)
宏观社会公平感	-6.060***	(-31.04)	-1.059***	(-3.74)	-0.371	(-1.23)
微观收入公平感	-2.180***	(-9.59)	-1.003***	(-3.35)	-2.369***	(-7.46)
收入水平	0.000	(1.88)	-0.000	(-1.64)	0.000	(0.18)

---

① 公共服务变量主要指受访者所在地区是否有残疾人、孤儿、乞讨者救助或托养机构，接收农民工子女的中小学，公益性养老服务机构，社区公共卫生服务机构，免费就业信息、就业指导和技能培训等，公共租赁住房。社会保护变量主要指受访者是否具有最基本的养老保险、医疗保险、失业保险和住房公积金。价值失范变量主要考察受访者在下述三个方面的主观态度："社会上的是非标准变得很模糊"、"很难找到可信赖的朋友"、"前途渺茫，对未来没有信心"。消费意愿变量包括受访者在未来三年对购买大宗电器、购买房产和汽车的打算和计划。

续表

变量	模型1		模型2		模型3	
房产数量	-0.615	(-1.75)	-0.353	(-0.77)	2.178***	(4.47)
健康状况	-3.815***	(-20.70)	-2.063***	(-8.16)	-2.827***	(-10.55)
环境质量	-5.007***	(-25.99)	-1.172***	(-4.32)	-0.914**	(-3.17)
公共服务	0.597**	(2.95)	1.059***	(4.02)	1.098***	(3.93)
社会保护状况	1.315***	(6.77)	0.019	(0.08)	0.140	(0.52)
价值失范	-1.846***	(-6.42)	-1.735***	(-4.61)	0.114	(0.29)
消费意愿	1.119***	(4.82)	1.773***	(5.85)	3.367***	(10.47)
社会景气状况	——		0.252***	(12.15)	0.098***	(4.45)
截距	98.01***	(119.50)	72.01***	(31.38)	86.90***	(35.71)
样本量	3961		3961		3961	
调整的R^2	0.49		0.19		0.11	

注：*p<0.05，**p<0.01，***p<0.001；( )中为t值。

在对社会信心状况的感知上，相关事项的影响在总体情势上与社会景气相仿，但有几项变量的统计结果需要特别说明。房产数量对民众总体事项的信心度没有影响，但却显著地影响对个体事项的信心度，即所拥有的房产越多，对自身的未来预期越充足；个体的价值失范状态更多地影响对总体事项的信心度，但与其自身的未来预期没有显著相关性；唯一令人不解的是，社会保护状况在民众对未来的预期上没有显著影响作用；当然，与前文的相关分析结果一致，当下的社会景气程度显著影响人们对未来的预期。

四 小结与思考

通过对2014年调查数据的分析,尤其是结合2012—2013年数据进行比较,我们发现:

——以2012年为基准,社会景气指数与社会信心指数均呈现不同程度的增长态势。2014年社会景气指数为100.84,对总体事项的信心指数为100.78,对个体事项的信心指数为100.83。这一方面意味着,民众对社会发展现状的满意度不断提升,社会在总体上稳步前进;另一方面也显现出,民众对未来的发展趋势信心充足、预期良好。

——对满意度状况的分析结果表明,以2012年为基准,在2014年,人们无论是对总体事项还是个体事项的满意度都呈现出不同程度的增长态势。在2014年,人们对总体事项满意度的指数为100.11,对个体事项满意度的指数为100.94。如果把人们对总体事项的满意度和对个体事项的满意度联系起来分析,我们发现,在2014年,影响民众满意度高低的关键事项分别是总体层面的环境质量(不满意比例为36.65%,贡献率为6.56%)和社会公正(不满意比例为36.91%,贡献率为8.55%)以及个体层面的收入水平(不满意比例为27.03%,贡献率为9.98%)、住房状况(不满意比例为24.97%,贡献率为6.52%)和家庭经济(不满意比例为20.70%,贡献率为7.87%)。这样就能较为清晰地确定影响民众满意度的关键要因,进而使得政策安排能够有的放矢。同时也意味着,在当前以及今后一段时期内,需要加大如上几个方面的政策力度,使得民众的收入与经济发展同步增长、社会实现公正、环境质量改善，以进一步实现人们不断增长的需求，提升民众的满意度。

——对政府信任度状况的分析结果表明，与前两年相比，2014年，人们对政府职能部门的信任度迅速提升（101.85），但对政府总体服务的信任度与往年相比没有显著变化。

——对政府信任度量表内部结构的分析结果表明，政府是否依法行政、办事效率高低和公开透明程度三个事项对政府信任度的贡献率最高，分别为7.17%、5.96%和5.78%。

——对相对剥夺感状况的分析结果表明，从2012年到2014年，由我们的调查数据所推论的民众总体相对剥夺感并没有发生显著变化。这表明，在总体进程中，社会资源的分配状况并未朝着不公平的方向恶化。

——对社会信心状况的分析结果显示，总体层面的社会公正（预期变好的比例为52.47%，贡献率为13.94%）、环境质量（预期变好的比例为54.58%，贡献率为11.61%）、物价水平（预期变好的比例为43.88%，贡献率为10.89%）和个体层面的住房状况（预期变好的比例为46.98%，贡献率为6.52%）是今后一段时期内影响民众社会信心提升的最为重要事项。

——最后，影响因素分析的结果表明，民众对社会发展景气状况的感受显著地受到其所处环境的公平公正状况、生活质量状况、社会保护状况和行为取向的影响。

在对上述调查结果分析比较的基础上，结合多次的田野调查，我们强烈地感受到，在经济发展进入"新常态"的宏观背景下，社会发展亦出现了明显的"拐点"，或者说，进入到一个发展的新阶段，即从社会发展基本需求的低收入阶段提高到了社会发展更高层次需求的中等收入阶段。在这个社会发展的新阶段里，人们的诉求可能更多地会关注自身权益的保护，关注自己与周围社会群体生活质量的提高，强调社会公平正义的实现以及对公共事务参与表达出强烈的意愿。

这一拐点发生的一个最重要的基本条件是，中国的经济发展通过多年的积累和努力，逐步走向了小康与富裕。在这里，值得注意的一个指标是恩格尔系数。[①] 根据统计的数据，在2013年，中国城镇居民恩格尔系数为35.0%，农村居民恩格尔系数为37.7%，说明我们国家在2010年前后的时间，已经摆脱了温饱，并在逐步走向小康和富裕（见表2—8）。这种恩格尔系数变化的状况也可以从人们的社会态度上反映出来。在1987年做的一次全国城市居民的抽样调查中，我们发现，那时候人们最不满意的是物价上涨[②]，而我们在2014年的调查中发现，人们最不满意的社会问题则是社会公平公正。这说明，随着人们生活水平的提高，人们的目标追求也会随之发生深刻变化。

表2—8　　　　中国居民恩格尔系数（1978—2013）

年份	1978	1980	1990	1995	2000	2010	2012	2013
城镇居民恩格尔系数（%）	57.5	56.9	54.2	50.1	39.4	35.7	37.1	35.0
农村居民恩格尔系数（%）	67.7	61.8	58.8	58.6	49.1	41.1	40.8	37.7

---

① 按照联合国粮农组织提出的标准，恩格尔系数在59%以上为贫困，50%—59%为温饱，40%—50%为小康，30%—40%为富裕，30%以下为最富裕。（转引自李小军编《数读中国60年》，社科文献出版社2009年版，第217页）

② 李汉林、渠敬东，2005，《中国单位组织变迁过程中的失范效应》，上海：上海人民出版社，第235页。

除了基本物质条件的改善以外,最重要的还是人们的一种被强烈包围着的感受,即对于民众来说,出于一种对国家的热爱和参与的责任,强烈地感到要改变现状,用改革来促进国家的发展;对广大干部来说,也看到国家与社会在发展中存在的各种问题,出于对民族和对历史的责任感,也强烈地感到不改革不行。当经济结构环境发生了变迁,同时上面与下面这种不约而同的不安与焦虑和人们不断提高的物质生活水平以及由之所产生的更高层次的诉求交织在一起的时候,中国社会发展的拐点就会不可避免地出现和产生。

第一,实现社会公正的期望日趋强烈。改革以来,伴随着经济的快速增长,收入差距的拉大已是不争的事实,资源获取和分配结构也呈现定型化特征,在此阶段人们的不公平感表现出一些新趋势,即不公平感不仅为利益受损者所有,同时也在部分获益群体中存在,从而形成一种社会多数成员敏感于自身得失的社会景象,其背后是社会公平正义的缺失以及有关利益分配的制度安排失当。而这种局面与旧常态下的经济逻辑关联紧密。因为在过去相当长的时期,由于过于追求速度并因而高度依赖投资,造成了资本所有者在经济中长期占据主导地位的状况,致使利润占国民收入的比重过高,与此对应的就是劳动者的劳动收入占比过低以及劳动者社会流动性不足,这种收入分配不公格局若长期持续,容易导致两极分化,致使社会阶层和利益格局固化。[①] 而新常态所强调的创新驱动、规范市场、维护公平以及通过强力反腐倒逼公正的重要举措都将为打破利益垄断格局、实现社会公正提供全

---

① 李扬,2014,"新常态:一个具有历史穿透力的战略概念",《中国经济网》,12月10日,http://www.ce.cn/xwzx/gnsz/gdxw/201412/10/t20141210_4085009.shtml。

新契机。

第二,改善生活质量的意愿不断增强。随着人们生活水平的提升,在新的经济社会环境下,人们的一些重要期盼,已经不再是基于温饱的点点滴滴,而是提高生活质量的方方面面;人们的一些重要关注点和诉求,也主要放在了住房、环境质量、食品安全、物价水平等关乎民生的基本问题上,放在了自身权益的保护上。从社会发展的基本需求即低收入阶段提高到社会发展更高层次需求的中等收入阶段,在这个新阶段,人们的诉求将更多地关注自己与周围社会群体生活质量的提高,强调经济增长的社会效益。也就是说,在经济发展的旧模式下,我们全身心扑在扩大生产和发展经济上,顾不上安排生活,只能说提高了"生活水平",还不能说提升了"生活质量";在"新常态"下,终于有条件稍稍放缓脚步,回过头接应一下远远落在后面的生活安排,以便让生产和生活、经济和社会协调起来,共同前进。[①]

第三,加强社会保护的诉求更为突出。在以经济增长为主导逻辑的发展模式和高速"转轮"下,不少群体被甩到了发展的边缘,成为弱势群体,如下岗失业工人、难以融入城市的"农民工"、失地农民、边远地区贫困人群等。这些群体的社会保护长期缺失和缺位不仅造成了新的社会不公,而且也成为社会稳定大局的隐患。随着社会的不断发展,人们权利意识的增强,对社会保护的诉求也日益强烈。顺势而为,在新的经济模态下,中央强调要加强保障和改善民生工作,更加注重保障基本民生,更加关注低收入群众生活,防止平均数掩盖大多数。通过制度化的社会

---

① 刘建军,2014,"从'狂奔型社会'到'新常态'",《光明日报》,10月27日。

保护，编织社会安全网，让弱势群体和底层民众分享改革红利已成为促进社会发展的必然选择。

第四，转变人们行为取向的现实要求更为迫切。旧常态保持了经济的高速增长，但与此同时，也在一定程度上使得市场价值在社会领域不断扩张。正如桑德尔所指出的那样："在过去的30年里，市场和市场价值观渐渐地以一种前所未有的方式主宰了我们的生活。但是需要强调的是，我们深陷此种境地，并不是我们审慎选择的结果，它几乎像是突然降临到我们身上似的。"[1] 在市场社会中，任何非市场性物品都能很容易地在市场中找到替代品，从而人们开始迷失与分心，利益导向、激情缺乏、社会失范、核心价值阙如、焦虑浮躁、暴戾之气沉重等心态成为经济高速发展的反面脚注。实现中国经济在新常态下的稳健发展，从社会环境的角度，最重要的是要在我们的价值体系中尽快实现从"经济主义"向"整体生活幸福"的轴心转变[2]，行为取向实现从经济利益主导向多元价值主导的转变，民众心态实现从臣服于市场逻辑向回归社会属性的转变。这不仅要求我们用平常心态面对经济的回落，在经济发展的社会意义上，它表现为包括发展理念和发展目标在内的重新定位，重视并将个人与群体的社会心态和行为取向纳入经济社会发展的评估系统中。由此，经济发展方式的转变、市场的重新定位以及社会核心价值的重塑和资源分配方式的制度化等对于扭转人们的行为和价值取向朝着良性发展具有重要意义。

---

[1] 迈克尔·桑德尔，2012，《金钱不能买什么》，邓正来译，北京：中信出版社，第XII页。

[2] Robert E. Lane, 1991, *The Market Experience*, Cambridge: Cambridge University Press.

总而言之，经济新常态是我国经济发展阶段特征的必然反映，不以人的意志为转移，从而在深刻认识新常态所蕴含的机遇和挑战的同时，要主动适应新常态，做到认清大势，顺势而为；坚持发展，因势利导；主动作为，乘势而上。[1] 在广义上，经济新常态不仅是经济结构的调整和变动，也构成了社会发展的经济环境，与此一致，在经济长期增长基础上的结构性势变，社会发展也将迎来"拐点"。这一拐点并非指某种上行或下行的临界点，而是一种变化趋势。即在新的经济社会环境下，对经济增长与社会发展关系的理念发生了改变，自上而下都深刻认识到要改变有增长而无发展的旧模式；促进社会发展的制度环境发生了改变，经济结构的调整将成为推动社会更好发展的全新契机；民众行为的基础和机会结构发生了改变，无论是对自身发展还是对社会发展的期望更加良好、信念更为坚定。

---

[1] 本报评论员，2014，"主动适应经济发展新常态"，《人民日报》12月14日。

第三章　城市居民生活质量

2014年国家瞄准"经济发展、结构调整、民生改善、风险化解"等多重目标，一系列预调微调政策密集出台，一项项改革举措相继部署，着力保持了中国经济社会发展总体平稳与和谐稳定。新一代决策层以"新常态"定义当下的中国经济发展阶段，并通过"新常态"透视中国宏观政策未来的选择。中国经济发展进入新的发展阶段为中国社会发展转型带来了新的问题，经济社会转型带来了人们的需求结构的变化转折。总体上，人们对精神文化的需求日益紧迫，对社会支持系统的需求日渐强烈，这为经济新常态背景下的民生工程指明了努力方向。

2014年我们开展了"中国社会态度和社会发展问卷调查"。在这次问卷调查中，我们设计了专门的题器用于制作量表和测量中国城市居民的生活质量水平。本次调查取得了丰富的数据资料，为分析生活质量及其影响因素提供了全面的数据支持，尤其是搜集了大量关于物质生活（收入、住房、健康等）、社会情感生活、社会环境等重要生活领域的主观感受的信息，并以该主观感受作为衡量人们生活各方面的水平高低的综合指标。

基于此次调研数据资料，并在2012年和2013年中国城市居民生活质量研究基础之上，形成了关于2014年度城市居民生活质量的研究报告。本报告的目的是跟踪了解中国城市居民生活质量的现状、特点、结构和影响因素。具体而言,本报告以人们对生活的总体满意程度、人们对未来的生活的信心程度为测量指标,以"物质需求"、"社会情感需求"、"自我成就需求"和"社会质量需求"为主要考察内容,以社会制度安排为主要分析观察点,对中国城市居民生活质量进行测度。[①] 这次调查所拟推论的总体是中国城镇地区居住的16岁及以上的人口,具体操作定义为中国大陆直辖市、地级市、县级市中居住在社区(居委会)辖区中的16岁及以上人口。抽样方法采取四阶段(市辖区、县级市—居委会—家庭户—个人)复杂抽样设计,最终回收有效问卷7114份。

一 概念、指标与测量

本报告中生活质量主要是指人们对目前生活条件和所处的社会环境的一种主观感受,是人们对生活需求满足程度的主观感受。显然,人们生活的客观环境和条件深刻影响着人们对自己需求满足程度的感知,本报告中生活质量指标既包括人们欲望或需求得到满足的客观条件即产生幸福感的利益或客观事物,也包含人们欲望或需求得到满足的心理状态,即幸福感或满意感等主观感受。

延续2012年和2013年的分析框架,即将人们的基本生活需求划分为物质需求、社会情感需求、自我成就需求和社会质量需求四个部分(见图3—1),从两个角度分析人们的主观感受,一个是人们对生活现状的满意度指数,一个是人们对未来生活的信

[①] 李汉林,2012,《中国社会发展年度报告(2012)》,北京:中国社会科学出版社。

心度指数。2014 年将侧重于分析个人微观生活质量状况，并在此基础之上做出评价和政策建议。

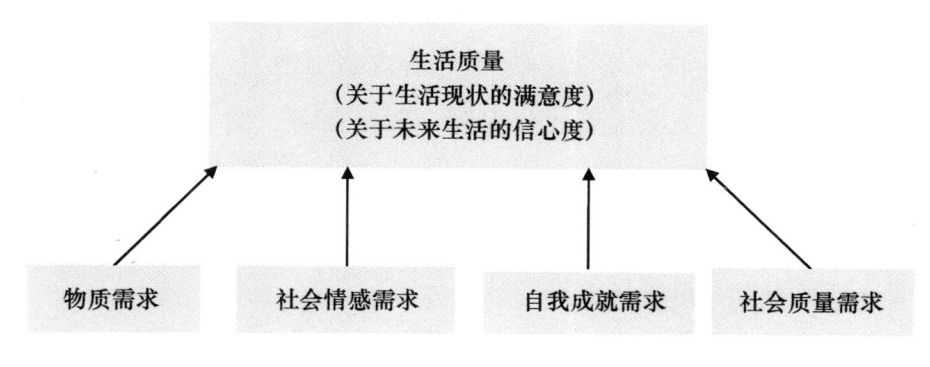

图 3—1　生活质量分析框架

本报告中生活现状的满意度和对未来生活的信心度均采用李克特五级量表方法进行测量。

（1）满意度指数：本报告在微观个人层次选取了收入水平、住房状况、健康状况、工作状况、生活压力、家庭经济状况、家庭关系、人际关系、社会地位、发展机会十个指标，在宏观社会层次选取了居民收入增长、物价（消费品价格）、住房价格、环境质量、基础设施状况、社会保障、医疗服务、教育水平、治安状况和食品安全十个指标，在两个层次上进行综合评判。受访者的主观评价分为"很不满意"、"不满意"、"一般"、"较为满意"、"很满意"五个层级，通过累加各题项得分，得到满意度指数得分。

需要说明的是，上述量表的每个题项都是 5 分制，累加后的得分则会因题项的不同而有差异，每个题项赋分是 1、2、3、4 和 5 分。我们将 5 分制换算为百分制，在累加后，再除以量表的题项数，这样就换算成了最后得分。

（2）信心度指数：本报告在微观个人层次选取了收入水平、住房状况、健康状况、工作状况、生活压力、家庭经济状况、家庭关系、人际关系、社会地位、发展机会十个指标，在宏观社会层次选取了居民收入增长、物价（消费品价格）、住房价格、环境质量、基础设施状况、社会保障、医疗服务、教育水平、治安状况和食品安全十个指标，在两个层次上进行综合评判。受访者的主观评价分为"变好"、"不变"、"变差"三个层级，通过累加各题项得分，得到满意度指数得分。

需要说明的是，上述量表的每个题项都是3分制，累加后的得分则会因题项的不同而有差异，每个题项赋分是1、2、3分。我们将3分制换算为百分制，在累加后，再除以量表的题项数，这样就换算成了最后得分。

二 中国城市居民生活质量总体分析

2014年中国城市居民生活满意度为62.83分，反映了城市居民对生活现状基本满意。2014年城市居民的总体信心度为82.14分，反映了城市居民对未来生活有较大的信心。城市居民宏观社会层次生活状况满意度为58.69分，宏观社会层次生活状况的信心度为82.15分，微观个人层次生活状况的信心度为83.03分，微观个人层次的满意度为66.94分。

从统计结果看，中国城市居民对宏观层次的社会质量的不满意程度大于对个人微观层次生活的满意度，这提出了进一步推进社会改革和提升社会质量的发展要求。城市居民对社会环境向良性发展方向变化充满信心，信心度分值达82.15，这为国家推动各项社会事业改革提供了良好的群众基础。

（一）个人层次生活质量的总体状况

2014年中国城市居民对生活基本满意，满意度分值为62.83。在微观层次各生活领域，受访者生活满意度从低到高依序为生活压力、个人收入、住房状况、家庭经济状况、发展机会、工作状况、社会地位、健康状况、人际关系、家庭关系（见图3—2）。其中受访者的"生活压力"成为障碍受访者生活质量的首要问题，29.9%受访者认为生活压力比较大或很大。

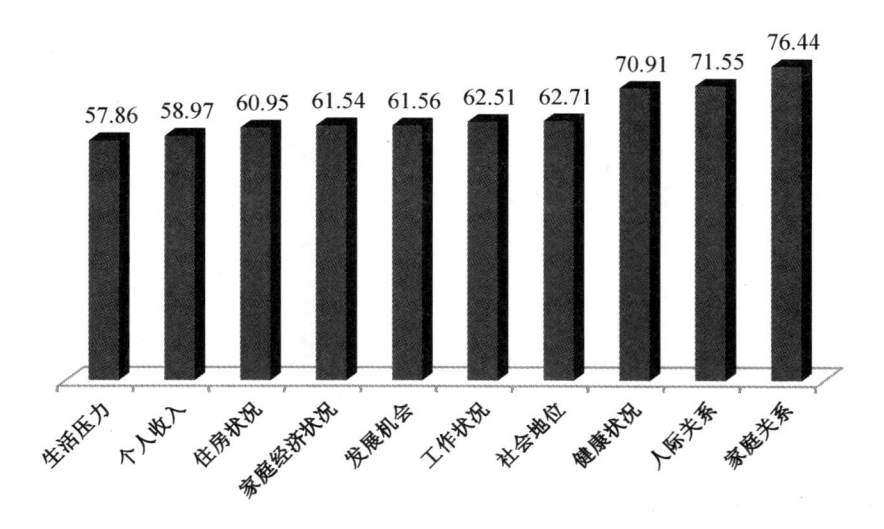

项目	分值
生活压力	57.86
个人收入	58.97
住房状况	60.95
家庭经济状况	61.54
发展机会	61.56
工作状况	62.51
社会地位	62.71
健康状况	70.91
人际关系	71.55
家庭关系	76.44

图3—2 微观层次生活质量的满意度分布

2014年中国城市居民受访者对未来生活状况充满信心，信心度分值为83.3。在微观层次各生活领域，受访者生活信心度从低到高依序为生活压力、住房状况、社会地位、健康状况、工作状况、发展机会、个人收入、人际关系、家庭经济状况、家庭关系（见图3—3）。其中，人们对"生活压力"未来变好最不乐观。

这一统计结果提出了改进人们心理层次的健康问题的新要求。其次，受访者对"住房状况"的未来变化较不乐观。虽然国家不断采取"限购"、"限价"等措施管理住房市场，但"住房问题"仍然是中国城市居民较为不满意且较为不乐观的重要社会问题。

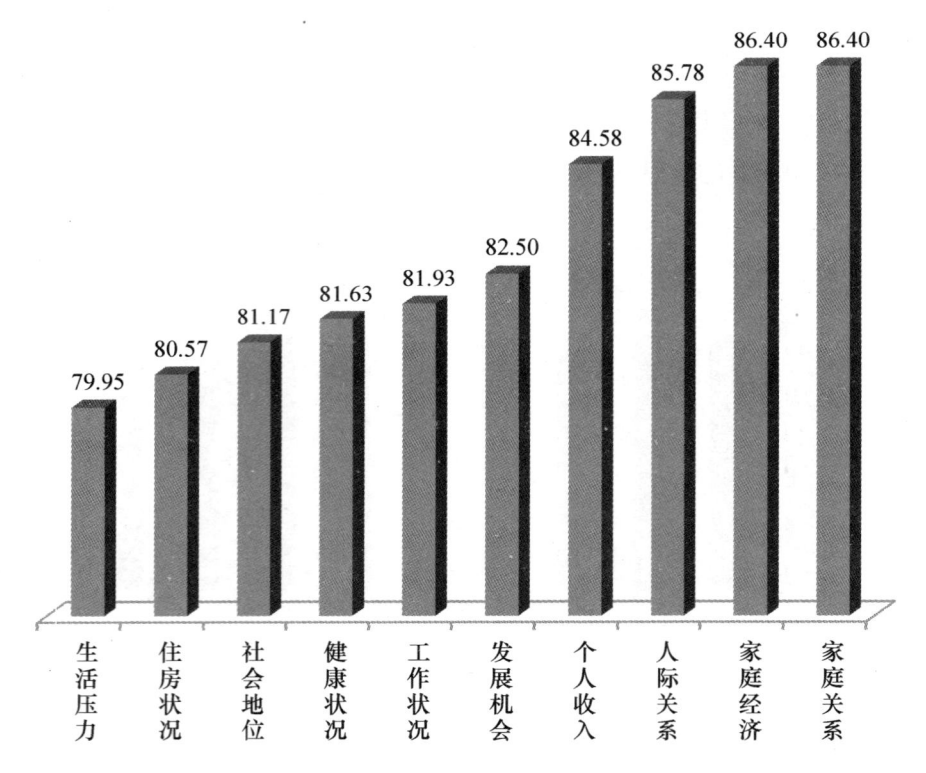

图3—3 微观层次生活质量的信心度分布

生活压力 79.95
住房状况 80.57
社会地位 81.17
健康状况 81.63
工作状况 81.93
发展机会 82.50
个人收入 84.58
人际关系 85.78
家庭经济 86.40
家庭关系 86.40

（二）社会层次生活质量的总体状况

2014年中国城市居民对宏观层次社会质量的满意度较为一般，其满意度分值为58.69。在宏观层次各生活领域，受访者生活满意度从低到高依序为住房状况、物价水平、食品安全、环境质量、医疗服务、收入增长、社会保障、治安状况、教育水平、基础设施（见图3—4）。

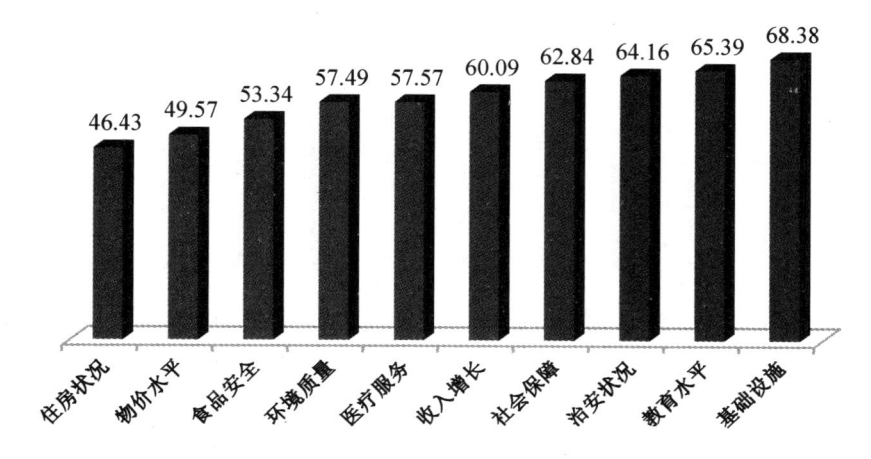

图3—4 宏观层次生活质量的满意度分布

住房状况 46.43
物价水平 49.57
食品安全 53.34
环境质量 57.49
医疗服务 57.57
收入增长 60.09
社会保障 62.84
治安状况 64.16
教育水平 65.39
基础设施 68.38

其中受访者的"住房状况"成为障碍受访者生活质量水平的首要问题。25.7%的受访者表示"非常不满意"，33.6%的受访者表示"较为不满意"，26.0%的受访者表示"一般"，12.3%的受访者表示"较为满意"，仅有2.5%的受访者表示"满意"。

其次，"物价水平"是障碍受访者对当前生活满意度的重大问题。统计结果显示，超过半数的受访者表示对"物价水平"不满意，其中，18.0%的受访者表示对物价水平非常不满意，35.4%的受访者表示对物价水平"较为不满意"，30.1%的受访者表示"一般"，仅有13.6%的受访者表示"较为满意"，仅有2.9%的受访者表示"满意"。

2014年中国城市居民对宏观层次社会质量的信心度较高，其信心度分值为82.14。在宏观层次各生活领域，受访者生活满意度从低到高依序为住房状况、物价水平、食品安全、环境质量、医疗服务、收入增长、社会保障、治安状况、教育水平、基础设施（见图3—5）。

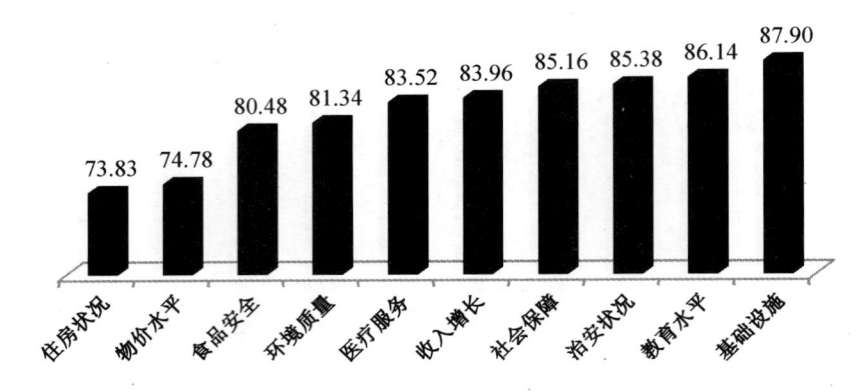

图3—5 宏观层次生活质量的信心度分布

住房状况 73.83
物价水平 74.78
食品安全 80.48
环境质量 81.34
医疗服务 83.52
收入增长 83.96
社会保障 85.16
治安状况 85.38
教育水平 86.14
基础设施 87.90

其中受访者的"住房状况"成为障碍受访者对未来生活状况信心度的首要问题，半数以上的受访者对改善"住房状况"缺乏信心。19.1%的受访者认为"变差"，40.3%的受访者认为"没变化"，仅有40.6%的受访者认为会"变好"。此外，宏观层次受访者对社会质量的满意度和信心度存在明显的一致性，满意度越高的领域其信心度也越高。

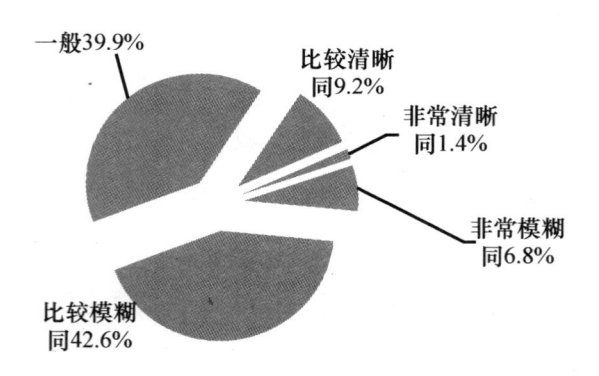

图3—6 社会道德价值观状况

一般 39.9%
比较清晰 9.2%
非常清晰 1.4%
非常模糊 6.8%
比较模糊 42.6%

统计结果发现，2014年度人们道德价值观较为模糊，49.4%的受访者认为社会上的道德价值观较为模糊，仅有10.6%的受访者认为社会的道德价值观较为清晰或非常清晰。重塑社会价值和重建道德高地仍是未来数年的重大问题。

三 生活质量分社会属性分析

从受访者的性别、年龄结构、婚姻状况、收入水平、区域类型、宗教信仰、民族身份、政治面貌等方面考察中国城市居民生活质量状况，结果显示，男性和女性对生活现状的满意度和未来生活的信心度不存在显著差异。党员受访者的生活满意度和信心度显著高于非党员受访者。青年群体的生活满意度和信心度明显偏低，老年人群体的生活满意度和生活信心度较高。中等收入群体受访者对生活现状的满意度最低，对未来生活的信心度亦最低。汉族地区受访者和少数民族受访者对生活现状的满意度和未来生活的信心度均不存在显著差异。

对受访者的自然与社会特征的初步分析显示（见表3—1），性别差异对生活质量满意度和信心度均不存在显著差异，女性对生活满意度的分值为62.25，男性对生活满意度的分值为63.06分；女性比男性对未来生活状况更有信心，男性对未来生活的信心度分值为81.95，女性对未来生活的信心度分值为82.27。统计还发现，无论在微观个人生活领域还是宏观社会质量层次，男性和女性的生活满意度和未来生活的信心度均无显著差异。

表 3—1　生活满意度与信心度在各项社会属性特征值上的分布

		满意度均值	差异显著性	信心度均值	差异显著性
性别	男	63.06	F = 2.013, Sig. = 0.368	81.95	F = 0.812, Sig. = 0.367
	女	62.25		82.27	
年龄	16—24 岁	63.49	F = 22.617, Sig. = 0.000	82.85	F = 2.219, Sig. = 0.064
	25—34 岁	61.51		81.66	
	35—44 岁	61.93		81.79	
	45—54 岁	63.39		82.02	
	55 岁及以上	65.71		82.97	
婚姻状况	未婚单身	63.03	F = 3.132, Sig. = 0.025	82.66	F = 0.103, Sig. = 2.066
	在婚或同居	62.75		81.97	
	离婚	61.77		84.69	
	丧偶	66.92		81.76	
教育程度	初中及以下	62.66	F = 0.9423, Sig. = 0.390	82.03	F = 0.342, Sig. = 0.035
	高中或中专	62.75		81.72	
	大专及以上	63.12		82.79	
家庭月收入	低收入	60.93	F = 92.940, Sig. = 0.000	82.34	F = 1.345, Sig. = 0.261
	中收入	64.33		82.01	
	高收入	66.74		81.71	
区域	东部地区	63.07	F = 8.284, Sig. = 0.034	82.75	F = 65.549, Sig. = 0.000
	中部地区	61.90		84.08	
	西部地区	63.53		78.56	
	东北地区	63.48		84.79	
政治面貌	党员	65.06	F = 12.523, Sig. = 0.000	83.99	F = 20.771, Sig. = 0.000
	共青团员	63.05		84.26	
	群众	62.54		81.52	

续表

		满意度均值	差异显著性	信心度均值	差异显著性
民族	汉族	62.81	F = 1.268,	82.17	F = 0.420,
	少数民族	63.70	Sig. = 0.260	81.55	Sig. = 0.517
宗教信仰	信教	61.15	F = 0.942,	82.39	F = 3.342,
	不信教	62.92	Sig. = 0.390	82.14	Sig. = 0.035

分年龄结构看，青年人年龄组受访者的生活现状满意度和未来生活信心度均为最低。可以说，中青年群体对生活现状的满意度和未来生活的信心度较低。55岁以上的老年人群体的生活满意度和未来信心度最高，其满意度和信心度分值分别为65.71和82.97（见表3—1）。

分婚姻状况看，离婚群体受访者对生活现状的满意度最低，但其对未来生活的信心度却最高，其分值分别为61.77和84.69。在婚或者同居群体受访者对生活现状的满意度一般，而对未来生活的信心度较低。未婚单身群体受访者对生活现状较为满意，并且对未来生活充满信心。值得注意的是，丧偶群体受访者对未来生活的信心度较低，得分仅为81.76。

分受教育程度看，各个群体的生活满意度不存在显著差异（见表3—1）。然而，受教育程度越高，其对个人生活现状的满意度越高，而其对宏观社会质量的满意度越低。这就向国家提出了改进宏观社会质量的要求。

总体上，不信教和信教群体受访者的生活满意度不存在显著差异。值得注意的是，信教者对未来生活的信心度（82.39）高于不信教者对未来生活的信心度（82.14）。由此看来，宗教信仰在一定程度上可提高受访者对未来生活信心程度。统计分析还显示，信教群体对微观个人生活的满意度（满意度分值为 66.15）显著低于不信教群体的生活满意度（满意度分值为 67.00）。一个可能的情况是受访者对生活现状不满而更倾向于选择宗教信仰。

分收入水平看，中等收入群体受访者对生活现状的满意度最低，对未来生活的信心度亦最低。许多研究指出中等收入家庭群体是维持社会稳定的重要基础，从这一结果来看，当前中国中等收入家庭群体对生活现状的主观感受不利于中国社会的稳定发展。

分东、中、西和东北四个区域看，生活现状满意度和未来生活的信心度均存在显著的区域差异。中部地区受访者对生活现状的满意度显著低于其他地区的受访者，其满意度分值仅为 61.90。西部地区受访者对未来生活的信心度显著低于其他地区的受访者，其信心度分值仅为 78.56。

分政治面貌看，党员群体受访者对生活现状的满意度显著高于其他群体受访者，生活满意度分值为 65.06。群众群体受访者对生活现状的满意度和未来生活的信心度均显著低于其他群体受访者。党员、团员和群众对宏观社会质量的满意度不存在显著区别，而在微观层次党员的生活满意度显著高于其他群体（满意度分值为 59.40，$F = 1.068$，$Sig. = 0.344$）。

分民族类型看，汉族地区受访者和少数民族受访者对生活现状的满意度和未来生活的信心度均不存在显著差异。从微观层次分析，汉族地区受访者和少数民族受访者对个人微观生活领域的满意度不存在显著区别。从宏观层次分析，汉族地区受访者和少数民族受访者对宏观社会质量的满意度也不存在显著区别。

四 生活质量社会制度性分析

(一) 城乡差异与人口流动

随着城乡一体化的推进,国家正深化户籍制度改革。统计检验结果显示,分农业户籍和非农业户籍来看,非农业受访者对生活现状的满意度显著高于农业户籍受访者($F = 12.579$,Sig. $= 0.000$)。非农业户籍受访者对生活现状的满意度分值为63.17,农业户籍受访者对生活现状的满意度分值为62.06。而农业户籍和非农业户籍受访者对未来生活的信心度不存在显著差异($F = 1.529$,Sig. $= 0.216$)。

分本地户籍和外地户籍看,本地户籍受访者对生活现状的满意度显著高于外地户籍受访者($F = 8.246$,Sig. $= 0.004$)。本地户籍受访者对生活现状的满意度分值为63.00,外地户籍受访者对生活现状的满意度分值为61.80。而农业户籍和非农业户籍受访者对未来生活的信心度不存在显著差异($F = 1.529$,Sig. $= 0.216$)。

从图3—7可看出,外地户籍受访者对生活现状满意度最低,其满意度分值仅为61.80。外地户籍受访者对社会层次和个人层次的生活现状满意度均为最低,不仅低于本地户籍受访者,而且低于农业户籍受访者。因此,有必要特别关注外地流动人口生活条件和生活环境等问题。

在宏观社会质量层次,农业户籍受访者和非农业户籍受访者的满意度较低,特别体现在基础设施、社会保障、治安状况、物价水平等领域。在微观个人层次,农业户籍受访者和非农业户籍

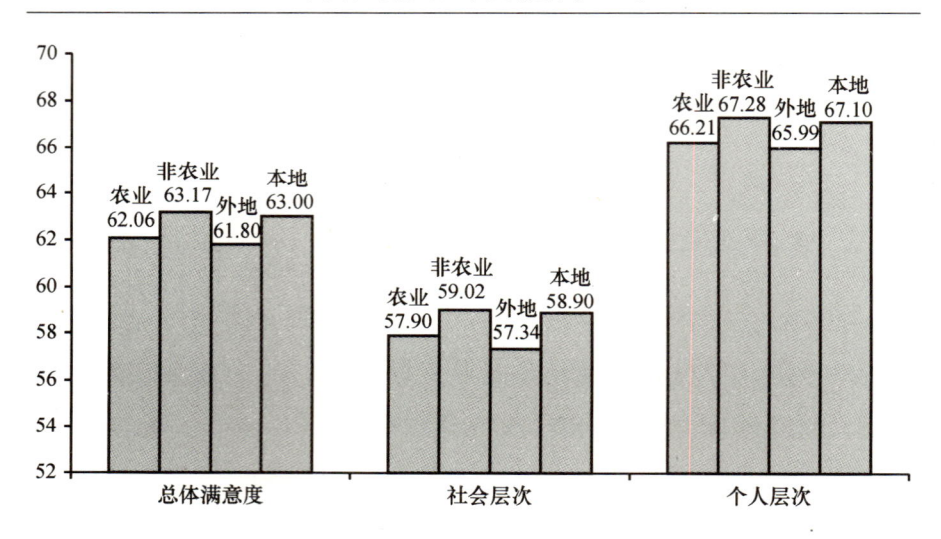

图 3—7　分户籍受访者对生活现状的满意度分值

受访者的满意度较低，特别体现在社会地位、住房状况、家庭关系等领域。农业户籍受访者对社会地位和住房状况的满意度显著低于非农业户籍受访者，而非农业户籍受访者对家庭关系状况的满意度显著低于农业户籍受访者。

在宏观社会质量层次，外地户籍受访者比本地户籍受访者对住房状况、治安状况和物价水平的不满意度程度更高，不满意程度按照从高到低依次为住房状况、物价水平、医疗服务、食品安全、环境质量、收入增长、社会保障、治安状况、教育水平、基础设施。在微观个人层次，外地户籍受访者比本地户籍受访者在生活压力、个人收入、住房状况、社会地位和家庭经济状况方面的不满意程度更低，不满意度按照从高到低依次为生活压力、个人收入、住房状况、家庭经济、社会地位、工作状况、发展机会、健康状况、人际关系、家庭关系。

农业户籍受访者的满意度较低，特别体现在基础设施、社会保障、治安状况、物价水平等领域。在微观个人层次，农业户籍受访者和非农业户籍受访者的满意度较低，特别体现在社会地位、住房状况、家庭关系等领域。农业户籍受访者对社会地位和住房状况的满意度显著低于非农业户籍受访者，而非农业户籍受访者对家庭关系状况的满意度显著低于农业户籍受访者。

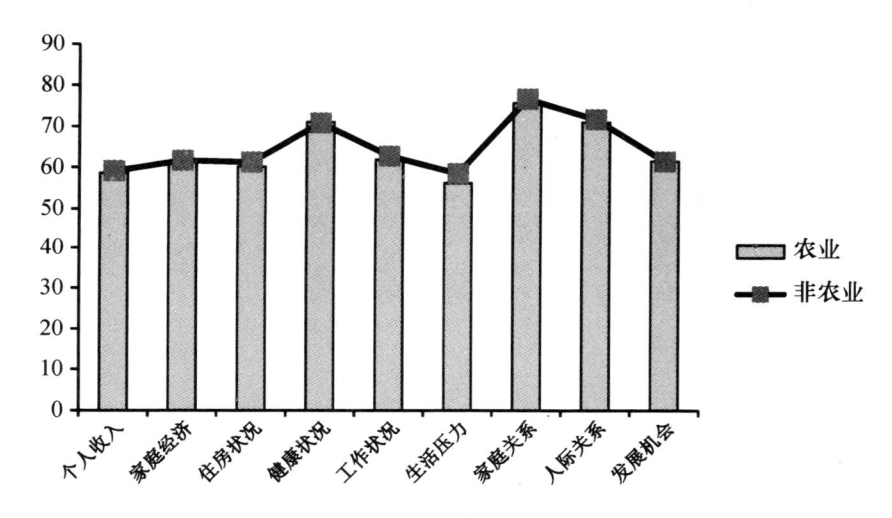

图3—8 分户籍受访者对个人生活领域的满意度分值

（二）社区类型

不同的社区类型的受访者对生活现状的满意度和未来生活的信心度存在显著区别。本次调查共涉及农转非社区、单位社区、商品房小区、高档小区、未经改造的老城区等社区类型（见图3—9）。

分社区类型来看，棚户区受访者对生活现状的满意度显著低于其他社区类型受访者（满意度分值仅为61.46），而其他类型受访者对生活现状满意度不存在显著差异。按照满意度分值高低排序，从低到高依次为未经改造的老城区（街坊型社区）、普通商品房/经济适用房小区、农转居社区、高档住宅区、单位社区和其他。

图 3—9 受访者社区类型分布

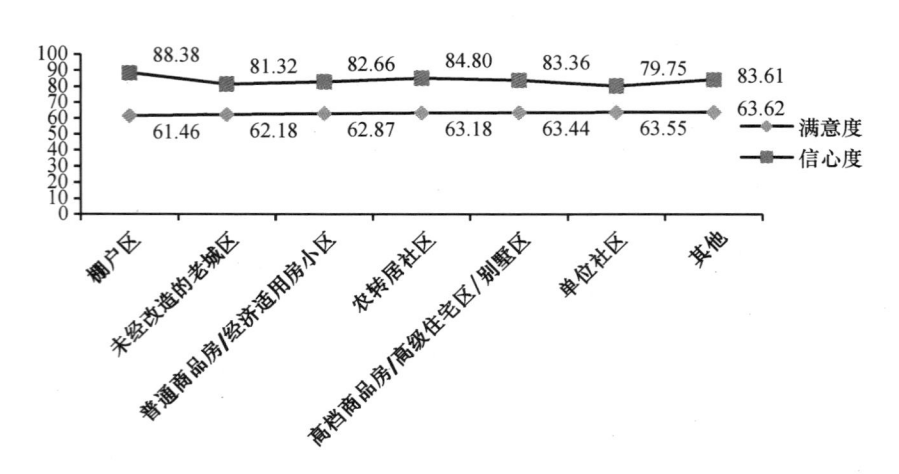

图 3—10 分社区类型满意度和信心度分值

分社区类型来看，不同社区类型受访者对未来生活的信心度存在显著差异。棚户区受访者对未来生活的信心度显著高于其他社区类型受访者（信心度分值为88.38），而其他类型受访者对生活现状满意度不存在显著差异。按照信心度分值高低排序，他们依次为棚户区、农转居社区、其他、高档住宅区、普通商品房/

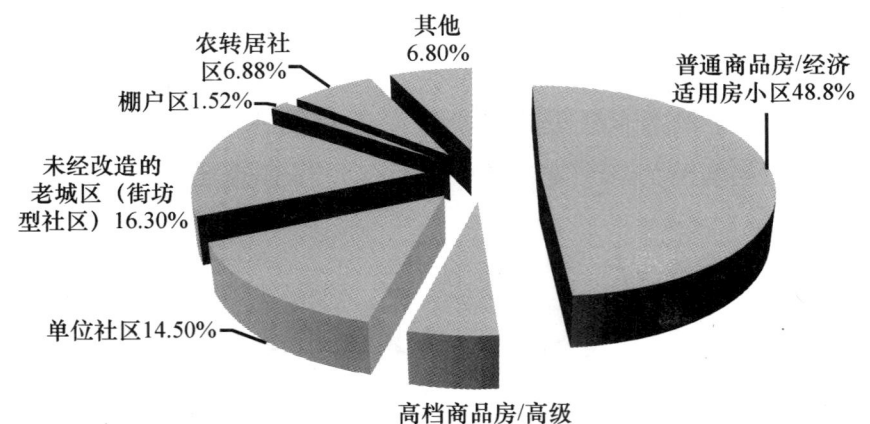

经济适用房小区、未经改造的老城区（街坊型社区）、单位社区。棚户区受访者对未来生活的信心度高达88.38；农转居社区受访者对未来生活的信心度高达84.80；单位社区受访者对未来生活的信心度最差，其分值为79.75。

（三）社会结构与位置

社会学研究中有一个重要概念即"参照群体"，就是人们通过与其进行某种比照以便选取某种立场、态度或行为的群体。它不仅包括了这些具有互动基础的群体，也涵盖了与个体没有直接面对面接触但对个体行为产生影响的个人和群体。许多研究发现，人们的思维和行为决策往往以其他群体的行为模式作为参照。

本报告主要分析人们的主观感受，而人们形成主观感受深受参考群体的影响。下面我们将比较不同参考机制和不同参考群体对受访者的生活质量的影响。

1. 参照类型

从家庭背景、经济收入、个人能力、职业几个方面进行满意度分析。统计结果显示，以"家庭背景"作为参考标准的受访者的生活满意度最低，其满意度分值为61.03。以"职业类型"为参考比较标准的受访者的生活满意度最高，其满意度分值为65.62。以"家庭背景"这一先赋性资源为比较标准的受访者对个人生活的满意度和对社会质量的满意度均为最低。以"职业类型"为比较标准的受访者对个人生活的满意度和对社会质量的满意度均为最高。

表3—2　　　　　　　　分参照群体满意度分值

	总体满意度	个人层次满意度	社会层次满意度
家庭背景	61.03	64.27	57.63
经济收入	62.19	66.03	58.33
说不清	62.83	66.94	58.68
个人能力	64.43	69.08	59.68
职业类型	65.62	69.66	61.33

从家庭背景、经济收入、个人能力、职业几个方面进行满意度分析。统计结果显示，以"职业类型"和"家庭背景"作为参考标准的受访者的生活信心度显著低于其他群体的受访者，其信心度分值分别为79.50和79.86；以"个人能力"为参考比较标准的受访者的生活满意度最高，其满意度分值为84.58。以"个人能力"这一自致性资源为比较标准的受访者对个人生活的信心度和对社会质量的信心度均为最高。

表3—3　　　　　　　　分参照类型信心度分值

	总体	个人层次	社会层次
职业类型	79.50	80.35	79.50
家庭背景	79.86	80.77	79.86
经济收入	81.74	82.10	81.74
说不清	82.79	82.89	82.79
个人能力	84.58	86.44	84.58

2. 参照群体

从"社会上其他人"、"身边的亲朋好友"、"相同职业的人"、"单位内同事"、"很难说清楚"几个方面看受访者的参照群体及其对受访者的满意度影响。"很难说清楚"的受访者缺乏参照群体,其生活满意度为61.67,显著低于其他受访者。与"单位内同事"相比的受访者的生活满意度最高,其满意度分值为63.89。

表3—4　　　　　　　　分参照群体满意度分值

	总体满意度	个人层次	社会层次
很难说清楚	61.67	65.71	57.49
社会上其他人	62.26	66.35	58.34
身边的亲朋好友	63.21	67.4	58.94
相同职业的人	63.53	67.86	58.8
单位内同事	63.89	68.09	59.85

从"社会上其他人"、"身边的亲朋好友"、"相同职业的人"、"单位内同事"、"很难说清楚"几个方面看受访者的参照群体及其对受访者的信心度影响,"与单位内同事"比较的受访者对未来生活变化的信心度最低,"与身边的亲朋好友"比较的受访者对未来生活变化的信心度最高。

表3—5　　　　　　　分参照群体信心度分值

	总体信心度	个人层次	社会层次
单位内同事	80.93	82.01	80.92
社会上其他人	81.02	81.46	81.02
很难说清楚	81.67	83.41	81.66
相同职业的人	83.02	84.04	83.02
身边的亲朋好友	83.62	84.69	83.62

3. 社会地位

分社会地位层级看，主观社会地位分层对生活满意度存在显著影响（统计结果显示 F = 92.94，Sig. = 0.000）。主观分层地位越低的受访者对生活现状的满意度越差。分收入层级看，主观收入层级越低的受访者对生活的满意度越差。主观社会地位越低的受访者对未来生活的信心度较低，而主观经济收入较低的受访者却对未来生活的变化最为乐观。可以说，主观社会地位对受访者关于未来的预期的影响甚过主观经济收入的影响。

表3—6　　　　　　　分参照群体信心度分值

	分社会地位		分经济收入	
	生活满意度	生活信心度	生活满意度	生活信心度
低	60.53	81.76	60.93	82.34
中	64.12	82.31	64.33	82.01
高	66.49	82.65	66.74	81.70

与五年前相比，50%以上的受访者认为经济收入基本没有变化，43.1%的受访者认为其经济收入与五年前相比有所提高（见

图 3—11）。74.1% 的受访者认为与五年前相比其社会地位基本没有变化，22.2% 的受访者认为其社会地位有所提高。

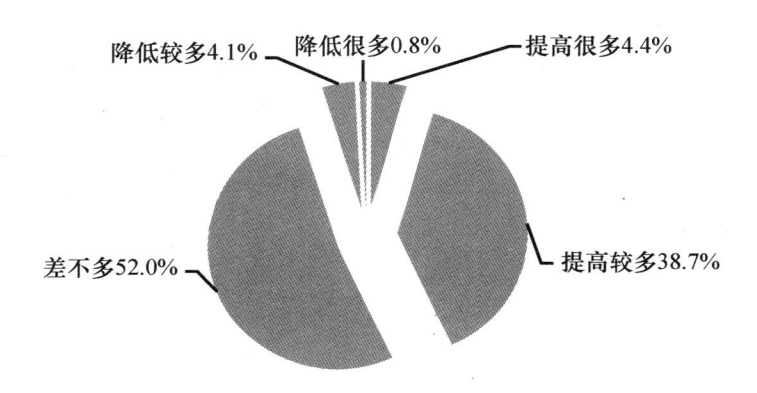

降低较多 4.1%　降低很多 0.8%　提高很多 4.4%

差不多 52.0%　提高较多 38.7%

图 3—11　与五年前相比经济收入变化

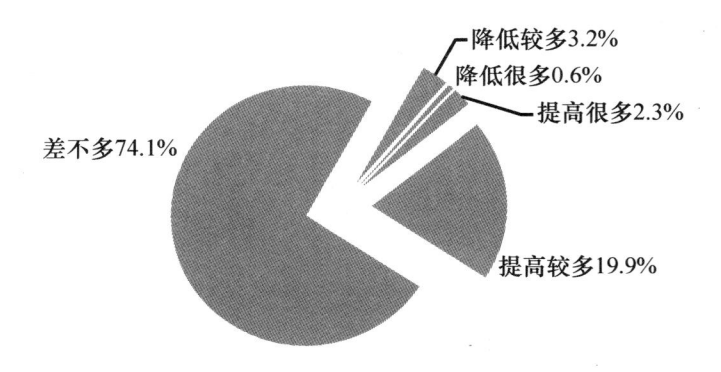

降低较多 3.2%
降低很多 0.6%
提高很多 2.3%

差不多 74.1%　提高较多 19.9%

图 3—12　与五年前相比社会地位变化

与五年前经济收入相比有提高的受访者对生活满意度显著高于其他受访者，其满意度分值为 65.12，而收入有所下降的受访者其对生活现状的满意度最低，满意度分值仅为 57.40。与五年前社会地位相比有提高的受访者对生活满意度显著高于其他受访者，其满意度分值为 65.71，而社会地位下降的受访者其对生活现状的满意度最低，满意度分值仅为 56.85。

五 网络化背景下的生活质量

网络成为中国城市居民生活的重要内容,调查显示73.8%的家庭拥有1—3台互联网设备。26.4%的受访者从不上网,59.2%的受访者每天使用网络的时间为1—4小时,10.8%的受访者每天使用网络的时间达4—8小时,3.5%的受访者使用网络时间在8小时以上。网络成为信息传播的重要渠道,54.9%的受访者在网络上发表评论或转发消息,但网络参与程度不高,有46.1%的受访者从不参与评论或者转发消息。在有网络参与行为的受访者中,5.6%的受访者经常在网络上评论或转发消息,17.3%的受访者有时在网络上评论或转发消息,31.0%的受访者偶尔在网络上评论或转发消息。

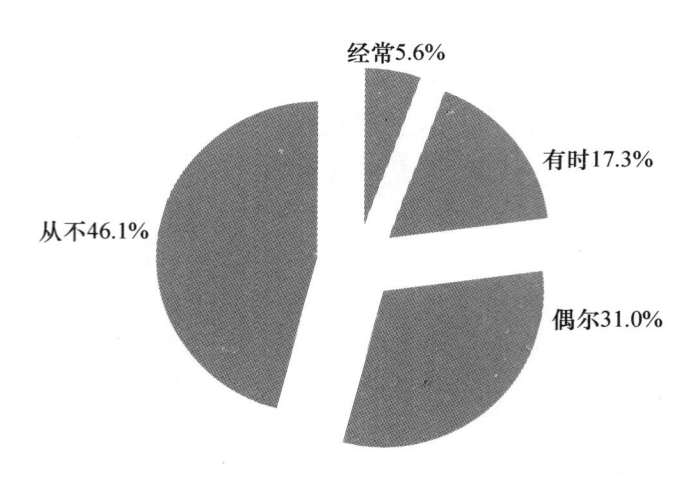

图3—13 网络参与状态

网络具有迅速、快捷的传播特点,随着新浪微博、微信等公众信息平台的发展,网络大V成为影响社会舆论的结构点。调查结果显示，37.9%的受访者认为大V的影响力很低，23.0%的受访者认为大V的影响力较低，30.7%的受访者认为大V的影响力一般，而7.8%的受访者认为较高，0.7%的受访者认为大V具有很高的影响力。

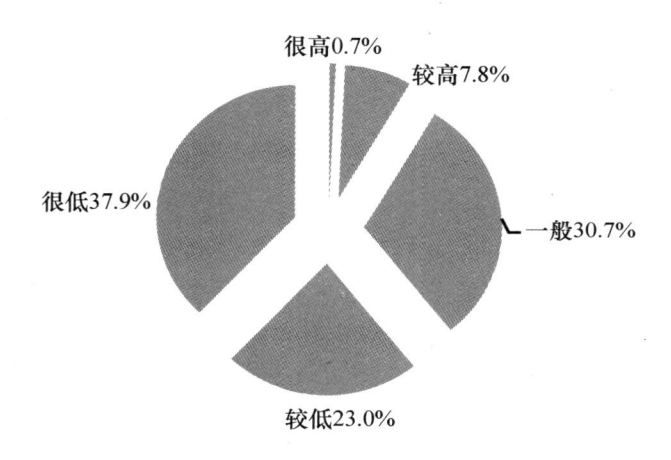

图3—14 大V影响力分布

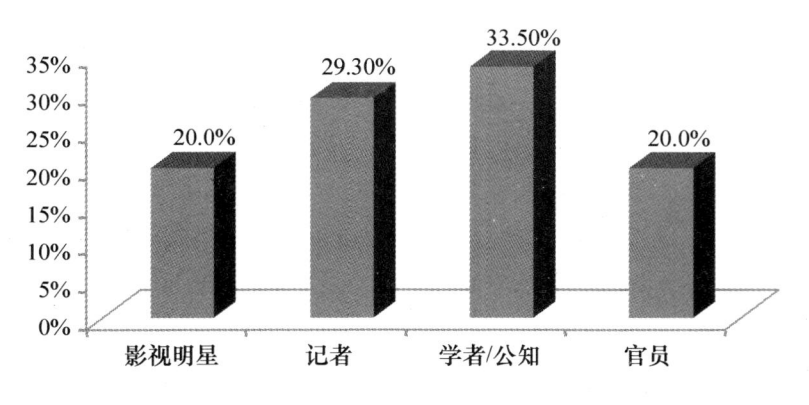

图3—15 各类大V影响力分布

在影视明星、记者、学者、官员等各类大V中，学者或公知对大众的影响力更为普遍。在各类有影响力的群体中，33.5%的受访者认为学者或公知对其有比较高的影响，29.3%的受访者认为记者对其有着比较大的影响，而20.0%的受访者认为影视明星、官员对其有着重要影响。

六 消费预期与生活质量

2014年中国城市居民的消费预期是理解社会发展趋势的重要内容。19.9%的受访者表示对购买大宗电器"有清晰的打算"，28.2%的访者对购买大宗电器"有模糊的打算"。47.2%的受访者表示"没有打算"（见图3—16）。

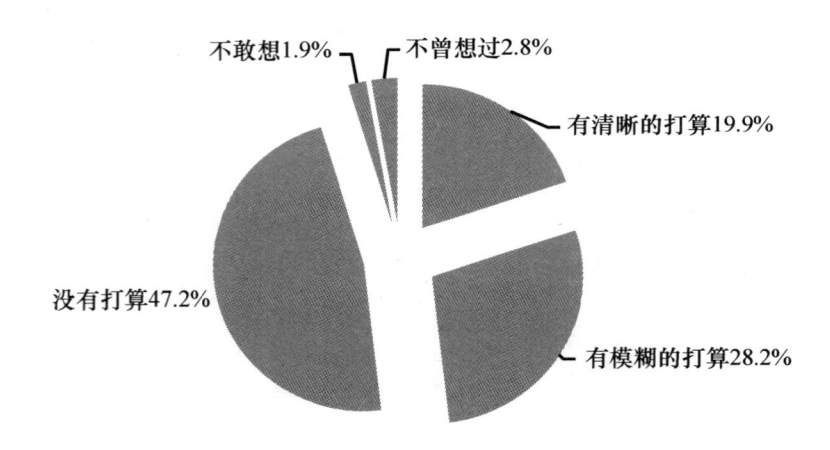

图3—16 更换大宗电器的消费预期

2014年"房价高"、"住房难"仍是困扰中国城市居民的难题，8.7%的受访者表示有清晰的购房打算，18.7%的受访者表示"有模糊的打算"，60.1%的受访者表示没有购房打算（见图3—17）。

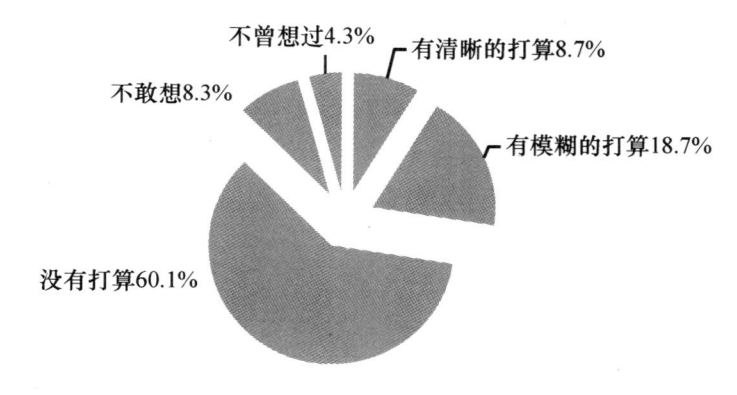

图 3—17 购买住房的消费预期

调查显示，60.0%以上的中国城市居民没有购买汽车的计划。9.7%的受访者表示有清晰的购车打算，19.9%的受访者表示"有模糊的打算"（见图 3—18）。

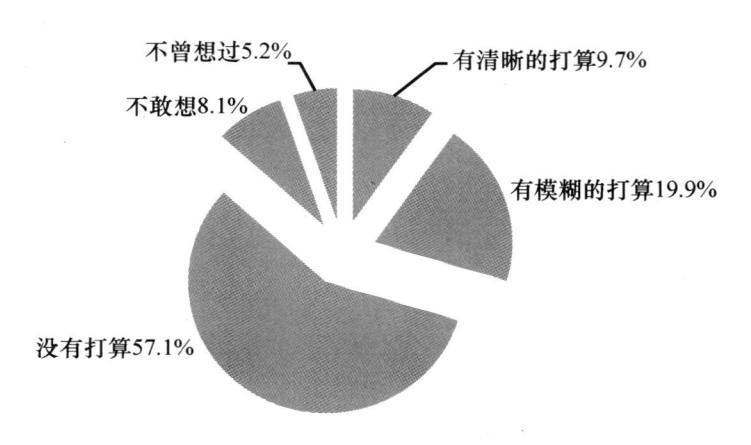

图 3—18 购买汽车的消费预期

良好的投资创业环境对人们实现自我价值和推动经济社会发展有着重要意义。调查显示，7.7%的受访者表示有"清晰的打算"，20.3%的受访者表示"有模糊的打算"（见图 3—19）。

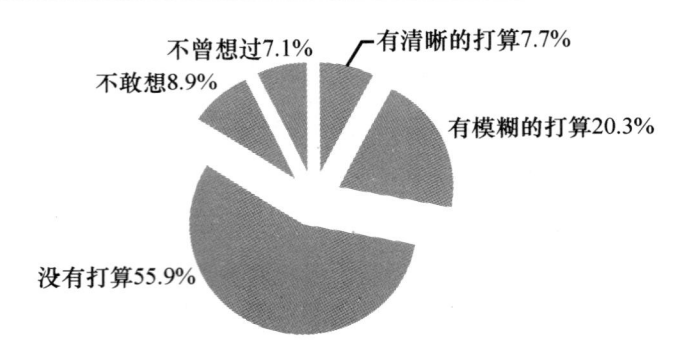

图3—19　投资创业的行为预期

- 不曾想过7.1%
- 有清晰的打算7.7%
- 不敢想8.9%
- 有模糊的打算20.3%
- 没有打算55.9%

最近几年"移民"也成为中国城市居民的生活选择。调查结果显示，0.8%的受访者有清晰的出国定居计划（见图3—20）。高收入群体中2.1%的受访者对"出国定居"有着清晰的打算，这个比例是中低收入群体受访者比例的三倍，中低收入群体中0.1%的受访者有着清晰的出国定居计划。高收入群体中7.1%的受访者有出国定居的"模糊打算"，也显著高于其他群体。

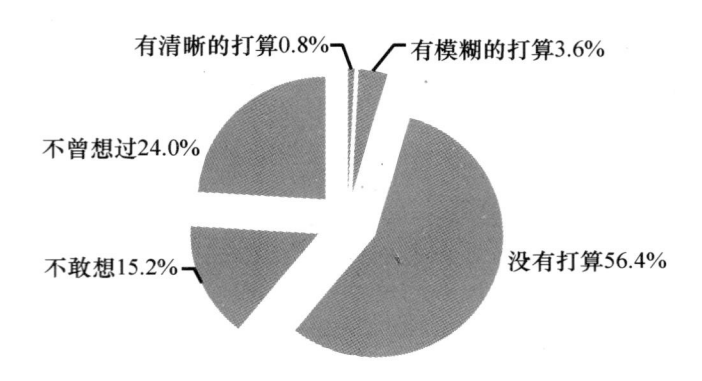

图3—20　出国定居的行为预期

- 有清晰的打算0.8%
- 有模糊的打算3.6%
- 不曾想过24.0%
- 不敢想15.2%
- 没有打算56.4%

七　主要结论与讨论

2014年以习近平主席为中心的新一代领导集体提出了中国经济发展的"新常态"的论断，即中国经济随着经济增速换挡回落，从高速增长转为中高速增长。2014年中国社会发展调查显示，人们的社会生活需求发生着重大转折，人们的心理状态问题成为负向影响人们生活质量的首要问题。也就是，随着人们物质生活不断丰富和经济社会转型，人们生活的需求结构正发生转型，精神文化和心理健康层次的问题日渐突出，这正指出了经济新常态背景下的社会建设的重要领域和方向。

2014年中国城市居民生活满意度为62.83，城市居民对生活现状基本满意。2014年城市居民的总体信心度为82.14，城市居民对未来生活有较大的信心。城市居民对宏观社会层次生活状况满意度为58.69，宏观社会层次生活状况的信心度为82.15，微观个人层次生活状况的信心度为83.03，微观个人层次的满意度为66.94。

表3—7　　　　　　生活质量的指数分布（百分制）

	生活现状的满意度	未来生活的信心度
微观——个人生活	66.94	83.03
宏观——社会质量	58.69	82.15

第一，比较宏微观各项指标，人们的"生活压力"首次上升为最为不满意的领域，这反映了中国城市居民的需求结构正在发

生重大转型。当经济发展到一定水平,人们对社会精神文化层次的需求格外突出明显。21.5%的受访者表示压力较大,8.4%的受访者表示压力很大。

第二,人们对收入水平的不满意程度有所改善。人们对"收入水平"的不满意度由2013年的第一位下降为第二位,有所改善,但收入增长满意度远远低于经济增长满意度。27.1%的受访者对个人收入状况表示不满意。48.2%的受访者对经济增长状况表示满意,而仅有25.8%的受访者对收入增长状况表示满意。

第三,与2012年和2013年的结果相似,物价水平和食品安全仍是牵动民心的重大社会问题。18%的受访者表示对物价水平非常不满意,35.4%的受访者表示对物价水平"较为不满意",30.1%的受访者表示"一般",仅有13.6%的受访者表示"较为满意",仅有2.9%的受访者表示"满意"。因此,2015年国家仍亟须加强宏观调控和市场监管、理顺价格体系和管理体系。

第四,在各项社会经济保障设施中,人们对"住房状况"的满意程度和信心程度均为最低,深化住房市场和制度改革仍然是关系民生健康发展的重大问题。统计结果显示,59.3%的受访者对住房状况表示"不满意",仅有14.8%的受访者对住房状况表示"满意",并且人们对"住房状况"的未来前景信心不足。

第五,宏观社会经济保障水平深刻影响微观层次人们的生活状态,人们在日常生活领域首先感受到较大生活压力。统计结果显示,人们在心理层次对"生活压力"的不满意度超过了对个人现实的物质生活的不满意度,成为影响人们生活质量的首要问题。29.9%受访者认为生活压力比较大或非常大。在改善物质生活条件的同时,有必要高度关注人们的心理健康,并在可能的范围为人们提供心理调节的知识和实践方法。

第六，中国城市居民城乡一体化水平不断提高，城乡户籍对居民的生活满意度仍存在显著差异，但城乡户籍对居民生活的信心度没有显著影响。在微观个人层次，农业户籍受访者最为不满意的领域是"社会地位"，也就是多年来农业户籍的社会歧视深刻影响农业户籍群体的心理状态。在宏观层次，农业户籍受访者最为不满意的领域是"基础设施"和"社会保障"。

第七，随着城市化进程不断加快，流动人口的社会融入和社会福利问题日益凸显。本地人和外地人对生活现状的满意度存在显著差异，而对未来生活变化的信心度没有显著差异。在宏观社会质量层次，外地户籍受访者比本地户籍受访者对住房状况和物价水平的不满意度程度更为严重。在微观个人层次，外地户籍受访者比本地户籍受访者在生活压力、个人收入、住房状况等方面的不满意程度格外严重。不同社区类型的受访者对生活现状的满意度和未来生活的信心度存在显著区别。棚户区受访者对生活现状的满意度最低，但在宏观政策支持下，棚户区受访者对未来生活改善的信心度最高。

第八，中青年群体是推动社会发展的核心力量，而调查显示中青年群体对生活不满意程度最严重，对未来生活的信心度明显不足。25—34岁受访者对住房状况的满意度仅为45.03，35—44岁受访者对住房状况的满意度仅为45.19。在各生活领域中，青年群体对"住房状况"的满意度最低，其次为物价水平。35—45岁的中年人群体的"生活压力"问题格外突出，35.6%的受访者感觉生活压力较大。

第九，中等收入群体是形成稳定的社会结构的重要基础，国家应该在政策上尽可能推动中产阶级或中间阶层的发展和成熟，避免他们出现被剥夺或被挤压的倾向。统计显示，中等家庭收入群体的生活满意度高于低收入群体，但低于高收入群体。在各项指标中，中等收入家庭对"住房状况"和"物价水平"最为不满意。中等收入群体对重建社会道德价值体系的要求更高，51.8%的受访者认为当前社会价值道德观模糊。总体上，培育中产阶级群体一方面有助于避免社会出现两极化，另一方面也有助于维护社会稳定。

第十，网络已经成为中国城市居民生活的基本内容，网络参与是社会信息传播和人们社会交往的重要方式。93.8%的城市居民家庭拥有1台以上的互联网设备，53.9%的城市居民受访者参与了网络上的信息传播。在各类具有影响力的公众群体中，受访者认为学者或公知对其观念的影响力最大。

第十一，社会参照群体是人们形成自我评价的重要内容，87.9%的受访者表示参照某个社会群体做自我地位评价。统计结果显示，选择以先赋性标准或资源如家庭背景为参照群体的受访者对生活满意度和信心度明显偏低，而选择以自致性标准如个人能力为参照群体的受访者对生活的满意度和信心度更高。

总之，统计结果发现，2014年度人们道德价值观较为模糊，49.4%的受访者认为社会上的道德价值观较为模糊，仅有10.6%的受访者认为社会的道德价值观较为清晰或非常清晰。重塑社会价值和重建道德高地仍是未来数年的重大问题。在这个过程中，推动社会发展的重要任务是培育每个市民的能力，每个人都应该在自己漫长的人生过程当中努力去发展、发掘创造真善美的能力。

第四章 城市居民工作环境

一 引言

社会发展是以个人为基础的社会关系从个人到社会总体的自由延伸，是个人的物质及精神自由发展到社会层面，并取得社会化一致性的过程，其中包括经济、人文、政治等一系列的社会存在的总体发展。[①] 很显然，社会的发展是以人类的福祉为发展目标，因此，唯有关注人的主观意识以及形成的态度对人类福祉与社会公平所产生的意义，唯有确保人的权利、利益与参与活动得到有效的维系，社会的发展才可谓面向健康发展，人类的发展才可谓面向良善的发展。

人的发展与社会发展紧密关联，发展变迁中的社会环境与人的行为之间会发生各种偶然或必然的相互影响。目前衡量人类福祉的指标无论在国际生活质量研究中[②]，还是在国内民生发展指

[①] 联合国1995年《哥本哈根社会发展宣言》强调了经济发展与人类发展相结合的观念。指出"社会发展"意味着所有人全面参与社会以促进社会进步、社会公平、人类境遇的改善，意味着经济、文化、社会政策的整合。（转引自李汉林主编《中国社会发展年度报告（2012）》，中国社会科学出版社2012年版，第15页）

[②] 参见联合国开发计划署每年公布的人类发展指数HDI和在全球范围实施的"生活质量调查"。（转引自蔡兴杨，1992，"1990年度人文发展报告：联合国开发计划署"，《世界政治经济译丛》第3期）

数研究中①，都有了一个相对完整的体系。同时人们在社会生活的基本领域内，诸如在治安、医疗、食品安全、政府信任、社会参与等维度上，其主观感受也对群体的社会生活质量产生着或多或少的实际影响，甚至或多或少地影响着社会结构的变迁。然而，作为每一个社会发展阶段中将人的行为结构嵌入社会结构中的场所与契机，工作环境在个体、组织乃至社会层面的意义上也同样发挥着至关重要的作用：为人们获得幸福与满足提供必要的物质保障和前提；为人们的情感满足提供必要的社会归属；为人们的自我成长和满足提供必要的公共场所，为稳定协调的社会发展提供合理的预期。毋庸置疑，好的工作环境、工作质量，作为衡量人类福祉的重要指标，不应该也不能够被忽略在社会发展的关注范畴之外。

为了追寻好的工作质量、工作环境与人类福祉的关系、对社会发展的意义，探寻人们对工作环境的主观感知状态，欧盟率先在其成员国进行了为期五年的"欧洲工作环境调查"，用包括工作时间、劳动报酬、待遇公平、工作与生活的平衡②等一系列完整的题器，来了解欧洲社会中工作变迁与社会变迁在多大程度上相互影响，由此为政策制定提供相应的选择依据。

从欧洲工作环境调查的结果中，我们得到了关于"工作环境"社会属性的两个学理印象：第一，如何从社会学的学科角度观察工作环境与社会发展总体变迁及态势所发生的关联；第二，

---

① 参见北京师范大学"中国民生发展报告"课题组的"中国民生发展指数总体设计框架"。（转引自唐任伍，2011，"中国民生发展指数总体设计框架"，《改革》第9期）

② Eurofound, 2012, "Fifth European Working Conditions Survey", Publications Office of the European Union, Luxembourg, pp. 10–13.

如何在强调经济发展与社会发展联动、接纳经济长效高速增长到稳速增长的发展"拐点"的前提下，关注个体对工作环境更多元的主观感受、自主意识。在实践中，随着我国经济高速发展以及产业结构的宏观调整，在传统制造业和新兴的信息产业、服务业等工作研究的核心领域呈现出诸多宏观繁荣与微观衰微的矛盾景象，社会结构的变化与转型并未塑造出一种容纳人们身心健康的精神结构。这些新问题、新现象在微观层面上关系到企业组织的发展、劳动者的个人福祉，在宏观层面上则关系到国家整体社会发展的方向、路径以及策略选择。尤为重要的是，透过对工作环境基本特征的把握，将更有利于对我国当前总体劳动关系状况的理解与分析，为经济、社会的平稳发展提供切实的政策导向。

在2014年围绕工作环境展开的多次田野调查中，一个直观的印象强烈地冲击着我们：当经济发展为人们的物质追求提供了基本保障之后，单纯地追逐收入的诉求显得不再那么强烈，人们开始意识到自己作为个体在轰轰烈烈的经济发展洪流中付出了多少、得到了多少，个人的发展是否与社会发展的速率相一致、相匹配？我们如何在"促改革、调结构、惠民生、防风险"[①]的经济"新常态"运行步伐中承受风险，同时如何在"固"民生之本，"拓"

---

① 参见2014年5月6日中国人民银行发布的《2014年第一季度中国货币政策执行报告》。报告指出，要继续实施稳健的货币政策，保持政策的连续性和稳定性，坚持"总量稳定、结构优化"的取向，保持定力，主动作为，适时适度预调微调，增强调控的预见性、针对性、有效性，统筹稳增长、促改革、调结构、惠民生和防风险，继续为结构调整和转型升级创造稳定的货币金融环境。http://news.xinhuanet.com/fortune/2014-05/07/c_126469534.htm。

民生之源,"强"民生之基①的社会发展过程中呼唤社会公正、诉求体面而有尊严的生活?

我们更需要思考:在改革红利持续释放的过程中,人口红利随着人口结构、产业结构升级逐渐丧失,为此经济增长的内生动力在哪里?解决就业结构性矛盾的出路在哪里?在不断推进工业化、城镇化、区域发展的进程中,如何提高人均 GDP 结构中劳动收入的比例,让更多的劳动者享受到发展创造的共同繁荣,过上体面的生活?这是我们在 2014 年《中国社会发展年度报告》中增加"城市居民工作环境"的初衷,也是展开大规模中国工作环境专项调查与研究的基础。

我们正在承担着迫在眉睫的历史使命。

二 工作环境、工作质量与体面工作

工作环境这个概念在实践领域方兴未艾,被人们用以描述具体职业发生的所有环境的综合体,具备法理学、经济学以及管理学的意涵。随着多年的使用,工作环境从工作场所延伸到生活领域,从单纯物理工作环境,拓展到以组织为边界的组织内部工作环境以及外部环境的相互支持,甚至关注到劳动者实际感受到的

---

① 2014 全国两会政府工作汇报中指出就业是民生之本,收入是民生之源,社保是民生之基。"固"民生之本,即坚持实施就业优先战略和更加积极的就业政策,优化就业创业环境,以创新引领创业,以创业带动就业;努力实现更加充分、更高质量就业,使劳动者生活更加体面、更有尊严;"拓"民生之源,即深化收入分配体制改革,努力缩小收入差距,健全企业职工工资决定和正常增长机制,推进工资集体协商,构建和谐劳动关系;"强"民生之基,即推荐社会救助制度改革,继续提高城乡低保水平,让每一个身处困难者都能得到社会的温暖和关爱。http://www.gkstk.com/article/1393215462.html。

工作氛围。遗憾的是，学界至今尚未对工作环境做出一个明确的界定，能够从欧盟工作环境调研看到的零星概念则是对工作环境、工作质量以及体面工作这三个概念的交互使用。①

事实上，如果从人的主观感受与社会认同的角度来衡量，工作环境、工作质量以及体面工作是一个三位一体、相互印证、具有相互解释力的概念组。从劳动者工作所处的实在条件到与之相关的各种工作条件，包括在公共生活中实现好的工作环境，提供宏观社会环境在内的一切可观测的指标都可以被称作工作环境；从劳动者个体的感受来看，工作质量这一概念所蕴含的则是"我的工作是否能达到工作质量的要求"这一组织评价与自我评价的整合，是以好的工作环境为前提的；从社会与劳动者个体的无差异社会认同来看，体面工作是社会整体发展的过程中，对"有尊严"、"自主参与得以体现"、"自我发展与社会发展高度匹配"的工作的整体认识，是通过好的工作环境保证、好的工作质量要求与衡量而得到的主客观一致的评价。

本研究所使用的工作环境概念，涵盖两个层面的意涵：一是从个体层面与组织中观层面来考察个体对目前所处工作环境以及与之相关的社会条件的主观感受，验证一个假设："我作为个体是否在一个好的工作环境中工作，能够为创造良好的组织绩效做出贡献。"二是从社会宏观层面，考察良好的工作环境对大众生活质量、城市生活的各个方面产生的主观感受，验证另外一个假设："好的工作环境是否对大众的生活质量产生正相关的影响。"鉴于篇幅的限制和这一组三位一体概念在维度划分、因子权重上

---

① Eurofound, 2011, "Fourth European Working Conditions Survey", Publications Office of the European Union, Luxembourg, pp. 91-93.

需要更进一步的考虑,更鉴于本次社会调查所提供的数据支持,本研究仅限于对工作环境这一概念进行操作化定义及分析。

三 概念操作化:工作环境指数(客观工作环境,客观组织环境,主观心理环境)

在上述工作环境问题缘起和理论阐释的基础上,我们将通过编制相关的量表来构建城市居民的工作环境指数。

本次工作环境的研究以个体工作界线来划分,我们将视野聚焦于个体工作行为所发生的客观工作环境、客观组织环境和主观心理环境,由此构成城市居民个体的工作环境指数(见图4—1)。进一步细化,首先,我们认为员工对工作最直接的感受,源于客观工作环境,包括工作场所、劳动报酬、工作时间、工作生活平衡。[1] 其次,与具体工作内容和流程密切相关的中观环境,即是客观组织环境,这也是决定员工是否能够高效工作的关键因素,包括工作自主性、工作歧视和组织支持。[2] 最后,除了以上两个客观环境之外,我们认为员工对工作感受真正的内在影响因素源于其对工作的主观体验,即主观心理环境,它是员工一切工作行为和工作体验的内在驱动力,包括职业期望、工作压力、工作自尊、工作安全感和工作效能感。[3]

---

[1] Eurofound, 2011, "Fourth European Working Conditions Survey", Publications Office of the European Union, Luxembourg, p. 93.

[2] 参见罗宾斯主编《组织行为学》中关于组织环境的定义。(转引自 http://baike.baidu.com/view/1338670.htm)

[3] 转引自 http://baike.baidu.com/view/1338670.htm。

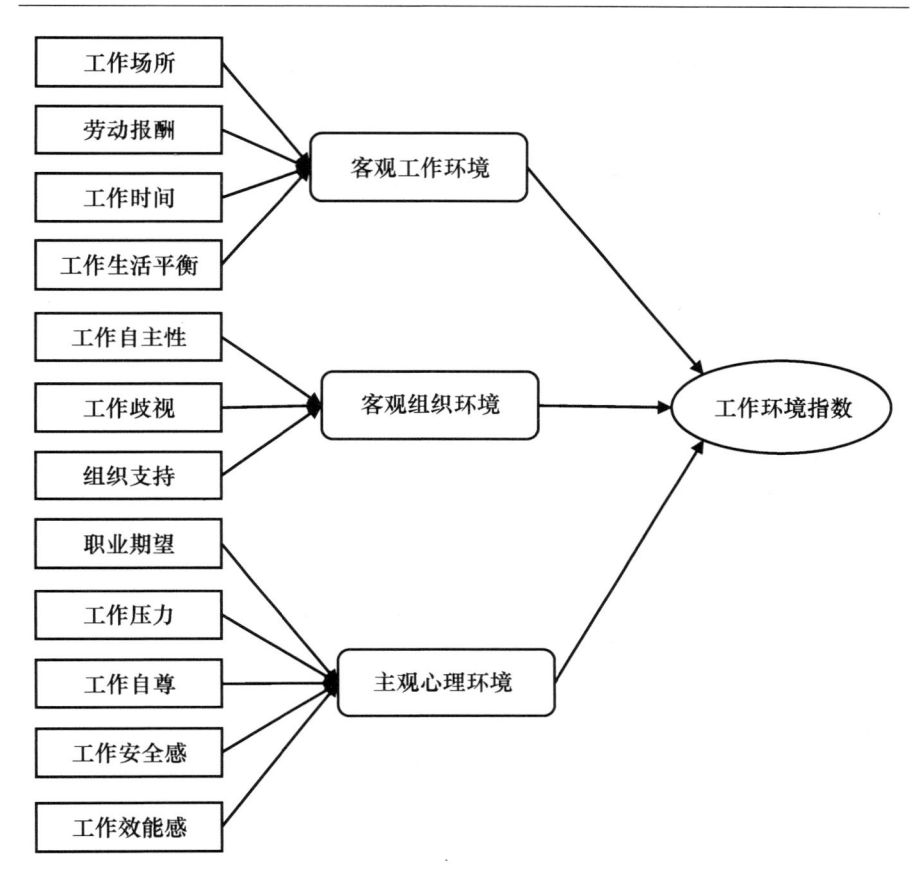

图 4—1　工作环境指数的指标体系

（一）客观工作环境

客观工作环境，是企业组织为保障正常开展工作而给员工提供的最基础的硬件条件。我们认为，衡量一个组织是否具有良好的客观工作环境主要取决于以下四个因子：工作场所、劳动报酬、工作时间和工作生活平衡。

工作场所，是指劳动过程周围的自然条件和人工环境，如灯光照明、噪声、粉尘、设施、建筑物等物质系统，它是员工对工作评价最表象的参照体系。

劳动报酬，是员工付出体力或脑力劳动所得的对价，体现的是员工创造的社会价值。本次调查中的劳动报酬仅指用人单位以货币形式直接支付给员工的各种工资、奖金、津贴、补贴等。

工作时间，是指员工根据劳动合同的约定，在用人单位工作或生产的时间。在本次调查中，我们更为关注除了劳动合同之外的加班时间，因为我们认为加班时间的长短会在一定程度上影响员工对工作环境的评价。

工作生活平衡，是指员工正确看待个人私生活同工作之间的关系，调和工作与私人生活的矛盾。之所以将其作为客观工作环境指数的因子之一，是因为我们认为私人生活对员工本人有重大意义，员工如果无法兼顾相互冲突的工作要求与私人生活所处的两难困境，将会对其工作行为带来负面影响。在经济飞速发展的中国，工作生活平衡已然成为员工工作满意度的重要参考方面，仅次于酬劳薪资。

在这里，如果员工能够拥有一个令其满意的物理工作场所，劳动时间适度，且所得的工资和报酬与其投入的能力、精力相匹配，还能同时兼顾私人生活，做到工作与生活的平衡，那么，我们就认为这是一个好的客观工作环境。

因此，本调查的客观工作环境指数由四个题器构成（见表4—1）。这些评价分为五个层次，"1"表示完全不赞同、"2"表示比较不赞同、"3"表示一般、"4"表示比较赞同、"5"表示完全赞同。其中，b3110题"我经常加班工作"进行反向计分。四个题器累积计分所得分值，记作该受访者在客观工作环境指数上的得分。分值越高，表明该受访者对自己目前所处的客观工作环境越满意。

表 4—1　　客观工作环境指数的因子构成和题器设置

指数	因子	题器
客观工作环境	工作场所	b3121. 我对我的工作场所感到满意
	劳动报酬	b3107. 我的工资和报酬与我的付出和能力相适应
	工作时间	b3110. 我经常加班工作
	工作生活平衡	b3111. 生活琐事常让我无法集中精力工作

（二）客观组织环境

除了透过一些表象评价工作之外，员工还可以将组织环境与其自身的交流、沟通作为评价参考之一。

不同于组织行为学中的组织环境，本次调查中的客观组织环境主要指与工作流程、组织人际关系、组织氛围相关的，影响个人工作行为和组织绩效的客观组织条件。一个良好的组织环境是组织生存和发展的基础和动力，同时也是推动员工工作行为的根本。据此，我们认为客观组织环境包含工作自主性、工作歧视和组织支持三个因子。

工作自主性，是指在工作过程中，员工自我感觉能够独立地控制自己的工作，包括决定工作方法、工作流程、工作任务等。如果员工可以自主地决定如何开展工作，这无疑在很大程度上体现了工作单位对员工的信任和肯定，进而改善员工对工作单位的认同感以及对工作的投入程度。

从人力资源学的视角看，工作歧视是基于性别、年龄、地区等因素而产生的任何区别、排斥，其后果是直接或间接损害员工就业的机会平等或待遇平等。本次调查主要集中探寻员工在工作过程中因性别和年龄所遭受的不平等待遇。

组织支持，是指员工在工作过程中获得来自同事、领导、组织的工作方法或心理鼓励等。我们认为，正向的组织支持，会提高员工对组织的满意程度，作为回报，员工也会提升自己对组织的承诺和忠诚；相反，如果员工很少得到组织支持，则会降低对组织的心理承诺和工作表现，甚至产生离职倾向。

综上所述，在工作过程中，如果员工能够自主地决定如何开展工作、获得来自组织或组织成员一定程度的支持，并且得到与自身工作相匹配的平等的工作待遇的话，我们就认为这是一个好的客观组织环境。

客观组织环境指数由三个题器构成（见表4—2），计分方式与上述客观工作环境指数题器的计分方式相同。在本部分，考察工作歧视这一因子的题器"在工作中有时会遇到性别和年龄歧视"，需要反向计分。累积所得分值，记为客观组织环境指数。分值越高，客观组织环境越好。

表4—2　　客观组织环境指数的因子构成和题器设置

指数	因子	题器
客观组织环境	工作自主性	b3113. 我可以按照自己的时间灵活安排工作任务
	工作歧视	b3105. 在工作中有时会遇到性别和年龄歧视
	组织支持	b3102. 工作中我会获得同事的帮助支持

（三）主观心理环境

如果以员工个体为边界线来划分，那么我们可以把上述客观工作环境和客观组织环境划为外部环境，而对个体工作行为起决定性作用的则是其内部环境——主观心理环境。我们认为主观心理环境是指个体在工作的动态变化过程中所表现出来的心理现象。在本次调查中，我们选取了职业期望、工作压力、工作自尊、工作安全感和工作效能感五个因子来考察员工的主观心理环境指数。

职业期望，是员工希望自己目前所从事工作的态度倾向。正向的职业期望会促使员工继续保持现在的工作行为。

工作压力，是指因工作负担过重、工作责任过大、工作时间过长等由工作或与工作直接有关的因素所造成的紧张状态。如果个体长期、反复处于较高的工作压力中，除了会引起失眠、疲劳、忧郁等一系列不良的生理反应，还会增加对工作的不满，产生工作倦怠。

工作自尊是个体能不断地以一种有价值的方式应付工作挑战的能力状态。

本次调查我们讨论的是狭义的工作安全感，是专指个人在工作中面临与过去不同的尚未适应的状态。

工作效能感，是指个体对其实施达成工作目标所需能力的信念。高工作效能感的人在有限的工作时间内会完成更多的任务，获得工作成就感，从而推动之后的工作更积极有效。

由此可见，如果一个人对目前自己所从事的工作有积极正向的期望，工作任务和工作压力能够自如应付，在工作过程中体验到安全感、自我价值感，那么，我们就认为这是一个好的主观心理环境。

因此，本调查的主观心理环境指数由五个题器构成（见表4—3），计分方式同上。其中，b3104题"我时常觉得工作压力大而感到很累"需要反向计分。累积分值得到主观心理环境指数，分值越高，主观心理环境越理想。

表4—3　主观心理环境指数的因子构成和题器设置

指数	因子	题器
主观心理环境	职业期望	b3109. 我的工作有良好的发展前景
	工作压力	b3104. 我时常觉得工作压力大而感到很累
	工作自尊	b3120. 我的工作能够体现我的个人价值
	工作安全感	b3112. 我不担心我会失业
	工作效能感	b3108. 我的工作让我有成就感

(四) 三个维度之间的相互关系

通过相关矩阵，具体考察工作环境指数三个维度之间的关系。表4—4显示，"客观组织环境"与"主观心理环境"两者之间有着比较密切的相关关系，相关系数达到了0.387，说明那些在组织环境中获得一定工作自主性、受到平等对待、拥有同事支持的员工，对工作的主观满意度更高。此外，"主观心理环境"还与"客观工作环境"有着密切相关，相关系数也达到了0.365，这反映出员工主观对工作的满意程度还在一定程度上取决于组织给员工提供了多么舒适的工作场所、合理的劳动报酬和工作时间，让其能够在何种程度上兼顾工作—生活的关系。最后，矩阵还显示"客观工作环境"与"客观组织环境"之间也存在紧密关联，相关系数为0.339，这也给我们一种假设：一个组织如果能够公平对待每一位员工，给他们工作上一定的自主性，提供必要的技术和精神支持，那么，这个组织在工作场所、劳动报酬上一定不差，且能让员工有时间应付工作与生活上的冲突。

表4—4　　　　　　　工作环境指数三维度的相互关系

	客观工作环境	客观组织环境	主观心理环境
客观工作环境	1	0.339**	0.365**
客观组织环境	0.339**	1	0.387**
主观心理环境	0.365**	0.387**	1

注：**在0.01水平（双侧）上显著相关。

四　2014年城市居民工作环境状况的总体分析与讨论

（一）工作环境指数及三维度的结果分析

根据上述理论假设和验证性因素分析的结果，本次城市居民工作环境满意度调查从客观工作环境（包括工作时间、劳动报酬、工作场所和工作生活平衡四个因子）、客观组织环境（包括工作自主性、工作歧视和组织支持三个因子）、主观心理环境（包括职业期望、工作压力、工作自尊、工作安全感、工作效能感五个因子）三个维度构成了受访者总的工作环境指数。2014年城市居民工作环境指数为63.06（总分为100，分值越高表示对工作环境越满意），标准差为8.15，呈现负偏态（见图4—2）。这表明，2014年城市居民对工作环境总体满意度一般。

其中，客观工作环境的贡献值为21.02，客观组织环境的贡献值为15.76，主观心理环境的贡献值为26.28（见图4—3）。

按原始分统计，工作环境指数与其三维度的均值等总体情况见表4—5。

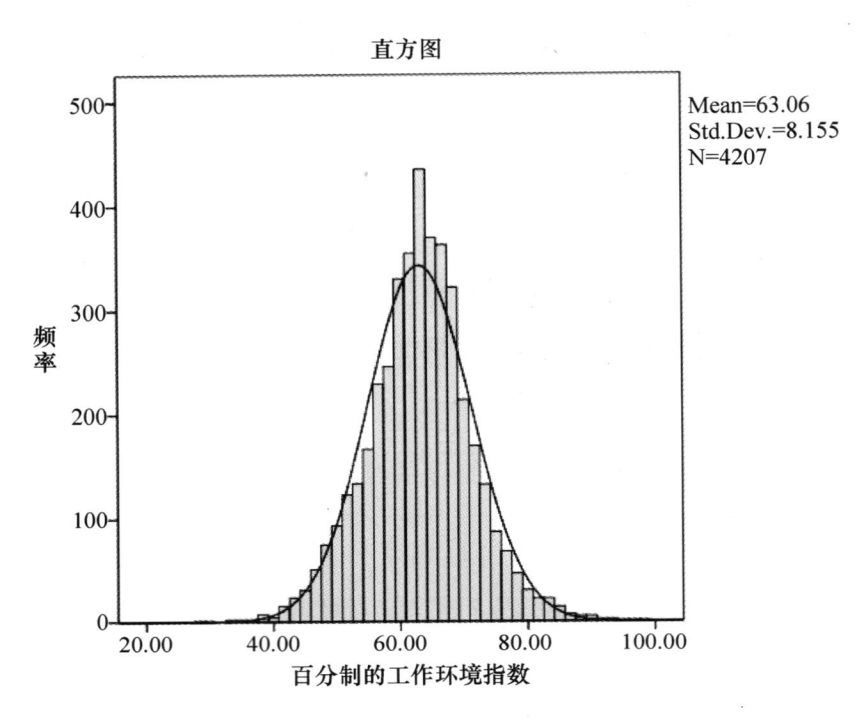

图 4—2 工作环境指数的正态分布

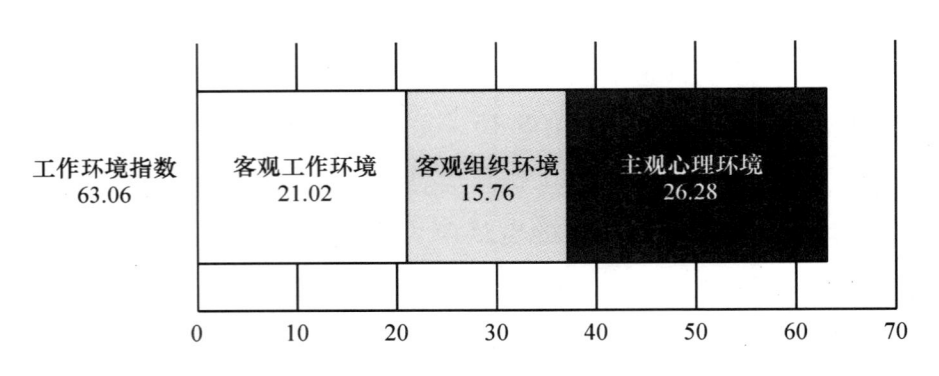

图 4—3 工作环境指数（按百分制换算）

表4—5 工作环境满意指数及其三维度的总体情况（百分制）

	客观工作环境	客观组织环境	主观心理环境	工作环境指数
均值（Mean）	63.00	64.33	62.38	63.06
最小值（Minimum）	20.00	20.00	20.00	28.33
最大值（Maximum）	100.00	100.00	100.00	98.33
标准差（Std. Deviation）	10.59	11.54	10.63	8.15
总分（Total）	100.00	100.00	100.00	100.00
有效数据量（Number）	4512	4611	4378	4207

其中，在客观工作环境的评价上，城市居民对自身工作场所的满意指数较高（66.99），然后依次是劳动报酬（满意指数为64.26）、工作生活平衡（满意指数为62.40），对工作时间的满意指数最低，仅为58.86（见图4—4）。

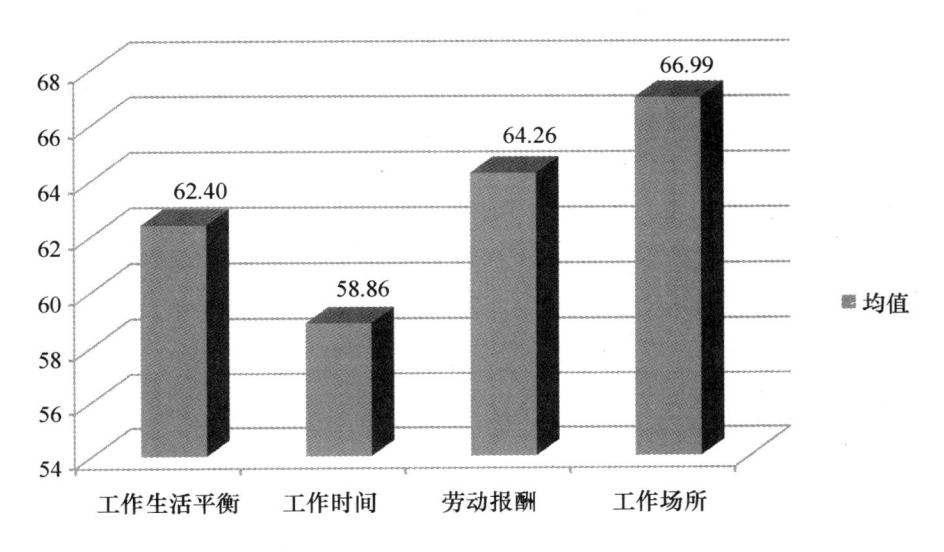

图4—4 客观工作环境各指标的均值

统计显示（见图4—5），对"我经常加班工作"一题的回答中，4669名受访者不同程度表达赞同的比例高达71.3%（其中，完全赞同占9.5%、比较赞同占23.8%、一般赞同占38.1%），这使其成为城市居民个体对客观工作环境的评价中满意指数最低的一项。由此可见，目前城市居民工作中，加班现象已然成为非常普遍的职场现状。

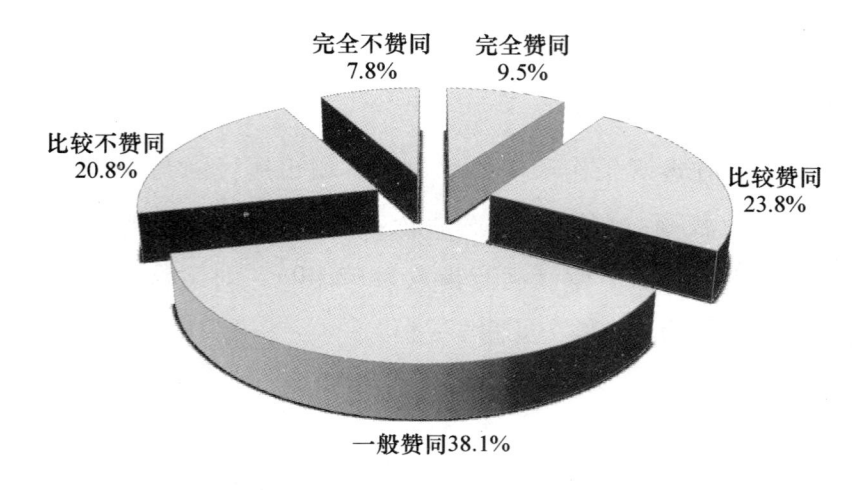

图4—5 加班工作的认同比例分布

本次调查中城市居民客观组织环境满意指数为64.33，其中按照各因子得分高低依次为：组织支持因子为70.98、工作自主性因子为62.54、工作歧视因子为59.69（见图4—6）。

如果仔细分析代表工作歧视的题项"在工作中有时会遇到性别和年龄歧视"（见图4—7），我们会发现，4694名受访者中，5.7%表示"完全赞同"工作中会遇到性别与年龄歧视的境况，26.8%表示"比较赞同"，38.2%表示"一般赞同"，比例较高。这从一个侧面说明，尽管当今中国通过《劳动法》等法规条例来保障公民公平享有工作权，但是，在实际工作场所中和具体工作

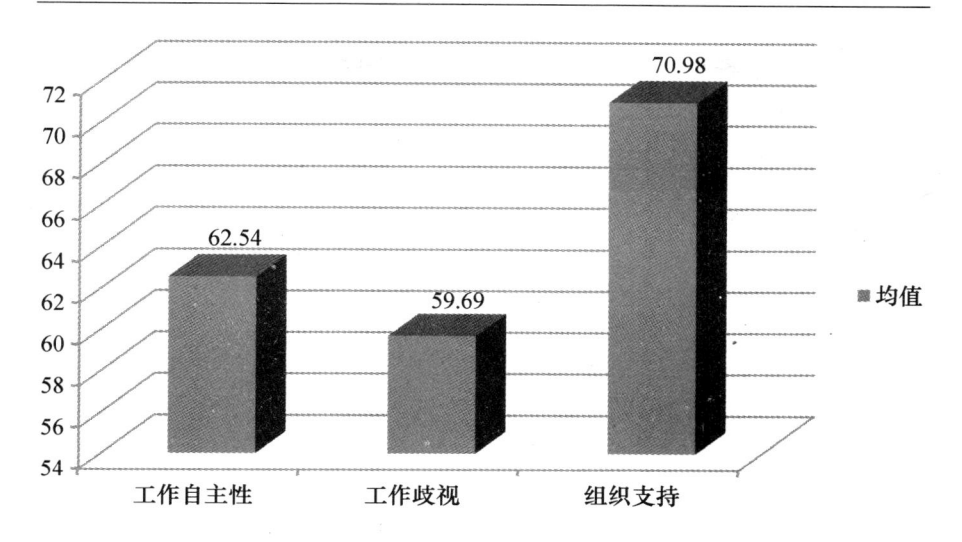

图4—6 客观组织环境各指标的均值

岗位上，却仍然存在性别和年龄歧视，影响了城市居民对工作环境的满意度。

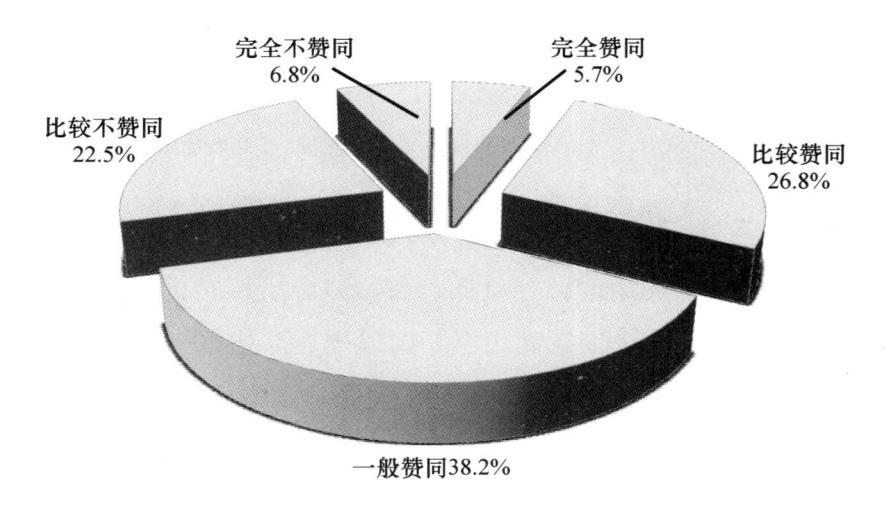

图4—7 工作中性别和年龄歧视的认同比例分布

除了客观工作环境与客观组织环境之外，对个体工作环境指数影响最大的是个体主观感受到的工作环境。在分析城市居民主观心理环境的时候，我们发现（见图4—8），个体的职业期望、工作压力、工作自尊、工作安全感和工作效能感五个因子上的得分分别为62.97、51.99、68.11、62.70、65.45（分数越高，满意度越高）。

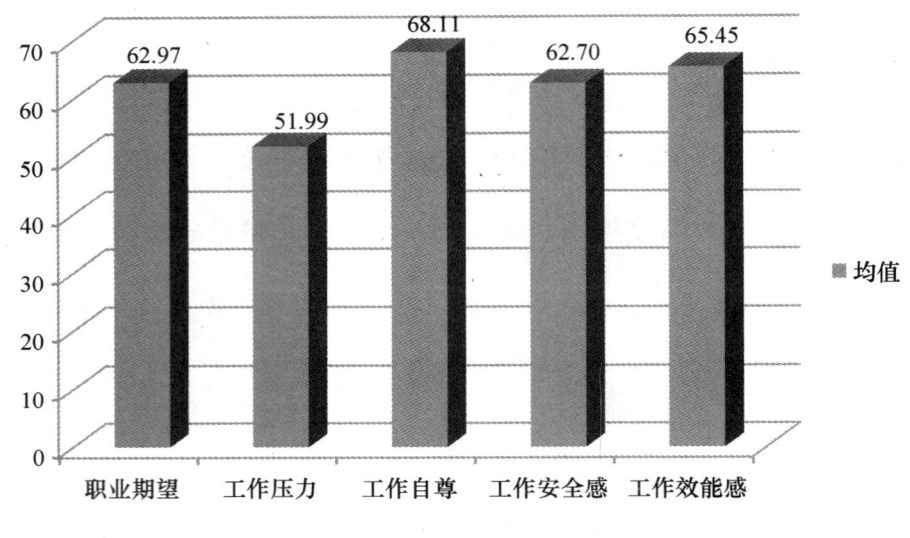

图4—8 主观心理环境各指标的均值

其中，工作压力的得分最低，在具体分析该指标的题器"我时常觉得工作压力大而感到很累"时发现，高达4065名受访者对"工作压力大"表达了不同程度的认同，占总受访者的85.6%（见图4—9）。

第四章 城市居民工作环境

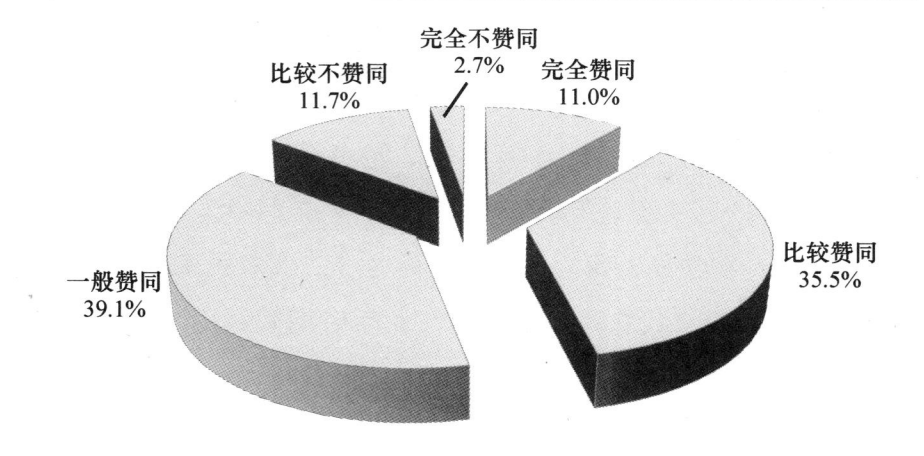

图4—9 工作压力的认同比例分布

- 完全不赞同 2.7%
- 完全赞同 11.0%
- 比较不赞同 11.7%
- 比较赞同 35.5%
- 一般赞同 39.1%

（二）讨论

1. 城市居民工作环境总体满意度一般，二代农民工群体与持城镇户籍的企业员工在工作环境的主观感受上有统计学意义上的显著差异

本次调查结果表明，目前城市居民对自己所处的工作环境总体上还是较为满意的。分别具体考察农民工群体（因本次调查对象是城市居民，因此持农村户籍的受访者即在城市打工的农民工，以下简称为"农民工"）与城市员工群体（持非农户籍的受访者）。他们的工作环境指数分别为62.65（农民工）、63.22（持城镇户籍的员工）。即便从指数上看，农民工的工作环境指数略低于城市员工，在统计分析上也显示出二者在工作环境体验上的显著差异（F＝4.128，Sig.＝0.042）。这表明，尽管城市居民对自己所处的工作环境的满意度总体上表现为较为满意，但细分起来，目前持有农村户籍在城市打工的农民工与持城市户籍的企业员工在工作体验上还存在着差异。这一方面反映出我国城镇化进程的积极效果和有待推进的空间；另一方面，也说明了对二代农民工身份认同仍需要给予制度、政策以及文化上的包容。

本次受访者中，20世纪80年代、90年代出生的农民工所占比重较大（25—34岁占38.5%、35—44岁占24.4%、15—24岁占17.9%），在学界，我们常把他们称为"二代农民工"。不同于第一代农民工，二代农民工很可能在幼年时期就跟随父母进入城市，或者他们就在城市出生，在生活方式、思想意识层次上与城市人虽然没有太大差异，但是在户籍问题上依旧造成了身份的区分，进而使得他们对工作环境的主观体验存在一些差异。然而，在城镇化进程不断加速的这些年里，城市对农民工的接纳与包容程度也在逐渐提升。在就业领域，企业单位选拔员工也更多关注于员工自身的技术和素质，并非把户籍类型放在第一位。尽管学界普遍认为，农民工的城市融入和身份认同仍然是城镇化进程的一大难题，但是从工作环境的主观体验的角度上来讨论，问题则转移到企业在用工问题上要给二代农民工创设更多有益的工作条件，以匹配他们逐渐城市化的认知。如果企业仍然沿用20世纪90年代密集型企业的用工制度，"富士康的连跳"悲剧还会重演。

2. 加班现象、工作歧视、工作压力大是拉低城市居民工作环境满意度的重要因素

尽管从总体来看，城市居民对工作环境的满意度尚可，但是具体剖析各个考察因子发现，71.4%的受访者反映在工作中存在不同程度的加班现象，70.7%的受访者在工作中遇到过性别和年龄歧视，还有高达85.6%的受访者觉得工作压力大而时常感到很累。

首先，调查结果显示，在"我经常加班工作"题器上，农民工群体的得分为57.40、城市员工的得分为59.44（分值越低，加班现象越严重），且F值为8.497，Sig.值为0.004。这表明，在加班现象上，农民工群体显著高于城市员工。这一结果与其工作性质有密切关联。现实中，城市中的农民工往往从事与体力相关的简单工作，基本工资往往不高，这就决定了农民工想要拿到满意的薪水，只能选择超时加班工作，这已然成为农民工的"生存之道"。尽管超时工作给农民工带来了短暂的收益、为企业创造了超额利润，但是，长期超负荷的工作和过度疲劳，也会给农民工的身心健康带来很大危害，造成社会上陆续出现"民工荒"和"富士康"之类的事件。

其次，在工作中遭遇到性别和年龄歧视也是拉低城市居民工作环境满意度的因素之一。尽管我们认为现代城市的劳动力市场更趋于公平化，但是本次调查结果却显示高达70.7%的受访者仍然遭受过不同程度来自性别或年龄的工作歧视。这也就是说，在工作中性别、年龄歧视是较为普遍的，并不局限于某一特定人群。究其原因，我们认为，这与中国目前仍处于人口红利时期有密切关系。有调查显示，目前中国城镇每年新增劳动力近千万，农村剩余劳动力2亿多。据预测，2016年中国15—64岁劳动年龄人口将达到峰值10.1亿，2020年仍高达10亿左右。[①] 这预示着在相当长的时期内，中国都不会缺少劳动力。如此，在劳动力市场供大于求的现状下，必然出现择优选择，从而导致就业难或一定程度工作歧视等社会问题。

最后，随着城市生活节奏日益加快，现代都市人体验到的工

---

① 参见"中国的年龄歧视"，http://blog.sina.com.cn/s/blog_443da72e0100efe9.html，2009-06-26。

作压力也在增大,严重影响着城市居民对工作环境的满意度。数据分析显示,工作压力越大,城市居民的工作环境满意度越低,且二者存在显著差异（F = 141.610，Sig. = 0.000）。进一步考察发现,这种工作压力在农民工和城市员工之间并不存在显著差异（F = 2.394，Sig. = 0.122）。这表明,城市居民对自己工作环境是否满意,在很大程度上受到这项工作给其带来多大的工作压力的影响,并且,这种压力无论是农民工还是城市员工都深有感受。这一结果从一个侧面反映了现代都市人的生存现状。工作超负荷、职业发展期望、家庭经济支持、人际纠纷、住房问题等所带来的压力,纷纷在人们所从事的工作这一点上汇集。在这里,工作除了是城市居民实现个人事业目标的途径,还被赋予了更多额外诉求:人们期望在工作中还能获得理想的经济收入、积累良好的人脉等,以供其家庭、子女、个人需求的满足。这使人们在工作中感受到的压力变得愈来愈大,这样一来,要么裹足不前、抑郁成疾,要么过度工作,导致"过劳死"的社会现象。因此,工作压力大已然成为影响都市人生存的一大杀手。

五 城市居民工作环境的人口学变量分析与讨论

（一）人口学变量的影响结果分析

在这个部分,我们将通过重要的人口学变量（性别、年龄、民族、户籍性质、收入水平、受教育程度、工作性质等）来分析城市居民工作环境指数上的差异。

1. 性别/年龄/婚姻状况/民族/宗教信仰

在对受访者的自然特征的初步分析中（见表4—6）,我们发现，工作环境指数在性别（F=0.165，Sig.=0.685）、婚姻状况（F=1.198，Sig.=0.307）、民族（F=0.028，Sig.=0.868）和宗教信仰（F=0.024，Sig.=0.878）上不具有统计学意义上的显著差异。

表4—6　　　工作环境指数在自然特征变量上的差异性

		均值（Mean）	样本数（N）	差异显著性
性别	男性	63.11	2023	F=0.165，df=1，Sig.=0.685
	女性	63.00	2180	
年龄	75岁以上	63.18	22	F=2.755，df=6，Sig.=0.011
	65—74岁	65.85	69	
	55—64岁	63.93	354	
	45—54岁	63.30	763	
	35—44岁	62.74	1149	
	25—34岁	62.76	1383	
	15—24岁	63.23	463	
婚姻状况	未婚单身	63.28	742	F=1.198，df=5，Sig.=0.307
	同居	63.23	49	
	已婚	62.96	3306	
	离婚	64.41	76	
	丧偶	65.73	25	
民族	汉族	63.07	4050	F=0.028，df=1，Sig.=0.868
	少数民族	62.96	155	
宗教信仰	信教	62.98	233	F=0.024，df=1，Sig.=0.878
	不信教	63.07	3959	

（1）男性的客观工作环境指数显著低于女性

如果我们具体考察上述人口变量与工作环境指数中客观工作

环境、客观组织环境和主观心理环境这三个维度之间的关系时，我们发现他们之间存在着统计学意义上的显著差异。数据分析的结果显示（见图4—10），在客观组织环境指数、主观心理环境指数上，男性与女性的差异性并不显著。而在客观工作环境指数上，男性62.31＜女性63.64，且 F = 17.576，Sig. = 0.000，这说明，男性受访者对客观工作环境的满意程度显著低于女性受访者。

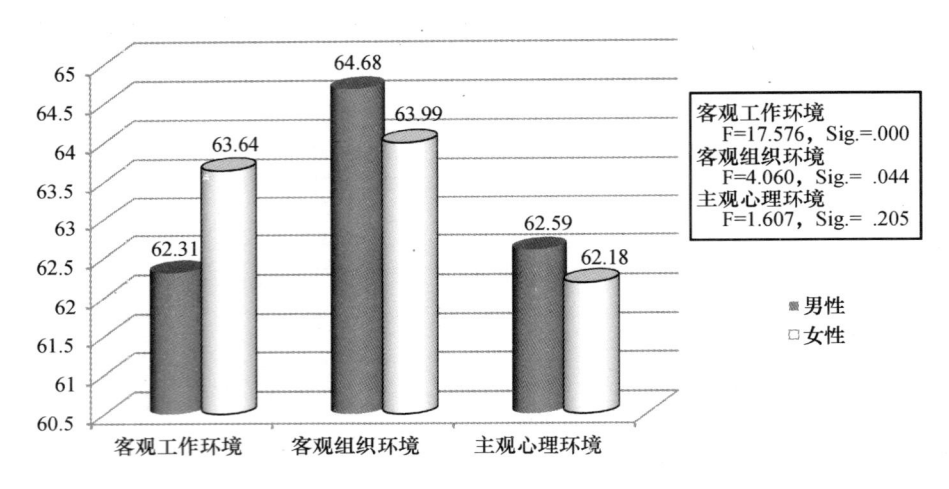

图4—10 工作环境指数的三因子在性别上的均值分布及显著性

（2）客观工作环境指数在年龄上存在显著差异

如表4—6所示，工作环境指数在年龄上存在显著差异（F = 2.755，Sig. = 0.011）。这种差异体现为：随着年龄的增加，城市居民的工作环境指数呈现出波动上升的态势。在具体分析构成城市居民工作环境指数的三个维度时，我们发现（见图4—11），性别在客观组织环境（F = .756，Sig. = 0.605）上差异并不显著，但在主观心理环境（F = 2.448，Sig. = 0.023）、客观工作环境（F = 7.483，Sig. = 0.000）上存在不同程度的显著差异。

客观工作环境
　　F=7.483, Sig.=.000
客观组织环境
　　F=.756, Sig.=.605
主观心理环境
　　F=2.448, Sig.=.023

■75岁以上　□65—74岁　55—64岁　45—54岁　35—44岁　25—34岁　15—24岁

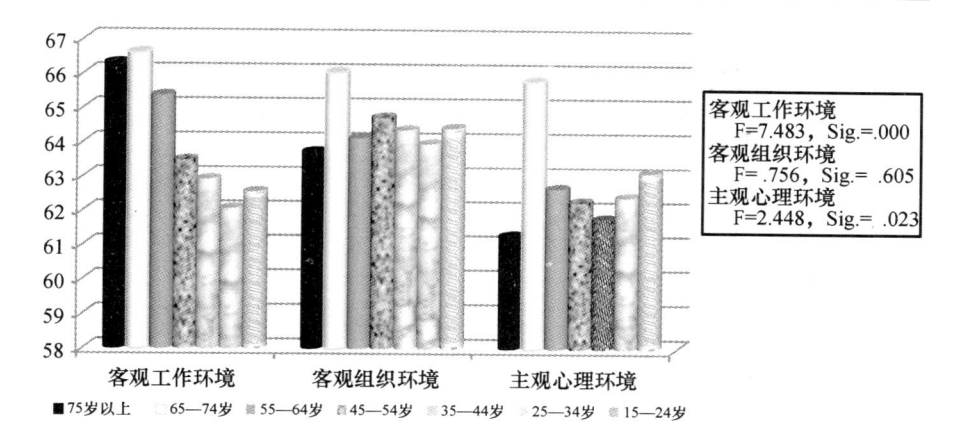

图 4—11　工作环境指数的三因子在年龄上的均值分布及显著性

在深入分析不同年龄阶段受访者在客观工作环境上的差异时，我们发现（见图 4—12），初入职场的 15—24 岁受访者在该因子上得分为 62.56（分数越高，客观工作环境的满意度越高），25—34 岁受访者的得分低至 62.07，35—44 岁、45—54 岁、55—64 岁、65—74 岁受访者的得分逐渐从 62.93 开始爬升至 66.60，呈现出随年龄增加，受访者对客观工作环境的满意度不断上升的趋势。并且 F = 7.483，Sig. = 0.000，这表明客观工作环境满意度在年龄上呈现显著差异。

2. 户籍类型/收入水平/受教育程度

对受访者的一些社会特征变量（户籍类型、户籍所在地、家庭月收入、个人月收入、受教育程度）进行分析发现（见表 4—7），受访者的工作环境指数在家庭月收入（F = 3.126，Sig. = 0.002）、个人月收入（F = 10.706，Sig. = 0.000）、受教育程度（F = 12.665，Sig. = 0.000）上呈现出显著差异。

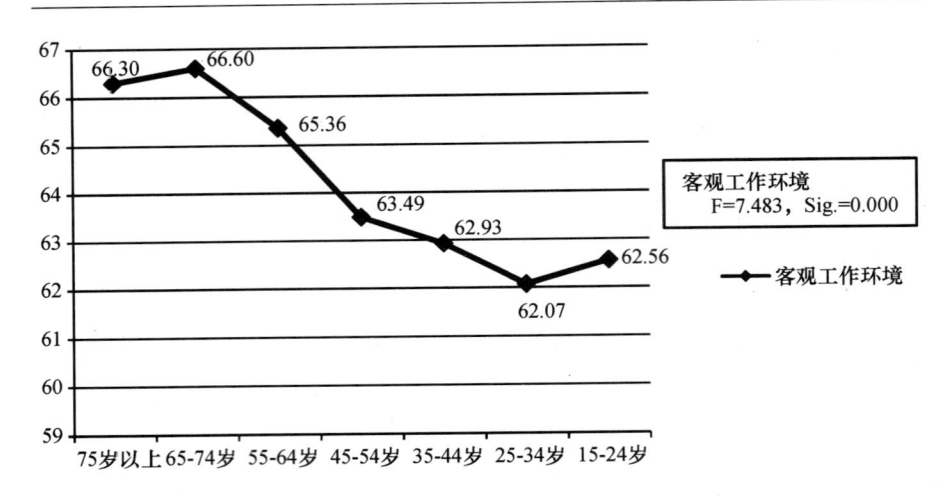

图 4—12 客观工作环境在年龄上的差异性

表 4—7 工作环境指数在社会特征变量上的差异性

		均值（Mean）	样本数（N）	差异显著性
户籍类型	农业户籍	62.65	1180	F = 4.128，df = 1，Sig. = 0.042
	非农业户籍	63.22	3022	
户籍所在地	本市县	63.07	3633	F = 0.055，df = 1，Sig. = 0.815
	外市县	62.98	564	
家庭月收入	3000 元及以下	62.37	428	F = 3.126，df = 8，Sig. = 0.002
	3001—6000 元	62.45	1701	
	6001—8000 元	63.02	776	
	8001—10000 元	63.43	440	
	10001—20000 元	64.03	297	
	20001—30000 元	67.22	27	
	30001—40000 元	63.00	5	
	40001—50000 元	68.33	4	
	50001 元及以上	64.11	15	

续表

		均值（Mean）	样本数（N）	差异显著性
个人月收入	1000元及以下	62.22	57	F = 10.706，df = 6，Sig. = 0.000
	1001—2000元	62.19	701	
	2001—3000元	62.51	1309	
	3001—5000元	62.98	1133	
	5001—7000元	65.69	265	
	7001—10000元	66.27	104	
	10001元及以上	66.62	36	
受教育程度	没有受过任何教育	53.63	28	F = 12.665，df = 8，Sig. = 0.000
	小学	61.16	191	
	初中	62.27	951	
	高中	62.82	1094	
	中专技校	63.48	476	
	大学专科	63.47	832	
	大学本科	64.58	562	
	研究生及以上	67.21	67	

（1）工作环境指数在家庭月收入上呈现显著的波动上升趋势

具体分层考察家庭月收入（见图4—13）时，我们发现，家庭月收入为3000元以下到2万元的受访者在工作环境指数上呈现匀速增长的趋势，尽管家庭月收入为2万元以上的受访者在工作环境指数上有较大波动，但仍然是波动增长的趋势。加之F = 3.126，Sig. = 0.002，这表明受访者在家庭月收入这一社会特征变量上的差异显著。上述波动上升趋势也在主观心理环境因子上出现了类同，家庭月收入为2万元以下的受访者在主观心理环境上呈现匀速上升、家庭月收入在2万元以上的受访者在主观心理环境上呈现波动上升趋势，F = 5.272，Sig. = 0.000，差异显著。

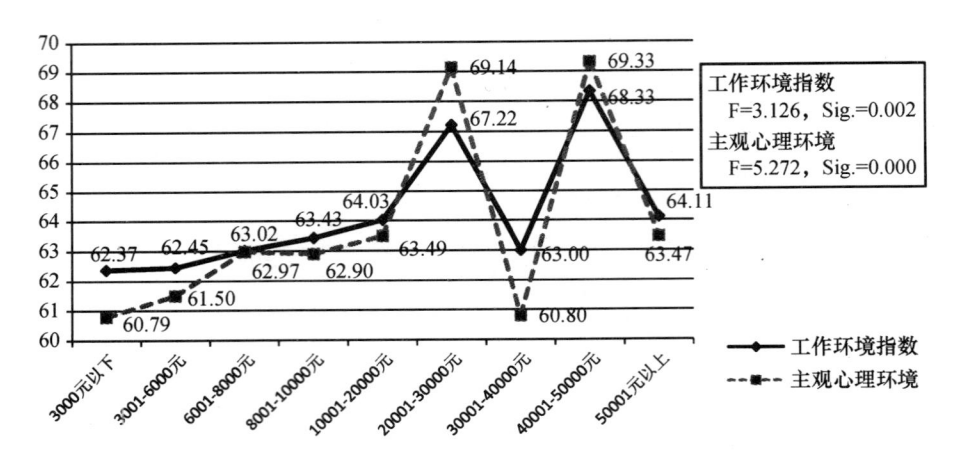

图 4—13　工作环境指数和主观心理环境在家庭月收入上的差异

（2）工作环境指数随着个人月收入的增加呈现显著的匀速上升趋势

从个人月收入考察发现（见图 4—14），处于不同收入段受访者的工作环境指数都一般，但随着受访者个人月收入的不断增加呈现出显著的上升趋势（F = 10.706，Sig. = 0.000）。具体分析其下三因子发现，受访者在客观工作环境（F = 3.520，Sig. = 0.002）、客观组织环境（F = 6.915，Sig. = 0.000）和主观心理环境（F = 15.701，Sig. = 0.000）上的指数均呈现出显著的匀速上升趋势。

（3）工作环境指数在受教育程度上呈现显著的波动上升趋势

具体分析具有不同教育背景的受访者在工作环境指数上的得分发现（见图 4—15），随着受访者受教育水平的提高，其工作环境指数呈现出显著增加的趋势（F = 12.665，Sig. = 0.000）。分别考察工作环境指数的三个因子（客观工作环境、客观组织环境和主观心理环境）发现，三个因子也同样在受教育程度上呈现出显著上升的趋势。

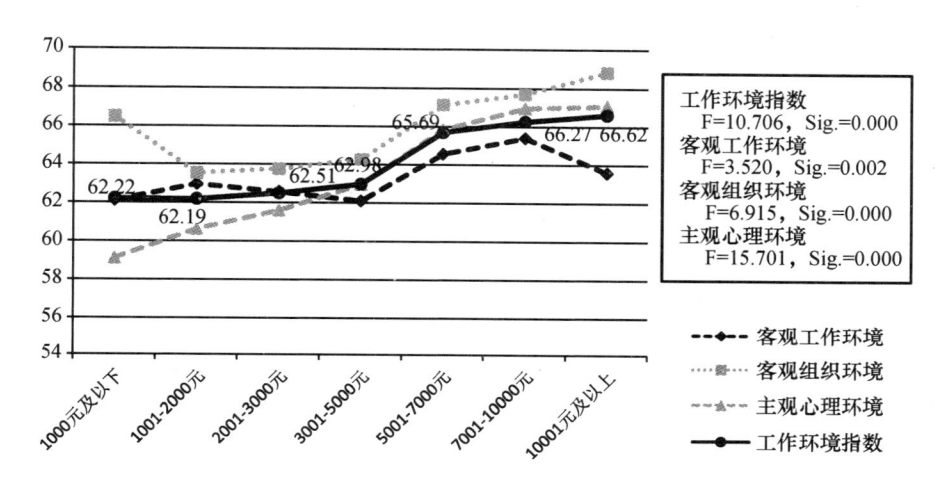

图 4—14　工作环境指数及其三因子在个人月收入上的差异性

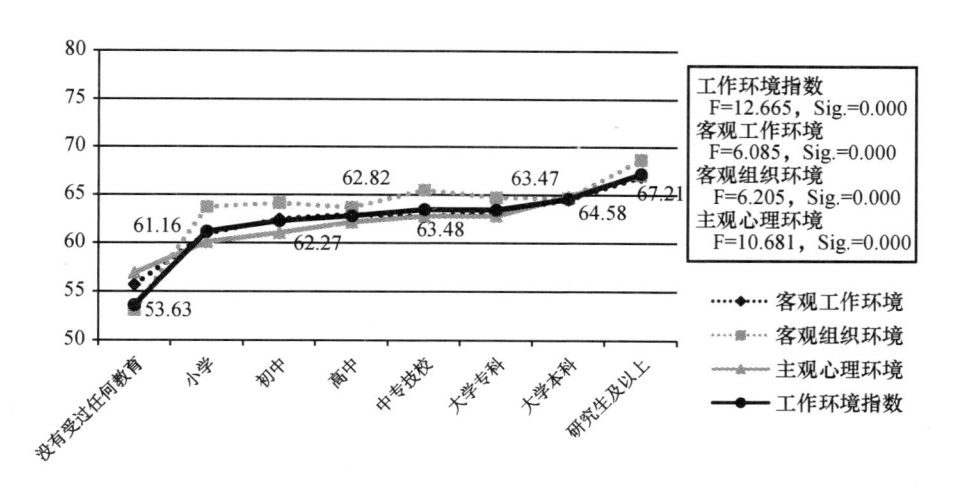

图 4—15　工作环境指数及其三因子在受教育程度上的差异性

（4）农村户籍受访者的客观工作环境满意度显著低于非农村户籍受访者

表 4—7 表明，受访者的工作环境指数在户籍类型上并不存在

太显著的差异（F=4.128，Sig.=0.042）。尽管如此，具体考察工作环境指数的三个因子（客观工作环境、客观组织环境和主观心理环境）发现（见图4—16），受访者的客观组织环境指数（F=2.222，Sig.=0.136）、主观心理环境指数（F=3.364，Sig.=0.067）在户籍类型上不存在显著差异。但是，在客观工作环境指数上，农村户籍受访者的得分（均值为62.03）显著低于非农村户籍受访者（均值为63.37），F=14.710，Sig.=0.000。

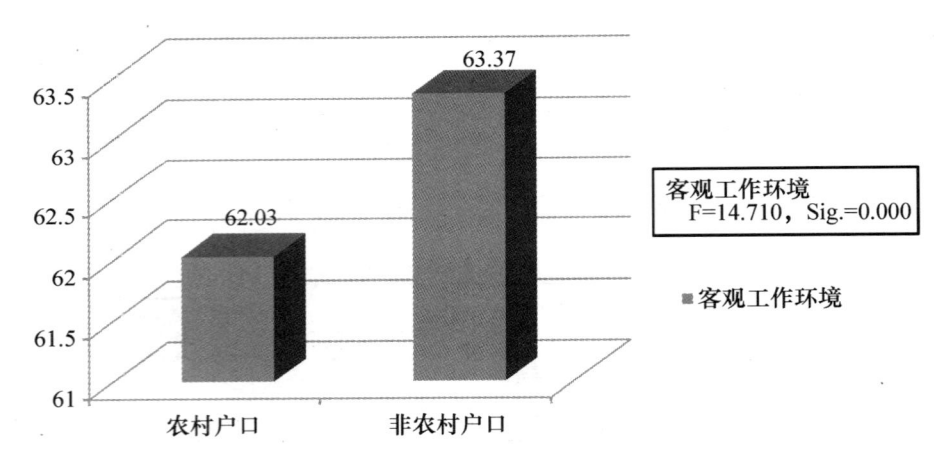

图4—16　客观工作环境指数在户籍类型上的均值分布

3. 行业/职位/社会分层/社会保障机制

对受访者的职业属性进行分析发现，受访者的工作环境指数在行业类型（F=11.110，Sig.=0.000）、不同职位（F=38.335，Sig.=0.000）方面具有显著差异，在社会地位层级、收入层级和社会保障类型上也存在不同程度的显著差异（见表4—8）。

表4—8　　工作环境指数在职业属性变量上的差异性

		均值（Mean）	样本数（N）	差异显著性
行业类型	党政机关及其派出机构	66.52	45	F=11.110，df=7，Sig.=0.000
	事业单位	65.12	459	
	居委会/村委会	66.02	38	
	社会团体	63.35	80	
	个体工商户/自营职业者	63.43	1067	
	企业	62.05	1749	
	无单位/自由职业者	61.83	221	
	其他	62.52	41	
职位	领导	68.75	24	F=38.335，df=3，Sig.=0.000
	中层管理人员	67.10	321	
	普通职工	62.10	2021	
	其他	63.07	31	
社会地位层级	第一层	60.27	360	F=15.676，df=9，Sig.=0.000
	第二层	61.83	447	
	第三层	62.28	710	
	第四层	63.40	645	
	第五层	63.17	1353	
	第六层	65.15	448	
	第七层	66.53	162	
	第八层	65.72	54	
	第九层	66.48	9	
	第十层	72.29	8	

续表

		均值（Mean）	样本数（N）	差异显著性
收入层级	第一层	61.47	425	F = 13.269，df = 9，Sig. = 0.000
	第二层	61.28	488	
	第三层	62.58	852	
	第四层	64.18	666	
	第五层	62.97	1116	
	第六层	65.20	437	
	第七层	66.52	153	
	第八层	66.67	47	
	第九层	57.62	7	
	第十层	64.45	3	
社会保障	养老保险 有	63.38	2916	F = 15.200，df = 1，Sig. = 0.000
	养老保险 没有	62.32	1267	
	医疗保险 有	63.38	3420	F = 13.049，df = 1，Sig. = 0.000
	医疗保险 没有	62.10	770	
	失业保险 有	63.12	1689	F = 0.302，df = 1，Sig. = 0.583
	失业保险 没有	62.98	2448	
	住房公积金 有	63.60	1395	F = 9.278，df = 1，Sig. = 0.002
	住房公积金 没有	62.78	2735	

（1）不同单位性质的受访者在工作环境指数及其三因子上有显著差异

当我们对不同单位的受访者进行工作环境指数比较时，我们发现（见图4—17），工作单位是党政机关及其派出机构、事业单位、居委会/村委会的受访者在工作环境指数上的均值都大于65.00，显著高于其他受访者。

具体考察工作环境指数的三因子如下：

在客观工作环境因子上,工作单位是党政机关及其派出机构、事业单位、居委会/村委会的受访者均值都超过65.00,显著高于其他受访者;且在企业工作的受访者(客观工作环境指数为61.91)和无单位/自由职业者(客观工作环境指数为61.61)显著低于其他受访者。

在客观组织环境因子上,党政机关及其派出机构、事业单位、居委会/村委会的受访者均值超过64.00,显著高于其他受访者;但在企业工作的受访者的客观组织环境指数仅为63.22,显著低于其他受访者。

在主观心理环境因子上,党政机关及其派出机构、事业单位、居委会/村委会的受访者的主观心理环境指数显著高于其他受访者,无单位/自由职业者的主观心理环境指数最低,仅为60.40。

上述这些发现起码可以从一个角度说明,体制对人们工作环境的主观感受会产生影响。

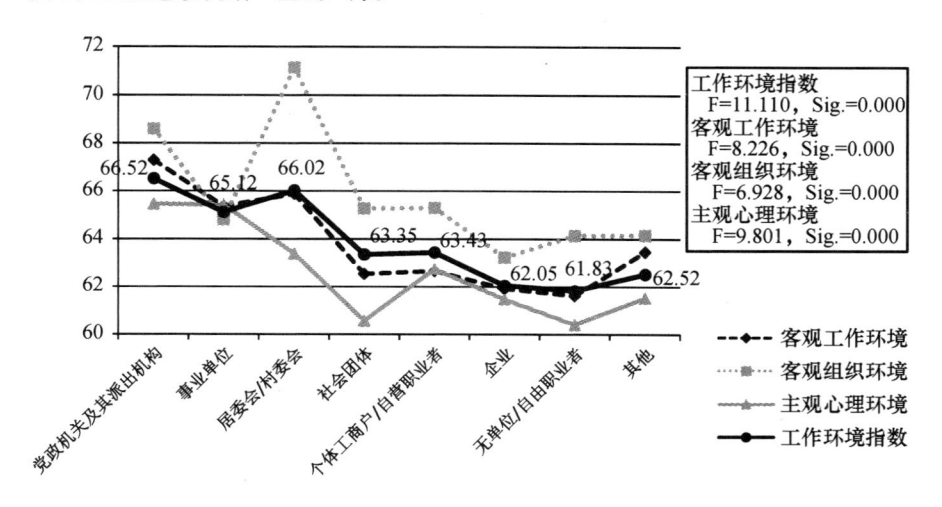

图4—17 工作环境指数及其三因子在单位类型上的均值分布

(2) 受访者在工作中职位越高，其工作环境指数越高

考察受访者在职位高低上的差异发现（见图4—18），领导和中层管理人员的工作环境指数显著高于普通职工。工作环境指数的三个因子的这种差异同样显著。

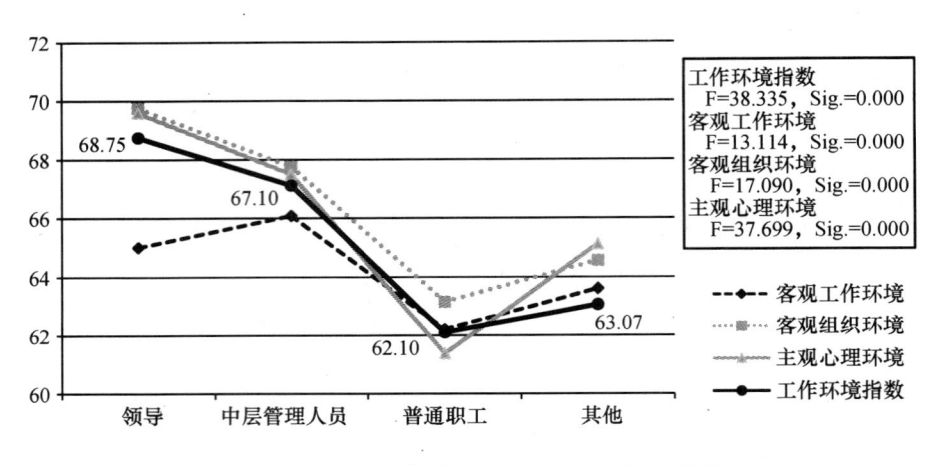

图4—18 工作环境指数及其三因子在职位上的均值分布

(3) 受访者的工作环境指数随其社会地位层级的上升呈显著的波动上升趋势；工作环境指数在收入层级第九层显著低于其他层级

考察受访者透过社会比较感知到的自身社会地位层级和收入层级发现（见图4—19），根据受访者自评个体所处的社会地位层级的高低（第一层代表最低，第十层代表最高），社会地位越高，工作环境指数越高，且上升趋势显著（$F=15.676$，$Sig.=0.000$）；在收入层级划分中，尽管总体上随收入层级递增，个体工作环境指数呈显著波动上升的趋势，但是，第五层和第九层出现了明显的两个低点，特别是第九层，出现了工作环境指数的最低点，仅为57.62。

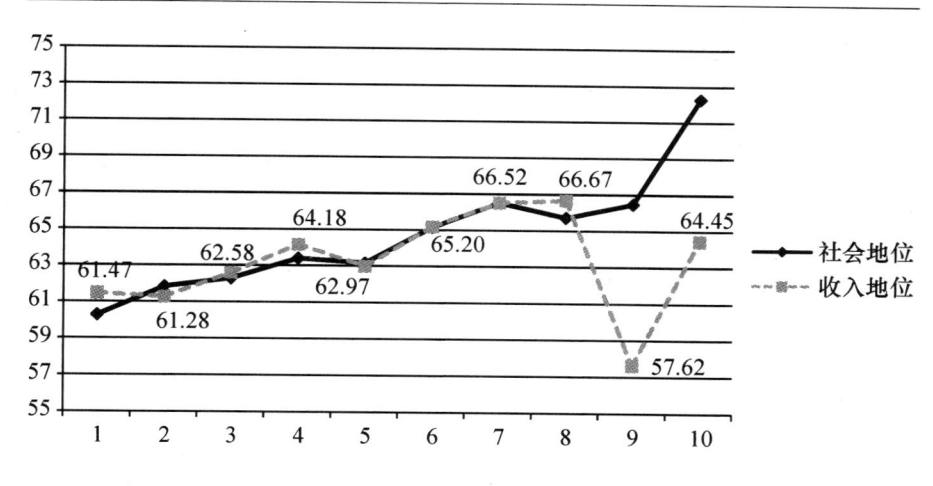

图 4—19　工作环境指数在社会地位和收入地位上的均值分布

（4）享有养老保险、医疗保险和住房公积金的受访者的工作环境指数显著高于其他

从表 4—8 可知，分别享有养老保险、医疗保险、失业保险和住房公积金的受访者的工作环境指数都高于不享有这些社会保障的受访者；但是，这种差异，仅在养老保险、医疗保险和住房公积金三种传统社会保障类型上是显著存在的，而在失业保险上，这种差异却是不显著的。

（二）讨论

1. 性别差异：男性对客观工作环境的满意度显著低于女性，加班现象显著出现于男性群体

总体来看，工作环境指数在男女性别上并不存在显著差异，具体考察三个因子是否存在性别差异发现，男女在评价客观工作环境上出现了显著差异（男性显著低于女性，$F = 17.576$，$Sig. = 0.000$），而在客观组织环境和主观心理环境指数上差异却并不显著。这在一定程度上可以反映男女在评价工作时的不同取向。女

性多看重工作的物理条件,如工作场地的面积是否足够大、配套设施是否齐全、自然条件是否舒适等,而男性则不同,他们更在乎工作任务本身是否能够体现其自身价值,满足其经济需求、个人发展和成就感等。

具体考察客观工作环境指数的四个题器(工作时间、劳动报酬、工作场所和工作生活平衡)在性别上的差异发现(见表4—9),男性与女性在工作场所、劳动报酬两个题器上并不存在显著差异,但是,二者在工作时间($F = 49.500$,$Sig. = 0.000$)和工作生活平衡($F = 5.764$,$Sig. = 0.016$)上却差异显著。依据工作时间的题器"我经常加班工作"上的均值分布可知,男性得分显著低于女性。这表明,加班现象显著出现于男性群体,而非女性。在工作生活平衡题器"生活琐事常让我无法集中精力工作"上,女性得分显著大于男性,也就是说,女性更易于平衡工作生活的关系。我们认为,这与男性、女性在家庭中的责任分工有密切关联。在当今的中国家庭中,仍然延续着"男主外、女主内"的分工模式,男性主要承担着家庭经济收入的主要责任,女性则负责打理日常家务和生儿育女。这导致比起女性,男性的工作内驱力更大。再加上男性在身体素质上天生优于女性,拥有更加强健的体魄和旺盛的精力,这就使得男性在职场上的工作时间更长、劳动强度更大,以此获取更多的劳动报酬,从而供养家庭。

表 4—9　　客观工作环境 4 个题器的性别差异显著性

		均值（Mean）	样本数（N）	差异显著性
工作场所	男	66.68	2256	$F = 1.377$, $df = 1$, Sig. $= 0.241$
	女	67.27	2456	
劳动报酬	男	64.55	2267	$F = 1.298$, $df = 1$, Sig. $= 0.255$
	女	63.97	2445	
工作时间	男	56.57	2242	$F = 49.500$, $df = 1$, Sig. $= 0.000$
	女	61.00	2428	
工作生活平衡	男	61.70	2245	$F = 5.764$, $df = 1$, Sig. $= 0.016$
	女	63.03	2431	

2. 年龄差异：25—34 岁城市居民对客观工作环境满意度最低，显著表现在超时工作和工作生活失衡两方面

上述数据分析显示，年龄在客观组织环境和主观心理环境上并无显著差异，但是在客观工作环境指数上却出现显著差异，即职场新人与退休返聘再工作的群体对客观工作环境的满意度显著较高，而适龄劳动人口却对客观工作环境满意度较低，25—34 岁人群的满意度达到最低点。为了探究其原因，我们具体分析了客观工作环境指数的四个题器（工作场所、劳动报酬、工作时间、工作生活平衡）。结果显示（见图 4—20），在工作时间、工作生活平衡两个题器上出现了非常显著的年龄差异。在工作时间上，随着年龄的降低，分值逐渐下降，25—34 岁降到最低点，仅为56.31。根据题器的表述"我经常加班工作"可知，25—34 岁的城市居民是加班现象的高发人群。另一方面，在工作生活平衡上，随着年龄的降低，分值也逐渐下跌，同样在 25—34 岁降至最低点，仅为 60.85，15—24 岁的职场新人也处在这一低分段上。根据题器表述"生活琐事让我无法集中精力工作"可知，15—34 岁的城市居民较难处理工作生活的两难问题。从职业生涯发展来看，25—34 岁正处在事业的上升期，而从个人人生发展来看，他们也处于组建家庭、生儿育女的年龄。工作上的发展需求和家庭责任双双压在这群 80 后、90 后职场中坚力量和生力军身上，导致负担过重，从而出现对工作时间和工作生活平衡不满的现象。

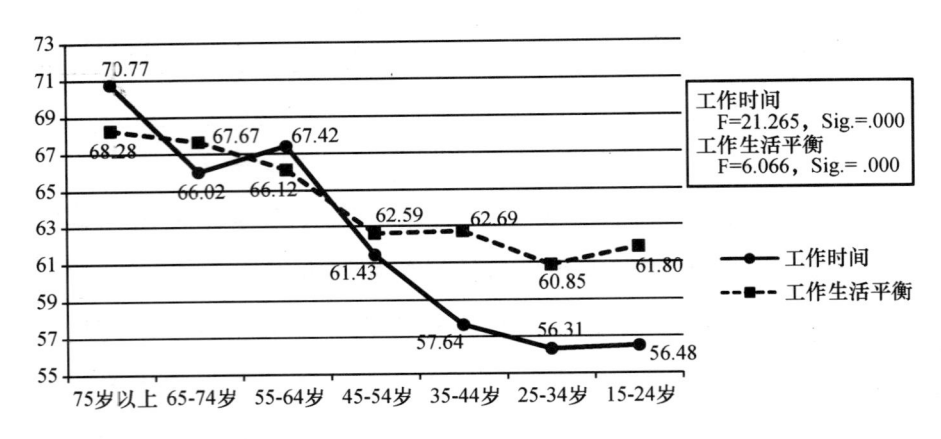

图 4—20　工作时间和工作生活平衡在年龄上的均值分布

3. 收入差异：家庭月收入较高的成功人士主观心理环境满意度不高

一方面，根据上述数据分析可知，工作环境指数在家庭月收入上呈现出显著的波动上升趋势，且这种趋势显著体现在主观心理环境指数上。另一方面，均值比较也发现，随着收入逐渐增加，无论是主观心理环境指数还是总的工作环境指数都随之上升，但是均在家庭月收入为 30001—40000 元这个阶段突然下跌，随后才重新爬升。为了分析下跌原因，首先，我们通过本次受访者家庭月收入的频次分析发现，家庭月收入处于 30001—40000 元的城市居民的累积百分比为99.3%，这就意味着99.3%的受访者家庭月收入都低于30000元。相较而言，这个收入段的城市居民属于高收入人群，为何工作环境满意度这么低呢？接着，我们考察了主观心理环境的五个题器（职业期望、工作压力、工作自尊、工作安全感和工作效能感），如图4—21所示，家庭月收入如此高的城市居民在职业期望和工作效能感上显著低于其他收入人群，工作效能感均值低至60.00（F＝4.865，Sig.＝0.000），职业期望低至56.00（F＝9.146，Sig.＝0.000）。据此，我们找到了问题的答案。家庭月收入在30001—40000元这个阶段的城市居民，往往在职场上都属于中上层管理人员，他们拥有足够的工作经验、精炼的业务能力、较高的收入，从而稳坐社会阶层的上流，算是职场中的成功人士。但是，也正是因为他们具有强大的工作应对能力，因此，往往能够轻松应对现有的工作任务。长此以往，这类成功人士渐渐会感到现有工作无法让其才能充分施展，很难在一成不变的工作中体验到成就感和满足感，进而慢慢对工作前景丧失信心。正因如此，这类已达到职业生涯一定高度的人群在评价工作环境时，在主观心理环境上得分突降，进而影响其总体工作环境满意度。这在上述的社会分层差异上也可见一斑。

4. 教育程度差异：大学专科学历员工工作环境满意度较低

由上述数据分析可知，从总工作环境指数及其三维度的总体走势来看，随着受教育程度的提高，城市居民的工作环境满意度呈现出匀速上升的趋势。但是，在这种上升趋势中，工作环境指数在大学专科这一学历水平上却出现了下跌，显著低于中专学历的城市居民（中专学历的工作环境指数为63.48，大学专科为63.47，大学本科为64.58）。为了探究为何大学专科学历背景的

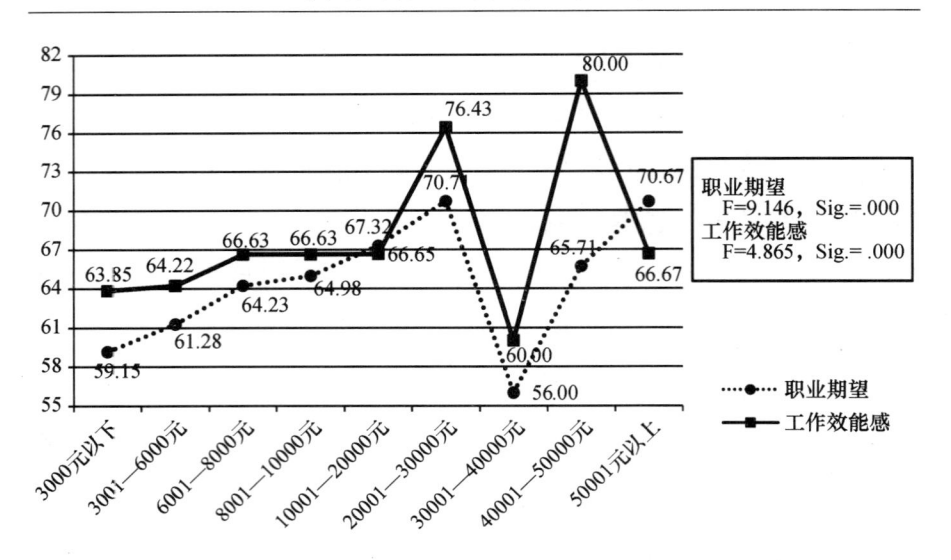

图 4—21　职业期望和工作效能感在家庭月收入上的均值分布

城市居民低于中专学历，我们仔细考察了工作环境指数的各个题器。结果发现，首先，在劳动报酬方面，专科学历城市居民的月收入与中专学历群体差距不大，基本上都在2000—3000元左右。对此，在学历水平上稍高的专科背景城市居民显然产生了不满足感，专科学历城市居民对劳动报酬的满意度（64.42）显著低于中专技校学历的群体（64.94）（$F=3.415$，$Sig.=0.001$）。其次，在组织支持方面，中专技校学历的城市居民也较满意"在工作中会获得同事的帮助支持"，而专科学历群体对组织支持的满意度却显著较低（$F=7.286$，$Sig.=0.000$）。最后，专科学历的城市居民明显比中专技校生有更多的失业危机感，他们在工作安全感指数上出现了显著差异，专科生的工作安全感显著低于中专技校生（$F=10.583$，$Sig.=0.000$）。由此可见，大学专科学历员工之所以工作环境满意度显著低于学历水平不如自己的中专技校生，很大程度上是因为学历优势并未在劳动报酬上有所体现，且在工作过程中也未获得优越的同事关系以帮助其事业上的发展，还背负着较重的失业压力。如此这般，在与学历水平较低的中专技校生进行比较时，大学专科学历员工就很难体验到学历所带来的工作优越感；与学历水平略高的大学本科生比较时，无论在劳动报酬、组织支持还是工作效能感等方面都处于劣势，比上不足，比下也不足，因而工作环境满意度不高。

5. 户籍差异：农民工群体已与城市员工无太大差异，仅在加班现象、不满工作场所、工作生活失衡上表现明显

本次调查对象都是城市居民，因此我们可以把持农业户籍的受访者简称为"农民工"，持非农户籍的受访者简称为"城市员工"。上一部分的数据分析显示，农民工和城市员工在工作环境指数上并无显著差异，分别考察工作环境的三个维度发现，户口类型仅仅在客观工作环境指数上存在显著差异（$F = 14.710$，$Sig. = 0.000$）。为了深入探究农民工与城市员工在客观工作环境维度上具体存在何种差异，我们对客观工作环境的四个题器（工作时间、劳动报酬、工作场所、工作生活平衡）进行了分析。结果发现（见图4—22），两个群体在劳动报酬水平上并不存在显著差异（$F = 0.025$，$Sig. = 0.875$），但是在其他三个题器上却有不同程度的显著差异。在工作时间上，农民工群体中的加班现象显著高于城市员工（$F = 8.497$，$Sig. = 0.004$），这不难让我们联想到他们在劳动报酬上与城市员工无差异，很有可能就是源自他们长时间加班的获利。在工作场所上，农民工群体对工作场所的满意度低于城市员工，且具有一定的显著性（$F = 7.183$，$Sig. = 0.007$）。这表明，目前的农民工群体在评价工作时已不再只关注工资这一单一评价维度，而开始表现出对工作场所舒适度的关注了。

在工作生活平衡上,农民工的得分也显著低于城市员工（F = 7.946, Sig. = 0.005）,也就是说,农民工更容易出现工作生活失衡,常常为了工作赚钱而忽视了家庭和私生活。由此可见,尽管在工作环境指数的总体数据上,农民工已与城市员工无异,但是,在这个群体中加班、工作场所恶劣、工作生活失衡仍然是高频发生的现象,这也是我国城镇化进程中农民工融入亟待解决的问题。

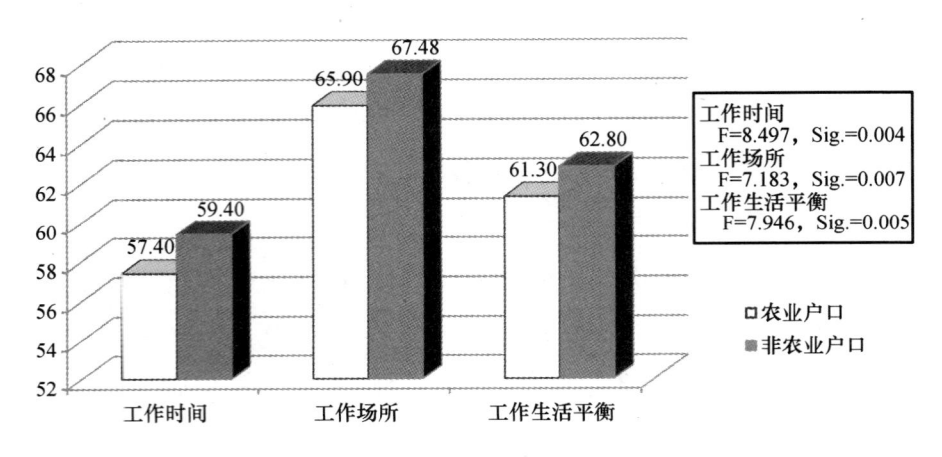

图4—22 客观工作环境三题器在户籍类型上的差异

六 城市居民工作环境的影响因素探讨

（一）城市居民工作环境与社会总体满意度的关系

考察社会总体满意度的频次发现,本次调研的受访者中社会满意度为33.00—175.00分（分值越高,社会满意度越高）,均值为104.51分。在本部分中,为了分析城市居民工作环境指数与其社会总体满意度的关联性,我们根据社会总体满意度的得分分布,将其从低到高划分为31—50分、51—75分、76—100分、101—

125分、126—150分、151—175分六个层级（层级越高，社会总体满意度越高），然后分层比较不同社会总体满意度的受访者的工作环境指数。结果显示（见图4—23），社会总体满意度越高的城市居民，其工作环境指数也显著较高，二者呈显著正相关。具体分析工作环境指数的三个维度，同样也具有上述显著趋势。

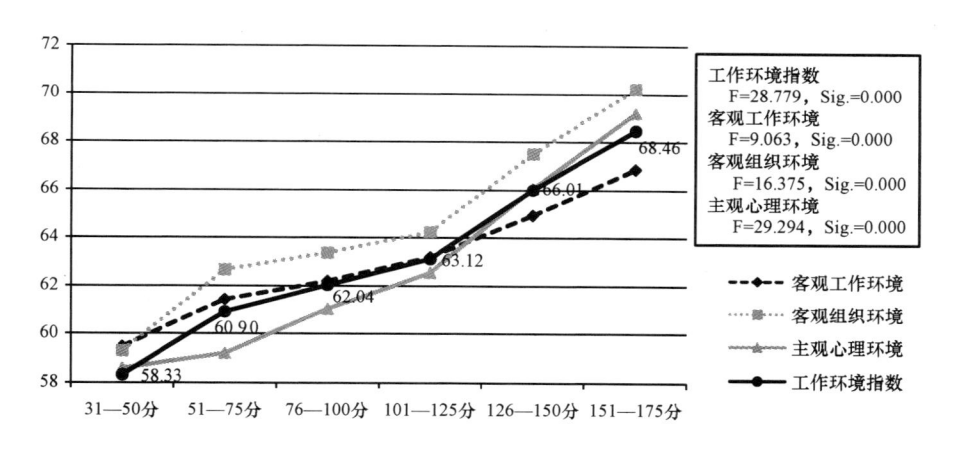

图4—23 工作环境指数及其三因子在社会总满意度上的均值分布

上述数据告诉我们，工作环境指数与社会总满意度呈正相关。我们可以从企业单位的二元属性上来剖析这个现象。企业单位，一般是自负盈亏的生产性单位，它具有二重性。第一，企业具有个体属性。企业是员工劳动交换的载体，是员工与社会发生关联的关键纽带。依靠企业生产，企业主可以利用社会相应政策、享有社会资源，从而给养自己及家人，企业员工也是如此。企业中的个体通过企业这个中介单位，分享着社会法制、自然资源、政策福利等。第二，企业还具有社会属性。企业，作为社会的经济细胞，承载着社会物质生产和服务的供给，它不仅肩负着员工生活的希望，还肩负着社会的责任。因而，社会也以企业为单位，将法律政策、社会资源、经济利润等反馈给社会成员。综上两点可知，企业是社会供给其个体成员、个体享有社会资源的中介。因此，社会在法律、住房、社会保障、就业、生活、教育、医疗等多方面提供的便利，会直接传递给企业单位，企业单位又利用社会政策、经济支持改善着单位条件、提高企业收益，从而让单位员工间接体会到由社会所带来的福利。

（二）城市居民工作环境与社会参与的关系

为了考察城市居民的社会参与与其工作环境指数的关系，我们选取本次调查问卷中B16、B17、B18题作为社会参与度的评价题器。计分方式例如B1601题"过去一年中，您是否参加过社区/居委会举办的活动"，回答"没有"计0分、回答"有"计1分，以此类推。B16、B17、B18三题得分之和作为城市居民个体社会参与指数，分值越高，社会参与度越高。

首先，对所得数据进行频次分析发现（见图4—24），90.1%的受访者社会参与指数低于6.00（社会参与指数满分为12.00），社会参与指数呈正偏态分布，即表明城市居民社会参与度较低。

其次，考察不同社会参与度的城市居民的工作环境指数发现（见图4—25），随着受访者社会参与的不断增多，工作环境指数呈现显著的波动上升趋势。这表明，社会参与有利于城市居民了解社会宏观环境、中观组织环境，以此作为其评价自己所处工作环境的参考信息，从而不断调整对工作环境的主观认知，进而形成较高的工作环境指数。

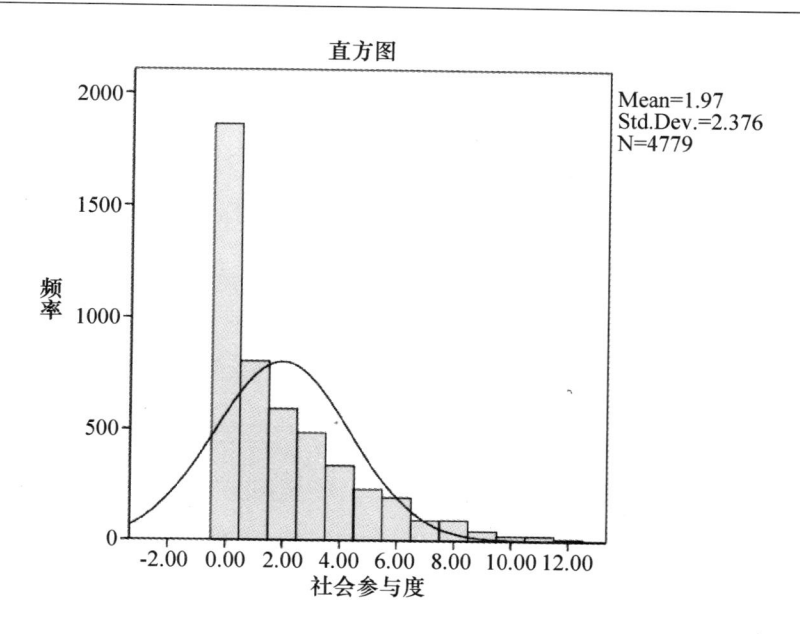

图 4—24 社会参与指数的频率分布

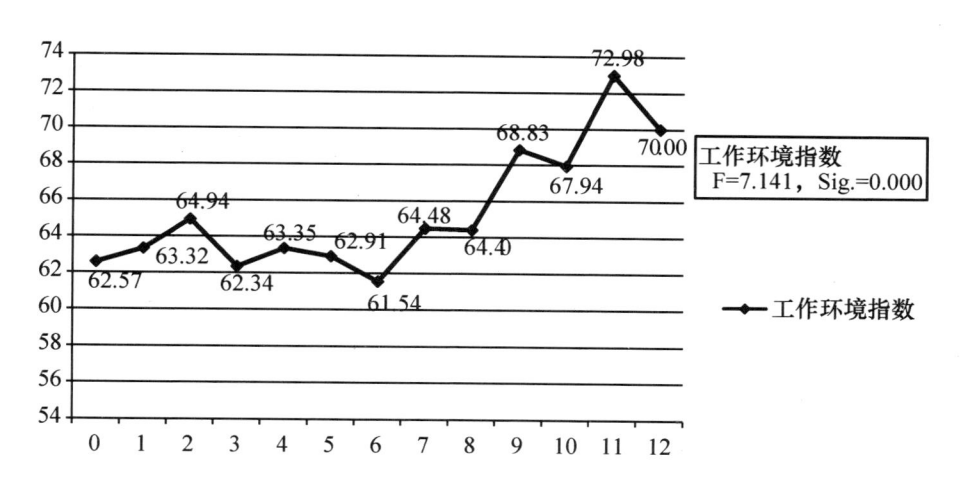

图 4—25 工作环境指数在社会参与上的均值分布

七 结论与思考

随着经济社会的发展和生产技术的提高，城市居民的就业状况和工作方式发生着巨大变革。最近几年，政府更是积极推进以社会福利和改善民生为重点的社会建设，劳动报酬、工作福利保障和工伤医疗保险等水平日益改善，人们的工作现状不断向好。但是，在重视工资待遇的时候，组织单位却往往忽视了员工工作环境的改善，造成"昆山工厂爆炸事件"、"富士康跳楼事件"等极端社会事件。

在这个背景下，本报告将关注点聚焦于城市居民工作所处的工作环境，考察他们对工作环境的满意度。如前文所述，工作环境的概念由客观工作环境、客观组织环境和主观心理环境三个维度构成。综上数据分析，2014年城市居民工作环境指数的具体情况如下。

（一）目前城市居民的工作环境指数为63.06，总体满意度良好

具体分析三维度：首先，客观工作环境指数为63.00，这表明城市居民基本满意单位所提供的工作基本硬件条件，但其中超时的工作时间成为拉低满意度的主要因素。其次，客观组织环境指数为64.33，城市居民对组织单位所营造的组织氛围和人际关系网络基本满意，但是在工作中的性别和年龄歧视依然较严重。最后，主观心理环境指数为62.38，这表明城市居民对工作环境有着较为积极的主观体验，然而，"工作压力大"却是城市居民的普遍反映，是影响其对工作环境满意度的负向因子。

（二）男女在工作环境指数上无显著差异，但男性对客观工作环境的满意度显著高于女性

上述数据表明，男性工作环境指数为 63.11，女性工作环境指数为 63.00，尽管在均值上略有不同，但统计分析发现二者并无显著差异。具体考察三维度发现，男女性别差异仅在客观工作环境指数上存在显著差异，男性对客观工作环境的满意度显著低于女性。这表明，城市男性居民在评价时更看重工作可供自己施展才能的地方，而非是舒适、齐备的外部客观物理条件。但是，值得注意的是，在深入挖掘客观工作环境指数下各题器的性别差异时，我们发现，男性群体中的加班现象显著高于女性，可谓加班的高发人群。如此高强度的超时工作，势必对男性群体的身心健康和家庭稳定造成一定影响。

（三）年龄在工作环境指数上有显著差异，且 25—34 岁城市居民对客观环境满意度显著较低

统计数据表明，随着年龄的增加，城市居民在工作环境指数上呈现出显著的波动上升趋势。具体考察其下三维度时，我们发现在客观工作环境指数上呈现出非常显著的年龄差异。具体表现在，随着年龄的降低，城市居民对客观工作环境的满意度显著下降，其中 25—34 岁降至最低点，客观环境指数仅为 62.07。这也就说，年轻一代的城市居民比起年长一辈，对客观工作环境现状更不满，特别是 25—34 岁这批职场新鲜力量。他们无论从职业生涯发展还是个人人生发展阶段来看，都正值"上坡"阶段，需求

大、责任重，这使得他们常常超时工作，为了工作而导致工作生活失衡的情况较为普遍。如此这般，这批 25—34 岁职场生力军，就成了对其客观工作环境的满意度最低的人群。

（四）随着个人月收入/家庭月收入的提高，城市居民工作环境指数呈波动上升趋势

收入可以在一定程度上反映城市居民的职业发展状况和社会经济地位。上述数据分析表明，收入状况越好，城市居民的工作环境指数越高，无论对其客观工作环境、客观组织环境还是主观体验都较为积极。但是，值得注意的是，收入上升到一定阶段时，个体对工作环境的主观体验将会出现滞后或者倒退现象。在本次调查中，我们就发现家庭月收入在 30001—40000 元的这批城市高收入居民在职业期望和工作效能感上显著低于其他人，从而拉低了他们对工作的主观满意度。

（五）工作环境指数在受教育程度上出现显著波动上升趋势，但大学专科生的工作环境满意度较低

上述数据分析表明，随着受教育程度的提高，城市居民的工作环境满意度匀速上升。然而，这种上升趋势却在大学专科生人群中出现了下跌，显著低于中专学历的城市居民。这在一定程度上，反映出我国人才培养的一些问题。根据我国教育体制，大学专科属于高等教育的范畴，但是这批专科生毕业后所从事的工作和所得到的报酬与中专生无明显差异，他们所受教育与所得出现了少许不平衡，对工作的不满由此产生。

（六）二代农民工群体与持有城市户籍的企业员工在对工作环境的主观感受上还存在统计意义上的一些差异

我们将农民工和持城市户籍的企业员工的数据分别考察，尽管我国城镇化进程的效果十分明显，但农民工群体和城市员工在对工作环境的感受上还存在显著差异。进一步深入分析发现，农民工的工作现状虽然已得到良好的改善，但是加班、工作场所不尽如人意、工作生活失衡仍然是他们在工作中遇到的普遍问题，因此对二代农民工的身份认同仍需要给予制度、政策以及文化上的包容。

（七）城市居民的工作环境指数与社会总体满意度呈正相关

数据分析显示，随着社会总体满意度的提高，城市居民的工作环境指数也在逐渐攀升。为了深入挖掘哪些宏观社会因素影响着城市居民对其工作环境的满意度，我们将社会评价的三十五个题器分别与工作环境指数进行相关分析。结果发现，社会风气、法律保障、公务员廉洁、居民收入增长速度、治安状况、继续教育和岗位培训机会、环境质量等社会宏观环境状况对城市居民个体工作环境指数有着显著、积极的影响（见表4—10）。

表4—10 社会宏观环境指标与城市居民工作环境指数的相关

社会宏观环境指标	F 值	Sig. 值
社会风气	9.061	0.000
法律对公民人身权利的保护状况	4.574	0.000

续表

社会宏观环境指标	F 值	Sig. 值
法律对公民财产权利的保护	4.429	0.000
居民收入增长	5.320	0.000
治安状况	5.791	0.000
继续教育与岗位培训机会	4.753	0.000
环境质量	4.012	0.000
公务员廉洁自律	6.468	0.000

（八）城市居民工作环境指数与其社会参与程度呈显著正相关

尽管我国城市居民社会参与程度较低（社会参与指数仅为16.42，满分为100），但是我们也发现，随着城市居民社会参与的不断提高，他们对宏观社会、中观组织单位的了解也会不断深入，从而其工作环境指数也会随之上升。

第五章　城市基本公共服务均等化

公平正义是人类社会发展的重要目标，也是中国特色社会主义的内在要求。促进社会公平是维系社会稳定和发展的基本要旨，是每个人权利和全社会福祉的根本保证。但社会发展的不平等、不均衡却是当前普遍存在的问题，这些不平等包括城乡分割、地区差异以及不同人群之间的收入差距等。社会再分配是克服这些差异和不平等的重要手段，政府通过重新分配公共资源和财富来实现社会公平，而公共服务正是实现社会公平正义的基本途径。

党的十七大报告指出，"实现社会公平正义是发展中国特色社会主义的重大任务"，而要建设公平正义的和谐社会，就必须扩大公共服务，完善社会管理，"努力使全体人民学有所教、劳有所得、病有所医、老有所养、住有所居"。而以公共服务实现社会的公平发展，落实到制度上就是保证公共服务的均等化，以基本公共服务的均等化来缩小城乡差距、贫富差距以及地区间发展不均衡，已经成为社会的共识和政府追求的目标。

根据国际经验和我国现状，国家发展改革委宏观经济研究院课题组把我国现阶段的全国性基本公共服务均等化界定为：中央政府通过制定相关基本公共服务国家标准（设施标准、设备标准、人员配备标准、日常运行费用标准），在财政上确保负责提供服务的地方政府具有均等支付这些基本公共服务的能力，确保社会、政府、服务机构不存在偏见、歧视、特殊门槛的前提下使每个公民不分城乡、不分地区能够有机会享受法定基本公共服务项目的过程。为实现一个公平正义、和谐有序的社会，党和政府多次在重要文件中对发展公共服务均等化予以强调。2005年，"十一五"规划要求"按照公共服务均等化原则，加大国家对欠发达地区的支持力度，加快革命老区、民族地区、边疆地区和贫困地区经济社会发展"。2006年，十六届六中全会提出，通过推进财政体制改革实现基本公共服务均等化。2012年，《国家基本公共服务体系"十二五"规划》又进一步提出，我国政府将在公共教育、劳动就业服务、社会保障、基本社会服务、医疗卫生、人口计生、住房保障、公共文化等领域加强基本公共服务供给，努力提升基本公共服务水平和均等化程度，推动社会公平和谐发展。

上述这些政策为促进基本公共服务均等化，实现社会公平提供了有力的制度保障。2014年，中国社会科学院社会发展战略研究院开展了"社会态度与社会发展状况调查（2014）"，针对社会景气、居民生活质量、社会管理、公共服务、公众参与等多个项目进行了系统地调查研究，并特别关注了社会发展的公平与正义。本章主要就基本公共服务的均等化在机会、标准和结果三个方面的公平状况进行论述和解释，提出评估基本公共服务的均等化的框架，并就有关问题提出政策建议。

一 概念与测量

（一）概念界定

基本公共服务是以一定时期经济社会发展水平为基础，在社会共识的基础上，政府为维护经济社会的稳定和发展、保障公民的基本生存和发展权利、实现社会公平与正义而提供的公共产品与服务。从我国当前的情况来看，基本公共服务主要包括公益基础性服务、基本民生性服务、公共事业性服务、公共安全性服务等类别。

基本公共服务均等化不是简单的平均化和无差异化，而是全体公民都能公平可及地获得大致均等的基本公共服务，是对制度性供给不均、财政供给不均和成果享受不均的克服，包括机会均等、标准相同和结果相当三个方面。具体而言，是指一个国家的公民无论居住在哪个地区，无论具体身份、地位如何，都能不被歧视、有均等的机会享有基本公共服务，并在保障其基本生存权和发展权的方面效果相当。

（二）测量

从社会态度的角度看社会发展，本次调查对基本公共服务的评价主要是基于公众的主观感受，包括对基本公共服务的满意度、绩效评价和信心指数三个方面，然后再通过比较三个维度在地区之间、城乡之间和群际之间的差异来考察其均等化程度。

其一，对基本公共服务的满意度是指公众接受政府所提供的公共产品和公共服务，并将其与自身的期望进行比较之后所形成的满意或失望的主观感受。在调查中，要求受访者对各类基本公共服务的满意度进行评价，并将其评价的五个类别（很不满意、较不满意、一般、较满意和很满意）分别赋值20、40、60、80和100分。

其二，对基本公共服务的绩效评价是指公众基于所接受的公共产品和服务,对所在城市政府在公共服务供给的可及性、惠民性、便捷性等实施绩效进行评价,具体包括"贴近需要"、"得到实惠"、"服务方便"、"听取意见"、"公平公道"和"办事能力"六个方面。具体操作是以李克特五分量表测评受访者对于下列这些表述的赞同程度:"政府的服务贴近我的需要"、"政府的服务让我得到了实惠"、"政府提供的服务很方便"、"政府愿意听取老百姓意见"、"政府处理事情是公道的"、"政府工作人员的能力比较强";再将评价的五个类别(完全不赞同、比较不赞同、说不清、比较赞同和完全赞同)分别赋值为 20、40、60、80 和 100 分。

其三,对基本公共服务的信心指数,是指公众基于对当前基本公共服务的主观感受,结合对经济社会形势的判断和对政府相关服务部门的行为预期,对未来可预见的时期内基本公共服务变化趋势的预测。在调查中,首先要求公众对各类基本公共服务未来三年的变化进行预测,该服务是变差、没变还是变好。然后,区分其预测的具体变化方向。具体而言,预测未来三年该服务类别会变好的为积极预期,会变差的为消极预期。认为未来三年不变的,又可结合其对当前该服务类别的满意度进一步区分:对当前该服务类别感到满意(包括很满意和比较满意),预测未来三年没有变化,则对未来的预测仍然是积极的;对当前该服务类别感到不满意(包括很不满意和较不满意),预测未来三年没有变化,则对未来的预测是消极的。对基本公共服务的信心指数根据三种预测的比例,依据下列公式计算得出:

$$\frac{信心}{指数} = \left(\frac{"积极预测"的百分比}{"积极预测"的百分比 + "消极预测"的百分比} \right) \times 100$$

根据此公式计算得出的信心指数得分的具体含义如下：

信心指数 < 50，表示公众对此项基本公共服务的前景缺乏信心，预计其将变得更差；

信心指数 = 50，表示公众对此项基本公共服务的前景持中立态度，预计其没有变化；

信心指数 > 50，表示公众对此项基本公共服务的前景有信心，预计其将变得更好。

表 5—1　　　　　　　　　基本公共服务的测量

概念	维度	指标
基本公共服务	满意度	对所在城市的基础设施状况的满意程度
		对所在城市的治安状况的满意程度
		对所在城市的食品安全状况的满意程度
		对所在城市的社会保障水平的满意程度
		对所在城市的医疗服务水平的满意程度
		对所在城市的教育水平的满意程度
		对所在城市的环境质量的满意程度
	绩效评价	贴近需要
		得到实惠
		服务方便
		听取意见
		公平公道
		办事能力
	信心指数	未来三年基础设施的变化
		未来三年治安状况的变化
		未来三年食品安全的变化
		未来三年社会保障的变化
		未来三年医疗服务的变化
		未来三年教育水平的变化
		未来三年环境质量的变化

接着，我们从三个方面考察上述基本公共服务的三个维度的均等化程度。第一是地域性均衡，即上述六项基本公共服务在东部、中部、西部和东北部地区之间是否存在显著差异；第二是制度性均等，主要考察户籍制度和就业单位性质是否会对不同身份的群体在基本公共服务的使用感受方面造成差异性影响；第三是群际间均等，即上述六项基本公共服务在不同的年龄段、社会阶层（根据被访者的经济收入和自我认定的社会地位来划分）之间是否存在显著差异，并考察了一些针对特殊人群的专门公共服务的供给情况。

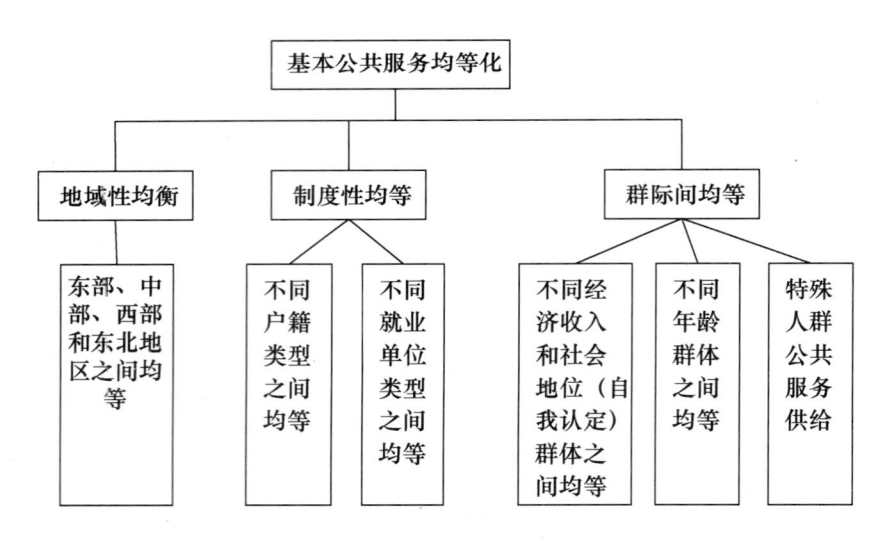

图5—1 基本公共服务均等化评估的维度

在上述框架下，本次调查自2014年5月开始在全国实施，所拟推论的总体是中国城镇地区居住的16岁及以上的人口，共获得有效样本7171份，复杂抽样设计的具体操作办法和其他执行细节另文说明。

二　全国基本公共服务整体状况

（一）全国基本公共服务满意度评价

总的来说，公众对于基本公共服务六个类别的满意度评价分布与2012年和2013年大致相当，都是对基础设施的满意度最高，平均得分68.38，而对环境质量的满意度最低，平均得分57.49。但值得注意的是，虽然环境质量的得分仍是各项中最低的，但相比前两年有一定提升，说明政府这一年来在环境保护方面的努力得到了公众的认可。同时，本年度医疗卫生的满意度得分较低，不仅为该项服务在三个年度中的最低分，而且仅比六项服务中满意度最低的环境质量高0.08（见图5—2）。

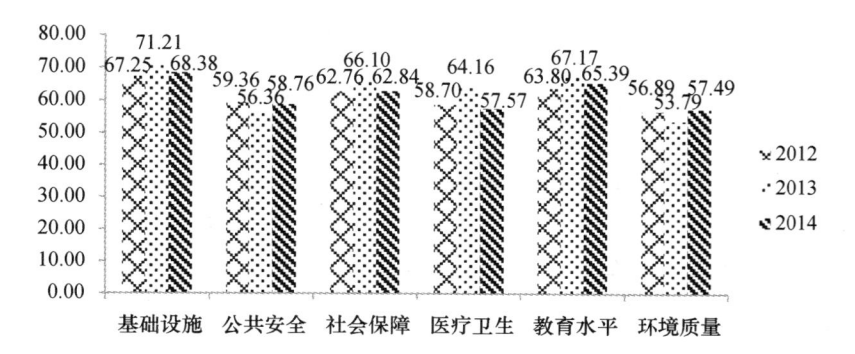

图5—2　2012—2014年公众对各类基本公共服务的满意度评分

（二）全国基本公共服务绩效评价

在实施绩效方面，受访者对基本公共服务六个方面的评价都在60以上，并集中于63.04到68.40之间。具体而言，公众普遍认为政府的服务还是比较符合自身需要的，该项得分最高且评价差异度最小（Std. Deviation = 15.61）；而对于政府听取老百姓的意见、处理事务的公道程度和政府人员的办事能力评价较低，该三项均为63左右。这说明，当前政府在基本公共服务供给的硬件和实质内容上得到了认可，但在软件和服务方式上仍有改进空间（见图5—3）。

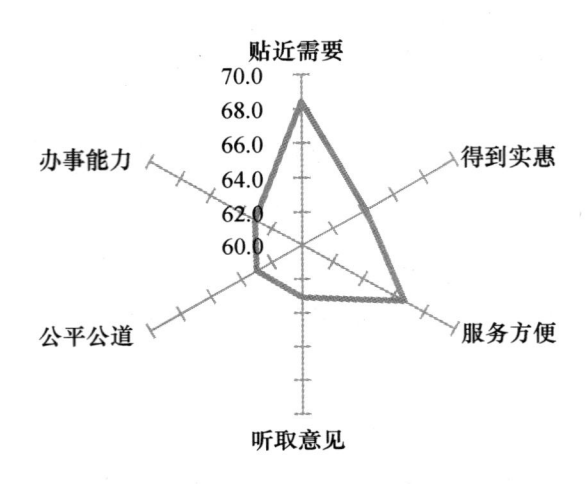

图5—3 公众对基本公共服务的绩效评价

（三）全国基本公共服务信心指数

在对各类基本公共服务的前景预测方面，所有服务类别的信心指数得分都在50以上，说明公众对各类基本公共服务的前景预测都较为乐观。而与2012年和2013年相比，公众对公共安全和环境质量的信心有所增强。其中，公共安全从2013年的77.74上升到84.01，环境质量从2013年的58.80上升到72.05，升幅达22.5%。而对医疗卫生的信心指数则跌落到75.22，为三年来最低。关于此项公共服务，19.3%的受访者认为目前存在若干问题，并且未来三年也难以得到改善，而持乐观态度，即认为目前医疗卫生服务将会进一步改善的人群占 58.6%（见图5—4）。

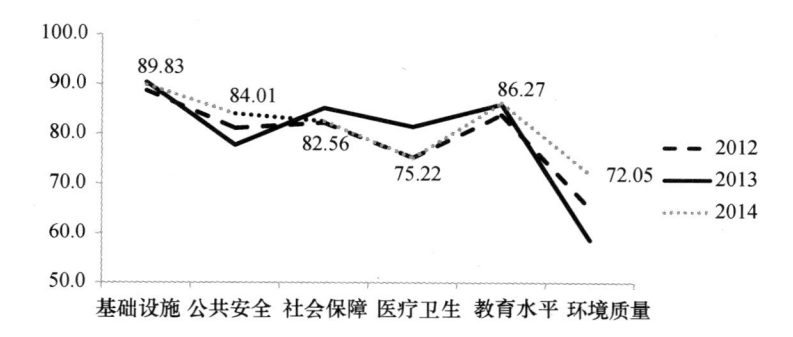

图5—4 公众对基本公共服务的信心指数

三 2014年我国城市基本公共服务均等化地域性均衡

基本公共服务的地域性不均主要是由于各地自然禀赋、发展起点、地方经济发展水平的不同导致的基本公共服务供给在地区间不平衡的现象。本次调查比较了东部、中部、西部和东北部地区①公众在基本公共服务满意度、绩效评价和信心指数方面的差异。

---

① 按照国家统计局区域划分的标准，本次调查抽样的社区涉及的各区域省份包括：东部：北京、天津、上海、江苏、浙江、福建、广东、山东、海南；中部：河北、山西、安徽、江西、河南、湖北、湖南；西部：广西、重庆、四川、云南、陕西；东北：辽宁、黑龙江、吉林。

（一）地区间基本公共服务财政投入存在差异，各有侧重

从对各项基本公共服务的财政支出水平来看，各地区对教育的财政投入差异最大，而在节能环保方面的差距最小。

从表5—2可以看出，2012年度，东部地区在公共安全、教育事业和节能环保方面的财政投入居各地区之首。尤其是公共安全，在其他地区保持在180亿元左右的水平时，东部地区在此项公共服务方面的支出超过了270亿元，是投入最低的东北部地区的1.5倍。而教育支出也呈现出自东部向中部、西部和东北部递减的趋势，东部的优势地位十分明显。同时，中部地区在医疗卫生方面投入相对较多，而西部地区的交通运输财政支出在各地区中领先，但差距不大。而东北部地区除了在社会保障和就业方面的财政投入具有一定优势外，在教育、医疗卫生和交通运输方面的财政支出平均水平和其他三个地区相比还是存在较为明显的差异。

从这些差异可以看出，东部地区在经济社会发展达到一定水平之后，开始将公共服务的关注更多转向社会稳定、教育发展和环境保护。西部地区得益于国家战略的重点扶持，在基础设施方面的投入具有优先地位。而东北部地区老工业基地的传统优势在改革开放中受到一定冲击，除国家重点扶持的社会保障和就业领域外，其他基本公共服务的领域还有待进一步加强财政投入和硬件建设。

表 5—2　　　　　　2012 年分区域财政支出平均水平[①]　　　　单位：亿元

	交通运输	公共安全	社会保障和就业	教育	医疗卫生	节能环保
东部	259.63	272.77	387.85	824.33	273.03	104.27
中部	242.68	187.31	466.50	772.86	290.03	99.01
西部	288.70	178.79	445.16	686.42	266.82	103.98
东北部	203.59	177.62	496.64	574.88	177.96	103.99

（二）地区间基本公共服务满意度差异在环境质量上最为突出

比较东部、中部、西部和东北部地区受访者对各类基本公共服务的满意度评价，各地区对公共安全的满意度无差异，平均得分在 58.36 到 59.27 之间。同时，各地对社会保障方面的评价虽有一定差异，但评分比较一致，均值折线图趋于平缓。而不同地区之间对于环境质量的满意度差异最大（F = 44.824，sig. = 0.000），其中西部地区满意度最高，得分 62.06，东部地区满意度最低，得分仅为 54.51（见图 5—5）。

对比各地区对各项基本公共服务的财政支出和相应的满意度评价可以发现，公众对某项服务的满意度与政府财政支出水平没有必然关联，而与该地区此项公共服务原有的发展水平则有很大的关系。例如，先发展的东部地区基础设施较为发达，因此虽然

[①] 该表以《中国统计年鉴 2013》数据为基础，将调查所涉及的各地区省份对某个公共服务类别的财政投入加总再进行平均，得出各区域在该项公共服务上的财政支出平均水平。由于统计年鉴单项设置与本研究的公共服务分类略有不同，因此以"交通运输"的财政支出反映"基础设施"，以"节能环保"的财政支出反映"环境质量"。

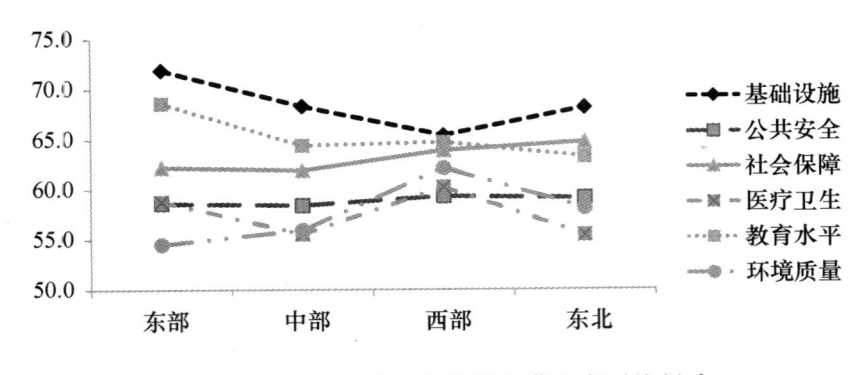

图 5—5 分区域基本公共服务满意度平均得分

该地区对交通运输的财政支出的平均水平为四个地区中最低的,但公众对基础设施的满意度仍然是各地区中最高的。而相反,较为落后的西部地区虽然此方面的财政支出平均水平最高,但公众满意度却最低。同样的,四个地区在环保方面的支出几乎相同,但满意度却呈现明显差异。环境质量原本较好的西部地区评价最高,而先发展、污染问题较为严重的东部则评价相对较低。

(三) 东北部地区对基本公共服务的绩效评价最高

就绩效而言,地区间差异依然存在,且受访者对六类基本公共服务的评价在四个地区的分布都较为一致,即中部地区评价最低,西部、东部次之,而东北部地区受访者的评价则普遍较高。

其中,对于"贴近需要"的评价在地区间差异最大,中部地区平均得分 65.97,比评价最高的东北部地区低 4.32。而"服务方便"一项稍有不同,东部地区的评价最高,达到 68.34,评价最低的仍是中部地区,平均得分 64.79。这说明在经济社会发达程度较高的东部地区,基本公共服务的便捷度较高,公众的认可度也较高。在基本公共服务实施效果的其他方面,则是东北地区公众对政府的投入持比较认可的态度（见图5—6）。

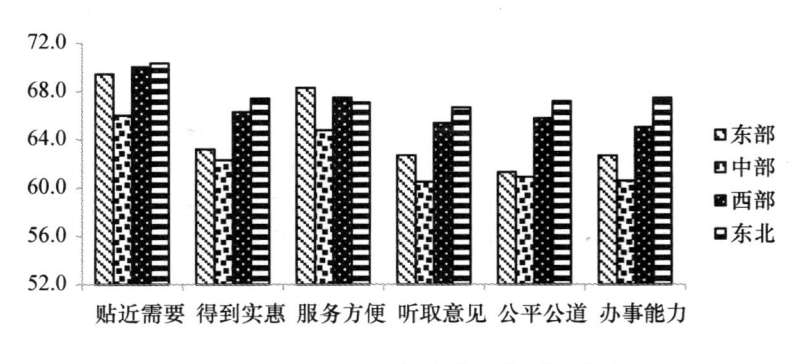

图5—6 分区域基本公共服务绩效评价

（四）西部地区对基本公共服务信心指数相对较低

总体而言，西部地区受访者对基本公共服务未来三年的变化预测较为悲观，信心指数最低，而东部和东北部地区受访者则较为乐观（见图5—7）。

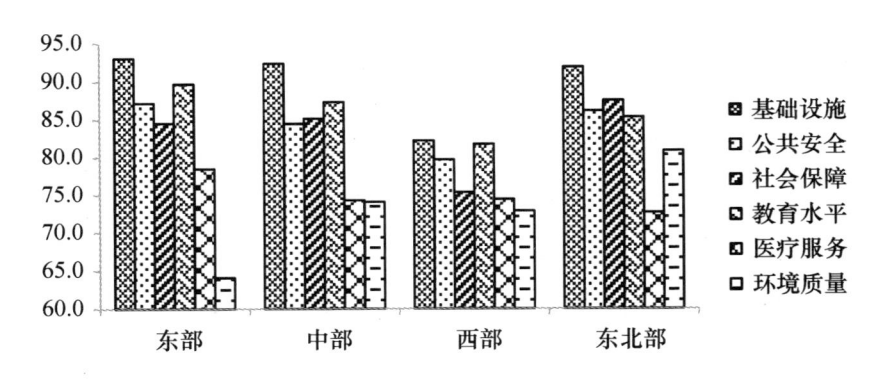

图5—7 分区域基本公共服务信心指数

西部地区对基础设施、公共安全、社会保障、教育水平四类公共服务的信心指数均为所有地区中最低的。尤其是基础设施，东部、中部和东北部地区的信心指数得分均在90以上，而西部地区则仅为 82.23。这说明近年来虽然政府通过"西部大开发"等工程已经加大了对西部基础设施的建设力度,但由于此方面西部相对于其他地区差距较大,因此受访者对前景预期的乐观度仍显不足。

东部地区公众对基础设施、公共安全、教育水平和医疗服务比较乐观,信心指数均为所有地区中最高的。但对环境保护未来三年的变化持消极态度,31.8%的受访者认为未来三年环境质量会进一步恶化,或者当前的不良状况无法得到改善。因此,东部地区环境质量的信心指数仅为 64.07,比信心最高的东北部地区低了 16.83。

东北部地区公众对社会保障和环境质量的信心指数为所有地区中最高的,分别达到了 87.58 和 80.90。东北部地区是我国传统的老工业基地,改革开放后面临转型问题,发展曾一度落后于东部沿海地区。2003 年 10 月,中共中央、国务院发布《关于实施东北地区等老工业基地振兴战略的若干意见》,提出了实施东北老工业基地振兴战略。其中,社会保障试点是重要内容之一,其重点是解决民生问题。从上述信心指数的地区差异可以看出,东北部地区社会保障改革的成果开始得到公众的认可。

四 2014 年我国城市基本公共服务均等化制度性均等

由于制度安排或供给规则的差异会造成基本公共服务的制度性差异,当前最突出的基本公共服务的制度性差异体现在城乡区隔,即不同户籍的人群在享受基本公共服务的机会均等和标准相同方面仍存在一定问题。同时,人们由于就业类型和工作单位的差异而处的体制内外的不同位置,也会在一定程度上影响其公共服务的获得。本次调查分析了不同户籍类型(农业、非农业)、不同户籍属地(本地、外地)和不同单位性质的受访者对各类基本公共服务的满意度、绩效和信心指数。

(一)医疗卫生和教育水平满意度在不同户籍公众间不存在差异

本次调查有效问卷的受访者有30.4%是农业户籍,69.6%是非农业户籍。比较两类群体对六大类基本公共服务的满意度水平发现,对于基础设施、公共安全、社会保障和环境质量的满意度,不同户籍类型的公众评价存在差异。而对于医疗卫生和教育水平,两类群体的评价则趋于一致,满意度评价得分差异在1分以内(见表5—3)。

表5—3 不同户籍公众对基本公共服务满意度平均得分

	农业户籍	非农业户籍	F
基础设施	66.56	69.17	28.722**
公共安全	57.59	59.28	15.338**
社会保障	61.78	63.31	11.143**
医疗卫生	57.42	57.64	0.148
教育水平	65.34	65.42	0.027
环境质量	56.70	57.84	4.167*

注:**在0.01水平上具有显著性差异;*在0.05水平上具有显著性差异

在六大类基本公共服务中,基础设施、公共安全和环境质量属于普受型服务,较少受到受众属性限制,而社会保障、医疗卫生和教育属于差异型服务，有一定准入条件，易受到户籍类型和户籍属地的限制。2012年和2013年的调查数据显示，差异型基本公共服务的满意度在农业户籍和非农业户籍人群之间的确存在显著差异。但随着城乡一体化改革的推进，政府出台了一系列利好政策，使得这些公共服务的均等化程度逐年提升。

例如2013年，国家发展改革委员会公布的《关于2013年深化经济体制改革重点工作的意见》指出，要根据城市综合承载能力和转移人口情况，分类推进户籍制度改革，统筹推进相关公共服务、社会保障制度改革，有序推进农业转移人口市民化，将基本公共服务逐步覆盖到符合条件的常住人口。其中，2013年改革重点工作之一是推进基本民生保障制度改革，将逐步统一城乡居民基本医疗保险制度，健全全民医保体系。

2014年7月，国务院印发《国务院关于进一步推进户籍制度改革的意见》，又进一步提出要统筹推进户籍制度改革和基本公共服务均等化，不断扩大教育、就业、医疗、养老、住房保障等城镇基本公共服务覆盖面。在教育方面，保障农业转移人口及其他常住人口随迁子女平等享有受教育权利；将随迁子女义务教育纳入各级政府教育发展规划和财政保障范畴。在医疗卫生方面，将农业转移人口及其他常住人口纳入社区卫生和计划生育服务体系，提供基本医疗卫生服务。在社会保障方面，把进城落户农民完全纳入城镇社会保障体系，在农村参加的养老保险和医疗保险规范接入城镇社会保障体系。加快实施统一的城乡居民基本养老保险制度，落实城镇职工基本养老保险关系转移接续政策。把进城落户农民完全纳入城镇住房保障体系，采取多种方式保障农业转移人口基本住房需求。

从上述两类人群对各类基本公共服务的满意度评价来看，目前医疗卫生和教育的城乡均等化取得一定进展，这两类公共服务对于生活在城市中的居民来说，不论其户籍类型如何，不存在显著的限制和区隔。

（二）本地非农业户籍人群对基本公共服务各项绩效的评价均高于其他户籍类型人群

虽然在医疗卫生和教育方面，不同类型户籍群体的满意度大致相当，但对于其实施方式和效果的评价，本地非农业户籍人群均高于农业户籍人群，且组间差异显著（见表5—4）。

表5—4 不同户籍公众对基本公共服务绩效评价平均得分

	本地农业	本地非农	外地农业	外地非农	F
贴近需要	67.04	69.34	65.83	66.32	17.256**
得到实惠	62.92	64.92	62.55	62.96	7.726**
服务方便	64.55	67.76	64.86	64.62	17.209**
听取意见	61.81	64.08	60.13	61.04	13.066**
公平公道	62.49	63.69	61.34	59.89	7.506**
办事能力	62.08	64.07	61.27	58.73	15.702**

注：**在0.01水平上具有显著性差异

69.34为组间最高值，65.83为组间最低值。

其中，不同户籍人群对于"贴近需要"和"服务方便"方面的评价差异最大。户籍在本市县的非农业户籍受访者给出了69.34的平均得分，50.1%的受访者对于"政府的服务符合我的需要"的态度是比较赞同或完全赞同，而此比例在评分最低的外地农业户籍受访者中仅为37.4%。同时，本地非农户籍人群对"服务方便"一项也给出了67.76的组间最高分，45.9%的受访者肯定了政府所提供服务的便捷度，而另外三类户籍群体的评价则大致相当，平均得分均在64左右。

在农业户籍人群对基本公共服务绩效评价普遍偏低的总体情况下，外地非农业户籍人群对政府的"公平公道"和"办事能力"存在一定不满，平均得分为各组各项最低。以"办事能力"为例，外地非农业户籍人群对政府工作人员的能力存在质疑，认为其能力比较强的受访者占27.6%，而这一比例在本地非农业户籍受访者中为36.4%。

以上数据体现了不同户籍人群在基本公共服务的使用体验方面仍然存在一定程度的差异。农业户籍，尤其是户籍在外市县的农业户籍人群评价的普遍偏低说明，基本公共服务在实用性、实惠性、便捷度等方面还是较多地从"本地人"和"城里人"的需求出发，对农业户籍人群的特征考虑稍显不足。

（三）不同单位类型的人群对教育水平满意度差异最大，不同单位所有制人群对社会保障满意度差异显著

从受访者的就业单位类型来看，不同单位类型的人群关于基本公共服务的满意度在教育水平（$F=5.340$，$sig.=0.000$）、基础设施（$F=3.573$，$sig.=0.002$）和社会保障（$F=2.860$，$sig.=0.009$）上有显著差异，在医疗服务和环境质量上有一定差异但不显著[①]。

---

① 在0.01的水平上没有显著差异。

从图5—8可以看出，基础设施和社会保障在群体间的差异相似，均是在居委会/村委会工作的人群满意度最高，分别为72.77分和68.57；在事业单位工作的受访者对基础设施的满意度最低（66.23）；工作在企业的受访者对社会保障最为不满（62.20）；其他单位类型群体满意度评价居中。而各单位类型的人群对教育水平的满意度差异则呈现另一种特征。工作在社会团体的受访者对教育水平的满意度最高，平均得分68.79。在居委会/村委会工作的人群的满意度也与其大致相当，达到68.33。而事业单位的职工和个体工商户或自营职业者对该项公共服务的满意度最低，仅为62.77和63.91。

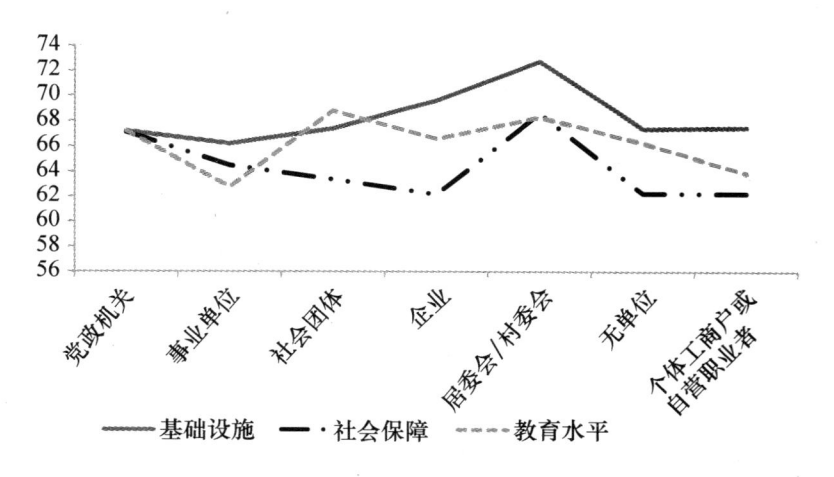

图5—8 不同工作单位类型人群对三项基本公共服务满意度的平均得分

从工作单位的所有制性质来看，不同所有制单位雇员对公共安全和医疗服务的满意度没有差异，对基础设施、教育水平和环境质量的满意度虽有一定差异，但不显著[①]，而对社会保障的满

---

① 在0.01的水平上没有显著差异。

意度评价则呈现明显的组间差异（F=12.667，sig.=0.000）。

具体而言，集体所有和国有单位的职工对社会保障的满意度较高，其评分分别为66.37和64.97；其次是私有或民营单位的职工，满意度评分61.59；最后为外资单位（包括港澳台资、外资所有、中外合资或中外合作）的职工，满意度仅为59.45（见图5—9）。

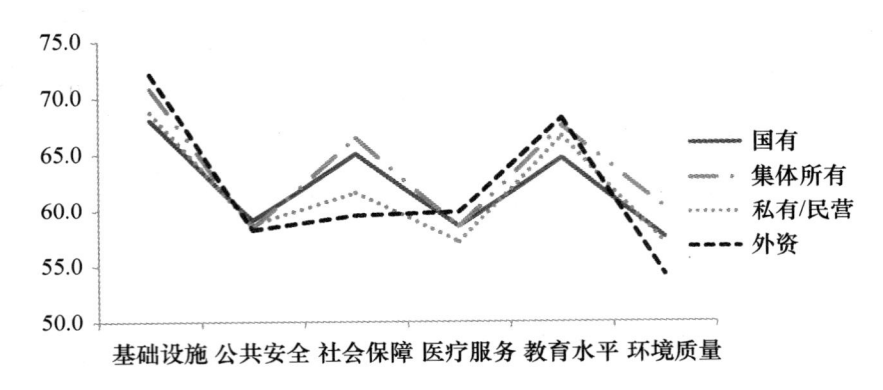

图5—9 不同所有制性质单位受访者对各项基本公共服务的满意度评分

从性质上说，社会保障和教育水平都是具有一定准入门槛的基本公共服务类型，但体制内、外单位在这两类服务上的满意度呈现出不同差异状态。在社会保障方面，国有单位和集体所有制单位具有一定的相对优越性，这与2012年和2013年的趋势相同。而在教育水平方面，不同单位类型群体的满意度差异并不以体制内、外为分界点。属于体制内的事业单位受访者反而对教育最为不满，而属于私有/民营性质的社会团体对教育水平的满意度则很高。

比照各类人群在"三险一金"的实际覆盖率发现，受访者的主观态度评价与其实际享有的社会保障程度并不完全一致。国有单位受访者的"三险一金"覆盖率为各种所有制性质单位中最高的（见表5—5），属于这类所有制单位的受访者有44.2%来自事业单位，有47.4%来自企业。而这两种单位类型受访者对社会保障的满意度在各组别中仅列第3位和第7位。外资单位的雇员"三险一金"的覆盖率仅次于国有性质单位，尤其在失业保险和住房公积金上远远高于集体所有制单位和私有/民营单位职工，但这类所有制类型的主体对社会保障的满意度却是组间最低的。

表5—5　　不同所有制性质单位受访者"三险一金"覆盖率（%）

	基本养老保险	基本医疗保险	失业保险	住房公积金
国有	91.1	95.8	74.0	75.8
集体所有	83.6	89.8	50.9	45.3
私有/民营	70.4	81.9	43.5	27.8
外资	87.1	91.5	72.1	66.8

五　2014年我国城市基本公共服务均等化群际间均等

基本公共服务的机会均等要求具有相同状况条件的公民能够获得同等待遇；而从结果上说，为了达到效果相当，又必须对不同类别的人群有区别地对待，提供针对其需求特点的服务，以保障其基本的生存权和发展权。本研究重点考察了不同收入水平和社会地位（自我认定）的人群、不同年龄段人群间基本公共服务的均等化水平，以及为残疾人、失业人群、农民工子女等特定群体提供的专门公共服务的知晓度和便捷度。

（一）不同经济收入水平人群对医疗服务的满意度存在差异，对环境质量的预期差异最大

不同的经济收入可能会影响到人们获取基本公共服务的能力。根据受访者的回答，按其月收入将其分为七个层次，分别为1000元及以下，1001—2000元，2001—3000元，3001—5000元，5001—7000元，7001—10000元，10001元及以上。

调查数据表明，不同经济收入水平的人群对于各项基本公共服务的满意度仅在医疗服务上有差异。整体而言，随着经济收入水平的提高，人们对医疗服务的满意度逐步上升，月收入在1000元及以下的群体满意度最低，仅为53.16，月收入在7001—10000元的群体满意度最高，平均得分58.97，但月收入在10001元以上人群的满意度又有所下降（见图5—10）。

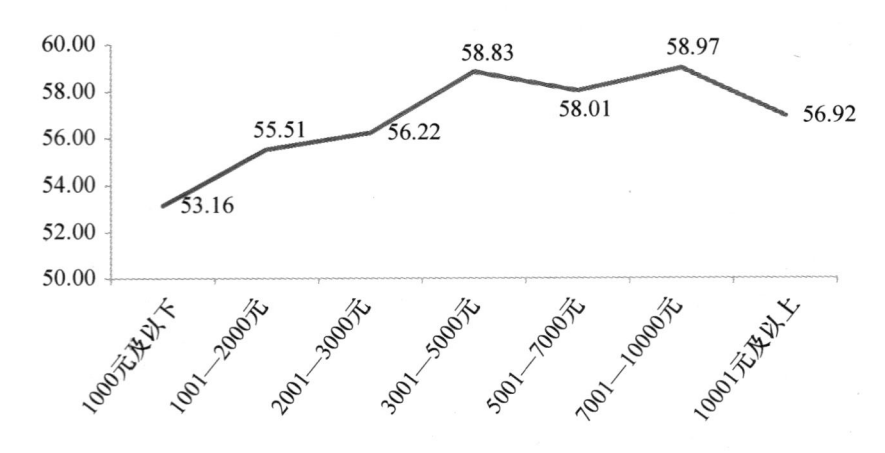

图5—10　不同月收入水平群体对医疗服务的满意度评分

从信心指数上来说，不同收入群体对环境质量的预期差异最

大。其中月收入在10001元以上的群体最为乐观，其信心指数达到78.80，月收入在7000—10001元的人群则最为悲观，信心指数仅为62.11。

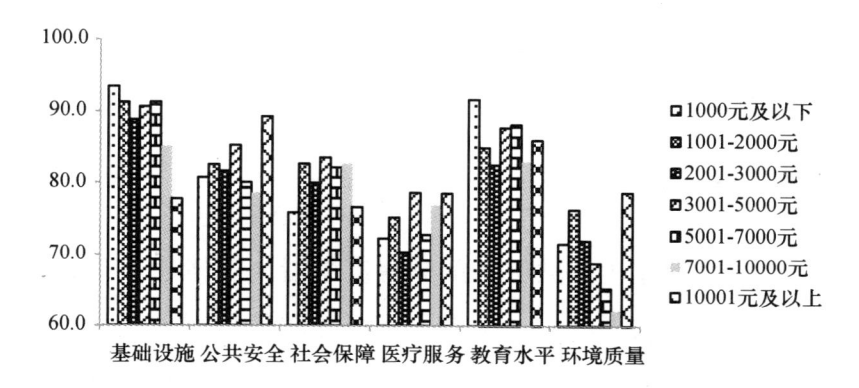

图5—11　不同月收入水平群体对基本公共服务的信心指数

关注月收入在1000元及以下的低收入群体会发现，这类人群对社会保障这一关系民生的重要领域的未来预期是所有群体中态度比较消极的。有20.0%的受访者认为未来三年社会保障的状况会变差，该比例为所有群体中最高，信心指数仅为75.87。但这一群体也并非对所有基本公共服务的预测都很悲观，其对基础设施和教育水平的信心指数就是所有收入群体中最高的，82.6%的受访者认为基础设施未来三年会变好，78.6%的受访者认为未来教育水平会继续保持当前的良好态势或得到进一步改善。

（二）社会地位越高，对基本公共服务的满意度越高，绩效评价越高

受访者被要求根据自我认知，对自身的社会地位进行界定，第一层代表最低，第十层代表最高。根据他们的界定，我们将其社会地位从低到高分为五层：底层（第1、2层）、中下阶层（第3、4层）、中层（第5层）、中上阶层（第6、7层）和上层（第8、9、10层）。其基本分布为：

表5—6　受访者月收入和自我认定社会地位阶层分布

	底层	中下阶层	中层	中上阶层	上层
社会地位（N=7150）	23.3%	32.4%	31.0%	11.8%	1.8%

从各阶层对基本公共服务的满意度来看，总体趋势是自我认定社会地位越高的人群，对基本公共服务的满意度越高。底层群体对各项基本公共服务的满意度均是各组别中最低的（环境质量除外），而各项公共服务满意度评价的最高分大多出现在中上层和上层群体。这一趋势在社会保障和医疗服务的评价中尤为明显。以医疗服务为例，评价最低的底层群体给出了53.10的满意度评价，而评价最高上层群体的评分则达到了62.74，相差9.64。同时，中层群体对基础设施和教育水平的评价为各组别间最高，分别为70.99和67.61。但该群体对环境质量则是所有群体中最为不满的，得分仅为56.36（见图5—12）。

对于基本公共服务的绩效评价同样呈现评价与社会地位正相关的特点：受访者自我认定的社会地位越高，其对基本公共服务实施的绩效评价越高。但评价最高分均出现在中上层，上层略有所下降。以"贴近需要"为例，38.5%的底层受访者认为政府提供的服务符合自己的需要，评分65.58，这一比例和评分随着自我认定的社会地位的提高而上升，中上层受访者中有56.5%的人持该态度，评分70.67。但至上层群体时，这两个数字分别下降

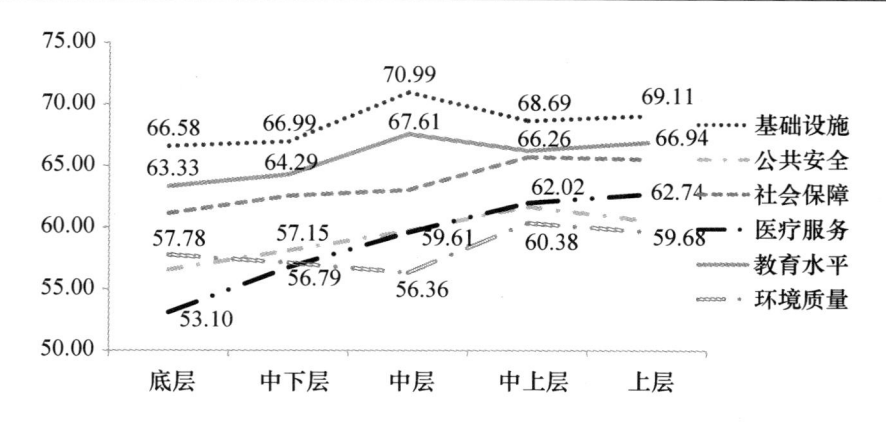

图 5—12 分社会阶层对基本公共服务满意度的评价

至 53.2% 和 69.68。关于"公平公道"的评价则具有不同特点。虽然仍然是底层受访者给出了最低评价 61.06，但中层受访者对该项指标也不甚满意，22.2% 的该层次受访者认为政府处理事情的公道程度仍有改进空间，评价得分仅为 62.74（见图 5—13）。

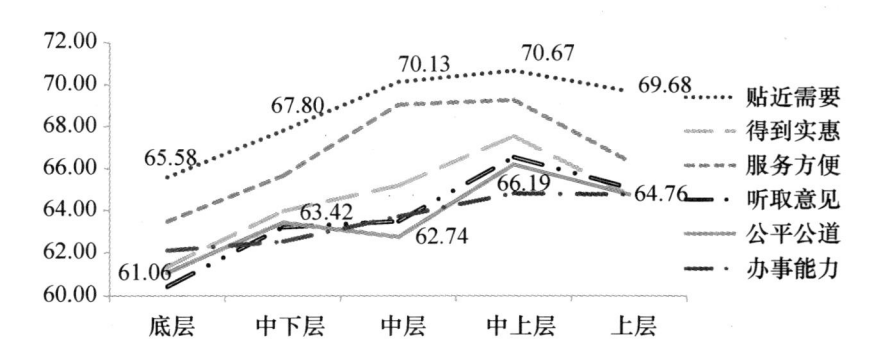

图 5—13 分社会阶层对基本公共服务的绩效评价

(三) 年龄较大群体对基本公共服务满意度较高，中青年对社会保障满意度较低

从不同年龄群体对基本公共服务的评价来看，群际间的满意度依然存在差异，基本特征是随着年龄的增加，对基本公共服务的满意度也有所提升。其中，对社会保障的满意度群际间差异最为显著。评价最高的 56 岁及以上人群给出了 67.53 的平均得分，而 26—35 岁的青年群体最为不满，满意度得分仅为 60.65，36—45 岁的中年群体的满意度水平也仅为 62.33（见表 5—7）。

表 5—7　　　　　分年龄段基本公共服务满意度评分

	16—25 岁	26—35 岁	36—45 岁	46—55 岁	56 岁及以上
基础设施	67.77	67.02	68.81	69.75	69.58
公共安全	58.42	57.04	58.17	60.50	61.61
社会保障	62.82	60.65	62.33	63.48	67.53
医疗服务	59.05	56.83	56.94	57.39	58.34
教育水平	65.70	64.42	64.89	66.73	66.16
环境质量	57.49	54.85	57.17	58.86	61.51

对比各个年龄段群体的"三险一金"覆盖率可以发现，随着年龄的升高，基本养老保险和基本医疗保险的覆盖率逐步上升。但就失业保险和住房公积金来说，仍然是 26—45 岁的中青年群体覆盖率较高。从家庭生命周期的特点来说，26—45 岁的中青年群体面临着组建家庭、养育孩子、赡养老人等多重负担，但其基本

养老保险和基本医疗保险的覆盖率却相对较低，容易给这个年龄段群体带来更多的不安全感，因此其对社会保障的满意度也就相对较低（见表5—8）。

表5—8　　　　　分年龄段受访者"三险一金"覆盖率

	基本养老保险	基本医疗保险	失业保险	住房公积金
16—25 岁	29.3%	63.7%	17.3%	12.6%
26—35 岁	59.6%	76.0%	36.9%	31.2%
36—45 岁	66.7%	79.7%	34.8%	27.1%
46—55 岁	69.2%	80.9%	26.4%	23.0%
56 岁及以上	80.5%	89.3%	14.4%	14.6%

（四）对于特殊公共服务的知晓度和便捷度评价，公众和目标群体均不高

除了上述六类基本公共服务外，一些针对特殊群体的专门服务对于保障这些人群的基本生存权和发展权，实现基本公共服务均等化的结果具有重要作用。因此本次调查也考察了针对残疾人等弱势群体的救助机构、针对农民工子女的中小学、针对老年人的公益性养老服务机构、有助于失业人群的就业服务和面向住房困难群体的公租房等特殊公共服务的公众知晓情况和使用便捷度。

当问及所在城市是否有对残疾人、孤儿、乞讨者进行救助或托养的机构时，做出肯定回答的受访者仅有52.5%，而18.6%的人认为没有，28.9%的人则表示不知道。对于能够接收农民工子女的中小学，也仅有61.7%的受访者知道，其余均表示没有这类学校或者不知道（见图5—14）。根据《中国统计年鉴2013》数据显示，截至2012年，我国拥有老年人与残疾人服务机构44304个，儿童收养救助服务机构724个，生活无着人员救助管理站1770个。而众多受访者表示没有或不知道这类机构的存在说明，一方面，这些针对特殊人群的救助机构的覆盖率仍有待进一步提高；另一方面，广大公众对于这类机构的知晓度低，这也在一定程度上影响了这类机构作用的发挥。

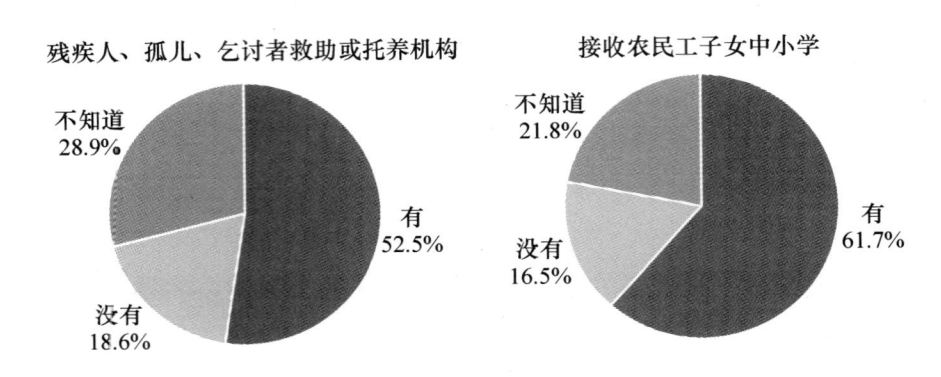

图5—14 两类特殊公共服务的公众知晓度

而进一步考察这些特殊公共服务所针对的目标人群发现，所有目标人群对这些特殊公共服务的知晓度均低于其他非目标人群，而在评价该机构或服务使用的便捷度上也低于非目标人群。例如，60岁及以上人群中只有51.4%的受访者知道所在城市有公益性养老服务机构，而认为该机构使用方便的只有32.0%。但这两个比例在60岁以下群体中却分别高出5.9%和2.3%。关于就业服务和公共租赁住房的知晓度和便捷度评价也存在类似情况（见表5—9）。对比2013年数据发现，这些服务在目标人群中的知晓度和便捷度评价并没有改善，反而有所降低。由于知晓度和便捷度不高，这些针对特殊人群需要的专门公共服务可能并没有发挥改善和促进目标群体的生活和发展状况的应有作用。

表5—9　　　　特殊公共服务目标人群及非目标人群
知晓度和便捷度评价

		知道有该机构或服务		认为该机构或服务使用方便	
		2013	2014	2013	2014
公益性养老服务机构	60岁及以上	74.3%	51.4%	40.5%	32.0%
	60岁以下	66.9%	57.3%	43.3%	34.3%
免费就业信息、就业指导和技能培训等	失业下岗	44.7%	35.9%	33.6%	22.0%
	其他工作状态	51.0%	44.1%	30.5%	25.6%
公共租赁住房	对住房状况很不满意	65.5%	44.0%	19.3%	15.2%
	其他住房状况	49.2%	50.8%	29.3%	24.0%

六　研究结论与政策建议

（一）公众对基本公共服务的满意度、绩效评价和信心较高

总体来看，公众对各类基本公共服务比较满意，对于基本公共服务六个类别的满意度评价分布与2012年和2013年大致相当，都是对基础设施的满意度最高，平均得分为68.38，而对环境质量的满意度最低，平均得分57.49。但值得注意的是，虽然环境质量的得分仍是各项中最低的，但相比于前两年有一定提升，说明公众比较认可政府这一年来在环境保护方面的努力。

在实施绩效方面，受访者认为基本公共服务六个方面的实施都在60以上，说明公众还是普遍认可政府提供的公共服务的效果

和方式的。具体而言，公众比较肯定各类基本公共服务还是贴近自身需要的，但认为政府在提供服务的办事能力、听取意见和公平公道等方面仍需改善。

在信心指数方面，各类公共服务的得分均超过50，即公众对各项服务的前景都持积极预期，认为其未来三年将会变得更好。相比而言，公众也依然是对基础设施的信心最高，信心指数达89.83，对环境质量的信心最低，仅为72.05。与2012年和2013年相比，公众对公共安全和环境质量的信心有所增强。

上述数据表明，基础设施和教育服务态势较好，继续保持了过去两年较高的满意度和信心指数。同时，过去两年问题比较集中的环境质量和公共安全在全社会的关注和相关部门的努力下，其状况已经有所改善，并在公众的满意度评价和信心指数中均有所体现。而在政府提供服务的方式和效果方面，应着重提升相关人员的办事能力和效率，加强办事过程的公开度和透明度，并注意对公众的意见进行及时的处理和反馈。

（二）地区间的基本公共服务满意度和信心仍有差异

从客观的财政支出上看，东部、中部、西部、东北部地区各类基本公共服务的支出水平呈现明显差异，各个地区根据自身的发展阶段和主要特点投入的重点领域各不相同。但这并不直接决定各地的满意度水平，受访者对各类基本公共服务的满意度评价还与当地原有发展水平相关。例如东部地区在节能环保方面的财政投入居四个地区之首，但满意度却较低。

总的来说，受访者对各类基本公共服务的满意度评价没有出现明显的地区间区隔，东部地区公众对基础设施和教育水平满意度最高，西部地区公众对公共安全、医疗卫生和环境质量比较满意，东北部地区公众则对社会保障评价最好，而中部地区受访者的评价则大多处于中间水平。

就绩效而言，不同地区的评价有一定差异，但受访者对六类基本公共服务的评价在四个地区分布都较为一致，即中部地区评价最低，西部、东部次之，而东北部地区受访者的评价则普遍较高。

而信心指数方面值得注意的是，西部地区受访者对基本公共服务未来三年的变化预测较为悲观。这说明近年来虽然政府通过"西部大开发"等工程已经加大了对西部的建设力度，但由于西部相对于其他地区差距较大，因此受访者对前景预期的乐观度仍显不足，未来对西部地区的扶持政策还需持续。而东北部地区公众对社会保障的较高信心则说明，政府实施的东北老工业基地振兴战略中的社会保障试点已经取得了一定成效，其保障民生的作用得到公众肯定。

（三）医疗卫生服务的群际差异依然存在，总体水平有待进一步提升

城乡二元结构是制约我国城乡一体化发展的瓶颈。在公共服务方面，国家财政在城乡的投入有别，服务水平和质量存在巨大差距，因此城乡统筹发展是实现基本公共服务均等化的重要内容。对于社会保障、医疗卫生、基本教育这类存在具有一定准入门槛的基本公共服务，城乡分割的制度性壁垒更容易显现出来。2012年的调查数据显示，医疗卫生不均等的问题在地区性差异、制度性差异和群际性差异上均有所体现，是实现基本公共服务均等化的紧迫任务。2013年的数据表明外地人口，尤其是农业户籍居民与本地居民相比，在医疗卫生的获得上还不能享有完全均等的机会。但2014年的调查数据显示，农业户籍和非农业户籍受访者对于医疗卫生和教育水平的满意度评价不存在差异，即在城市工作生活的公众无论其户籍类型是什么，对这两项基本公共服务的满意度大致相当。

但在不同经济收入水平和不同社会地位的群体间，医疗卫生服务的满意度差异仍然是各类基本服务中最为显著的。月收入在1000元以下的低收入群体和自我认定处于社会底层的群体对医疗卫生服务的满意度是各类群体中最低的，对未来的预期也显得信心也不足。并且从总体上看，本年度公众对医疗卫生的满意度得分较低，为该项指标三个年度中的最低分。同时，公众对医疗卫生的信心指数则跌落到75.22，为三年来最低。公众对医疗卫生服务满意度和信心指数的低迷说明该领域仍有很多值得改进的空间，仍需进一步努力。

（四）体制内外的基本公共服务差异主要体现在社会保障领域

不同单位类型的受访者对于教育水平、基础设施和社会保障的满意度有差异，但体制内单位并没有体现出明显的优越性。工作在自治性组织居委会/村委会的受访者对基础设施和社会保障满意度最高，对教育水平评价最高的是在社会团体中工作的人群，而传统的体制内事业单位职工反而对基础设施和教育水平给出了最低评价。

不过从单位所有制性质上看，国有单位仍有一定优越性，其职工的"三险一金"覆盖率是所有群体中最高的,他们对社会保障的满意度也较高。另一个值得注意的现象是,外资性质的单位虽然在各类别社会保险的覆盖率仅次于国有性质单位,尤其在失业保险和住房公积金上远远高于集体所有制单位和私有/民营单位职工,但这类所有制类型的主体——企业对社会保障的满意度却是组间最低的。相反,各项社会保险覆盖率没有那么高的集体所有制单位却对社会保障的满意度评价最高。

这说明,在一定程度上体制内外的差异与受访者的主观感受密切相关,而并非由其实际享受的社会保险直接决定。社会保障主要是发挥社会安全网作用,在国有单位和集体所有单位就业的人群工作相对稳定,因此表现出更高的满意度;而企业职工即使享有较高的社会保险覆盖率,仍感受较大的不确定性。此外,私有/民营性质单位职工在社会保险方面的低覆盖率和低满意度表明,这一领域还有较多从业者尚未被纳入社会保障体系中,缺乏制度性保护,应当成为未来政府社会保障管理和监督的重点领域。

(五) 基本公共服务的实施应注重提升对底层群体的包容性

对于基本公共服务的绩效评价呈现出评价与社会地位正相关的特点,即受访者自我认定的社会地位越高,其对基本公共服务实施的绩效评价越高。自我认定社会地位处于底层的人群对于公共服务实施的各个方面的评价均为组间最低。

具体而言,基本公共服务在内容设定和使用体验上还未充分考虑底层人群的需求,他们感到从中得到的实惠没有其他社会阶层多,服务获取的便捷度上也有待提升。同时,底层受访者中的27.1%认为政府不能很好地听取老百姓的意见,24.2%认为政府做事情不够公道，这一比例都远高于其他社会阶层。这一状况要求政府有关部门在公共服务实施的改进上要注重对底层群体需求和意见的包容，使基本公共服务的实施能够确实起到推动社会公平、促进和谐发展的作用。

（六）针对特殊人群的公共服务的公众知晓度和使用便捷度有待提升

针对一些特殊人群提供的专门公共服务对于消除社会发展不平等、实现社会公平具有重要意义。2013年和2014年的调查着重考察了残疾人、孤儿、流浪乞讨人员救助或托养机构，接受农民工子女的中小学，公益性养老服务机构，社区公共卫生服务机构，就业服务等公共服务或机构的公众知晓度和便捷度。

从数据上看，总体上公众对这些特殊服务的知晓度并不高，而各类目标人群对这些特殊公共服务的知晓度甚至低于其他非目标人群，并且在评价该机构或服务使用的便捷度上也低于非目标人群。对比2013年数据发现，2014年这些服务在目标人群中的知晓度和便捷度评价并没有改善，反而有所降低。这说明这些针对特殊人群需要而提供的专门公共服务，由于知晓度和便捷度不高，并没有为改善和促进目标群体的生活和发展状况发挥应有的作用。在未来这类服务的建设中，除了继续加强硬件方面的机构建设和服务供给外，还需提高这些公共服务相关信息的公开性和服务的可及性，才能使有需要的市民从中受惠。

第六章　政府社会责任

外部评价是促进政府履行社会责任的重要手段和有效途径。从政府内部来看，需要一套有效的评价体系来衡量政府社会责任的成效，查缺补漏，持续改进；从外部社会来看，用一套逻辑一致的指标体系对政府社会责任履行状况进行评价，有助于外部利益相关群体更清晰地辨识政府社会责任的发展水平，推动政府提升履行社会责任的绩效。

基于上述目的，中国社会科学院社会发展战略研究院根据国内外经典理论和评价体系，结合中国实际，构建了一套覆盖全面、结构一致的政府社会责任发展指数——中国政府社会责任发展指数，从经济发展、社会发展、环境保护和政府治理四个方面来测量公众对政府社会责任发展水平的满意程度和未来预期。从2012年到2014年，连续三年实施大样本社会调查，持续跟踪中国政府社会责任发展进程的阶段性特征，为相关研究和政策制定提供基准性参考。

一　技术路线

（一）概念与模型

政府所享有的公共权力来自于社会的整体赋予，根据权力和责任的对应原则，政府作为一个整体组织就应该对社会赋予的整体权力承担相应责任。

政府责任讨论的焦点主要集中于两个维度：一个是政府对外的社会功能和核心使命，即政府作为社会公共管理者，应该提供哪些公共产品和服务。这个方面最具代表性的观点是世界银行《1997年世界发展报告》，该报告认为政府的核心使命有五项：（1）建立法律基础；（2）保持非扭曲的政策环境，包括宏观经济的稳定；（3）投资于基本的社会服务与基础设施；（4）保护承受力差的社会阶层；（5）保护环境。国内学者桑瑜指出，不管社会如何变迁，政府角色如何定位，政府的基本职能就是为社会公众提供公共产品和服务，对于保障国家安全、维护社会公正、提供公共产品和服务以及助弱扶贫等社会责任，政府都义不容辞。[1] 对政府社会责任研究的另一个重点是政府对内的治理方式和管理水平，即政府作为一个公共组织，对自身的约束和管理，以及政府工作人员的道德行为。Graver Straling 认为，政府责任的内涵包括以下方面：回应、弹性、胜任能力、正当法律程序、负责与廉洁等。[2] 国内学者张成福在其《责任政府论》中将政府的责任划分为道德责任、政治责任、行政责任、政府的诉讼责任和政府的侵权赔偿责任。[3]

综合国内外相关研究成果，我们提出政府社会责任模型：政府社会责任由发展责任和治理责任两大维度构成，发展责任指的

---

[1] 桑瑜，2014，"论政府与企业的社会责任边界"，《湖南师范大学社会科学学报》第4期。

[2] Graver Straling, 1986, *Managing the Public Sector*, The Dorsey Press, pp. 115 – 125.

[3] 张成福，2000，"责任政府论"，《中国人民大学学报》第2期。

是政府要确保经济增长、社会进步和环境美好，治理责任指的是政府在自身管理上要做到依法、自律、效率、反腐、透明、问责。上述四个方面构成一个以"治理"为核心，"经济"、"社会"、"环境"三个构面环绕的"四位一体"模型。

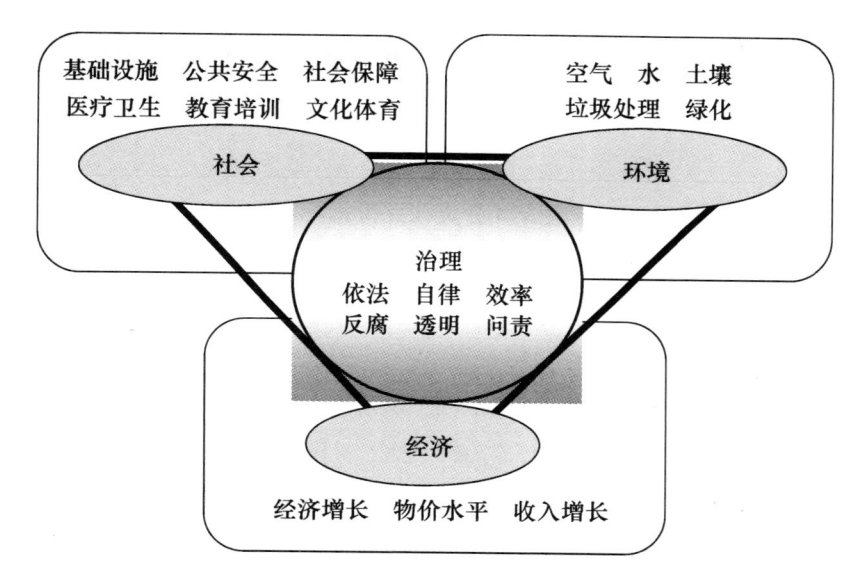

图6—1　政府社会责任的"四位一体"模型

（二）评价指标

为了评价公众对中国政府社会责任现状的满意程度和未来预期，课题组以模型为基础，设置了两级评价指标体系。其中，一级指标体系由经济发展责任、社会发展责任、环境保护责任和政府治理责任四个指标构成。经济发展责任下包含经济增速、收入增长和物价水平三个二级指标，社会发展责任下包含基础设施状况、住房保障、教育水平等十个二级指标；环境保护责任下包括空气质量、自来水质量、生态水面质量等五个二级指标；政府治理责任则包含了预防和惩治腐败、依法行政、公务员廉洁自律等六个二级指标（指标具体构成如表6—1所示）。

根据政府社会责任评价指标体系，课题组分别设置了五级量表和三级量表进行调查（满意程度答案采用李克特五级量表设置，"1"表示很满意、"2"表示较满意、"3"表示一般、"4"表示较不满意、"5"表示很不满意；未来预期答案采用李克特三级量表设置，"1"表示变好、"2"表示没变化、"3"表示变差）。

表6—1　　　　　　　政府社会责任评价指标

一级指标	二级指标
经济发展责任	经济增速
	收入增长
	物价水平（消费品价格、住房价格）
社会发展责任	基础设施状况（学校、医院、银行、商店、通信等）
	住房保障
	教育水平（入学择校、教学质量等）
	医疗服务水平（医疗水平、看病费用等）
	社会保障水平
	治安状况
	食品安全状况
	社会的公平公正状况
	就业机会
	社会风气
环境保护责任	空气质量
	自来水质量
	生态水面质量（湖、河、溪、塘等）
	城市绿化
	生活垃圾处理

续表

一级指标	二级指标
政府治理责任	预防和惩治腐败
	依法行政
	公务员廉洁自律
	办事效率
	公开透明
	违规失职后受到追究

(三) 指数构建方法

1. 研究路径

在测度了公众对政府社会责任现状的满意度以及对未来三年的预期以后，我们选用指标含义清晰、综合解释能力强的传统评价法（加法合成法）来计算公众对政府社会责任的满意指数 K（$K = \dfrac{\sum_{i=1}^{n} \lambda_i W_i}{\sum_{i=1}^{n} W_i}$）和信心指数 J（$J = \dfrac{\sum_{i=1}^{n} \lambda_i W_i}{\sum_{i=1}^{n} W_i}$），其中 K 为公众对政府社会责任的满意指数值，J 为公众对政府社会责任的信心指数值；λ_i 为单个指标的均值，n 为评价指标的个数；W_i 为各评价指标的权重——由层次分析法生成，具体研究路径如下：

度量转换，将满意指数关键指标的五级量表和信心指数关键指标的三级量表均转换为百分制量表；

用标准差因子（二级指标）赋权法，计算一级指标满意指数和信心指数；

用层次分析法计算出一级指标的权重；

用加权合成法对一级指标综合，得出满意指数和信心指数。

2. 度量转换

在调查问卷中，受访者对政府社会责任现状的感知被设置为五级量表，为了较为直观地表现政府责任满意指数，将其转化为百分制度量方法，并设定满意区间（60—100）、一般区间（40—60）和不满意区间（0—40），如表6—2所示。

表6—2　　　　　　政府社会责任满意度转换

满意度	很满意	较满意	一般	较不满意	很不满意
五级量表	1	2	3	4	5
百分制量表	100	80	60	40	20
对应区间	80—100	60—80	40—60	20—40	0—20

受访者对政府社会责任未来三年的感知被设置为三级量表，亦将采用百分制度量方法，变好、没变化和变差对应的值依次为100、67、33，对应的区间分别为变好（67—100）、没变化（33—67）及变差（0—33），如表6—3所示。

表6—3　　　　　　政府社会责任信心度转换

信心	变好	没变化	变差
三级量表	1	2	3
百分制量表	100	67	33
对应区间	67—100	33—67	0—33

3. 权重确定

采用层次分析法确定政府社会责任一级评价指标的权重，延续2012年政府社会责任指数构建中一级指标的比较判断矩阵，各个指标相应的权重如表6—4所示。可见对衡量政府社会责任而言，经济发展的重要性 > 社会发展的重要性 > 环境保护的重要性 > 政府治理的重要性，我们采用一致的一级指标权重计算政府社会责任满意指数和信心指数。

表6—4　　　　　政府社会责任一级指标权重

责任议题	经济发展	社会发展	环境保护	政府治理
权重	0.32	0.29	0.24	0.15

二　政府社会责任满意度与信心度

以上述理论推演为基础，中国社会科学院社会发展战略研究院于2014年5—9月实施了"2014年度中国社会态度和社会发展问卷调查"，最终回收有效问卷7171份。

（一）政府社会责任满意度

1. 受访者对经济增速最为满意，对物价水平较不满意

将经济发展责任细分为经济增长速度、收入增长和物价水平三个方面来衡量，受访者满意度调查结果如图6—2所示。① 可以看出，老百姓对经济增速的满意度最高，接近一半的受访者（占48.1%）表示满意，仅13.2%的受访者表示不满意。接近1/3的受访者对收入增长表示满意。但物价水平满意度较低，仅有15.5%的受访者表示满意，多达56.5%的受访者表示不满意。

---

① 将"很满意"和"较满意"合并为"满意"进行统计，将"较不满意"和"很不满意"合并为"不满意"进行统计。以下满意度统计均按此处理。

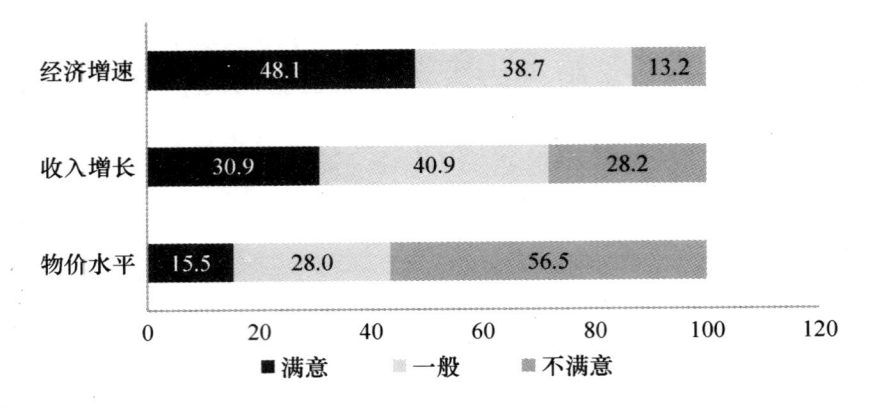

经济增速	48.1	38.7	13.2
收入增长	30.9	40.9	28.2
物价水平	15.5	28.0	56.5

图6—2 政府经济发展责任指标满意度分布（%）

物价水平满意度是根据标准差赋权法，由消费品价格满意情况和住房价格满意情况两个题器加权加总算出。消费品价格和住房价格的调查结果如图6—3所示。可知受访者对住房价格和消费品价格的满意度均较低，仅有16.4%的受访者对消费品价格满意，一半以上的受访者不满意；且仅有14.7%的受访者对住房价格满意，高达59.3%的受访者不满意。

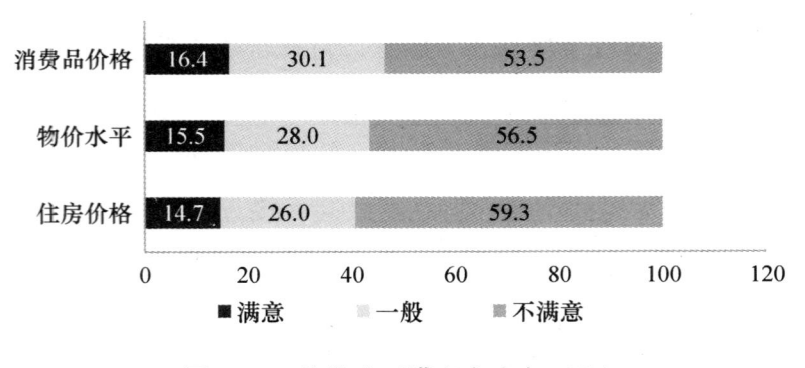

消费品价格	16.4	30.1	53.5
物价水平	15.5	28.0	56.5
住房价格	14.7	26.0	59.3

图6—3 物价水平满意度分布（%）

将2014年政府经济发展责任各项指标的满意情况与2012年、2013年进行比较（见图6—4），2014年受访者对经济增速的满意度较2013年下降4.6个百分点。随着中国经济规模不断扩大,从2011年GDP增速告别两位数以来,经济下行压力较大。根据2012—2014年季度工业增加值累计增长率(见图6—5),可以直观看出近年来经济增速在低位波动,影响到公众的满意度。

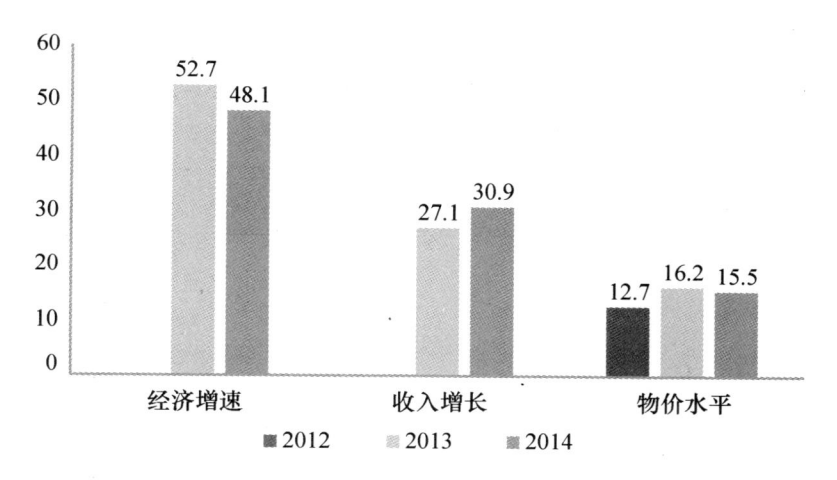

图6—4 2012—2014年政府经济发展责任指标满意度对比(%)①

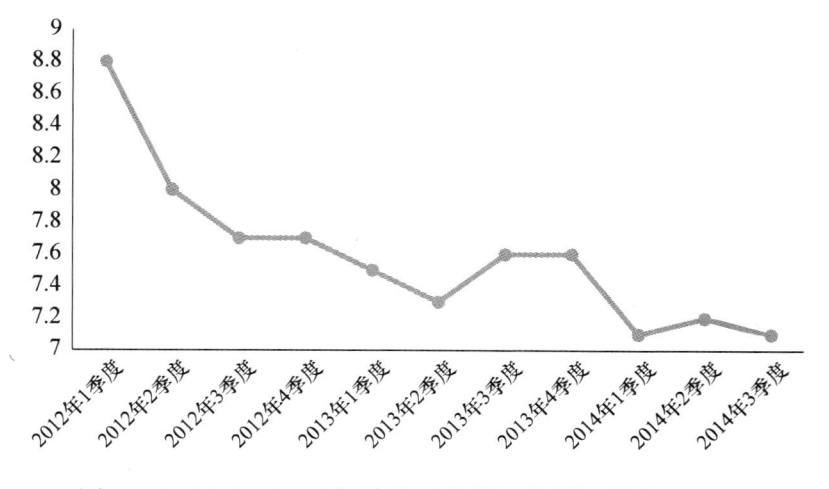

图6—5 2012—2014年季度工业增加值累计增长率(%)

---

① 2012年未调查受访者对经济增速和收入增长的满意情况。

不过受访者对收入增长的满意度，2014年比2013年上升3.8个百分点，老百姓并未明显感觉到收入增长因经济增速放缓而增长缓慢。受访者对物价水平的满意度持续偏低，2014年比2013年下降0.7个百分点，虽然2013年以来居民消费品价格指数保持在较低增速（见图6—6），住房价格增速放缓，部分二三线城市甚至出现房价回落，但受访者对物价的满意度并未提高。

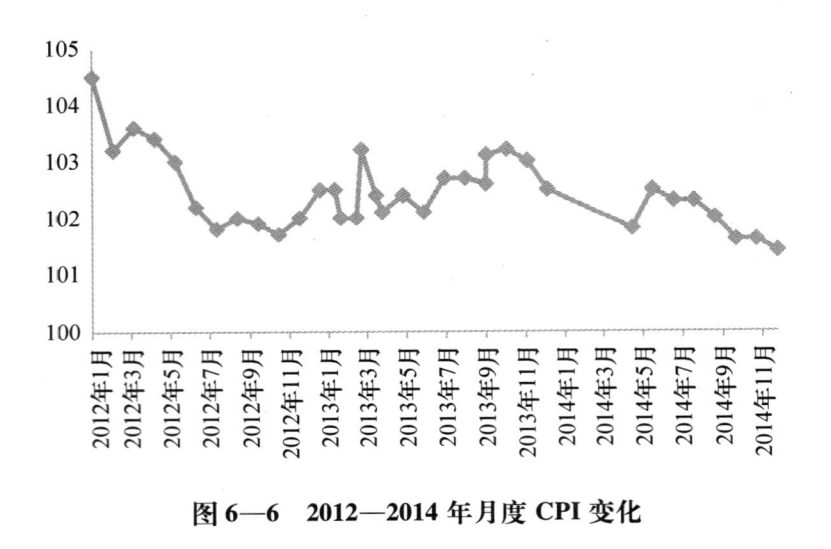

图6—6 2012—2014年月度CPI变化

2. 受访者对基础设施最为满意，对食品安全较不满意；对社会治安、食品安全的满意度呈逐年上升趋势。

将政府社会发展责任细分为基础设施状况（学校、医院、银行、商店、交通、通信等）、住房保障、教育水平（入学择校、教学质量等）、医疗服务（医疗水平、看病费用等）、社会保障水平、治安状况、食品安全状况、社会公平公正状况、就业机会和社会风气十个题器来衡量，满意度调查结果如图6—7所示。

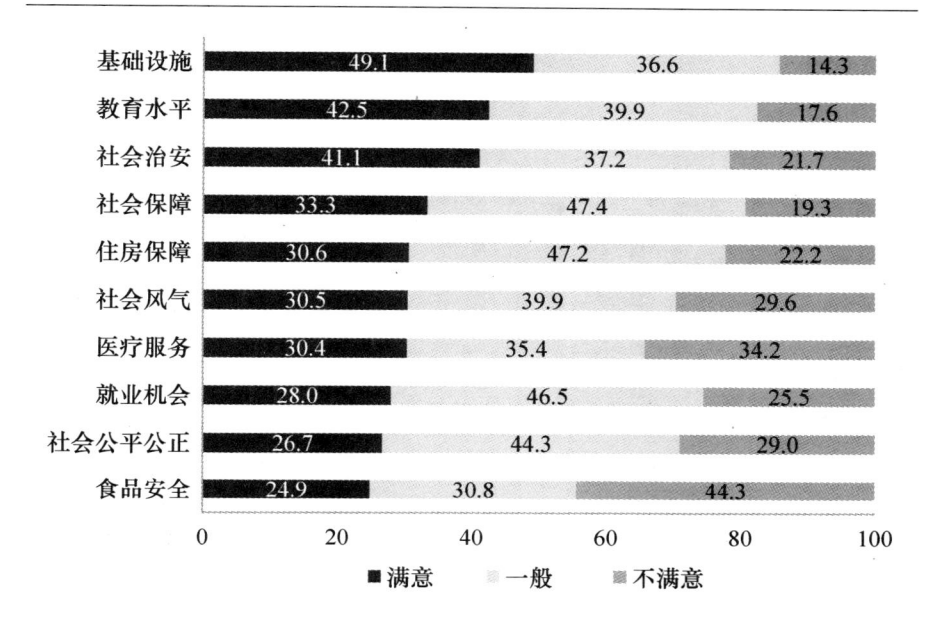

指标	满意	一般	不满意
基础设施	49.1	36.6	14.3
教育水平	42.5	39.9	17.6
社会治安	41.1	37.2	21.7
社会保障	33.3	47.4	19.3
住房保障	30.6	47.2	22.2
社会风气	30.5	39.9	29.6
医疗服务	30.4	35.4	34.2
就业机会	28.0	46.5	25.5
社会公平公正	26.7	44.3	29.0
食品安全	24.9	30.8	44.3

图6—7 政府社会发展责任指标满意度分布（%）

从图6—7中可以看到，受访者认为政府各项社会发展责任议题中履行情况最好的是基础设施状况，接近一半（占49.1%）的受访者表示满意，各地政府多年来始终注重基础设施建设，让老百姓切实感受到了工作生活的日益便利。受访者对教育水平和社会治安也较为满意，满意比例均超过40.0%。此外，对社会保障、住房保障、社会风气、医疗服务等表示满意的受访者超过30.0%。但受访者普遍对食品安全的满意度较低，44.3%的受访者选择不满意，可见政府对食品安全的保障仍然没有满足民众的期望和要求。

对比2012—2014年政府社会责任各项指标满意度，2014年受访者对基础设施、教育水平、社会公平公正的满意度比2013年略有下降，但比2012年均有上升（见图6—8）。受访者对社会治安的满意度，2012—2014年总体呈上升趋势，各地政府近年来进

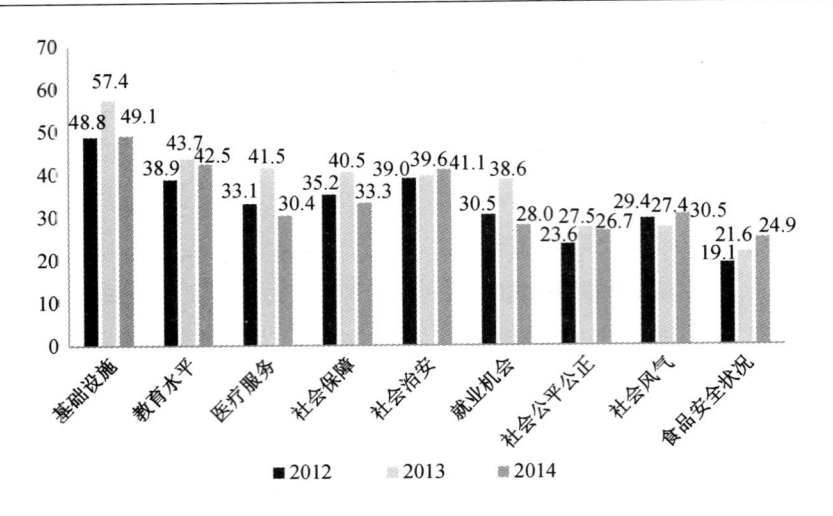

图 6—8　2012—2014 年政府社会发展责任指标满意度对比（%）

一步加强社会治安综合治理，社会治安状况有了进一步的改善。2014 年受访者对社会保障的满意度低于前两年，政府虽然不断完善社会保障体系，但民众依然认为社会保障体系还有待完善，社会保障水平仍需提高。受访者对医疗服务的满意度，2014 年低于 2013 年和 2012 年的水平，医疗体系改革还未能从根本上解决老百姓就医难、就医贵的现状，近年来频繁被报道的医患矛盾也可能对满意度造成负面影响。

与前两年相比，2014 年受访者对就业机会的满意度走低。随着国内经济发展速度变缓，用工整体需求下降，减少了由经济快速增长而带来的就业需求量的增加，影响了经济增长对就业的拉动效应。同时，世界经济复苏缓慢，直接影响着我国的对外贸易，使得外向型出口企业发展困难，吸纳就业能力下降。加之城镇化建设不断加快，农村劳动力向城镇转移的步伐加快，劳动力转移就业压力增大。虽然中央和地方政府也出台了鼓励投资创业、扶持小微企业等一系列促进就业的政策，但就业总量矛盾和结构性矛盾依然存在，老百姓对就业的满意度依然偏低。

2014年受访者对社会风气的满意度高于2012年和2013年，对社会公平公正的满意度虽然总体不太高，但显著高于2012年的水平。党中央在全国铺开的"八项规定"、"六项禁令"、"反四风"、惩治腐败等一系列强有力的措施，对社会风气、社会公平公正产生了积极的作用。

食品安全方面，虽然受访者对整体状况还不太满意，但满意度在2012—2014年呈现出上升趋势。党的十八大和十八届二中全会、十八届三中全会，都对食品药品监管体制改革做出部署。李克强总理在2014年《政府工作报告》中提出了明确要求，要求"建立从生产加工到流通消费的全过程监管机制、社会共治制度和可追溯体系，建全从中央到地方直至基层的食品药品安全监管体制。严守法规和标准，用最严格的监管、最严厉的处罚、最严肃的问责，坚决治理餐桌上的污染，切实保障'舌尖上的安全'"。2014年4月，国务院办公厅印发了《2014年食品安全重点工作安排》的通知，要求深入开展治理整顿、加强监管能力建设、完善标准法规、落实企业主体责任等，农业部、卫生部、国家食品药品监督管理总局等政府部门积极落实，赢得了老百姓的一些认可。

3. 受访者对城市绿化较为满意，对空气质量、生态水面质量不太满意，2012—2014年对多项环境指标的满意度均呈上升趋势

将政府环保责任细分为空气质量、自来水质量、生态水面质量（湖、河、溪、塘等）、城市绿化和生活垃圾处理五个指标来衡量，满意度调查结果见图6—9。可以看到，受访者对城市绿化满意度最高（满意比例53.4%），其次是对自来水质量的满意度

(满意比例38.5%),约1/3的受访者对生活垃圾处理表示满意。但仅有28.1%的受访者对空气质量表示满意,老百姓高度关注的PM2.5超标等空气污染问题仍未能得到有效解决。2014年6月28日,中国经济实验研究院城市生活质量研究中心发布的《生活质量指数趋升 空气质量食品安全堪忧——2014中国35城市生活质量报告》指出,空气质量是影响居民生活质量的最重要因素,18个调查城市的受访者中,有34.7%把空气质量视为影响生活质量的重要因素。[①] 对生态水面质量表示满意的受访者也不足1/3。

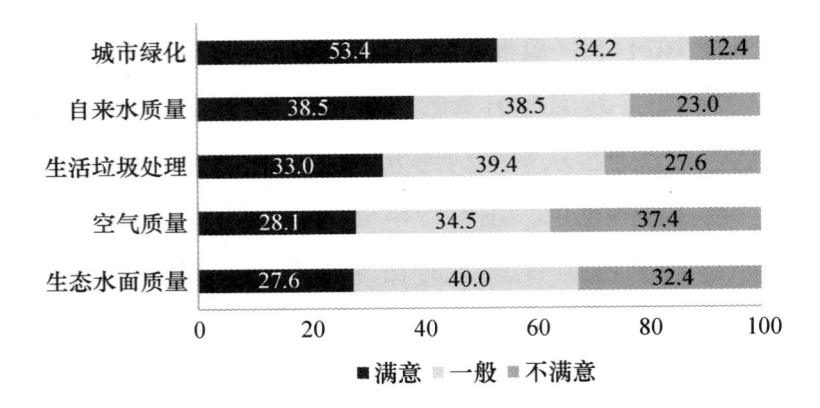

指标	满意	一般	不满意
城市绿化	53.4	34.2	12.4
自来水质量	38.5	38.5	23.0
生活垃圾处理	33.0	39.4	27.6
空气质量	28.1	34.5	37.4
生态水面质量	27.6	40.0	32.4

图6—9 政府环境保护责任指标满意度分布(%)

将政府环保责任各项指标与2013年进行对比(见图6—10),可以看到,在空气质量、自来水质量、生态水面质量和城市绿化方面,2014年受访者满意比例比2013年均有所上升。2014年5月,环境保护部会同发改委、工信部、财政部、住房城乡建设部、能源局等有关部门编制了《大气污染防治行动计划实施情况评估

---

① "生活质量指数趋升 空气质量食品安全堪忧——2014中国35城市生活质量报告",http://www.zijing.org/htmls/dujia/612547.shtml。

考核办法（试行）》，确立了以空气质量改善为核心的评估考核思路，标志着我国最严格的大气环境管理责任与考核制度正式确立。同时，一些地方开展了城市扬尘污染控制、建筑节能与供热计量、步行和自行车交通系统建设等工作的评估考核，在一定程度上提高了民众对环境质量的满意度。但受访者对生活垃圾处理的满意度，2014年比2013年下降5.2个百分点，虽然近年来城市生活垃圾处理投资逐年增加，但许多地区特别是经济欠发达地区，生活垃圾处理设施数量依然相对较少，处理水平较低。

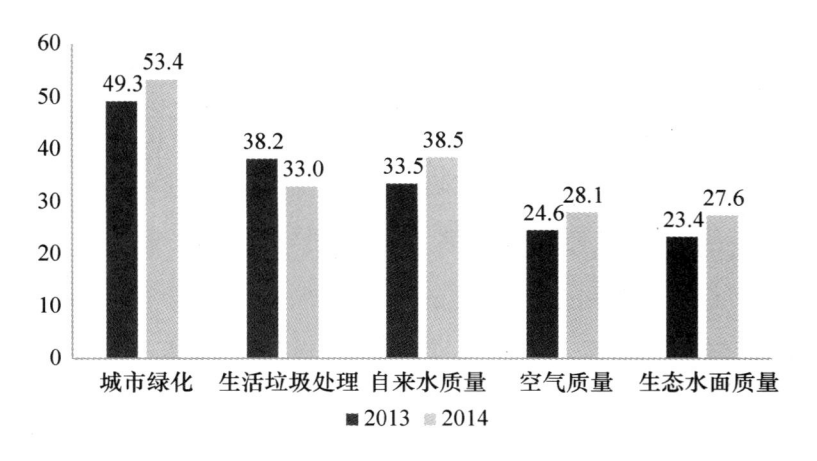

图 6—10　2013—2014 年政府环境保护责任指标满意度对比（%）

4. 受访者对预防和惩治腐败较为满意，对公务员廉洁自律较不满意，对各项政府治理责任指标满意度呈上升趋势

将政府治理责任细分为预防和惩治腐败、依法行政、公务员廉洁自律、办事效率、信息公开透明和对违规失责追究责任六个指标来衡量，满意度调查结果见图6—11。

可以看到，受访者对预防和惩治腐败的满意度最高，38.3%的受访者表示满意，这在很大程度上得益于新一届政府加大了反

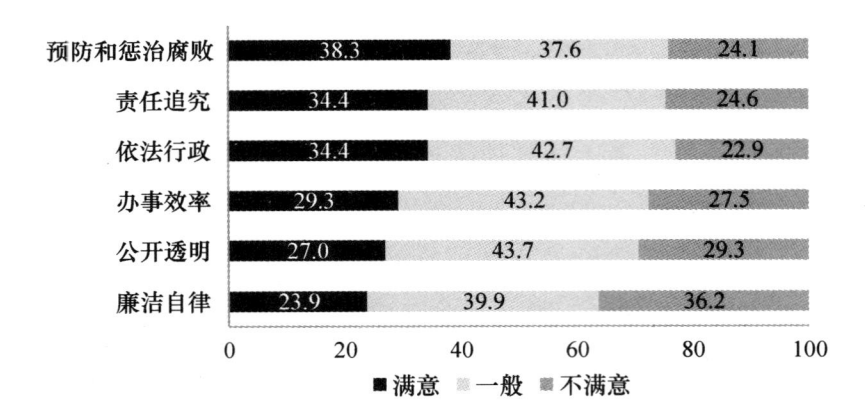

指标	满意	一般	不满意
预防和惩治腐败	38.3	37.6	24.1
责任追究	34.4	41.0	24.6
依法行政	34.4	42.7	22.9
办事效率	29.3	43.2	27.5
公开透明	27.0	43.7	29.3
廉洁自律	23.9	39.9	36.2

图6—11 政府治理责任指标满意度分布（%）

腐力度。十八大以来，党中央把反腐败列入决策重点，从战略上予以高度关注，在党要管党、从严治党上打出"组合拳"，注重顶层整体设计和系统规划反腐败，扎实推进反腐败行动，打"老虎"、"苍蝇"毫不手软，十多个部级领导干部相继落马。同时，受访者对责任追究和依法行政的满意度也较好，均有34.4%的受访者表示满意。但受访者对公务员廉洁自律现状还不太满意（满意比例23.9%）。

对比2012—2014年政府治理责任各项指标（见图6—12），可知受访者对政府办事效率的满意度呈上升趋势，近年来各级政府深入推进行政体制改革，进一步简政放权，清理非行政审批事项，取消或简化一些办事手续，提高了办事效率。虽然2014年受访者对违规责任追究的满意度比2013年略有下降，但却比2012年有较大幅度上升。2012—2014年，受访者对预防和惩治腐败、公开透明、公务员廉洁自律的满意度均呈上升趋势，且2014年受访者对预防和惩治腐败的满意比例比2013年上升了12.8个百分点。

第六章 政府社会责任　195

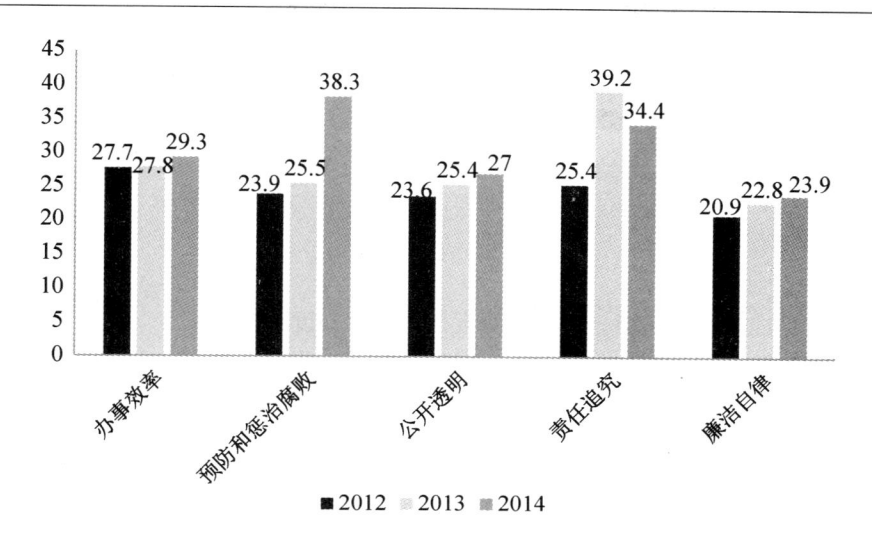

[图表：2012—2014年政府治理责任指标满意度对比]
- 办事效率：27.7、27.8、29.3
- 预防和惩治腐败：23.9、25.5、38.3
- 公开透明：23.6、25.4、27
- 责任追究：25.4、39.2、34.4
- 廉洁自律：20.9、22.8、23.9

图 6—12　2012—2014 年政府治理责任指标满意度对比 (%)

（二）政府社会责任信心度

1. 受访者对经济增速最有信心，对物价水平较为缺乏信心；2013—2014 年受访者对各项经济责任指标的信心度呈上升趋势

政府经济责任三个衡量指标的信心度统计情况如图 6—13 所示。虽然未来全球经济走势尚不明朗，中国经济下行压力依然较大，但受访者对未来三年的经济增速仍然充满信心，65% 的受访者认为在未来三年经济增速将会更好，仅有 6.2% 的受访者认为会变差。同时，老百姓对收入增长也信心较足，62.1% 的受访者认为会变好。然而，受访者对物价水平相对缺乏信心，认为物价水平未来三年将变好的仅占 42.3%，接近 1/5 的受访者认为未来还会变差。

图表数据：

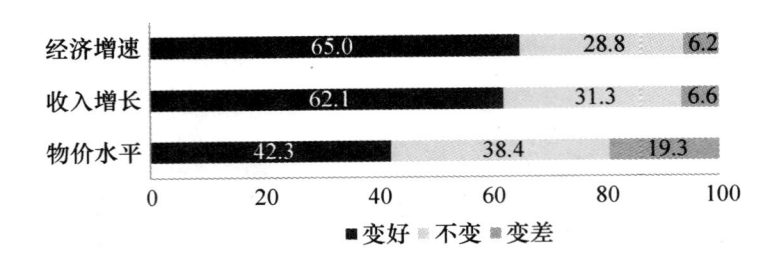

经济增速：变好 65.0，不变 28.8，变差 6.2
收入增长：变好 62.1，不变 31.3，变差 6.6
物价水平：变好 42.3，不变 38.4，变差 19.3

图6—13 经济发展责任指标信心度分布（%）

物价水平信心度是根据标准差赋权法，由消费品价格信心度和住房价格信心度加权加总算出，消费品价格和住房价格的信心度如图6—14所示。可以看到，受访者对消费品价格的信心度相对较高，认为变好的比例占43.9%，比认为住房价格在未来变好的受访者多出3.3个百分点。

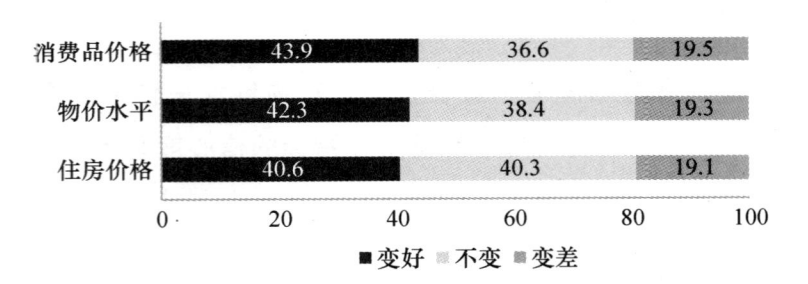

图表数据：

消费品价格：变好 43.9，不变 36.6，变差 19.5
物价水平：变好 42.3，不变 38.4，变差 19.3
住房价格：变好 40.6，不变 40.3，变差 19.1

图6—14 物价水平信心度分解（%）

对比2012—2014年政府经济责任各项指标的信心度（见图6—15），可知受访者对经济增速、收入增长、物价水平的信心度均呈上升趋势。虽然受到国内资源环境约束加强、国际经济复苏不稳定的双重压力影响，中国经济仍然进入结构趋于优化、物价涨幅趋于适度、新增就业趋于稳定、经济增速趋向潜在水平的"新常态"。

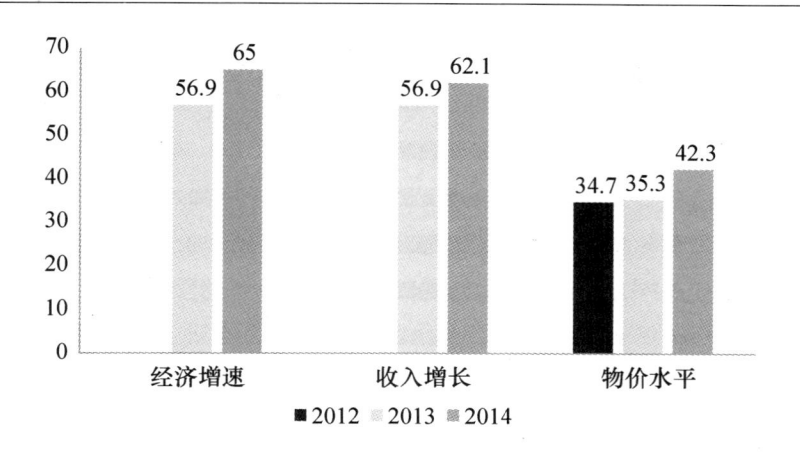

图 6—15　2012—2014 年政府经济责任指标信心度对比（%）①

2. 受访者对基础设施状况最有信心，2014 年受访者对政府社会发展责任各项指标的信心度普遍高于 2012 年和 2013 年

政府社会责任十个指标的信心度调查结果如图 6—16 所示。可以看出，受访者对所有社会发展责任议题的信心度都较高，认为未来三年将变好的比例均超过 50%。其中，基础设施状况最有信心，67.9% 的受访者认为基础设施建设未来三年将变好，对教育水平、社会治安也充满信心，超过 60% 的受访者认为将变好；对社会公平公正、就业机会的信心度相对偏低，认为未来三年将变好的受访者分别占 52.5% 和 51.9%。

对比 2012—2014 年政府社会责任信心度（图 6—17），可知 2014 年受访者对基础设施信心度呈上升趋势，对教育水平、医疗服务、社会保障、社会治安、就业机会、社会风气、社会公平公正和食品安全的信心度均高于前两年水平，其中，认为社会公平公正、社会风气、食品安全在未来三年将变好的比例提升幅度都较大。

---

① 2012 年未调查受访者对经济增速和收入增长的信心度。

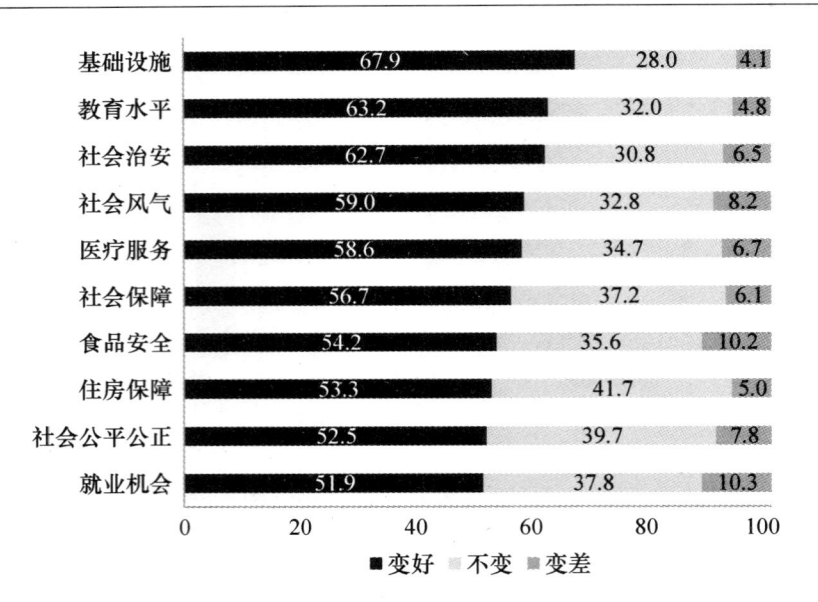

指标	变好	不变	变差
基础设施	67.9	28.0	4.1
教育水平	63.2	32.0	4.8
社会治安	62.7	30.8	6.5
社会风气	59.0	32.8	8.2
医疗服务	58.6	34.7	6.7
社会保障	56.7	37.2	6.1
食品安全	54.2	35.6	10.2
住房保障	53.3	41.7	5.0
社会公平公正	52.5	39.7	7.8
就业机会	51.9	37.8	10.3

图6—16 政府社会发展责任指标信心度分布（%）

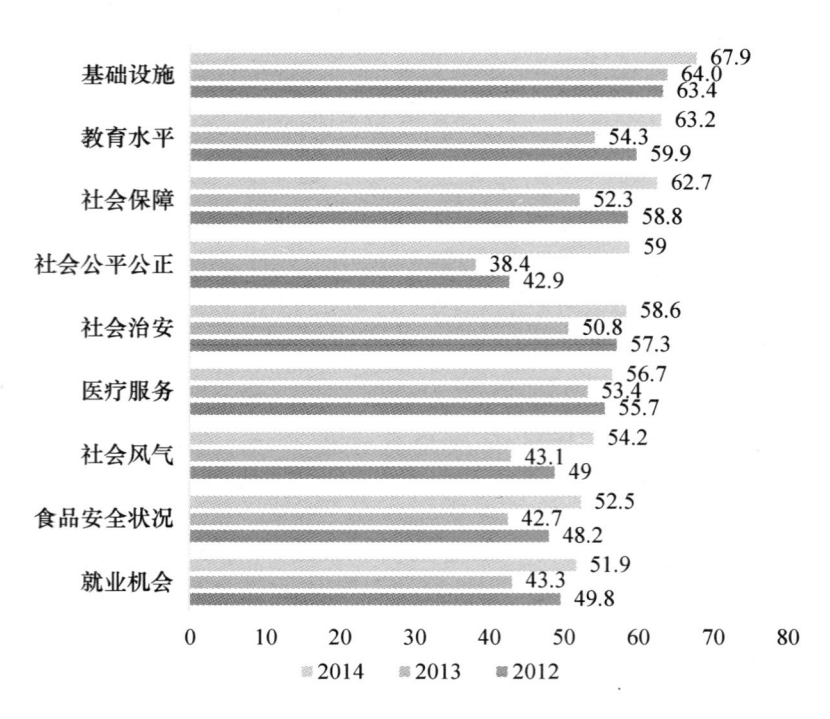

指标	2014	2013	2012
基础设施	67.9	64.0	63.4
教育水平	63.2	54.3	59.9
社会保障	62.7	52.3	58.8
社会公平公正	59	38.4	42.9
社会治安	58.6	50.8	57.3
医疗服务	56.7	53.4	55.7
社会风气	54.2	43.1	49
食品安全状况	52.5	42.7	48.2
就业机会	51.9	43.3	49.8

图6—17 政府社会发展责任指标信心度对比（%）

3. 受访者对城市绿化最有信心，对空气质量和生态水面质量信心度相对较低，对各项环境指标的信心度均呈上升趋势

政府环保责任的五个衡量指标的信心度调查结果如图6—18所示。可见受访者对未来三年城市绿化充满信心，69.4%的受访者认为城市绿化未来将变好，认为生活垃圾处理情况在未来三年会变好的受访者超过60%。但受访者对空气质量和生态水面质量信心相对较低，分别有52.3%和51.5%认为未来三年将变好。

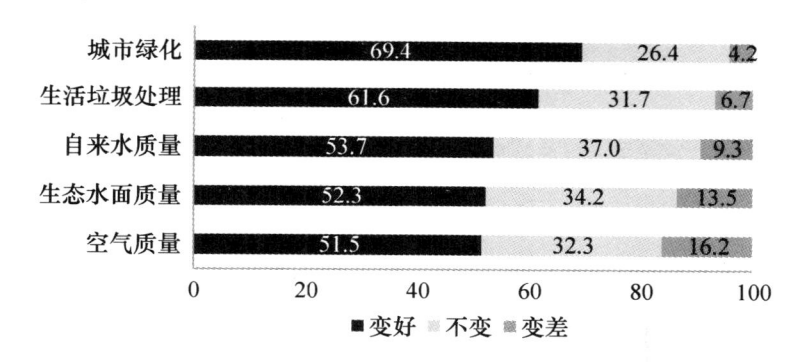

指标	变好	不变	变差
城市绿化	69.4	26.4	4.2
生活垃圾处理	61.6	31.7	6.7
自来水质量	53.7	37.0	9.3
生态水面质量	52.3	34.2	13.5
空气质量	51.5	32.3	16.2

图6—18　政府环境保护责任指标信心度分布（%）

将政府环保责任各项指标与2013年进行对比，从图6—19可知，2013—2014年受访者对城市绿化、生活垃圾处理、自来水质量、空气质量以及生态水面质量的信心度均显著提高，认为未来三年将变好的比例均有较大幅度增加，老百姓对政府环保责任充满信心。

4. 受访者对预防和惩治腐败信心较高，对政府治理责任各项指标的信心度比前两年大幅提升

政府治理责任六个指标的信心度调查结果如图6—20所示。可知各项政府治理责任议题中，受访者认为未来三年将变好的比例最高的是预防和惩治腐败（64.9%）；其次是依法行政和办事

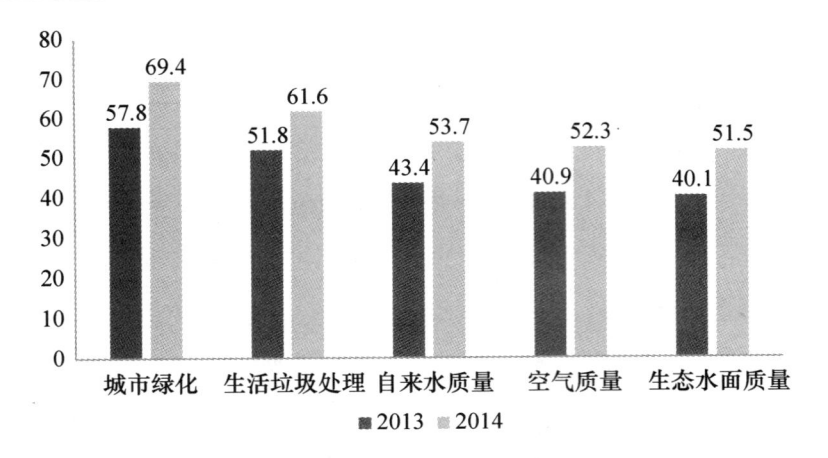

图 6—19　2013—2014 年政府环保责任指标信心度对比（%）

效率，认为变好的受访者分别占 59% 和 58.6%；而信心相对不足的是公务员廉洁自律（56%）和公开透明（55.3%）。

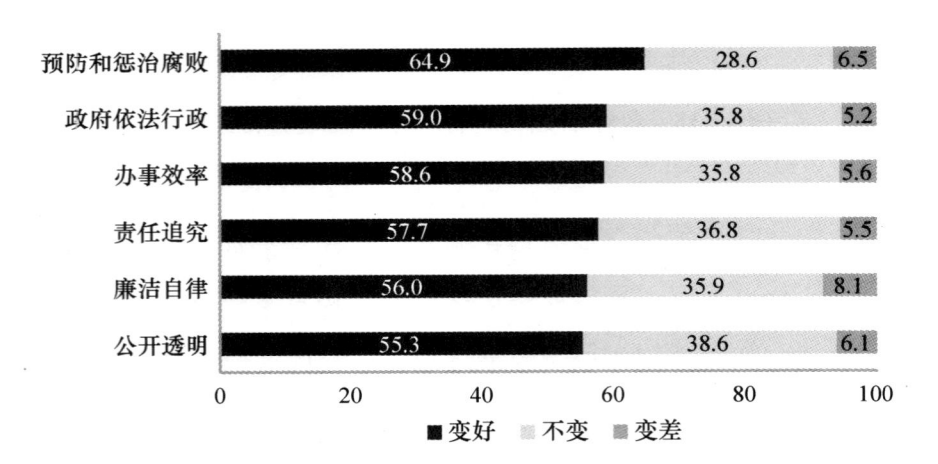

图 6—20　政府治理责任指标信心比例分布（%）

对比 2012—2014 年政府治理责任各项指标，如图 6—21 所示。2014 年受访者对办事效率、预防和惩治腐败、公开透明、责任追究和公务员廉洁自律的信心度比 2012 年和 2013 年均有显著提升，认为未来三年将变好的比例大幅增加，政府积极作为提高了老百姓对政府治理的信心。

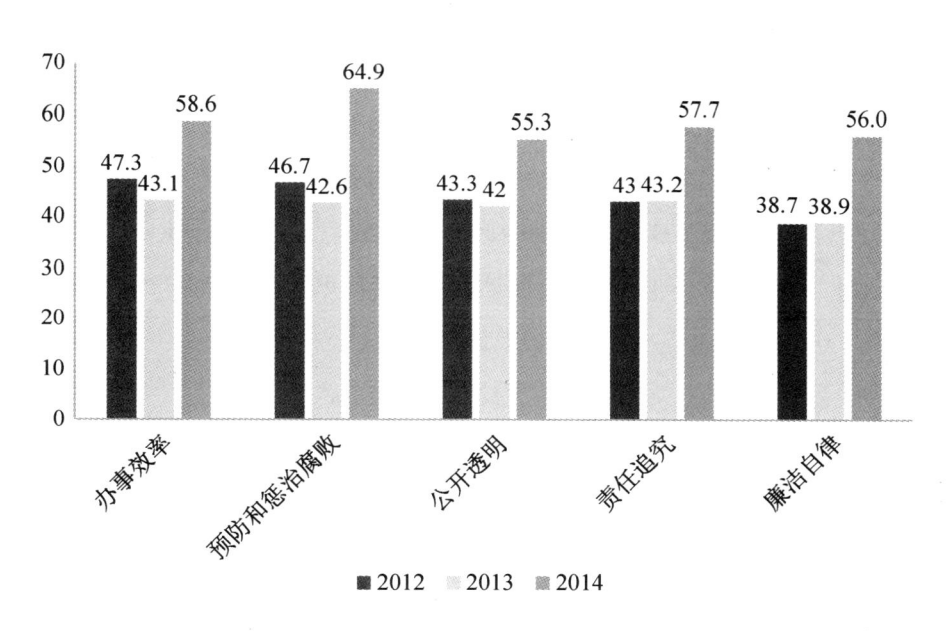

图 6—21 2012—2014 年政府治理责任指标信心度比较（%）

三 政府社会责任满意指数与信心指数

（一）政府社会责任满意指数

1. 社会发展责任、环境保护责任满意指数较高，经济发展责任满意指数较低

采用标准差赋权法对政府经济发展责任、社会发展责任、环境保护责任和治理责任下的二级指标分别进行加权合成后，得到政府经济发展责任满意指数、社会发展责任满意指数、环境保护责任满意指数以及治理责任满意指数，分别为 58.83、61.22、

61.27 和 59.82。可知政府社会发展责任和环保责任满意指数较高，经济发展责任满意指数较低，但四大责任议题得分差距均较小，最高得分与最低得分相差不足 3 分。经济发展责任满意指数的低水平依然是受到了物价水平满意度偏低的影响。

对比 2013—2014 年政府责任满意指数（见图 6—22），可知 2014 年的政府经济责任满意指数、环保责任满意指数、治理责任满意指数均高于 2013 年；其中政府环保责任满意指数上升幅度较大（上升 1.99），但社会发展责任满意指数比 2013 年略有下降（下降 0.65）。

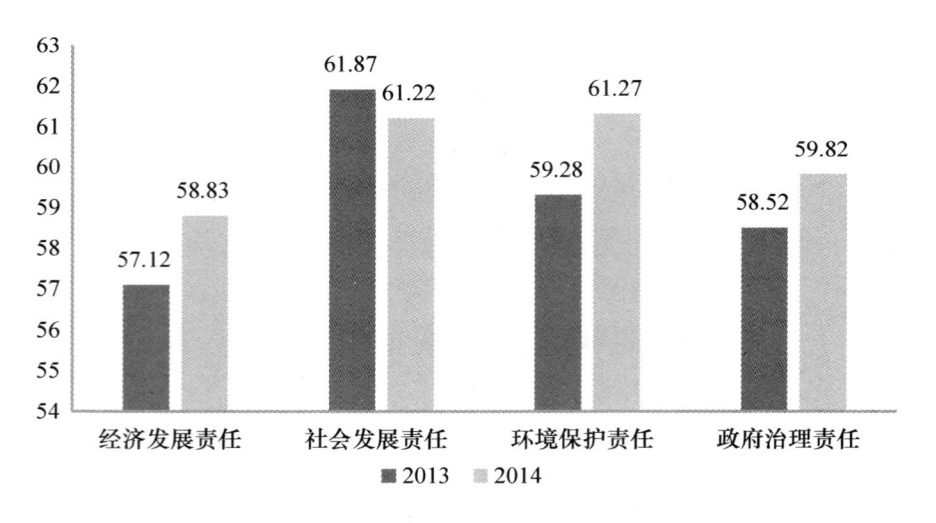

图 6—22　2013—2014 年政府社会责任满意指数对比

2. 政府社会责任满意指数为 60.76，受访者对政府社会责任履行情况较为满意

根据层次分析法确定的政府四大责任议题权重，对经济发展、社会发展、环境保护、治理责任进行加权合成，得到政府社会责任满意指数的均值为 60.76，处于 60—80 的区间。其中，有

超过一半的受访者（51.8%）表示满意（60—100），仅有3.2%的受访者表示不满意（0—40），可见受访者对政府社会责任履行情况总体较为满意。

将2012—2014年政府责任满意指数进行对比（见图6—23），可知2014年比2013年上升0.96，政府在经济责任、社会责任、环保责任、治理责任方面的努力使老百姓享受了更多实惠。2014年比2012年满意指数下降主要是由于计算方法的改进所致，2012年因指标体系欠完善，直接使用四个一级指标进行加权平均，而2013年、2014年构建了更加完善的两级评价指标体系，在计算满意指数时首先从二级指标加权得到一级指标的满意指数，再进一步合成总体满意指数。

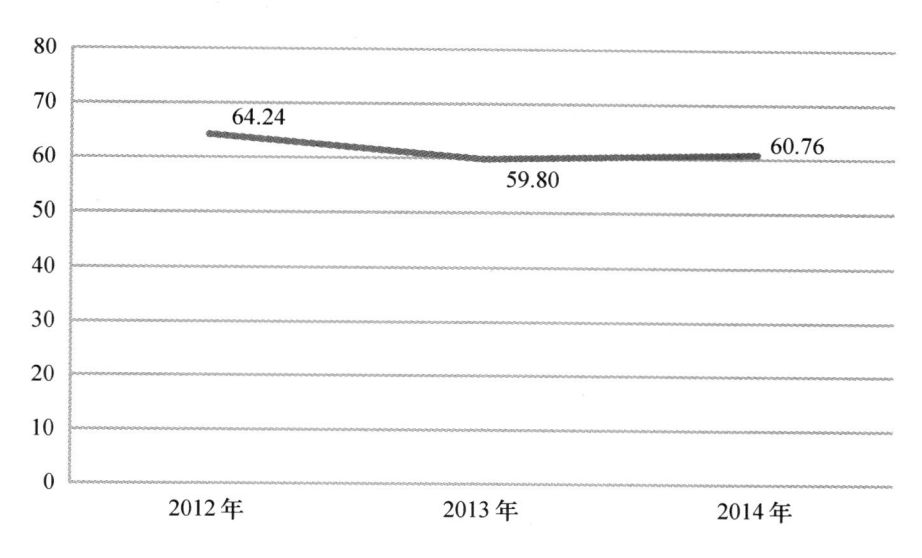

图6—23 2012—2014年政府社会责任满意指数对比

3. 受教育程度越高的受访者满意指数越低，农业户籍、女性、30—39 岁之间的受访者满意指数偏低，感知收入阶层和感知社会阶层高的受访者满意指数较高，西部地区受访者满意指数高于东中部地区

政府社会责任满意指数在家庭收入水平、教育程度、年龄、户籍、性别等社会特征上具有显著差异。其中，非农户籍受访者满意指数为 61.12，高于农业户籍受访者（59.86）；受教育程度越高的受访者满意指数越低，大学及以上文化程度的受访者满意指数最低（60.22）。在国有单位就职者的满意指数（61.70）高于非国有单位就职者（60.61），这可能与国有单位员工工作稳定性较高并享受到体制内的更多福利有关（见表 6—5）。女性受访者满意指数为 60.45，低于男性受访者。30—39 岁之间的受访者满意指数（59.49）低于其他年龄段受访者。

为分析地区变量在政府社会责任满意指数上的均值分布，根据国家统计局对我国东、中、西部地区划分的标准（2003 年发布）进行分类统计，计算结果显示，政府社会责任满意指数在地区变量上存在显著差异：西部地区满意指数得分最高，为 62.05，中部地区满意指数得分最低，为 60.06。

问卷中设计了题器调查受访者对自己的收入和社会地位的判断。"如果整个社会由下到上分为 10 层（第 1 层代表最低，第 10 层代表最高），您认为您的收入属于第层，您认为您的社会地位属于第几层。"问卷分析发现，填写第 10 层的受访者大多是填写错误导致，故将第 10 层的群体作为 missing 值处理，并将 1—3 层对应为"低层"、4—6 层对应为"中层"、7—9 层对应为"高层"。分组统计显示，政府社会责任满意指数在感知的收入阶层与感知的社会阶层变量上均存在显著差异,认为自己的收入阶层和社会阶层高的受访者,其政府社会责任满意指数较高,分别为64.77和64.27。

表6—5 政府社会责任满意指数在各项特征上的均值分布

		均值	样本数	差异显著性
户籍				
	农业户籍	59.86	1490	$F=14.440$,$df=1$,$Sig.=0.000$
	非农业户籍	61.12	3720	
教育程度				
	小学及以下	62.51	324	$F=2.878$,$df=7$,$Sig.=0.005$
	初中	60.94	1209	
	高中/中专/技校	60.81	1965	
	大学及以上	60.22	1709	
单位属性				
	国有	61.70	668	$F=5.774$,$df=1$,$Sig.=0.016$
	非国有	60.61	4551	
性别				
	男	61.16	2237	$F=5.332$,$df=1$,$Sig.=0.021$
	女	60.45	2976	
年龄				
	16—29岁	60.29	1653	$F=11.874$,$df=4$,$Sig.=0.000$
	30—39岁	59.49	1251	
	40—49岁	61.31	1184	
	50—59岁	61.41	776	
	60—65岁	64.00	234	

续表

	均值	样本数	差异显著性
地区			
东部	60.81	1938	F = 10.407, df = 2, sig. = 0.000
中部	60.06	1698	
西部	62.05	979	
感知的收入阶层			
低	59.00	2348	F = 63.485, df = 2, sig. = 0.000
中	61.95	2619	
高	64.77	229	
感知的社会阶层			
低	58.73	1942	F = 62.934, df = 2, sig. = 0.000
中	61.70	2985	
高	64.27	266	

（二）政府社会责任信心指数

1. 政府治理责任信心指数最高，经济发展责任信心指数得分较低

采用标准差赋权法对政府经济发展责任、社会发展责任、环境保护责任和治理责任下的二级指标进行加权合成后，得到政府经济发展责任信心指数、社会发展责任信心指数、环境保护责任信心指数以及治理责任信心指数，分别为 81.90、83.48、83.29 和 84.28。可知政府治理责任信心指数最高，经济发展责任信心指数较低。经济发展责任信心指数的低水平在很大程度上受到了物价水平信心度偏低的影响。

对比 2013—2014 年政府社会责任各项指标（见图 6—24），可知政府经济发展责任信心指数、社会发展责任信心指数、环保

责任信心指数、治理责任信心指数，2014年较2013年均有较大幅度上升。

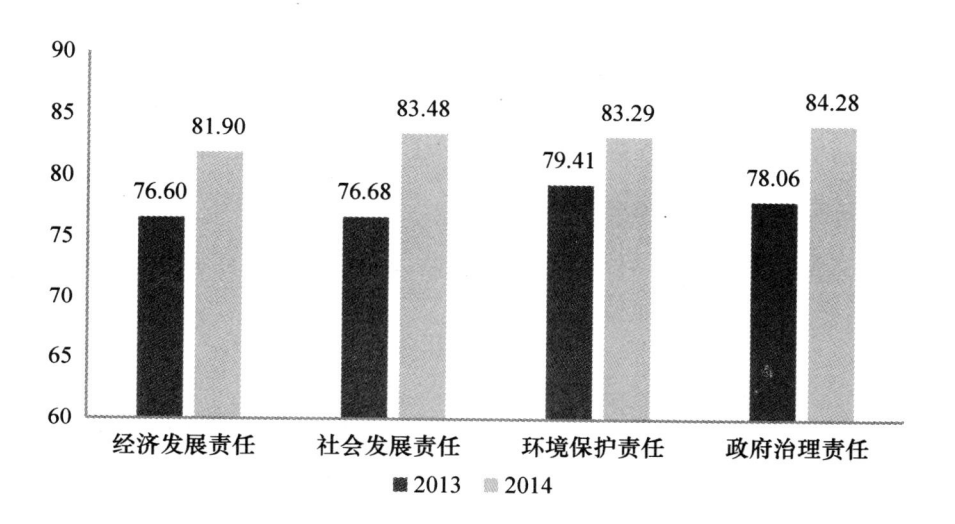

图6—24　2013—2014年政府社会责任信心指数对比

类别	2013	2014
经济发展责任	76.60	81.90
社会发展责任	76.68	83.48
环境保护责任	79.41	83.29
政府治理责任	78.06	84.28

2. 政府社会责任信心指数为82.70，受访者对政府社会责任充满信心

通过标准差因子赋权法，得到政府社会责任信心指数的均值为82.70，处于67—100的区间，其中，91.2%的受访者认为未来三年将变好（67—100），没有受访者认为政府社会责任未来三年总体将变差（0—33），老百姓对政府社会责任充满信心。

与2013年进行对比可知（见图6—25），政府社会责任信心指数上升5.26，受访者对政府经济发展责任、社会发展责任、环保责任、治理责任在未来三年变好的信心显著增强。

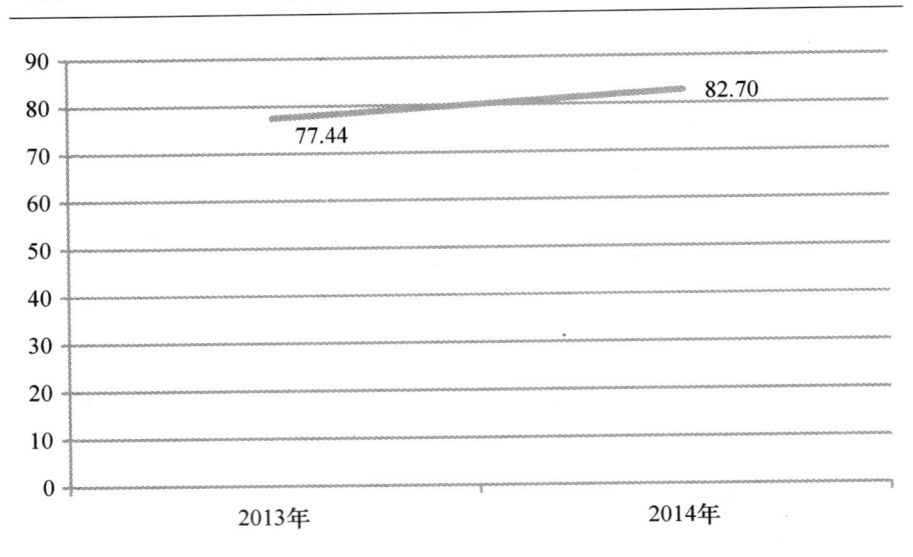

图 6—25　2013—2014 年政府责任信心指数对比①

3. 受教育程度为大学及以上的受访者信心指数较低，年龄越大的受访者信心指数越高，西部地区受访者信心指数低于东部和中部

统计分析显示，政府社会责任信心指数在户籍、教育程度、年龄、地区等社会特征变量上具有显著差异，在单位属性、性别、感知的收入阶层、感知的社会阶层等变量上的差异不显著。非农业户籍受访者信心指数为 82.89，高于农业户籍受访者（82.20）。从学历来看，大学及以上学历受访者信心指数（82.19）低于其他学历受访者。从年龄来看，年龄较大的受访者信心指数较高。另外，从地区来看，西部地区信心指数（81.05）明显低于东部、中部地区，东部地区的信心指数最高（85.29）（见表 6—6）。

---

①　因 2012 年信心指数计算取值方法与 2013、2014 年不同，因此无法进行比较。

表6—6　政府社会责任信心指数在各项特征上的均值分布

	均值	样本数	差异显著性
户籍			
农业户籍	82.20	1122	F = 12.533，df = 1，Sig. = 0.000
非农业户籍	82.89	2822	
教育程度			
小学及以下	86.19	269	F = 9.676，df = 3，Sig. = 0.000
初中	83.00	971	
高中/中专/技校	82.28	1468	
大学及以上	82.19	1231	
单位属性			
国有	82.48	504	F = 3.434，df = 1，Sig. = 0.064
非国有	82.73	3446	
性别			
男	82.61	1682	F = 0.294，df = 1，Sig. = 0.588
女	82.76	2265	
年龄			
16—29 岁	81.56	1246	F = 17.262，df = 4，Sig. = 0.000
30—39 岁	82.34	926	
40—49 岁	82.73	859	
50—59 岁	84.25	630	
60—65 岁	83.91	192	
地区			
东部	85.29	1439	df = 2，F = 21.3，sig. = 0.000
中部	83.58	1299	
西部	81.05	790	

续表

	均值	样本数	差异显著性
感知的收入阶层			
低	82.66	1695	df = 2, F = 3.085, sig. = 0.056
中	82.79	2049	
高	81.59	189	
感知的社会阶层			
低	82.05	1399	df = 2, F = 1.488, sig. = 0.226
中	83.07	2313	
高	82.01	219	

四 政府社会责任指数矩阵

从政府社会责任满意指数和信心指数两个维度，构建政府社会责任指数矩阵。满意指数和信心指数分别划分为三个区间，从而矩阵由九个区域构成，根据不同区域的预警程度设置不同的颜色，如图6—26所示，各区域所代表的含义见表6—7。可知，绿色区域1是最为乐观的区域，而红色区域9是最为危险的区域，橙色区域7和8也需要引起足够的重视。

满意指数 信心指数	0—40	40—60	60—100
67—100	黄色5	蓝色2	绿色1
33—67	橙色7	蓝色4	蓝色3
0—33	红色9	橙色8	黄色6

图6—26 政府社会责任指数矩阵

表 6—7 政府社会责任矩阵含义

区域编号	颜色	所代表含义
1	绿色	对政府社会责任现状满意,且对未来三年有信心
2	蓝色	对政府社会责任现状满意度一般,但对未来三年有信心
3	蓝色	对政府社会责任现状满意,但认为未来三年无变化
4	蓝色	对政府社会责任现状满意度一般,并认为未来三年无变化
5	黄色	对政府社会责任现状不满意,但对未来三年有信心
6	黄色	对政府社会责任现状满意,但认为未来三年会变差
7	橙色	对政府社会责任现状不满意,且认为未来三年无变化
8	橙色	对政府社会责任现状满意度一般,且认为未来三年会变差
9	红色	对政府社会责任现状不满意,且认为未来三年会变差

(一) 经济发展责任指数矩阵

根据政府经济发展责任满意指数得分 58.83 和信心指数得分 81.90,经济发展责任指数位于蓝色区域 2(见图 6—27 中圆点)。从各区域的分布来看,39.5% 的受访者处于对政府经济发展责任现状满意且对未来三年有信心的绿色区域 1,36.6% 的受访者处于现状满意度一般但对未来三年有信心的蓝色区域 2,7.7% 的受访者处于对政府经济发展责任现状满意但认为未来三年无变化的蓝色区域 3,7.2% 的受访者处于满意度一般且认为未来 3 年无变化的蓝色区域 4,仅有 1.5% 的受访者处于橙色区域 7 和 8,没有受访者处于红色区域 9。

总体来看,98.5% 的受访者认为政府经济发展责任状况处在相对安全区域,仅有 1.5% 的受访者认为处在危险区域。

满意指数 信心指数	0—40	40—60	60—100	小计
67—100	7.5%	36.6% ●	39.5%	83.6%
33—67	1.5%	7.2%	7.7%	16.4%
0—33	0	0	0	0%
小计	9.0%	43.8%	47.2%	100.0%

图 6—27 政府经济发展责任指数矩阵分布

(二) 社会发展责任指数矩阵

根据政府社会发展责任满意指数得分 61.22 和信心指数得分 83.48，政府社会发展责任指数位于图中绿色区域 1（见图 6—28 中圆点）。从各区域的分布来看，49.3% 的受访者处于对政府社会发展责任现状满意且对未来三年有信心的绿色区域 1，35.5% 的受访者处于现状满意度一般但对未来三年有信心的蓝色区域 2，6.2% 的受访者处于对政府社会发展责任现状满意但认为未来三年无变化的蓝色区域 3，4.5% 的受访者处于满意度一般且认为未来三年无变化的蓝色区域 4，仅有 0.5% 的受访者处于橙色区域 7 和 8，没有受访者处于红色区域 9。

总体来看，99.5% 的受访者认为政府社会发展责任状况处在相对安全区域，仅有 0.5% 的受访者认为处在危险区域。

满意指数 信心指数	0—40	40—60	60—100	小计
67—100	4.0%	35.5%	● 49.3%	88.8%
33—67	0.5%	4.5%	6.2%	11.2%
0—33	0	0	0	0
小计	4.5%	40.0%	55.5%	100.0%

图 6—28 政府社会发展责任指数矩阵分布

（三）环境保护责任指数矩阵

根据政府环境保护责任满意指数得分 61.27 与信心指数得分 83.29，政府环境保护责任指数位于图中蓝色区域 1（如图 6—29 中蓝色圆点）。从各区域的分布来看，50.8% 的受访者处于对政府环境保护责任现状满意且对未来三年有信心的绿色区域 1，32.3% 的受访者处于现状满意度一般但对未来三年有信心的蓝色区域 2，5.6% 的受访者处于对政府环境保护责任现状满意但认为未来三年无变化的蓝色区域 3，3.5% 的受访者处于满意度一般且认为未来三年无变化的蓝色区域 4，仅有 0.8% 的受访者处于橙色区域 7 和 8，没有受访者处于红色区域 9。

总体来看，99.2% 的受访者认为政府环境保护责任状况处在相对安全区域，仅有 0.8% 的受访者认为处在危险区域。

信心指数＼满意指数	0—40	40—60	60—100	小计
67—100	7.0%	32.3%	● 50.8%	90.1%
33—67	0.8%	3.5%	5.6%	9.9%
0—33	0	0	0	0
小计	7.8%	35.8%	56.4%	100.0%

图 6—29　政府环境保护责任指数矩阵分布

（四）政府治理责任指数矩阵

政府治理责任满意指数得分 59.82 和信心指数得分 84.28，政府治理责任指数位于图中蓝色区域 2（见图 6—30 中圆点）。从各区域的分布来看，42.3% 的受访者处于对政府社会发展责任现状满意且对未来三年有信心的绿色区域1，37.2%的受访者处于现状满意度一般但对未来三年有信心的蓝色区域2，5.1%的受访者处于对政府经济发展责任现状满意但认为未来三年无变化的蓝色区域3，4.4%的受访者处于满意度一般且认为未来三年无变化的蓝色区域4，仅有1.2%的受访者处于橙色区域7和8，没有受访者处于红色区域9。

总体来看，98.8%的受访者认为政府社会发展责任状况处在相对安全区域，仅有1.2%的受访者认为处在危险区域。

满意指数 信心指数	0—40	40—60	60—100	小计
67—100	9.8%	37.2% ●	42.3%	89.3%
33—67	1.2%	4.4%	5.1%	10.7%
0—33	0	0	0	0
小计	11.0%	41.6%	47.4%	100.0%

图6—30　政府治理责任指数矩阵分布

（五）政府社会责任指数矩阵

根据政府社会责任满意指数（60.76）和信心指数（82.70）得分，可知政府社会责任总体处于绿色区域1（见图6—31中圆点）。从各区域的分布来看，47.3%的受访者处于对政府社会责任现状满意且对未来三年有信心的绿色区域1，41.0%的受访者处于现状满意度一般但对未来三年有信心的蓝色区域2，4.5%的受访者处于现状满意且认为未来三年没变化的蓝色区域3，4.0%的受访者处于满意度一般且认为未来三年无变化的蓝色区域4，2.9%的受访者处于黄色区域5，仅有0.3%的受访者处于橙色区域 7 和 8，没有受访者处于红色区域 9。

满意指数 信心指数	0—40	40—60	60—100	小计
67—100	2.9%	41.0%	● 47.3%	91.2%
33—67	0.3%	4.0%	4.5%	8.8%
0—33	0	0	0	0
小计	3.2%	45.0%	51.8%	100.0%

图 6—31　政府社会责任指数矩阵分布

五　主要结论与政策建议

（一）主要结论

（1）受访者对经济增速、基础设施建设、城市绿化、预防和惩治腐败满意度较高，对物价水平、食品安全状况、空气质量与生态水面质量、公务员廉洁自律及政务公开透明等方面的满意度相对较低。

（2）受访者对经济增速、基础设施状况、城市绿化、预防和惩治腐败充满信心，对物价水平、就业机会、空气质量与生态水面质量、公务员廉洁自律及政务公开透明等议题相对缺乏信心。

（3）2012—2014 年，受访者对物价水平、社会治安、社会公平公正、食品安全、空气质量、自来水质量、生态水面质量、城市绿化、政府办事效率、预防和惩治腐败、公开透明、公务员廉洁自律等指标的满意度呈上升趋势；对经济增速、收入增长、基础设施、空气质量、自来水质量、生态水面质量、城市绿化、生活垃圾处理、公务员廉洁自律等指标的信心度呈上升趋势。

(4) 政府社会责任满意指数为 60.76，比 2013 年上升 0.96。其中，51.8% 受访者表示满意 (60—100)，仅有 3.2% 的受访者不满意 (0—40)，老百姓对政府社会责任履行现状总体满意。从不同社会特征的受访者来看，非农户籍受访者满意指数高于农业户籍受访者；大学及以上文化程度的受访者满意指数低于其他教育程度的受访者；女性受访者满意指数低于男性受访者；30—39 岁之间的受访者满意指数低于其他年龄群体受访者；在国有单位就职者的满意指数高于非国有单位就职者；认为自己的收入阶层和社会阶层高的受访者反而政府社会责任满意指数最高；西部地区满意指数高于东中部地区。

(5) 政府社会责任信心指数为 82.70，比 2013 年上升 5.26。其中，91.2% 受访者认为未来三年将变好 (67—100)，没有受访者认为将变差 (0—33)，受访者对政府社会责任充满信心。从不同社会特征的受访者来看，大学及以上文化程度的受访者信心指数低于其他文化程度受访者；年龄越大的受访者信心指数越高；东部地区信心指数高于中部与西部地区。信心指数在单位属性、性别、感知的收入阶层、感知的社会阶层等社会特征变量上差异不显著。

(6) 从政府社会责任满意指数和信心指数两个维度构建政府社会责任指数矩阵，并对矩阵的九个区域分别设置了绿、蓝、黄、橙、红的预警信号灯。当前政府社会责任总体处于绿色区域，受访者对政府社会责任现状满意，且认为未来三年还将改善。具体来说，47.3% 的受访者处于对政府社会责任现状满意且对未来三年有信心的绿色区域，41.0% 的受访者处于现状满意度一般但对未来三年有信心的蓝色区域2，4.5%的受访者处于现状满意且认为未来三年没变化的蓝色区域3，没有受访者对政府社会责任现状不满且认为未来三年会变差。

（二）政策建议

（1）经济发展方面，科学的宏观调控是发挥社会主义市场经济体制优势的内在要求，国家宏观经济调控应始终将稳增长、稳物价作为一个重要目标，不断提高居民可支配收入水平，积极消化要素成本上涨压力、确保市场供给、降低流通成本，同时抑制房价上涨。在经济的新常态下，要创新宏观调控的思路和方式，协同推进新型工业化、信息化、城镇化、农业现代化，进一步释放市场活力，更多依赖国内消费需求拉动经济。党的十八届三中全会也指出，经济体制改革的核心问题是处理好政府和市场的关系，使市场在资源配置中起决定性作用和更好地发挥政府作用；全面推进社会主义经济建设应继续着力稳增长、调结构、促改革，沉着应对各种风险挑战。

（2）社会发展方面，政府要进一步健全食品质量监督管理体系，完善相关法规和标准，提高检测技术和能力，坚决打击制假、售假行为；完善以公平为主、效率为辅的二次收入分配制度，缩小收入差距；不断深化教育、医疗、社会保障体制改革，继续提高治安、就业、社会公平公正水平，净化社会风气。十八届三中全会也指出，全面建设社会文明要深化教育领域综合改革，健全促进就业体制机制，构建合理有序的收入分配格局，建立更加公平可持续的社会保障制度，深化医疗卫生体制改革，健全食品质量监督管理体系。

（3）环境保护方面，应深化生态文明体制改革，不断协调经济发展与空气污染和水资源污染的问题，加强立法，监督各项环保政策落到实处。围绕建设美丽中国深化生态文明体制改革，加快建立生态文明制度，健全国土空间开发、资源节约利用、生态环境保护的体制机制，推动形成人与自然和谐发展的现代化建设新格局。

（4）政府治理方面，应转变政府职能，创新行政管理方式，增强政府公信力和执行力，依法行政，责任严究，继续加强反腐力度；要优化政府组织结构，提高办事效率，增加政务公开透明度，尤其要提升公务员廉洁自律水平。十八届四中全会明确指出，要完善以宪法为核心的中国特色社会主义法律体系，加强宪法实施；深入推进依法行政，加快建设法治政府；保证公正司法，提高司法公信力；增强全民法治观念，推进法治社会建设；加强法治工作队伍建设；加强和改进党对全面推进依法治国的领导。

第七章 公众对政府的信任

在社会发展中,特别是在现代化的进程中,政府信任遇到了挑战,成为整个社会面临的问题,同时引起了学术界的关注。作为社会信任体系的重要组成部分,政府信任的建立关系到整个社会信用体系建设的成败,政府信任的高低更直接影响政府的执政效率和社会的和谐稳定。因此,在当前中国社会转型的复杂现实背景下,如何建设和保持良好的政府信任是一个重要的研究主题。

当前,全球遭遇政府信任危机。爱德曼2014年发布的《全球信任度调查报告》[1]指出,在经历了2012年政府信任历史上最严重的骤降之后,2013年信任度指标恢复中性,但2014年又略有下降,2013年对政府的整体信任为48%,2014年为44%。

改革开放以来,我国在经济建设方面取得了巨大的成就。但是,由于目前我国正处于社会转型的关键时期,民主政治体制还不完善,政府长期高度重视经济建设,忽视社会管理和公共服务的职能,在经济增长的同时,贫富差距日益加大,社会矛盾日益

---

[1] 《全球信任度调查报告》(Trust Barometer)是爱德曼公关公司(Edelman Global Public Relations)调查并公布的一份报告。每年在世界经济论坛(达沃斯论坛)开始前公布。2014年的全球信任度调查是连续第14次进行的全球性调查,调查对象包括27个国家和地区,33000份反馈。每个国家各有1000名普通公众参与,在美国和中国各有500名有识公众,其他国家各有200名有识公众参与。

突出，一些与民生关系密切的问题，如住房、医疗和教育等得不到有效解决。这些问题不但削弱了政府执政能力，降低其行政效率，而且也损害了政府的威信，危害到公众对政府的信任。

中国社会科学院社会发展战略研究院于 2014 年 7 月开展了"中国社会态度与社会发展问卷调查"。基于此次调研数据资料，形成了 2014 年度公众对政府信任的研究报告。在 2013 年对中国城市居民的政府信任研究基础之上，本报告的目的是跟踪了解 2014 年度中国城市居民的政府信任的现状、特点、影响因素和变化趋势。本报告试图建立政府信任的分析框架，为社会政策分析和制定提供依据。

本调查在 2013 年的基础之上，取得了更为丰富的数据内容，为政府信任及其影响因素研究提供了全面的数据支持。尤其是数据与 2013 年有密切关联，可以进行比较分析与研究，对政府信任的变化和特点进行了全面的展示，为我们深入剖析政府信任的特点及影响因素提供了支持。

一 概念与操作化

政府信任是在信任的研究基础上发展起来的，是指社会公众对政府及其行政人员行使行政权力、从事公共管理和公共服务活动的一种信任心理，是人们对于政府是否依据公众的规范性期待的一种评估，它是一种互动和合作的关系[①]。

---

① 参见王强，2007，"试论政府信任构建的民主行政路径"，《商业经济》第 4 期。

李砚忠，2004，"关于政府信任的思考与分析"，《陕西行政学院学报》9（1）。

程倩，2004，"政府信任关系：概念、现状与重构"，《探索》第 3 期。

政府信任是公众对政府的情感依托和理性预期，往往直接源自公众在社会生活中的经验和感受。公众信任政府与否通常源自对政府行政能力及其绩效表现的经验评价，政府的改革和各种活动是否能够推动经济发展和社会进步，是否能够满足公众日益增长的各种权益，是否能够不断改善和提高公众的全面生活质量，这些都直接或间接地影响着公众对政府的信任程度。

城市居民对政府的信任程度是我们这次研究中的因变量。由于政府信任的复杂性，目前还没有一个公认的定义，学者们在不同的领域根据研究的需要对信任进行了差异化的定义。本研究参考已有文献，将因变量"政府信任"操作化为居民对政府各个职能部门的信任和对各级政府的信任，前者包括"公安局/派出所"、"工商/税务部门"、"社会保障部门"、"信访部门"、"城管部门"共五个部门，后者包括县、区政府，省、市政府和中央政府共三级政府。各级政府、各个部门都有构建安全稳定的社会秩序、营造包容和谐的社会环境的责任。将居民对政府职能部门的信任和对各级政府的信任划分为五个层级，"1"表示很不信任，"2"表示较不信任，"3"表示一般，"4"表示较信任，"5"表示很信任。分值越高，表示对政府职能部门信任度越高。

测量政府信任的这八个项目的信度系数（Cronbach's Alpha）为0.841，内部一致性较好。为了进一步了解城市居民对政府信任的具体情况，我们对测量居民政府信任的八个问题进行因子分析，最终提取出两个因子，前者包括公安局/派出所、工商/税务部门、社会保障部门、信访部门和城管部门共五个部门，后者包括县、区政府，省、市政府和中央政府，我们将其分别命名为"政府职能部门信任因子"和"各级政府信任因子"。这也验证了研究变量的设计的合理性，表现了较好的结构效度。

对两个因子所包括的项目进行分值转换，"很信任"、"较信任"、"一般"、"较不信任"和"很不信任"分别得分为5分、4分、3分、2分和1分。然后对其进行汇总，得到初步的信任得分。为了分析的直观，将初步得到的信任得分进行转换，使其分值转换为百分制。

二 2014 年城市居民的政府信任状况

2014年城市居民对政府的信任得分为69.47，城市居民对政府持比较信任的状态。其中，2014年城市居民对各职能政府的信任得分为65.23，2014年城市居民对各级政府的信任得分为76.54。

（一）城市居民对各职能政府的信任情况

首先来了解城市居民对政府各个职能部门的信任得分情况，从图7—1来看，城市居民对政府各个职能部门的信任评价是不同的。调查分析的结果显示，目前我国居民对各职能政府比较信任（分值为65.23），在各职能部门的五个类别上，人们对为公安局/派出所的信任得分最高，为70.88；城管部门得分最低，为55.94；工商/税务部门、社会保障部门和信访部门的得分分别为67.31、69.30和62.64。

城市居民对公安局/派出所、工商/税务部门、社会保障部门的评价主要集中于"很信任"、"较信任"和"一般"，这三个部门在信任的维度上（将"很信任"与"较信任"汇总）分别达

第七章 公众对政府的信任

```
80   70.88
70          67.31  69.30
60                        62.64
50                               55.94
40
30
20
10
 0
   公安局/派出所 工商/税务部门 社会保障部门 信访部门 城管部门
```

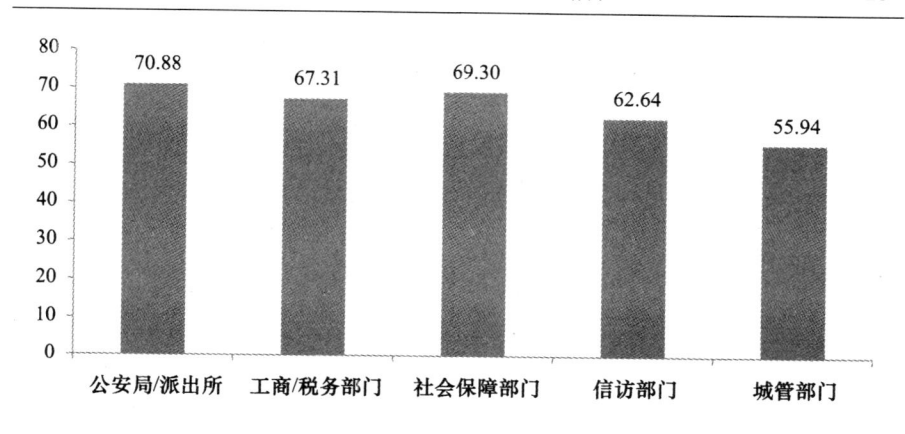

图7—1 各职能部门的政府信任得分

到54.8%、42.8%、48.6%。对信访部门和城管部门的信任评价低于前述三个部门，主要集中于"较信任"、"一般"和"较不信任"，在信任的维度上，信访部门占33.1%，城管部门占22.7%。由此可见，人们对公安局/派出所的信任比例最高；对城管部门的信任是最低的，其次是信访部门，这与2013年的调查结果是一致的。[①]

（二）城市居民对各级政府的信任情况

其次来了解城市居民对各级政府的信任得分情况，从图7—3来看，城市居民对各级政府的信任评价也是不同的。调查分析的结果显示，目前我国居民对中央政府最为信任，分值为82.96；对省、市政府的信任得分为76.48；对县、区政府的信任得分为70.21。

---

① 中国社会科学院社会发展战略研究院2014年"中国社会态度与社会发展问卷调查"还对法院信任状况进行了测量，得分为71.59。

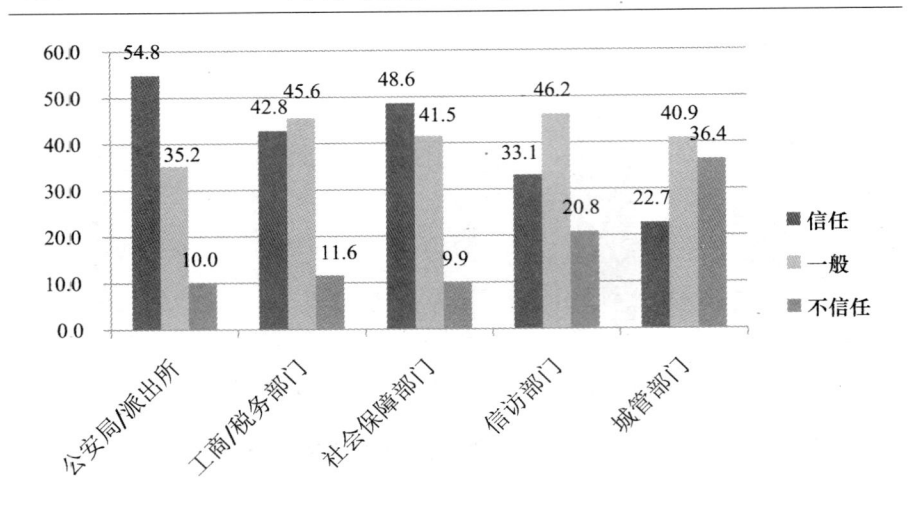

图 7—2　2014 年政府各职能部门的信任情况（N%）①

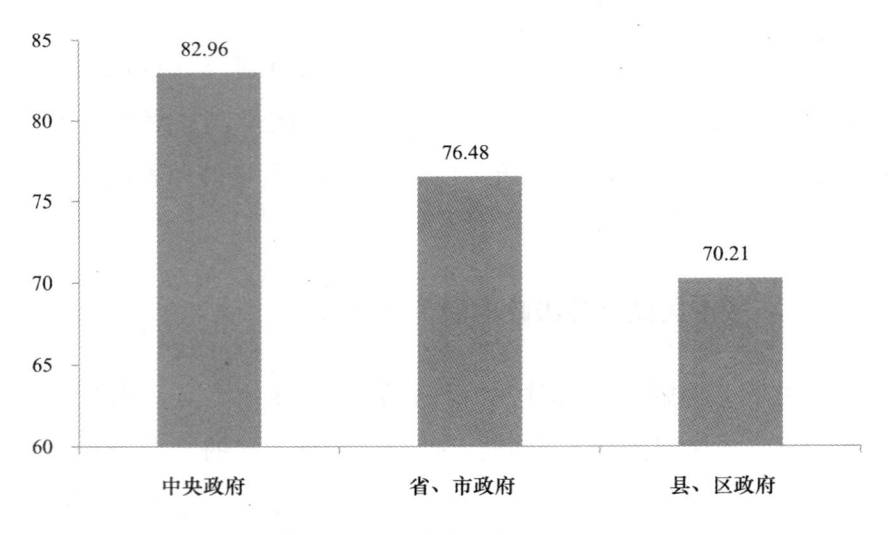

图 7—3　各级政府的信任得分

在对各级政府的信任方面，城市居民的评价主要集中在"很信任"和"较信任"。尤其是对中央政府和省、市政府的信任高达 78.3% 和 66.7%，对县、区政府的信任也达到 51.0%。

---

① 2014 年为未加权结果。

与 2013 年相比，2014 年对中央政府的信任上升了近 4 个百分点，对省、市政府的信任上升的最少，上升了 3.4 个百分点，对县区政府的信任上升的最多，上升了 4.6 个百分点。基本结论与 2013 年一致，即政府层级越高，人们对其的信任度越高，反之亦然。公众倾向于信任高层级政府的行为可从历史文化主义、制度主义与结构主义三种理论视角来解释，但用制度主义进行解释的学者占多数。在我国，制度对政府信任的影响比较明显：我国的政治体制决定了中央政府和省、市政府在政治动员、政治接触、政治角色扮演上都比县、区政府有更多的资源优势，因而公众对其信任度较高。而层级低的政府即县、区政府是政策的执行者，承担了政府系统中绝大部分的治理任务和执行层面的事务，直接与公众接触，这种接触往往容易让公众看到县、区政府的局限和缺点，甚至对他们产生不满和误解，这些都容易降低公众对他们的信任。

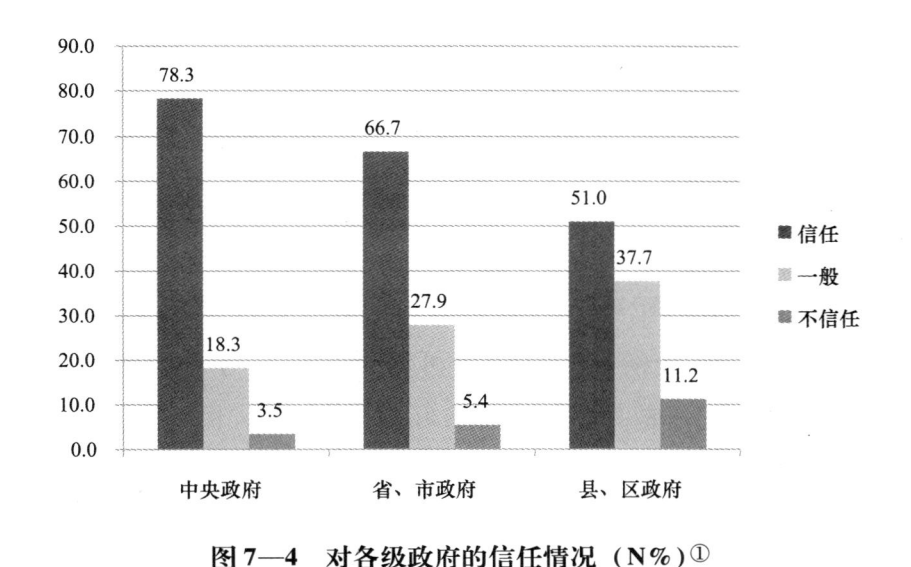

图 7—4 对各级政府的信任情况（N%）①

---

① 2014 年为未加权结果。

(三) 2014年与2013年的比较

综上所述,2014年城市居民对政府的信任得分为69.47。其中,2014年城市居民对各职能政府的信任得分为65.23,2014年城市居民对各级政府的信任得分为76.54。与2013年相比,各方面均略有提高。2013年城市居民对政府的信任得分为65.72,其中,对各职能政府的信任得分为61.53,对各级政府的信任得分为72.71。

表7—1　　2014年与2013年政府信任的情况

	2014年	2013年
政府信任得分	69.47	65.72
各职能部门信任得分	65.23	61.53
各级政府信任得分	76.54	72.71

具体而言,图7—5从政府信任的各个层面展示了2013年和2014年的比较情况。从图中可以看出,只有一个政府职能部门的信任得分是2013年高于2014年,即居民对公安局/派出所的信任得分。其余所有方面的信任得分均为2014年高于2013年。

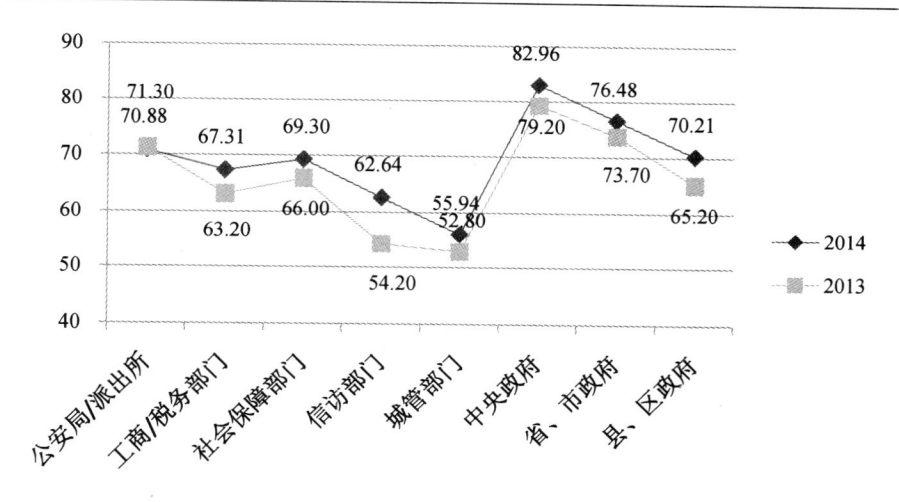

图 7—5 2013 年与 2014 年的信任得分比较

三 2014 年城市居民的政府信任差异分析

(一) 政府信任的群体差异

不同的社会群体,由于自身各种特征的差异,对于相同的事物和现象,会有不同的甚至完全相反的认识和评价。各个社会阶层的成员对政府的信任和支持的不同程度,会影响到政府的执政效率和社会稳定。所以,下文对不同人群对政府信任的认知差异进行了解和分析。

(1) 性别差异:在对政府信任的评价上,无论是对政府各职能部门的信任还是对各级政府的信任,男性得分(64.71 和 76.52)都低于女性得分(65.62 和 76.54)。

(2) 年龄差异:对各职能政府的评价在各个年龄段上没有明显差异。对各级政府信任的得分,随着年龄的增长人们对政府信任的评价越高。尤其是 60 岁及以上的群体,对政府信任的评价最高。

（3）教育程度差异：在政府各职能部门信任的评价方面，从整体上看，没有受过教育的人群，对政府信任的评价最高，而研究生及以上对政府信任的评价最低。与政府各职能部门信任相似，在各级政府信任的评价方面，也呈现出受教育程度高的群体信任得分低、受教育程度低的群体信任得分高的现象。

（4）婚姻状况差异：从整体上看，丧偶人群对政府各职能部门的信任的评价最高，而其他和同居人群对政府各职能部门的信任最低。与政府各职能部门信任相似，在各级政府信任的评价方面，丧偶群体的评价也是最高，而且其他和同居群体的评价最低。其他各种婚姻状态包括已婚、离婚等的人群对于政府信任的评价差别不大。

（5）民族差异：从数据上看，对各职能部门的信任，少数民族对政府信任的评价比汉族稍低一些；对各级政府的信任得分，汉族比少数民族高。

（6）政治面貌：各种政治身份的人对政府信任的评价差异不明显。

（7）宗教信仰：信教的人比不信教的人得分略低一些。

（8）家庭月收入：从表7—2可知，收入不同的家庭在政府信任的两个维度的评价差异不大。在对政府各职能部门进行评价时，3000—4999元收入组的家庭信任得分最高，其余各组得分略低。在对各级政府进行评价时，3000元以下收入组的家庭信任得分最高，其次是3000—4999元收入组，这两个组的信任得分相差不大。再次是5000—7999元收入组。信任得分最低的是8000元及以上收入组，与对政府各职能部门的评价不完全一致。

表7—2　　2014年不同群体对政府信任的评价比较

		样本数	政府职能部门信任得分	各级政府信任得分
性别	男	3040	64.71	76.52
	女	4124	65.62	76.54
年龄分组	16—29岁	2268	64.75	74.93
	30—39岁	1657	64.38	75.34
	40—49岁	1578	65.33	77.42
	50—59岁	1097	66.06	78.05
	60岁及以上	564	67.93	81.10
教育程度	没有受过任何教育	87	71.15	78.45
	小学	420	67.22	78.10
	初中	1755	65.51	77.12
	高中	1895	65.36	76.66
	中专/技校	747	64.63	76.30
	大学专科	1270	64.37	75.20
	大学本科	896	65.10	76.88
	研究生及以上	88	60.36	71.29
	其他	3	65.33	60.00
婚姻状况	未婚	1515	65.05	75.39
	同居	78	61.64	73.08
	已婚	5350	65.34	76.86
	离婚	129	64.06	76.95
	丧偶	76	67.49	81.19
	其他	8	56.50	62.50
民族	汉族	6928	65.23	76.59
	少数民族	240	65.14	75.03

续表

		样本数	政府职能部门信任得分	各级政府信任得分
政治面貌	共产党员	622	65.29	77.30
	共青团员	1134	64.86	75.37
	民主党派	19	65.26	77.19
	群众	5387	65.30	76.68
宗教信仰	信教	466	62.95	74.37
	不信教	6681	65.39	76.67
家庭月收入	3000元以下	1050	65.70	78.37
	3000—4999元	950	65.80	76.73
	5000—7999元	2309	65.28	76.28
	8000元及以上	2843	64.85	76.01

（二）政府信任的城乡差异

按照不同户籍的群体对政府信任的评价进行分析，由表7—3可知，农业户籍和非农业户籍在政府职能部门信任得分和各级政府信任得分两个层面上均统计显著。非农业户籍对政府部门的信任评价略高于农业户籍。同样的，在对各级政府的信任评价方面，非农业户籍也高于农业户籍。

表7—3　　　　不同户籍群体对政府信任的评价比较

	样本数	政府职能部门信任得分		各级政府信任得分	
		均值	差异显著性	均值	差异显著性
农业户籍	2166	63.83	t = -5.863	74.74	t = -6.678
非农业户籍	4940	65.85	sig. = 0.000	77.33	sig. = 0.000

考察城乡户籍的公众对政府信任的评价（见图7—6），我们

发现，无论是农业户籍还是非农业户籍，对中央政府的信任度都是最高的（75.3%和79.6%），对城管部门的信任比例都是最低的（21.6%和23.1%）。

对各职能部门和各级政府的信任情况在城乡的分布情况上进行对比分析。根据数据分析结果，我们发现无论从哪个角度对信任进行比较，非农业户籍的信任比例都要高于农业户籍；在城管部门的评价上，农业户籍与非农业户籍的差别很小。

就城乡之间评价的差异大小来说，对社会保障部门的信任差异最大，非农业户籍有42.6%的人选择信任，而农业户籍的信任比例为51.3%，相差8.7%。其次是对公安局/派出所的评价差异比较大，农业户籍有49.5%的人选择信任，非农业户籍的信任比例为57.1%，相差7.5%。对城管部门的信任的比例差异最小，为1.5%。

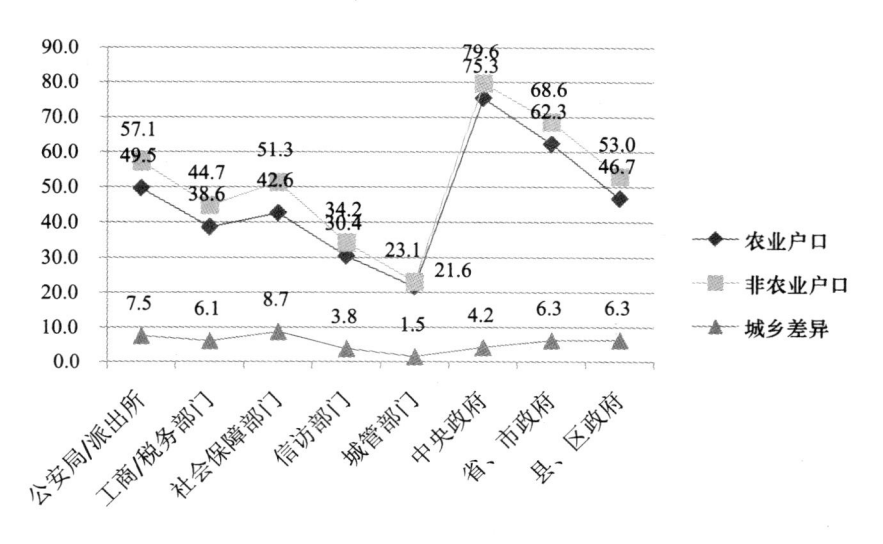

图7—6　2014政府信任比例的城乡对比情况（%）

（三）政府信任的区域差异

对区域的划分，我们依据国家统计局的划分标准，将北京、天津、河北、辽宁、上海、江苏、浙江、福建、山东、广东和海南11个省（市）归为东部地区；中部地区包括山西、吉林、黑龙江、安徽、江西、河南、湖北、湖南8个省；西部地区包括四川、重庆、云南、陕西、广西5个省（市、自治区）。在本次调查中，东、中、西三个区域，一共包括了以上24个省份，包含的社区数量分别为199、177和126个，包括的受访者数量分别为2537、2709和1925个，一共7171个受访者，其中东、中、西各占35.4%、37.8%和26.8%。

各地区的社会经济发展不平衡，政府的行为和社会环境也各不相同，因此，从区域的角度考察不同群体对政府信任的评价是有必要的。

从表7—4可以看出，东、中、西三个区域在政府部门信任和各级政府信任方面的差异都具有统计显著性。具体来说，在政府部门信任方面，西部地区的信任得分更高，东部地区仅次之，中部地区最低。在各级政府信任方面，西部地区的信任得分仍然位居第一，中部地区次之，东部地区最低。

考察不同地区的公众对政府信任的评价（见表7—5），调查结果显示，东、中、西三个地区的信任比例在各个单位之间的分布趋势是一致的，对中央政府的信任度都是最高的（78.3%、79.0%和77.2%），对城管部门的信任比例都是最低的（21.7%、22.5%、24.2%）。

表 7—4　　　　　不同地区群体对政府信任的评价比较

		政府职能部门信任得分		各级政府信任得分	
		均值	差异显著性	均值	差异显著性
东部地区	2518	65.95	F = 29.060 sig. = 0.000	76.14	F = 3.682 sig. = 0.025
中部地区	2686	63.71		76.35	
西部地区	1914	66.43		77.33	

表 7—5　　　　　不同地区群体对政府信任比例（%）

	东部地区	中部地区	西部地区
公安局/派出所	57.5	47.7	61.2
工商/税务部门	46.3	37.9	45.2
社会保障部门	51.9	44.7	49.9
信访部门	31.6	31.5	37.1
城管部门	21.7	22.5	24.2
中央政府	78.3	79.0	77.2
省、市政府	66.5	66.6	66.9
县、区政府	48.0	49.3	57.6

对各职能部门和各级政府的信任情况在各地区之间的分布情况基础上进行对比分析。根据数据分析结果，我们发现东部地区在如下三个方面的比例最高：工商/税务部门、社会保障部门；中部地区在中央政府最高；西部地区在公安局/派出所，信访部门，城管部门，省、市政府和县、区政府五个方面的信任比例最高。

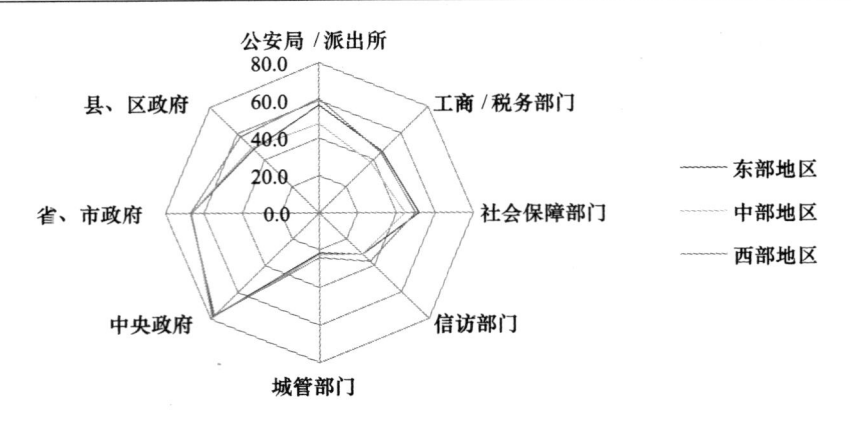

图 7—7　政府信任比例的地区对比情况

四　政府信任的影响因素分析

政府信任涉及的是公众与政府间的互动关系，较高的政府信任能够增强执政的稳固性，可以实现有机的社会整合，提高政府的施政效率。人们对政府信任的程度高低，是众多影响因素长期相互作用的结果，包括经济、社会、政治、文化等各个方面。这些因素彼此制约，相互作用，影响了人们对政府的信任。

如前文所述，人们对政府信任是存在主观差异性的，对这种差异性来源的分析，可以帮助我们找到政府信任的影响因素，由此，我们就能提出更为有效的政策建议。总的来说，本研究从信任的客体——公众、信任的主体——政府自身、信任的环境三个视角来研究政府信任的高低，相应地，即社会参与、政府的行政能力和媒体影响这三方面可能是政府信任最主要的影响因素，由此可以分别提出三个研究假设，即社会参与、行政能力和媒体信任分别与政府信任呈现一种正相关的关系。

（一）社会参与对政府信任的影响

社会参与是公民直接或间接地以各种方式对与其利益相关的政治活动施加影响的活动，其目的是使自身的利益在公共政策中得到最大的满足。社会参与是人们沟通政治意愿、实现政治权利的重要手段。随着民主进程的推进与完善，人们通过社会参与表达自己的政治意愿，可以直接或间接影响政府决策，使那些与自身利益有关的政策更多地以民意为基础，这日益成为一个政治系统稳定运行的重要保证。

较高的政府信任具有社会整合的功能，它通过增进社会认同、社会沟通、社会参与和社会合作，化解社会矛盾和社会冲突来促进社会整合。有效地利用公众日益扩大的社会参与，可以使其成为提高政府信任的一个途径。

公众作为客体，应强调社会公众的参与权利，政府要努力为公众参与政治生活提供充分而有效的途径。公众直接广泛地参与治理，可以满足公众政治参与的愿望和权益诉求，并且能够使政府真正从公众的意愿和利益出发治理国家和社会事务，从而激发起公众自愿服从的情感，获得公众的支持和拥护。而且在政府与公众的互动合作中，实现对国家和社会公共事务的共同治理。在这种良性互动过程中，可以培育和积累社会资本，促进公民社会的发展，弥补政府能力的不足，提高公共事务的治理效果，缩小或消除可能存在于政府与公众之间的对立情绪，创设有利于提高政府信任的制度框架。

在本研究中，我们对社会参与进行测量，主要操作化为三个方面：社区参与、社团参与和选举参与。

首先，将社区参与定义为四个维度：参加社区居委会活动、邻居面对面谈论社区事务、向本社区居委会提过建议或反映问题、网上与业主邻居交流本社区问题。这四个项目的信度系数（Cronbach's Alpha）为0.689。

考察是否进行社区参与与政府信任得分之间的关系，我们发现，社区参与的四个维度在政府职能部门的信任方面都有显著的统计意义，而且参与过的比没参与的信任得分更高。在各级政府信任得分方面，"参加社区居委会活动"、"邻居面对面谈论社区事务"有显著差异，而且参与过的比没参与的信任得分更高；"向本社区居委会提过建议或反映问题"、"网上与业主邻居交流本社区问题"这两个方面均没有显著差异。

表7—6　　　　　　　　社区参与与政府信任的关系

		样本数	政府职能部门信任得分		各级政府信任得分	
			均值	差异显著性	均值	差异显著性
参加社区居委会活动	有	1406	67.98	t = 8.642	78.06	t = 4.401
	没有	5707	64.56	sig. = 0.000	76.16	sig. = 0.000
邻居面对面谈论社区事务	有	2002	66.01	t = 3.071	77.10	t = 2.047
	没有	5115	64.93	sig. = 0.002	76.32	sig. = 0.041
向本社区居委会提过建议或反映问题	有	1454	65.84	t = 1.878	76.78	t = 0.694
	没有	5664	65.08	sig. = 0.061	76.48	sig. = 0.488
网上与业主邻居交流本社区问题	有	570	67.26	t = 3.510	76.66	t = 0.207
	没有	6545	65.06	sig. = 0.000	76.52	sig. = 0.836

其次，社团参与包括四种类型的组织：工会、共青团、社会团体、基金会或民办非企业单位。每个组织分为两个维度：是否

参加过该组织的活动和是否是该组织成员。

由分析结果可知,在政府各职能部门信任得分上,"是否参加过活动"方面,是否参加活动对政府各职能部门的信任得分没有显著差异。"是否是成员"方面,工会、共青团、社团和基金会成员对政府各职能部门的信任没有显著差异。

在各级政府信任得分上,"是否参加过活动"方面,工会的活动是有显著差异的。参加过该组织的活动的人,对各级政府的信任得分更高。对共青团、社会团体、基金会或民办非企业单位,是否参加活动对各级政府的信任得分没有显著差异。"是否是成员"方面,工会、共青团、社会团体、基金会或民办非企业单位都没有显著差异。

表7—7　　　　　社团参与与政府信任的关系

		样本数	政府职能部门信任得分 均值	差异显著性	各级政府信任得分 均值	差异显著性
是否参加过工会	是	753	65.66	t = 0.907	77.53	t = 1.977
	否	6353	65.17	sig. = 0.365	76.42	sig. = 0.048
是否是工会成员	是	593	65.48	t = −0.818	77.46	t = −0.237
	否	166	66.55	sig. = 0.414	77.76	sig. = 0.813
是否参加过共青团	是	767	65.53	t = 0.683	76.86	t = 0.620
	否	6333	65.18	sig. = 0.495	76.50	sig. = 0.535
是否是共青团成员	是	623	65.84	t = 0.928	76.93	t = 0.216
	否	153	64.71	sig. = 0.354	76.64	sig. = 0.829
是否参加过社会团体的活动	是	660	64.99	t = −0.436	75.93	t = −1.073
	否	6446	65.24	sig. = 0.663	76.59	sig. = 0.283
是否是社会团体成员	是	459	64.89	t = −0.590	75.33	t = −1.602
	否	209	65.61	sig. = 0.555	77.41	sig. = 0.110

续表

		样本数	政府职能部门信任得分		各级政府信任得分	
			均值	差异显著性	均值	差异显著性
是否参加过基金会或民办非企业单位	是	292	65.89	t = 0.777	77.01	t = 0.536
	否	6807	65.20	sig. = 0.437	76.52	sig. = 0.592
是否是基金会或民办非企业单位成员	是	154	65.38	t = -0.594	75.93	t = -1.084
	否	147	66.39	sig. = 0.553	77.88	sig. = 0.279

通过充分而有效的政治参与实现公众与政府的有效互动，不仅是现代民主应有之义，而且是在国家与社会之间建立权力平衡机制的关键所在。对于政治参与与政治信任的关系，也是学者们关注的重点。

本研究对选举投票的定义较为宽泛，包括区县人大代表的选举投票，也包括业主委员会的选举投票、居委会/村委会的选举投票和单位中层/高层的选举投票。从分析结果可知，在政府各职能部门信任的维度，区县人大代表的选举投票、业主委员会的选举投票、居委会/村委会的选举投票和单位中层/高层的选举投票对信任得分有显著影响，参加过投票的人，信任得分更高。

在各级政府信任的维度，区县人大代表的选举投票和单位中层/高层的选举投票对信任得分有显著影响。参加过单位中层/高层的选举投票的人，信任得分更高。参加过区县人大代表的选举投票的人，比没参加过的人，信任得分更高。业主委员会的选举投票和居委会/村委会的选举投票对各级政府的信任没有显著差异。

通过参加区县人大代表的选举，推选能够代表民意、反映民声的代表，以表达自己的政治意愿，使那些与自身利益有关的政策更多地以民意为基础。政府可以通过各种公民/政治参与渠道吸收各种社会利益诉求，考虑大多数公众的利益和意愿，增强人们对政府的信任感。

表7—8　　　　　　　选举参与与政府信任的关系

		样本数	政府职能部门信任得分 均值	政府职能部门信任得分 差异显著性	各级政府信任得分 均值	各级政府信任得分 差异显著性
区县人大代表的选举投票	有	1298	67.86	t = 8.594 sig. = 0.000	77.76	t = 3.559 sig. = 0.000
	没有	5819	64.64		76.27	
业主委员会的选举投票	有	1111	67.81	t = 7.464 sig. = 0.000	76.70	t = 0.458 sig. = 0.647
	没有	5995	64.74		76.49	
社区居委会/村委会的选举投票	有	1951	66.39	t = 4.498 sig. = 0.000	76.81	t = 0.976 sig. = 0.329
	没有	5167	64.80		76.43	
工作单位中层/高层的选举投票	有	832	65.74	t = 1.046 sig. = 0.296	78.18	t = 2.840 sig. = 0.005
	没有	4322	65.21		76.65	

政府与公众建立良好的沟通机制，有利于提高人们对政府的信任，这对于政治系统的秩序维持和持续发展都有重要的影响作用，一个理性的政府应该与公众建立良好的政治互动关系。如果政府与公众的信任关系能够良性循环，人们的政治参与、合作意识增强，政府与公众之间有能够平等、公开地交流对政治现象和公共事务的看法的通道，有助于提高公众加入各种社团组织的积极性，促使他们融入社会并成为其中的一个有机组成部分，逐步实现社会的一体化。

（二）行政能力对政府信任的影响

切实加强政府自身建设，提高施政能力和工作水平。公众对政府进行评价，政府作为主体，政府的公共政策和公共服务的质量、政府整体的形象与角色、政府工作人员的能力，都直接影响了人们对政府的感受。政府的治理水平不高，公共政策和服务质量下降，都会导致人们对政府满意度的下降，从而造成对政府信任的不利影响。人们对政府整体形象与角色的认知越趋于积极和正面，人们对政府的信任就会越高。在长期累积的与政府工作人员接触的过程中，工作人员的工作态度和能力直接代表了政府的形象，工作人员的态度越公正、能力越强，人们对政府的信任就会越高。

本研究对政府行政能力的操作化主要从政府服务质量、政府工作态度和政府工作人员能力三个角度，采取以受访者主观评价的方式，设计了七个题器：

（1）政府的服务贴近需要

（2）政府的服务实惠

（3）政府的服务很方便

（4）政府听取老百姓意见

（5）政府处理事情公道

（6）政府能处理好突发事件

（7）政府工作人员能力比较强

受访者的感受被划分为五个层级，"1"表示完全不赞同，"2"表示比较赞同，"3"表示说不清，"4"表示比较赞同，"5"表示完全赞同，分值越高，表示对政府的总体信任度越高。

对这几个项目与政府信任的关系进行分析，结果发现，对政府执政能力的主观评价在政府各职能部门信任和各级政府信任的两个维度上具有显著差异。受访者对政府执政能力的评价越高，政府信任的得分也越高。这说明，政府的行为直接影响到人们对政府信任的程度。

表7—9　政府执政能力与政府各职能部门信任的关系

	政府职能部门信任得分					差异显著性
	完全赞同	比较赞同	说不清	比较不赞同	完全不赞同	
政府的服务贴近需要	77.09	69.29	62.28	55.21	46.06	F = 390.162, sig. = 0.000
政府的服务实惠	78.21	69.36	64.32	58.09	50.14	F = 359.912, sig. = 0.000
政府的服务很方便	75.78	68.99	63.46	57.54	47.52	F = 361.835, sig. = 0.000
政府听取老百姓意见	76.22	69.81	64.62	58.73	51.00	F = 374.028, sig. = 0.000
政府处理事情公道	76.50	70.43	64.21	59.13	49.92	F = 405.522, sig. = 0.000
政府能处理好突发事件	72.95	67.77	63.23	57.67	49.76	F = 251.885, sig. = 0.000
政府工作人员能力比较强	77.49	70.61	64.30	58.11	49.62	F = 430.020, sig. = 0.000

表7—10　政府服务质量与各级政府信任的关系

	各级政府信任得分					差异显著性
	完全赞同	比较赞同	说不清	比较不赞同	完全不赞同	
政府的服务贴近需要	84.09	80.64	74.24	66.29	55.34	F = 242.291, sig. = 0.000
政府的服务实惠	87.75	80.87	75.52	69.97	60.60	F = 251.005, sig. = 0.000
政府的服务很方便	84.98	80.41	74.62	70.38	58.83	F = 217.737, sig. = 0.000

续表

	各级政府信任得分					差异显著性
	完全赞同	比较赞同	说不清	比较不赞同	完全不赞同	
政府听取老百姓意见	86.37	80.94	76.39	70.47	59.47	$F=292.772$, sig. $=0.000$
政府处理事情公道	87.02	81.65	76.10	69.51	60.19	$F=322.285$, sig. $=0.000$
政府能处理好突发事件	86.52	79.74	73.71	67.35	58.96	$F=311.285$, sig. $=0.000$
政府工作人员能力比较强	87.57	81.82	75.68	69.74	60.92	$F=293.723$, sig. $=0.000$

（三）媒体信任对政府信任的影响

2014年《全球信任度调查报告》中指出，全球范围内公众对媒体的信任度下降5个百分点，达到2010年的水平（52%），约80%的受访国家公众对媒体的信任度低于往年。中国在线搜索引擎的信任度（85%）首次超过传统媒体（84%）成为最受信任的信息来源。社交媒体的信任度为78%，自有媒体的信任度为69%。

当今是一个信息爆炸的时代，随着各种信息化技术的发展，各种信息无处不在。由于媒体的影响力巨大，要注意维护媒体的权威性、信誉度。政府信任的形成，离不开大众媒体这个中间力量的推进。良好的媒体信任有利于在公众和政府间建立良好的关系。应通过进行宣传，牢固执政的合法性基础，增强公众对政府的亲和力和接近感，提升政府信任度。

本研究将人们信息的来源渠道具体划分为六种：看电视、听广播、阅读报刊、门户网站、博客/微博、手机短信/微信。从两个层面即媒体使用和媒体信任来分别分析其对政府信任的关系。

首先，由表7—11可知，六种媒体的结论一致：对媒体的不同使用程度与政府各职能部门信任有显著差异。从分析结果可知，对媒体的使用程度越高，对政府各职能部门信任得分也越高，二者呈现一种正相关的关系。

表7—11　　媒体使用情况与政府各职能部门信任的关系

	政府职能部门信任得分					差异显著性
	经常使用	较多使用	一般使用	偶尔使用	从不使用	
看电视	66.28	65.17	65.04	62.77	58.40	F = 16.721, sig. = 0.000
听广播	68.29	67.73	65.72	64.61	64.72	F = 11.078, sig. = 0.000
阅读报刊	67.28	65.97	65.32	63.69	66.02	F = 11.905, sig. = 0.000
博客/微博	64.87	66.35	65.55	62.98	65.68	F = 11.602, sig. = 0.000
门户网站	64.49	66.45	64.64	62.90	66.24	F = 15.702, sig. = 0.000
手机短信/微信	64.28	65.66	64.85	64.09	66.88	F = 10.424, sig. = 0.000

其次，考察媒体使用的不同程度与各级政府信任得分之间的关系。由表7—12可知，六种媒体的结论一致：对媒体的不同使用程度与各级政府信任有显著差异。从分析结果可知，对媒体的信任程度越高，各级政府信任得分也越高，二者基本上呈现一种正相关的关系。

表7—12　　　　媒体使用情况与各级政府信任的关系

	各级政府信任得分					
	经常使用	较多使用	一般使用	偶尔使用	从不使用	差异显著性
看电视	78.58	75.95	75.33	74.22	69.54	F=25.608, sig.=0.000
听广播	80.64	78.45	75.49	75.51	76.77	F=11.235, sig.=0.000
阅读报刊	78.99	78.15	76.28	74.89	77.32	F=13.067, sig.=0.000
博客/微博	76.19	76.20	75.95	74.29	77.87	F=13.401, sig.=0.000
门户网站	77.59	76.78	75.08	74.30	77.94	F=16.164, sig.=0.000
手机短信/微信	76.54	76.49	75.66	74.68	78.60	F=12.376, sig.=0.000

由此可以看出，对媒体使用的多少与政府信任有着密不可分的关系。较多使用各种媒体的人，对政府的信任得分也较高。随着经济社会的快速发展、科技进步的日新月异，媒体作为一种强有力的传播工具，是社会各界了解信息的重要渠道。政府应当充分利用媒体的优势，通过媒体公开信息是一种有着广阔前景的工作方式，更是突发事件应对中常用的有效方式之一。

对媒体信任和政府信任之间的关系进行分析，发现六种媒体的结论一致：对媒体的不同信任程度与政府各职能部门信任有显著差异。从分析结果可知，对媒体的信任程度越高，政府各职能部门信任得分也越高，二者呈现一种正相关的关系。

表 7—13　　媒体信任与政府各职能部门信任的关系

	政府职能部门信任得分					
	很信任	较信任	一般	较不信任	很不信任	差异显著性
看电视	69.54	66.23	62.29	56.99	53.00	F = 100.183, sig. = 0.000
听广播	71.88	67.46	63.88	61.76	60.78	F = 65.661, sig. = 0.000
阅读报刊	72.19	66.42	63.60	62.45	60.87	F = 64.105, sig. = 0.000
博客/微博	70.41	66.99	64.66	62.20	63.95	F = 29.000, sig. = 0.000
门户网站	69.00	65.91	64.13	63.00	65.13	F = 20.170, sig. = 0.000
手机短信/微信	68.59	66.31	64.27	63.70	65.60	F = 15.702, sig. = 0.000

再次，考察媒体信任的不同程度与各级政府信任得分之间的关系。研究发现对媒体的不同信任程度与各级政府信任有显著差异。从分析结果可知，对媒体的信任程度越高，各级政府信任得分也越高。

表7—14　　　　　媒体信任与各级政府信任的关系

	各级政府信任得分					差异显著性
	很信任	较信任	一般	较不信任	很不信任	
看电视	81.40	77.33	73.80	66.95	58.72	F=95.966, sig.=0.000
听广播	80.87	77.99	75.40	72.64	75.40	F=26.898, sig.=0.000
阅读报刊	81.38	78.47	74.58	73.15	74.54	F=43.932, sig.=0.000
博客/微博	79.00	76.86	75.98	75.01	75.48	F=4.397, sig.=0.000
门户网站	79.66	76.77	75.66	74.19	75.86	F=10.866, sig.=0.000
手机短信/微信	79.91	77.45	75.72	74.82	76.10	F=11.194, sig.=0.000

五　研究结论与政策建议

（一）研究结论

本研究关注政府信任的现状及其影响机制问题。本文从对政府职能部门的信任和对各级政府的信任两个角度来分析城市居民对政府的信任问题。对政府各职能部门的评价包括"公安局/派出所"、"工商/税务部门"、"社会保障部门"、"信访部门"、"城管部门"共五个职能部门。对各级政府的评价包括县、区政府，省、市政府和中央政府。统计结论如下。

1. 城市居民对政府比较信任

2014年城市居民对政府的信任得分为69.47，城市居民的政府信任得分较高。其中，城市居民对各职能政府的信任得分为65.23，对各级政府的信任得分为76.54。与2013年相比，各方面均略有提高。2013年城市居民对政府的信任得分为65.72。具体而言，对各职能政府的信任得分为61.53，对各级政府的信任得分为72.71。

2. 不同户籍人口对政府信任的评价异中有同

不同户籍人口在政府职能部门信任得分和各级政府信任得分两个层面上均统计显著。无论是对政府部门的信任，还是在对各级政府的信任评价方面，非农业户籍都高于农业户籍。

首先，对城乡之间评价的差异大小进行比较，对社会保障部门的信任得分差异最大，非农业户籍中有42.6%的人选择信任，而农业户籍人口的信任比例为51.3%，相差8.7%。其次，不同户籍人口对公安局/派出所的评价差异比较大，农业户籍人口中有49.5%的选择信任，非农业户籍的信任比例为57.1%，相差7.5%。城乡之间信任比例的差异最小的是对城管部门的评价，为1.5%。

3. 西部地区的信任得分位居第一

对东、中、西三个地区在政府部门信任方面进行了比较分析，所得结果与2013年的分析结论有明显的差异。2014年西部地区的信任得分更高，东部地区居中，中部地区最低。对各级政府信任得分进行比较，西部地区的信任得分仍然位居第一，中部地区居中，东部地区最低。由此可见，在2014年，无论是政府各职能部门的信任得分还是各级政府信任得分都是西部地区最高。

各个地区的信任比例在各个部门之间的分布趋势是一致的。对中央政府的信任度都是最高的,东、中、西部地区分别为78.3%、79.0%和77.2%。对城管部门的信任比例都是最低的,东、中、西部地区分别为21.7%、22.5%、24.2%。

对各职能部门和各级政府的信任情况进行对比分析:东部地区在工商/税务部门、社会保障部门得分最高;中部地区在中央政府最高;西部地区在公安局/派出所,信访部门,城管部门,省、市政府和县、区政府五个方面的信任比例最高。

4. 社会参与会提高公众对政府的信任

在本研究中,我们对受访者的社会参与进行测量,主要操作化为三个方面:社区参与、社团参与和选举参与。

首先,社区参与定义为四个维度:参加社区居委会活动、邻居面对面谈论社区事务、向本社区居委会提过建议或反映问题、网上与业主邻居交流本社区问题。考察社区参与与政府信任得分之间的关系,我们发现,社区参与的四个维度在政府职能部门的信任方面都有显著的统计意义,参与过的比没参与过的信任得分更高。

其次,社团参与包括四种类型的组织:工会、共青团、社会团体、基金会或民办非企业单位。每个组织分为两个维度:是否参加过该组织和是否是该组织成员。

在政府各职能部门信任得分上,"是否参加过活动"方面,共青团、基金会或民办非企业单位,这两个组织的活动是有显著差异的。参加过该组织的活动的人,对政府各职能部门的信任得分更高。对工会、其他民间组织或公益组织,是否参加活动对政府各职能部门的信任没有显著差异。"是否是成员"方面,工会、共青团、社团成员和基金会成员对政府各职能部门的信任没有显著差异。

在各级政府信任得分上,"是否参加过活动"方面,工会的活动是有显著差异的。参加过该组织的活动的人,对各级政府的信任得分更高。对共青团、社会团体、基金会或民办非企业单位,是否参加活动对各级政府的信任得分没有显著差异。"是否是成员"方面,工会、共青团、社会团体、基金会或民办非企业单位都没有显著差异。

最后,对选举参与进行分析。本研究对选举投票的定义较为宽泛,包括区县人大代表的选举投票,也包括业主委员会的选举投票、居委会/村委会的选举投票和单位中层/高层的选举投票。

在政府各职能部门信任的维度,区县人大代表的选举投票、业主委员会的选举投票、居委会/村委会的选举投票和单位中层/高层的选举投票对信任得分有显著影响,参加过投票的人,信任得分更高。

在各级政府信任的维度,区县人大代表的选举投票和单位中层/高层的选举投票对信任得分有显著影响。参加过单位中层/高层的选举投票的人,信任得分更高。参加过区县人大代表的选举投票的人,比没参加过的人,信任得分更高。业主委员会的选举投票和居委会/村委会的选举投票对各级政府的信任没有显著差异。

5. 政府行政能力越强,公众对政府信任越高

在本研究中,政府执政能力包括政府服务质量、政府工作态度和政府工作人员能力三个方面。研究发现,对政府执政能力的主观评价在政府各职能部门信任和各级政府信任的两个维度上均

具有显著差异。受访者对政府执政能力的评价越高，政府信任的得分也越高。这说明，政府的行为直接影响到人们对政府信任的程度。改善政府的服务质量，强调公平和正义，提高政府工作人员的能力和效率，是提高政府信任度的途径。

6. 对媒体的使用程度越高、对媒体的信任程度越高，政府信任得分也越高

本研究将人们信息的来源渠道具体划分为六种：看电视、听广播、阅读报刊、门户网站、博客/微博、手机短信/微信。研究表明，对媒体的不同使用程度、不同信任程度与政府各职能部门信任有显著差异。从分析结果可知，对媒体的使用程度、信任程度越高，政府各职能部门信任得分也越高，两者呈现一种正相关的关系。

考察媒体使用、信任的不同程度与各级政府信任得分之间的关系。分析表明，六种媒体的结论一致：对媒体的不同信任程度与各级政府信任有显著差异，对媒体的信任程度越高，各级政府信任得分也越高，二者基本上呈现一种正相关的关系。由此可知，良好的媒体信任有利于在公众和政府间建立良好的信任关系。

能否建立良好的政府信任，直接关系到我国政治合法性基础的牢固程度。因此，在当前中国社会转型的复杂现实背景下，如何实现社会公众良好的政府信任是一个值得关注的研究主题。

（二）政策建议

在社会参与方面，让人民群众参与到政治活动中来。十八届三中全会指出，人民群众创造了历史，是国家的主人，政府的工作也是为广大人民群众服务的。依法保障人民的知情权、参与权、表达权和监督权,是实现以权利制约权力的基础。专家说,增强人民的权利意识,提高维护和行使自身权利的能力,让人民群众参与到监督权力运行中来,是加快政府职能转换,建设法治政府和服务型政府的必由之路。

在政府行政能力方面,完善公务员监督制度,规范公务员行为,大力推进党务公开、政务公开的进程,确保人民群众的知情权、监督权落到实处。十八届三中全会指出,全面建设政治文明要强化权力运行制约和监督体系,构建决策科学、执行坚决、监督有力的权力运行体系,健全惩治和预防腐败体系,建设廉洁政治,努力实现干部清正、政府清廉、政治清明,坚持用制度管权、管事、管人,让人民监督权力,让权力在阳光下运行。

在媒体方面,在当前社会转型、媒体融合的时代背景下,政府信息公开成为人民群众实现民主权利的重要保证,搭建公众与政府双向信息沟通与交流的平台,充分保障公民的知情权,增强群众对政府的信任度,促进公众参与政府管理,是提高政府信任的有效机制。

第八章　社会治理绩效

2013年11月12日，党的十八届三中全会通过了《中共中央关于全面深化改革若干重大问题的决定》，指出要"创新社会治理体制"，以"维护最广大人民根本利益，最大限度增加和谐因素，增强社会发展活力，提高社会治理水平；全面推进平安中国建设，维护国家安全，确保人民安居乐业、社会安定有序"，这是对2004年党的十六届四中全会提出的"社会管理体制创新"的进一步推进和发展。

回顾近十年来的发展，我们可以清楚地看到，一方面，党对保障和改善民生与秩序的重视程度在日益增加；另一方面，为实现民生与秩序的保障和改善目标，党也在积极进行制度与机制上的创新，进而在理念上进行创新：党的十七大报告提出"要健全党委领导、政府负责、社会协同、公众参与的社会管理格局，健全基层社会管理体制"；党的十八大报告提出"要围绕构建中国特色社会主义社会管理体系，加快形成党委领导、政府负责、社会协同、公众参与、法治保障的社会管理体制"；而党的十八届三中全会则用"社会治理"代替了"社会管理"，并强调要改进社会治理方式，坚持"系统治理"、"依法治理"、"综合治理"和"源头治理"。

社会治理理念、体制与制度的这一系列转变和发展，在一定程度上表明，我国政府已逐步建立起了清晰的、系统的社会治理体系。当然，这种体系的逐步建立，以及在建立过程中出现的一些变化（包括概念上的变化，即从社会管理转变为社会治理），都是为了达到"维护社会秩序、促进社会和谐、保障人民安居乐业"这一根本目标，而对这一目标的达成状况进行评估，正是我们自2012年以来，每年度进行一次的全国范围的"社会态度与社会发展状况调查"的关注重点之一：我们已分别于2012年底和2013年底发布了各年度的"社会管理绩效评估报告"。今年，我们将继续进行2014年度的评估研究，不过，基于上述发展变化，我们将今年的评估命名为"2014年度社会治理绩效评估"。同时，这种概念上的转变，更多地体现为一种治理理念、体制和方式的转变，但在实质目标上基本保持一致，因此，我们将统一采用社会治理绩效这一概念。这种概念的统一也有助于我们对近三年的社会治理绩效进行比较，从而发现其中的变化和问题，并为改善社会治理绩效提出可能的政策建议。

一 概念界定与测量

在概念界定上，我们沿用2013年度报告中的概念界定，即社会治理绩效是指社会治理目标的实现程度，即民生与社会秩序的实际状况，而对社会治理绩效的评估也就是对当前民生和社会秩序的实际状况的评估。

在对社会治理绩效的测量上，我们也基本采纳了2013年度报告中的测量方法，即从三个维度对它进行测量（见表8—1）[1]：

---

[1] 李汉林主编，2013，《中国社会发展年度报告（2013）》，北京：中国社会科学出版社，第193—194页。

表 8—1　　社会治理绩效的测量

概念	维度	指标
社会治理绩效	宏观基础秩序	治安状况
		社会的公平公正状况
		社会风气
		现在老百姓的利益可以得到切实保护
		社会上的是非标准变得很模糊
		现在很难找到真正可信赖的朋友
	中观群体关系	老板与员工
		穷人与富人
		城里人与农村人
		干部与群众
		本地人与外地人
	微观个人福祉	家庭经济状况
		住房状况
		家庭关系
		人际关系
		生活中遇到困难，我总能及时得到帮助
		我觉得前途渺茫，对未来没什么信心

其一是宏观的基础秩序，主要包括治安状况、社会公平公正状况、社会风气、百姓利益的保护、社会的是非标准和社会信任等方面，这些构成社会治理的基础性目标。

其二是中观的群体关系，指不同社会群体之间的利益协调，主要包括老板与员工、穷人与富人、城里人与农村人、干部与群众、本地人与外地人等社会群体之间的关系。

其三是微观的个人福祉，主要是指民生在个体层面的具体体现，这包括了家庭经济状况、住房状况、家庭关系、人际关系、社会支持、未来发展等方面。

需要特别说明的是，与2013年度的维度和指标相比，我们进行了一次细微的调整，即在"微观的个人福祉"维度的测量指标的选择上，2013年度是八项指标，2014年度则剔除了其中的二项指标（即"我时常觉得很累"和"我时常心情不好"）。另外，本次报告将要对近三年的社会治理绩效进行年度比较，这就要求必须统一测量的维度和指标，因此，我们会以2014年的测量方法为准，修正对2012年度和2013年度的社会治理绩效的测量。

我们采用了李克特量表的形式，来对各维度进行测量，即让被调查者根据自身的实际情况和切身感受，对各个指标的五种量度情况进行选择。在计分方法上，各个李克特量表都是采用直接累加的方法计算其得分，同时为了让得分结果具有直观性，我们将所有李克特量表的得分进行了百分制的转换，具体转换方法是：原本每个指标的赋分是1、2、3、4和5分，我们在这基础上各乘以20，即每个指标赋分成了20、40、60、80和100分，在累加后，再除以量表的指标数。

需要说明的是，本报告对社会治理绩效的分析，是在主观层面进行的，因此，研究结论反映的是被调查者主观的感受和认知。我们的调查数据来自中国社会科学院社会发展战略研究院组织的"社会态度与社会发展状况调查（2014）"。

二 2014年度社会治理绩效的基本状况

（一）社会治理绩效的总体状况

根据2014年度的调查数据，我们在表8—2中列出了2014年度社会治理绩效及各维度的主观评分结果（同时参见图8—1至图8—4）：整体上，社会治理绩效的平均得分为61.75，并且基本呈正态分布；在维度上，宏观基础秩序的得分最低（58.96），中观群体关系的得分稍高些（59.40），微观个人福祉的得分最高且明显高于前两个维度（66.85），这表明，在被调查者的主观感受中，社会治理的状况是微观层面要明显好于中观层面，中观层面又要略好于宏观层面。

表8—2　2014年度社会治理绩效及各维度的主观评分

	宏观基础秩序	中观群体关系	微观个人福祉	社会治理绩效
平均数	58.96	59.40	66.85	61.75
标准差	10.56	12.15	10.82	8.14
N	6417	7113	6609	6077

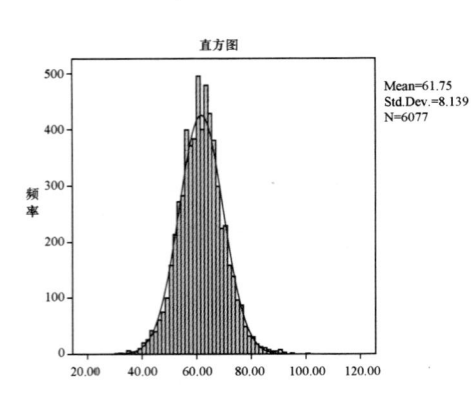

图8—1　2014年度社会治理绩效得分分布

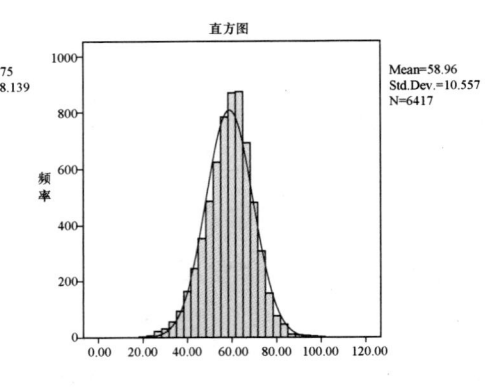

图8—2　2014年度宏观基础秩序得分分布

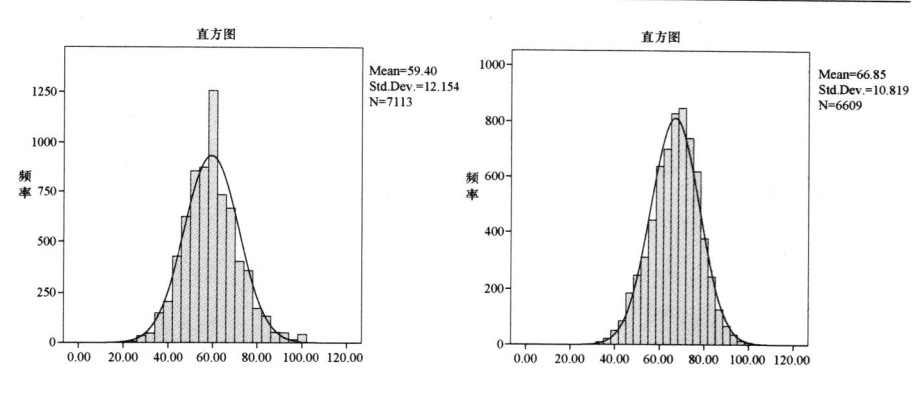

图8—3 2014年度中观群体关系得分分布

图8—4 2014年度微观个人福祉得分分布

（二）社会治理绩效各维度的具体状况

1. 宏观基础秩序

图8—5显示了我们选取的测量宏观基础秩序的六个指标的统计结果：

指标	赞同	一般	不赞同
社会上是非标准很模糊	49.4	40.0	10.6
很难找到真正可信赖的朋友	40.9	35.8	23.3
对社会公平公正状况很不满意	29.0	44.3	26.7
对社会风气很不满意	29.6	39.9	30.5
对治安状况很不满意	21.7	37.2	41.1
百姓利益得不到切实保护	18.7	38.8	42.5

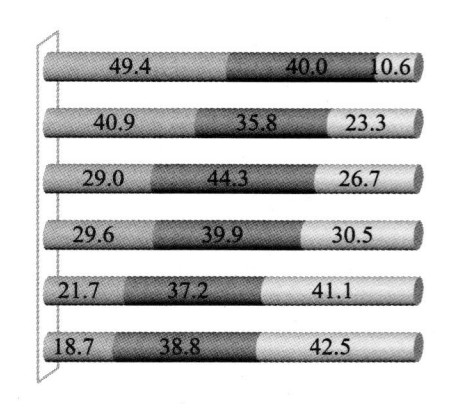

图8—5 宏观基础秩序各指标主观评价状况（2014年）

有49.4%的被调查者认为"社会上是非标准变得很模糊",而只有10.6%持相反看法;有40.9%的被调查者认为"很难找到真正可信赖的朋友";此外,还有近三成的被调查者对"社会公平公正状况"和"社会风气"表示很不满意。相比而言,多数被调查者(占42.5%)认为百姓的利益能够得到切实保护;此外,对社会治安状况的评价,也是持满意态度的被调查者占多数(占41.1%)。

根据图8—5的分布结构,我们可以将被调查者对宏观基础秩序的六个指标的主观评价分为三类:评价相对较好些的是"对百姓利益的切实保护"和"社会治安状况",评价居中的是"社会风气状况"和"社会公平公正状况",评价相对较差的是"社会信任状况"和"社会的是非标准状况"。

2. 中观群体关系

我们选取五种主要社会群体间的关系,来测量社会治理在中观层面的绩效情况,图8—6给出了被调查者对这五种关系的主观评价结果:

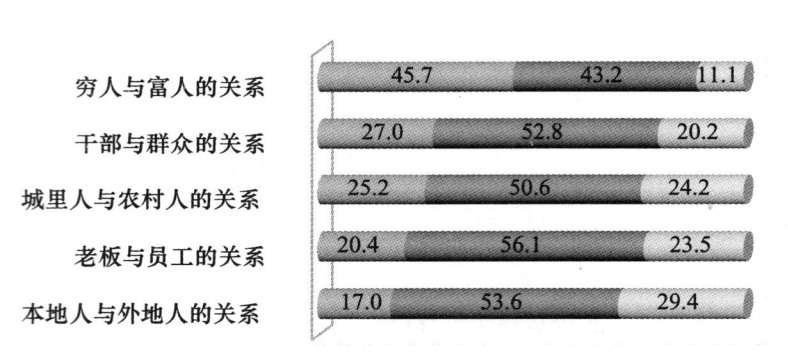

关系	不好	一般	好
穷人与富人的关系	45.7	43.2	11.1
干部与群众的关系	27.0	52.8	20.2
城里人与农村人的关系	25.2	50.6	24.2
老板与员工的关系	20.4	56.1	23.5
本地人与外地人的关系	17.0	53.6	29.4

图8—6 中观群体关系各指标主观评价状况(2014年)

在对这五种群体关系的评价上，对本地人与外地人的关系评价最好，只有17.0%被调查者认为二者关系不好，有29.4%的被调查者持好的看法；对老板与员工的关系评价也相对较好，有23.5%的被调查者给出好的评价，也有20.4%被调查者给出差的评价。

对城里人与农村人的关系评价居中，被调查者中认为二者关系不好和好的比例分别是25.2%和24.2%。相比而言，干部与群众的关系评价稍差些，不过差评比例并不很高，占27%，另外，20.2%的被调查者给出了好评。

评价最差的群体关系是穷人与富人的关系，有45.7%的被调查者认为二者关系不好，只有11.1%的被调查者认为二者关系好，这种评价结果与前述四种关系的评价结果相比，明显偏差。

根据图8—6的分布结构，我们也可以将被调查者对中观群体关系的五个指标的主观评价分为三类：评价明显偏差的是"穷人与富人的关系"，评价居中的是"城里人与农村人的关系"和"干部与群众的关系"，评价相对好些的是"本地人与外地人的关系"和"老板与员工的关系"。

3. 微观个人福祉

社会治理在微观层面的根本目标，就是保障和改善民生、确保人民安居乐业。为此我们选择了六项与民生密切相关的指标，测量社会治理的微观效果，具体统计结果见图8—7。根据被调查者的主观评价，大体可以将这六项指标的得分情况分成两类。

其一，评价较低类：这主要反映在经济状况和未来发展等方面，其中，评价最低的是"住房状况"，有25.0%的被调查者对自己的住房状况很不满意，不过，持满意态度的比例也不低，占

■ 赞同　■ 一般　■ 不赞同

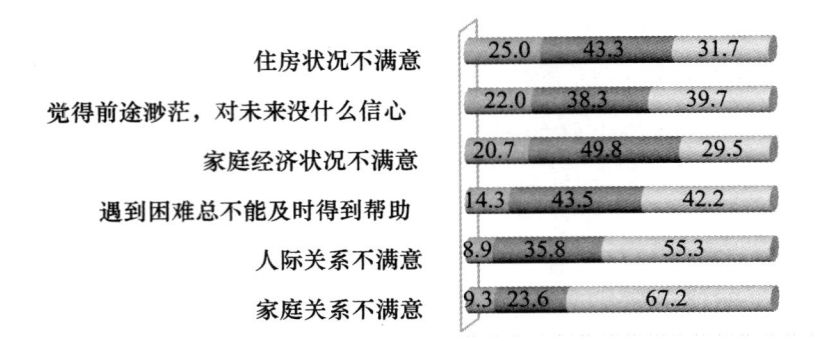

指标	赞同	一般	不赞同
住房状况不满意	25.0	43.3	31.7
觉得前途渺茫，对未来没什么信心	22.0	38.3	39.7
家庭经济状况不满意	20.7	49.8	29.5
遇到困难总不能及时得到帮助	14.3	43.5	42.2
人际关系不满意	8.9	35.8	55.3
家庭关系不满意	9.3	23.6	67.2

图8—7　微观个人福祉各指标主观评价状况（2014年）

到了31.7%；在对"家庭经济状况"的评价上，持不满意和满意态度的被调查者分别占20.7%和29.5%；另外，在未来发展方面，有22.0%的被调查者表达出了"觉得前途渺茫，对未来没什么信心"的看法。

其二，评价较高类：这主要反映在社会关系和社会支持等方面，其中，评价明显较好的是"家庭关系"和"人际关系"，大多数被调查者（分别占67.2%和55.3%）表示满意；在遇到困难时，也有不少被调查者（占42.2%）表示能够及时得到帮助，而持反面意见的比例也只有14.3%。

综合上述数据，围绕社会治理绩效及其各个维度的情况，可以得出以下基本结论：

（1）基于被调查者的主观评价，以百分制计算，2014年度社会治理绩效的平均得分为61.75；其三个维度的得分从高到低依次是微观个人福祉（66.85）、中观群体关系（59.40）和宏观基础秩序（58.96）。这表明，在被调查者看来，社会治理的绩效是微观层面明显好于中观层面，中观层面又略好于宏观层面。

（2）在宏观基础秩序的主观评价上，社会是非标准模糊和社会信任问题，被认为是当前较为严峻的问题；同时，社会公平公正与社会风气问题也不容忽视；而在保护百姓切身利益和社会治安方面，则得到了大多数人的认可。

（3）在中观群体关系的主观评价上，穷人与富人的关系问题较为突出，其负面评价比例大大高于其他类型的群体关系；被调查者对干部与群众的关系的评价相对差些，但差评比例并不算太高（不到三成）；评价相对最好的是本地人与外地人的关系，这在一定程度上表明，城市的社会包容性在增加；另外，对老板与员工的关系的评价相对较好，仅次于对本地人与外地人的关系的评价；需要特别指出的是，在对各类群体关系的评价上，五成左右的被调查者是持中性态度，即认为各类群体关系不能算好，也不能算差。

（4）在微观个人福祉的主观评价上，对个人经济状况和未来发展等方面的评价相对差些，尤其是对住房状况的不满比例最高，同时也有不少人对未来发展缺乏信心或感到迷茫；不过，大多数的被调查者对社会关系和社会支持等方面的评价很好。

（三）不同人群对社会治理绩效的主观评价比较

由于我们是通过询问被调查者的主观感受来评估社会治理绩效的，因此，不同社会群体或个人，就会因自身社会属性的不同，而对社会治理绩效有不同的感受和主观评价。对于这种感受和主观评价的群体差异的识别，是改善社会治理绩效的一个重要参考因素。我们主要围绕性别、年龄、婚姻状况、政治面貌、教育程度、区域、个人月收入、户籍类型及户籍所在地等人口统计变量，对社会治理绩效进行了分类比较，具体结果见表8—3。

表8—3　　不同人群对社会治理绩效的主观评价比较

		均值	样本数	差异显著性
性别	男	61.56	2587	F = 2.546 Sig. = 0.111 N = 6070
	女	61.89	3483	
年龄	16—29 岁	61.50	1966	F = 21.612 Sig. = 0.000 N = 6072
	30—39 岁	60.93	1437	
	40—49 岁	61.72	1362	
	50—59 岁	62.19	894	
	60 岁及以上	65.00	413	
婚姻状况	未婚	61.92	1301	F = 0.891 Sig. = 0.345 N = 5829
	已婚	61.68	4528	
政治面貌	共产党员	63.20	518	F = 12.370 Sig. = 0.000 N = 6051
	共青团员	62.23	960	
	群众	61.49	4573	
教育程度	小学及以下	61.38	398	F = 4.335 Sig. = 0.001 N = 6066
	初中	61.85	1437	
	高中	61.73	1591	
	中专/技校	61.36	651	
	大专	61.23	1115	
	本科及以上	62.80	874	
区域	东部地区	61.31	1477	F = 30.987 Sig. = 0.000 N = 6077
	中部地区	62.34	2229	
	西部地区	60.60	1722	
	东北地区	63.80	649	

第八章　社会治理绩效　　263

续表

		均值	样本数	差异显著性
个人月收入	1000元及以下	62.16	64	F = 3.627 Sig. = 0.001 N = 3671
	1001—2000元	61.89	709	
	2001—3000元	61.17	1327	
	3001—5000元	61.40	1155	
	5001—7000元	62.66	276	
	7001—10000元	63.43	104	
	10001元及以上	64.73	36	
户籍类型	农业户籍	61.03	1809	F = 20.402 Sig. = 0.000 N = 6069
	非农业户籍	62.06	4260	
户籍所在地	本市县	61.93	5247	F = 18.78 Sig. = 0.000 N = 6058
	外市县	60.60	811	

表8—3的统计结果表明，除了性别和婚姻状况，其他人口统计变量都会影响到人们对社会治理绩效的主观评价，具体情形如下：在年龄上，大体上是随着年龄的增长，人们对社会治理绩效的评价也越好；在政治面貌上，党员的评价最好，其次是团员，群众的评价则最低；虽然教育程度会影响人们对社会治理绩效的评价，但不同受教育程度的人群之间的差异并不大，只是本科及以上的人群的评价稍微高出一点；在区域上，东北地区对社会治理绩效的评价最高，其次是中部地区和东部地区，而西部地区则评价最低；在个人月收入上，也大体上是随着收入的增长，对社会治理绩效的主观评价也在逐渐升高，不过需要特别指出的是，最低收入人群相比中偏下收入人群，对社会治理绩效的评价要高

一些,我们推测,这在一定程度上是因为国家的社会保障制度,对最低收入人群带来的效用更高,从而导致他们对社会治理绩效的评价更高;最后是户籍方面,非农业户籍人群的评价要高于农业户籍人群,户籍在本市县的人群要比户籍在外市县的人群的评价要高。

三 社会治理绩效的年度比较

前面已经指出,我们是从 2012 年起,每年进行一次全国范围的"社会态度与社会发展状况调查",至今已有三年的全国抽样调查数据,通过对这三年的数据进行一个比较,我们就能更清楚地看到社会治理绩效的总体变化及具体维度和指标的变化趋势。对这种变化趋势的了解,有助于我们针对社会治理绩效存在的问题和变化提出更具建设性的政策建议。

(一)社会治理绩效及各维度的主观评分变化趋势

图 8—8 给出了近三年社会治理绩效及各维度的主观评分的变化趋势:

首先,在总体上,虽然 2014 年度的社会治理绩效得分(61.75)要高于前两年,表明社会治理绩效有所提高,但这种提高的幅度较小。相比前两年,2014 年的得分只分别提高了 0.09 和 0.72,这也在一定程度上表明,社会治理绩效的改善不是一朝一夕就能实现的,而是需要经历一个长期艰难的过程。

其次,从社会治理绩效的维度结构看,在这三年中,微观个人福祉维度的主观评分始终是最高的,且明显高于其余两个维度

第八章　社会治理绩效

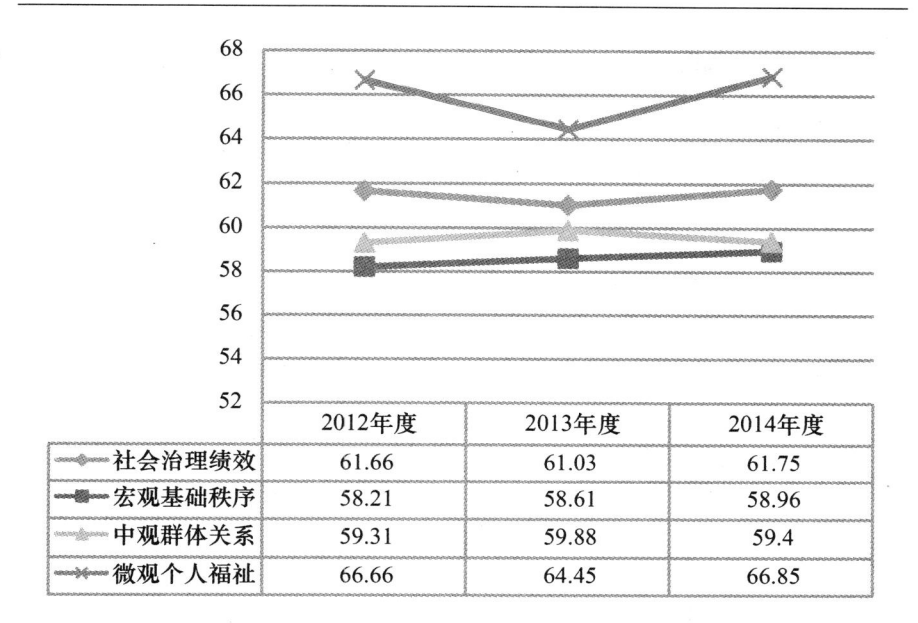

	2012年度	2013年度	2014年度
社会治理绩效	61.66	61.03	61.75
宏观基础秩序	58.21	58.61	58.96
中观群体关系	59.31	59.88	59.4
微观个人福祉	66.66	64.45	66.85

图8—8　近三年社会治理绩效及各维度的主观评分变化趋势

（平均高出6—8分），评分居中的，也一直是中观群体关系维度，而宏观基础秩序则一直是评分最低的维度。

最后，从各个维度的变化趋势看，波动幅度相对较大的是微观个人福祉维度，与2012年度相比，2013年度微观个人福祉的主观评分下降了2.21，而2014年的主观评分则又比2013年提高了2.40；在宏观基础秩序维度上，则表现出了一种虽微小但平稳的提升趋势；在中观群体关系维度上，2013年度的评分要略微高一些，但三年的评分基本接近。

综合而言，近三年来的数据反映出一个趋势，就是被调查者对社会治理绩效及各维度的主观评分在细微的提升，其中，微观个人福祉一直得分明显相对较高，而宏观基础秩序则一直得分相对偏低，但近三年，宏观基础秩序得分在细微的稳步提升，并接近中观群体关系。

（二）宏观基础秩序各指标的主观评价变化趋势

我们是通过询问被调查者对六项指标的主观感受来测量宏观基础秩序的。为了能更细致地分析宏观基础秩序的内在结构变化趋势，我们将分别考察被调查者对六项指标的主观感受的变化情况。

首先，我们考察被调查者对六项指标持负面评价的比例。从图8—9中，我们可以发现近三年来的以下特点和趋势：（1）在对宏观基础秩序的六项指标的主观评价上，可以相对地区分出三个层次，评价相对较差的，是社会上的是非标准和社会信任问题，评价相对较好的，是百姓利益的保护和治安状况，评价居中的则是社会的公平公正和社会风气状况；（2）被调查者对六项指标的负面评价比例，呈下降的趋势，而且这种下降趋势最明显地表现在对社会上的是非标准和社会的公平公正状况的评价上，两者的负面评价比例都下降了约10个百分点。

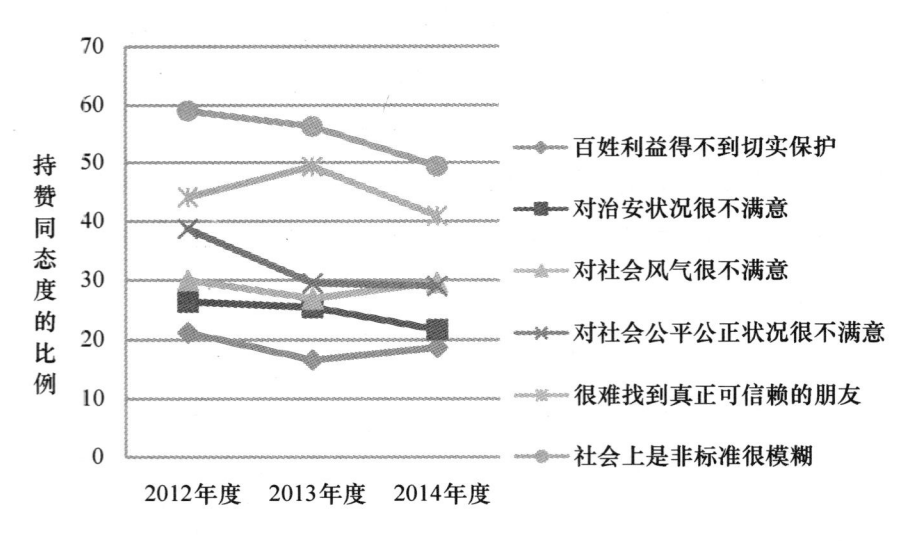

图8—9 近三年宏观基础秩序各指标的主观评价变化趋势

第八章 社会治理绩效

那么，对六项指标的负面评价在下降，是否就意味着正面评价在相应的上升呢？所以我们需要考察被调查者对六项指标持正面评价的比例情况。从图 8—10 中我们发现，事实情况并非如此，被调查者对治安状况、社会风气和社会的公平公正状况持正面评价的比例，确实有些微上升的趋势，但对社会信任、百姓利益的保护和社会是非标准问题的正面评价比例，则明显下降了 5—8 个百分点。

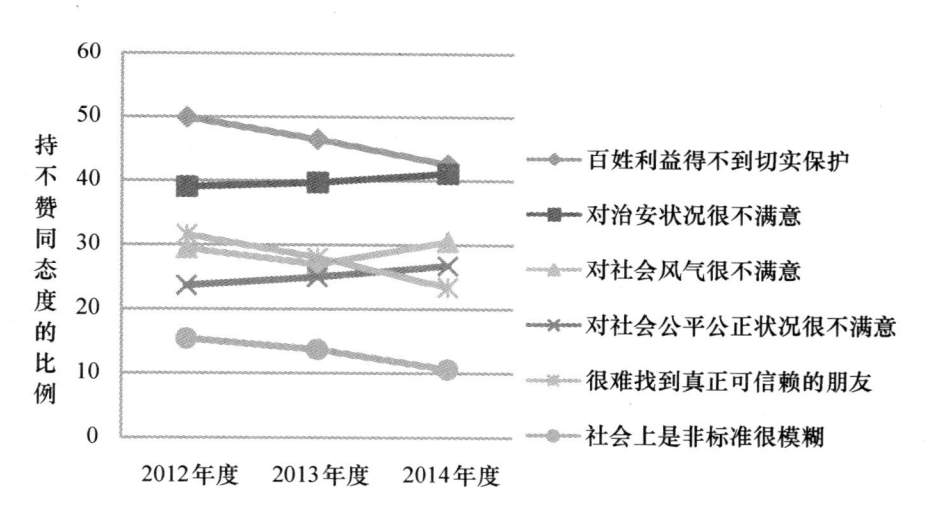

图 8—10 近三年宏观基础秩序各指标的主观评价变化趋势

这说明，人们对宏观基础秩序的六项指标的评价，有一种向中间或"一般"态度靠拢的趋势，这直接反映在图 8—11 中：除了社会风气这一指标，在其余五项指标上，被调查者持中间或"一般"态度的比例在上升，特别明显的是社会上的是非标准、社会信任和百姓利益的保护这三个指标，在三年里，比例上升最多的约 15 个百分点。

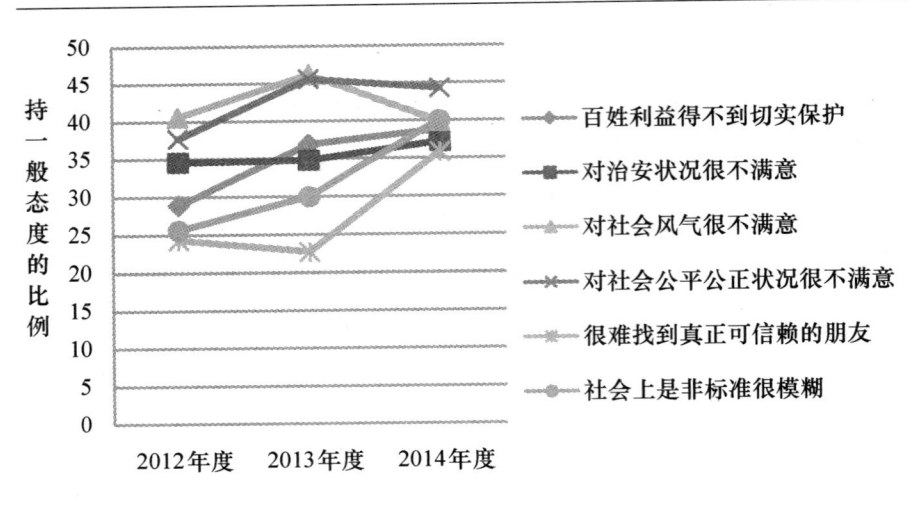

图8—11 近三年宏观基础秩序各指标的主观评价变化趋势

综合三种态度的比例变化情况，我们可以就宏观基础秩序的具体变化趋势，得出如下结论：（1）近三年来，被调查者对社会上的是非标准和社会信任的评价，一直是相对偏差的（三年来，负面评价最低的比例也分别达到了49.4%和40.9%），而对社会治安和对百姓利益的保护的评价，则一直相对较好（三年来，正面评价比例一直维持在40%左右）；（2）被调查者对宏观基础秩序的各项指标的负面评价呈下降的趋势，而且这种下降趋势最明显地表现在对社会上的是非标准和社会的公平公正状况的评价上（都下降了约10个百分点）；（3）在负面评价比例下降的同时，并非就对应着正面评价比例的上升，事实上，被调查者对治安状况、社会风气和社会的公平公正状况持正面评价的比例，只呈现些微的上升趋势，而对社会信任、百姓利益的保护和社会上的是非标准问题的正面评价比例，则明显下降了；（4）相应地，被调查者对各项指标的评价，特别是在社会上的是非标准、社会信任和百姓利益的保护这三个指标上，有一种向中间或"一般"态度靠拢的趋势。

(三) 中观群体关系各指标的主观评价变化趋势

我们是通过询问被调查者对五种重要群体关系的主观评价来测量中观群体关系的。与对宏观基础秩序的考察方法一样，我们同样也对被调查者的态度构成比例进行了详细的分析。

图8—12给出了被调查者对五种群体关系持负面评价的比例变化趋势，从中可以看到：(1) 在这三年的调查结果中，被调查者对五种群体关系的负面评价比例，保持完全一致的高低次序关系，从高到低依次是穷人与富人的关系、干部与群众的关系、城里人与农村人的关系、老板与员工的关系、本地人与外地人的关系；(2) 虽然2013年度的调查中，被调查者对五种关系持负面评价的比例是最低的，但从整体趋势上看，还是能断定这三年中被调查者对五种群体关系的负面评价是在细微下降的（约下降了1个百分点）；(3) 虽然对穷人与富人的关系持负面评价的比例在这三年里有轻微的下降，但其比例一直维持高位，即一直有近半数的被调查者认为穷人与富人的关系不好，这一负面评价比例要大大高于其他群体关系的负面比例。

图8—13给出了被调查者对五种群体关系持"好"的看法的比例变化趋势，从中可以看到：除了对干部与群众关系的评价，2014年要低于2013年但高于2012年外，在对其余群体关系的评价上，近三年的被调查者持"好"的看法的比例有略微下降的趋势。

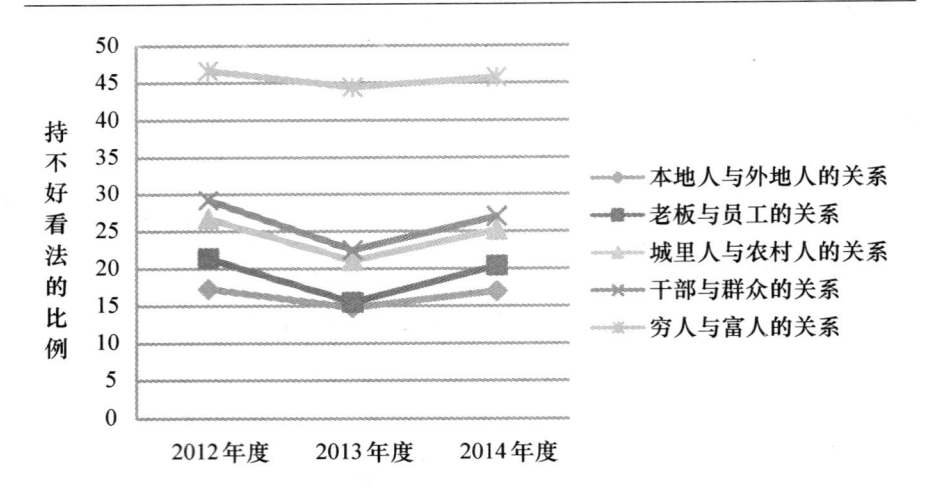

图 8—12　近三年中观群体关系各指标的主观评价变化趋势

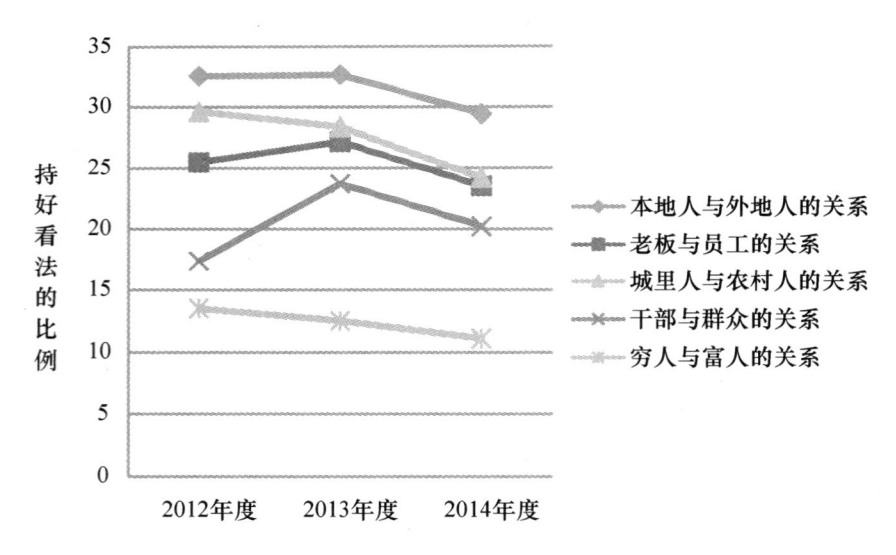

图 8—13　近三年中观群体关系各指标的主观评价变化趋势

既然持负面评价和正面评价的比例都有所下降，那必然意味着持中间态度的比例在上升，这种趋势在图 8—14 中得到了体现：被调查者对这五种关系持中间态度或"一般"看法的比例，在这三年中有一些细微的上升。

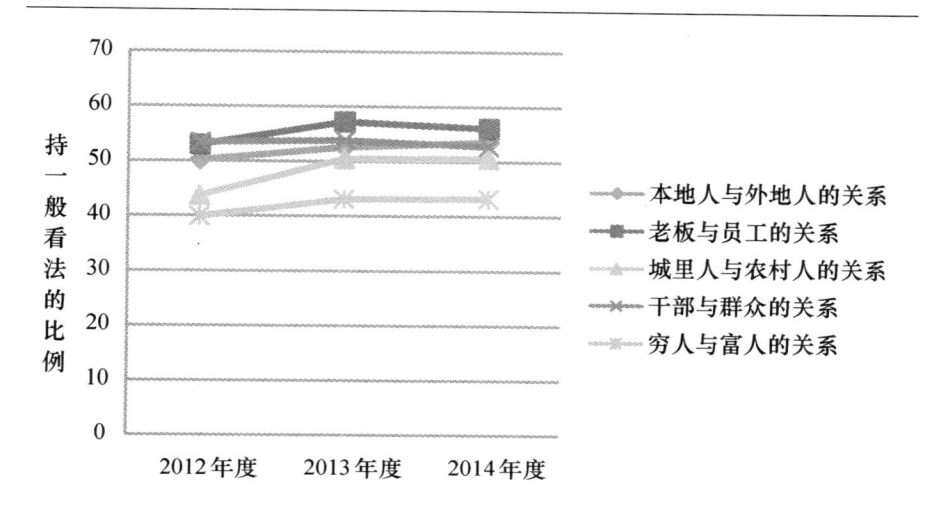

图 8—14 近三年中观群体关系各指标的主观评价变化趋势

综合上述发现，我们可以就中观群体关系的变化趋势得出如下结论：（1）在这三年中，被调查者对社会生活中非常重要的五种群体关系的主观评价，保持了一个稳定的排序结构，即在他们看来，关系相对较差到相对较好的顺序依次是穷人与富人的关系、干部与群众的关系、城里人与农村人的关系、老板与员工的关系、本地人与外地人的关系；而其中，对穷人与富人的关系的负面评价比例一直大大高于对其他群体关系的负面评价比例，并在这三年的调查中，一直维持较高的负面评价比例；（2）在总体趋势上，被调查者对五种群体关系的负面评价是在下降的，但下降得较为细微；而与此同时，除了对干部与群体关系的正面评价比例有上升趋势外，对其余四种群体关系的评价，被调查者持正面评价的比例也有略微下降趋势；（3）相应的，被调查者对五种群体关系持中间态度的比例，则有些微的上升，这说明，在对中观群体关系的主观评价上，有一种朝中间态度靠拢的细微趋势。

(四) 微观个人福祉各指标的主观评价变化趋势

与上述两个维度一样，我们通过询问被调查者对六项指标的主观感受来测量微观个人福祉，而且我们也分别考察被调查者对六项指标的主观感受的变化情况，来细致分析微观个人福祉的内在结构变化趋势。

图8—15提供了被调查者对六项指标的负面评价比例的变化趋势，图中显示：(1) 被调查者对六项指标的评价明显分为两大类，即负面评价比例较低类和负面评价比例较高类，前者主要是对家庭关系和人际关系的评价（二者的负面评价比例都在10%以下），在2014年度，还增加了遇到困难能否得到及时帮助这一指标，这些指标可以概括为社会支持网指标，表明被调查者在社会生活中，对于自身的社会支持网络感到不满意的比例是很低的；后者则包括了对住房、家庭经济和未来发展信心的评价，这些指标可以概括为经济与发展指标，在2014年度，这些指标的负面评价比例相互比较接近了（20%—25%）；(2) 从趋势上看，被调查者对经济与发展指标的负面评价虽然偏高，但有明显的下降趋势，特别是在未来的个人发展信心上，负面评价比例大幅下降（约10个百分点）；而被调查者对社会支持网中家庭关系和人际关系指标的负面评价比例，在这三年当中则有细微的上升，但二者的比例也都低于10%；(3) 在2012年度，被调查者对未来发展信心指标的负面评价比例最高，而到2014年，则是对住房状况的负面评价比例最高（达到25%）。

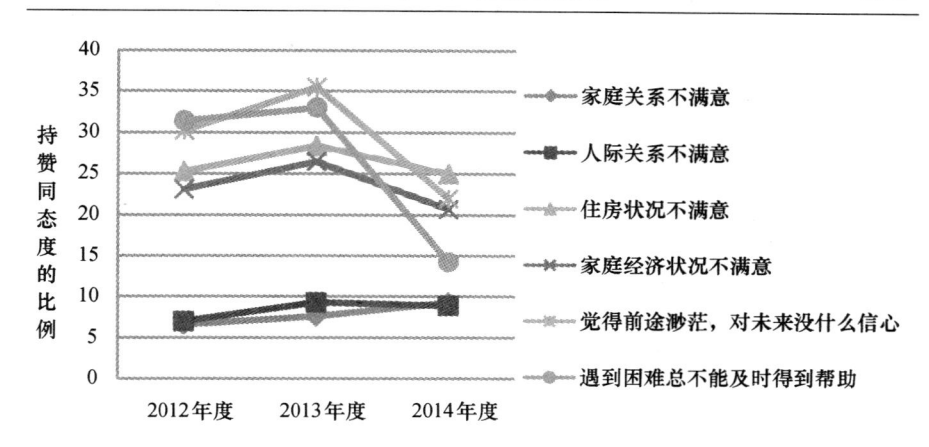

图8—15 近三年微观个人福祉各指标的主观评价变化趋势

图8—16则给出了被调查者对六项指标持正面评价的比例变化趋势，从图中可得知：相比宏观基础秩序和中观群体关系，被调查者对微观个人福祉的各指标的正面评价比例在整体上要明显偏高，尤其是在家庭关系和人际关系的评价上，都超过了半数；在变化趋势上，除了遇到困难是否得到及时帮助和家庭经济状况外，其余四项指标都有细微的下降趋势。

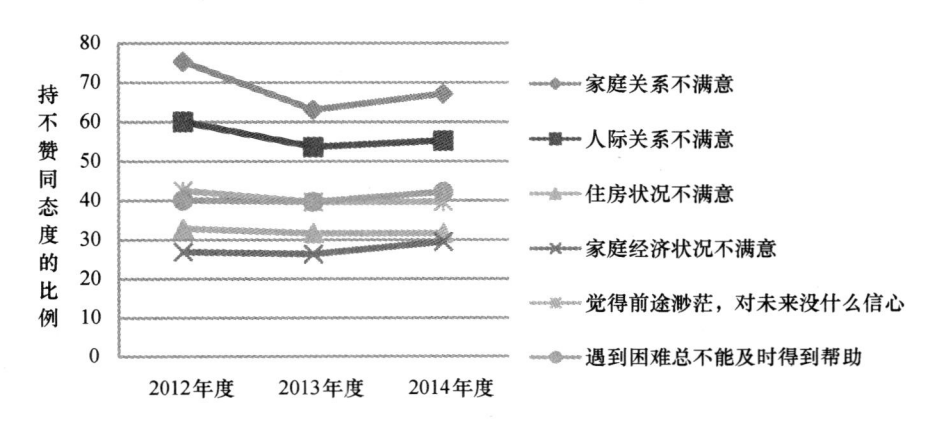

图8—16 近三年微观个人福祉各指标的主观评价变化趋势

图 8—17 显示了，虽然在 2013 年度有较大的波折，但从三年的整体情况看，被调查者对各项指标持中间评价或一般态度的比例有上升的趋势，其中上升幅度较为明显的，是社会支持网的指标。

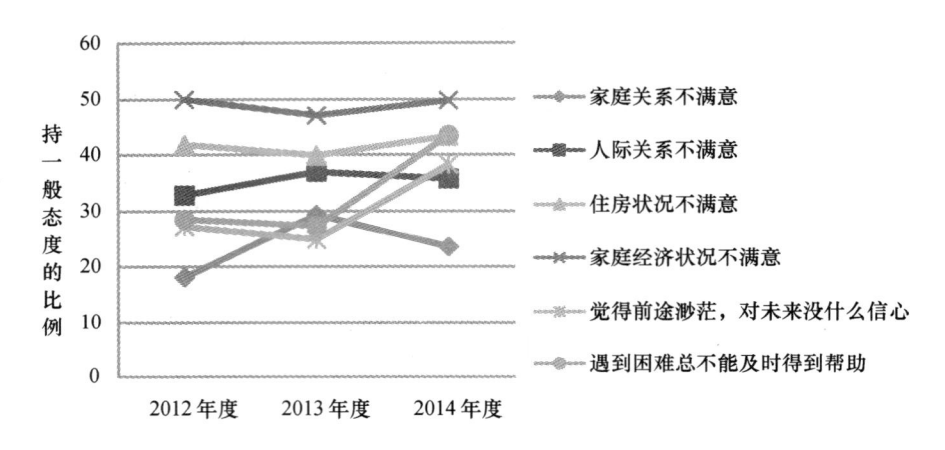

图 8—17　近三年微观个人福祉各指标的主观评价变化趋势

综合上述结果，我们可以就微观个人福祉的变化趋势得出如下结论：（1）被调查者对社会支持网方面（包括家庭关系、人际关系和遇到困难能否得到及时帮助这三个指标）的主观评价要明显要好于对经济和发展方面（包括住房、家庭经济和未来发展信心这三个指标）的主观评价，尤其是在家庭关系和人际关系上，正面评价比例都超过了半数；（2）虽然被调查者对个人经济与发展指标的负面评价有些偏高，但在这三年中，其负面评价比例有明显的下降趋势，特别是在未来的个人发展信心上，负面评价比例大幅下降；目前在微观个人福祉各指标中，负面评价最高的是住房状况；（3）从三年的整体情况看，被调查者对各项指标的正面评价比例，有细微的下降趋势，相应地，中间评价或一般态度的比例有上升的趋势,其中上升幅度较为明显的,是社会支持网的指标。

四 结论与政策建议

(一)结论

1. 2014 年度社会治理绩效的基本情况

社会治理绩效是指社会治理目标的实现程度,即民生与社会秩序的实际状况;对社会治理绩效的评估也就是对民生与社会秩序的实际状况的评估,这种评估可以从宏观基础秩序、中观群体关系和微观个人福祉三个层面进行。本报告基于中国社会科学院社会发展战略研究院的"社会态度与社会发展状况调查(2014)"的数据,从被调查者的主观感受和评价入手,对社会治理绩效进行了评估,得出了如下基本结论:

(1)基于被调查者的主观评价,以百分制计算,2014年度社会治理绩效的平均得分为61.75分;其三个维度的得分从高到低依次是微观个人福祉(66.85分)、中观群体关系(59.40分)和宏观基础秩序(58.96分)。这表明,在被调查者看来,社会治理的绩效是微观层面明显好于中观层面,中观层面又略好于宏观层面。

(2)在宏观基础秩序的主观评价上,社会是非标准模糊和社会信任问题被认为是当前最为严峻的问题(负面评价比例分别达到49.4%和40.9%);同时,社会公平公正与社会风气问题也不容忽视(负面评价比例都约为29%);而在保护百姓切身利益和社会治安方面,则得到了大多数人的认可(正面评价比例都超过 40%）。

（3）在中观群体关系的主观评价上，穷人与富人的关系问题较为突出，其负面评价比例（45.7%）大大高于其他类型的群体关系；被调查者对干部与群众的关系的评价相对差些，但差评比例并不高（不到三成）；评价相对最好的是本地人与外地人的关系，这在一定程度上表明，城市的社会包容性在增加；另外，对老板与员工的关系的评价也相对较好；需要特别指出的是，在对各类群体关系的评价方面，五成左右的被调查者持中性态度，即认为各类群体关系不能算好，也不能算差。

（4）在微观个人福祉的主观评价上，对个人经济状况和未来发展等方面的评价相对差些，尤其是对住房状况的不满比例最高（达 25%）；不过，大多数的被调查者对社会关系和社会支持等方面的评价很好（负面评价比例低于 10%）。

2. 社会治理绩效的年度比较（2012—2014 年）

自 2012 年起，我们每年度进行一次全国范围的"社会态度与社会发展状况调查"，以期通过这种纵向调查，来了解和掌握民众对我们社会发展各方面的基本态度及变化，从而为我国的社会发展研究和政策制定提供一种基本的民情参考。在本报告中，我们就围绕被调查者对社会治理绩效及各维度的主观评价，进行了 2012、2013 和 2014 三个年度的比较。通过比较，我们得到如下发现：

（1）整体上，近三年的数据反映出一个趋势，就是被调查者对社会治理绩效及各维度的主观评分在细微地提升；另外，微观个人福祉的得分一直明显相对较高，而宏观基础秩序的得分则一直相对偏低，但近三年来，宏观基础秩序的得分在逐渐细微提升，并接近中观群体关系的得分。

（2）在宏观基础秩序方面，被调查者对其各项指标的负面评价呈下降的趋势，而且这种下降趋势最明显地表现在对社会上的是非标准和社会的公平公正状况的评价上；不过，在负面评价比例下降的同时，并非必然意味着正面评价比例上升，事实上，被调查者对治安状况、社会风气和社会的公平公正状况持正面评价的比例，只呈些微的上升趋势，而对社会信任、百姓利益的保护和社会上的是非标准问题的正面评价比例，则明显下降了；因此，被调查者对宏观基础秩序各项指标的评价，有一种向中间或"一般"态度靠拢的趋势；另外，需要特别指出的是，近三年来，被调查者对社会上的是非标准和社会信任的评价一直相对偏差。

（3）在中观群体关系方面，被调查者对社会生活中重要的五种群体关系的主观评价，在这三年中，保持了一个稳定的排序结构，即在他们看来，关系相对较差到相对较好的顺序依次是穷人与富人的关系、干部与群众的关系、城里人与农村人的关系、老板与员工的关系、本地人与外地人的关系，其中，对穷人与富人的关系的负面评价比例要一直大大高于对其他群体关系的负面评价比例，并在这三年的调查中，一直维持较高的负面评价比例；在变化趋势上，被调查者对五种群体关系的负面评价在细微的下降，而与此同时，除了对干部与群体关系的正面评价比例有些上升趋势外，对其余四种群体关系的正面评价的比例也有略微下降趋势，因此，在对中观群体关系的主观评价上，也有一种朝中间态度靠拢的细微趋势。

（4）在微观个人福祉方面，被调查者对社会支持网方面（包括家庭关系、人际关系和遇到困难能否得到及时帮助这三个指标）的主观评价一直都要明显要好于对经济和发展方面（包括住房、家庭经济和未来发展信心这三个指标）的主观评价，尤其是在家庭关系和人际关系上，正面评价比例都超过了半数；虽然被调查者对自己的经济与发展方面的负面评价有些偏高，但在这三年中，其负面评价比例有明显的下降趋势，特别是在未来的个人发展信心上，负面评价比例大幅下降；此外，从三年的整体情况看，被调查者对各项指标的正面评价比例，有细微的下降趋势，相应的，中间评价或一般态度的比例有上升的趋势。

综合上述具体分析，我们发现在这三个维度的变化趋势中，显示出了一个共性特点，就是被调查者对三个维度的绝大多数指标的负面评价比例都呈现出下降趋势，而与此同时，它们的正面评价比例也大都有轻微的下降，相应的，持中间立场或态度的比例在上升。对于这种现象，该如何理解呢？诚然，负面评价比例的下降会令人欣慰，那么正面评价比例的下降是否就该令人不安呢？在我们看来，不必为正面评价比例的下降感到不安，因为我们要注意到，人们正面评价比例的轻微下降，是与负面评价比例也在下降同时发生的，因此完全有理由推断，正面评价比例的下降是因为人们需求的阈限已经提高了。事实上，近些年来，民生与秩序的改善已经取得了很大的成绩，这最为直接地表现在负面评价比例的下降上，但人们也在这种满足的基础上提出了更高的要求，而经济和社会的发展却难以及时的满足人们快速增长的需求，从而引发了正面评价比例的下降。

（二）政策建议

2014年度的数据分析以及近三年的数据比较，表明我国社会治理绩效已取得了一定成效，并表现出了缓慢提高的趋势。不过，统计结果也表明，在社会治理领域，还存在一些比较严峻的问题，需要积极去面对和解决。为了更为有效地改善社会治理绩效，我们基于年度数据的分析和比较，提出如下政策建议：

（1）尽管从数据上看，微观个人福祉一直得分最高，而宏观基础秩序的得分则一直最低，但这并不意味着，直接从宏观基础秩序入手就能使社会治理绩效得到快速有效的改善；其实，宏观的社会生态环境恰恰是短期内最难改变的，而微观的个人生活状态则相对较容易在短期内发生变化，这也直接反映在近三年的数据变化趋势上，即宏观基础秩序得分的变化非常细微，而微观个人福祉得分的变化则相对大些，因此，我们认为，从轻重缓急的角度考虑，为有效改善社会治理绩效，最直接的入手点还是微观个人福祉，通过改善民生，来提高社会治理绩效。从数据来看，住房、家庭经济和未来发展信心这三个方面，是负面评价比例偏高的，尤其是住房问题，所以，我们建议，政府在今后的社会政策和经济政策制定过程中，应重点关注百姓住房条件的改善问题，与此同时，政府也应着力于建立经济发展和扩大就业的联动机制，并推动合理有序的收入分配格局的形成，让民众能有改善家庭经济状况和提振未来发展信心的制度和机制保障。

（2）中观群体关系的协调和改善也是提高社会治理绩效的重要构成部分，而这首先就需要在不同社会群体之间，建立起公平的利益表达、协商和综合的集体平台，这是源头治理的重要前提，让不同利益和诉求有平等的表达机会，让政策和制度的制定能更充分地吸收和反映不同社会群体的利益，而要建立这种集体平台，就必须激发社会组织活力，让社会组织充分发挥利益汇聚和代表的作用；其次，需要建立起系统的、制度化的利益冲突化解渠道，因为，社会分化必然导致不同群体间的利益分化和矛盾，社会治理的一个重要任务就是通过制度化的方式来吸收和化解这些矛盾，而不是用掩盖或抑制的方式来回避矛盾，这就需要创新矛盾调处、权益保障机制。

（3）宏观基础秩序一直是社会治理绩效中得分最低的维度，也是变化最缓慢、改变最艰难的维度。但如果缺乏一个良好的社会生态环境，那么我们无法想象百姓的个人福祉能得到根本上的改变，相反，我们看到的正如数据所显示出来的一些道德失范问题，如社会是非标准模糊、缺乏社会信任，对社会不公和社会风气的负面情绪，等等，所以，我们需要将宏观基础秩序的建设提升到长期的社会发展战略地位。面对宏观基础秩序领域出现的这些道德失范问题，我们一方面要加强公民道德和职业伦理建设，另一方面要加强法治建设，推动依法治国。正如党的十八届四中全会通过的《中共中央关于全面推进依法治国若干重大问题的决定》中所指出的那样，"坚持依法治国和以德治国相结合"，"国家和社会治理需要法律和道德共同发挥作用……既重视发挥法律的规范作用，又重视发挥道德的教化作用，以法治体现道德理念、强化法律对道德建设的促进作用，以道德滋养法治精神、强化道德对法治文化的支撑作用"。

第九章　权益保护与基层参与

社会发展不仅仅是 GDP 的增长或者物质财富的增加，而是包含着福祉、公平、包容、可持续多个维度的实质性进步。在当前的社会发展进程中，人们的利益诉求日益多元化，公众权利意识不断增长，权益保护已经成为社会发展过程中不容忽视的一个重要问题，权益保护关系到社会公平。《中共中央关于全面推进依法治国若干重大问题的决定》中指出，要"依法保障公民权利，加快完善体现权利公平、机会公平、规则公平的法律制度，保障公民人身权、财产权、基本政治权利等各项权利不受侵犯，保障公民经济、文化、社会等各方面权利得到落实，实现公民权利保障法治化"。发展要以保障人民根本权益为出发点和落脚点，加强法治是确保人民权利公平、机会公平、规则公平的根本途径。在全面推进依法治国的伟大实践中，必须依法维护人民权益、维护社会公平正义，坚持法治建设为了人民、依靠人民、造福人民、保护人民，以保障人民根本权益为出发点和落脚点。

在"中国社会发展和社会态度（2014）"调查中，我们对于被访者的权益保护、权益救济等问题进行了询问。数据表明，一方面，公众对于社会公平状况和政府依法行政状况有乐观预期，对于依法治国的信心有显著提升。另一方面，权益受损确实对于政府信任和社会信任有较大影响；权益受损影响的绝对不仅仅是权益受损者及其家庭，而且会形成一种更为广泛的"社会情绪"，影响到那些自身权益未受损的社会成员；权益受损的影响随着权益受损比例而扩大，城市中权益受损的比例越高，权益受损对于社会信任和政府信任的影响也越大。基层参与是公民保护自身权益的一个重要途径和手段，但当前基层社会参与对于政府信任度的提升程度仍然有限，在维护权益方面的功能发挥仍有不足。基层参与在范围上的扩展和层次上的深入，都需要在进一步的基层治理改革探索中加以重视。

一 信心与预期

在本次调查中，我们就社会公平与法治保障询问了被访者对于现状的满意度和对于未来的预期。结果表明，公众对于依法治国的信心有显著提升，对于社会公平状况和政府依法行政状况持有乐观预期。

- 与去年相比，公众对于社会公平公正状况持有乐观预期的比例从32.6%提升到46.9%，上升了14.3个百分点。
- 对于公民人身权利的保护状况持有乐观预期的比例从40.8%提升到52.6%，提高了近12个百分点。
- 对于公民财产权利的保护状况持有乐观预期的比例从39.6%提升到52.2%，增加了近13个百分点。
- 对于公民劳动权益的保护状况持有乐观预期的比例从38.4%提升到54.3%，提升了近16个百分点。
- 有超过一半（51.5%）的公众认为政府的依法行政水平将会在未来有提高。

二 权益受损感

（一）权益受损感的总体情况

在本次调查中，我们询问了过去一年中被访者或其家人是否有各种权益受到侵害的经历。数据显示：

- 有6.3%的人感觉到自身或其家人的权益受到了政府行为损害。
- 有8.3%的人感觉到自身或其家人在工作单位受到了不公正对待。
- 有9.4%的人认为自身或其家人的工资福利被克扣或拖欠。
- 有8.6%的人感觉到其他个人侵害了自己或家人的权益。

要说明的是，这里测量的是被访者的主观感受，是被访者的"主诉"。什么是自己的权益，每个人有着不同的理解，统一的问卷对此不可能进行深入探究。什么样的行为能叫作损害，被访者的理解也不可能完全相同。这里测量的更无关某一事实是否在法理上真的构成了一种损害，而仅仅是被访者的主观感受。但是这种主观感受并不因为其"主观"而丧失意义；相反，它也是一种社会事实，也在深刻地影响着人们对于社会"正义"和"公正"的感受。这里之所以询问范围不仅包括被访者个体的权益受损情况，也包括其家人的权益受损情况，也是因为很多情况下，家庭是一个权益的整体单位，家人权益受损对于个体的社会公正感的影响，是与自身权益受损没有太大区别的。这里也是一种社会本位视角的体现：社会感受从来都不是孤立的个体感受，而是处于家庭与社会网络结构中的个体感受。

数据显示，有6.3%的人感觉到自身或其家人的权益受到了政府行为损害。这一结果与其他调查数据结果基本上是一致的。例如，北京大学中国社会科学调查中心组织的"中国家庭追踪调查（2012）"中，有9%的被访者自陈受到政府干部的不公对待；有4%的被访者自陈与政府干部发生过冲突；有12%的被访者报告曾遇到政府办事拖延或推诿；有6%的被访者回答说曾被政府不合理收费。[1] 需要进一步说明的是，在社会生活当中，自身或其家人的权益受到政府行为损害毕竟还是一个小概率事件，对于这一比例进行精确估计并非本次调查的目标。调查研究的根本目标在通过研究变量间的关系对于理论假设进行检验。[2] 因此，下面我们就转向探讨权益受损感与其他因素的关系。

（二）权益受损感与个体特征没有相关关系

以下的分析重点关注其中一类特殊的权益受损感，即来自于政府行为的权益受损（下文中的"权益受损感"如不做特殊说明，都是特指此类权益受损）。哪些人更容易感受到政府行为损害到自身或家人的权益呢？人们通常持有的假设是，那些相对弱势的、社会资源更少的人，如女性、在城市中的农村户籍者和外地户籍者、教育程度较低者、收入较低者更容易感受到政府行为损害到自身或家人的权益。但是数据并不支持这一假设。数据显示，男性和女性在这一问题上的选项分布几乎相同；农业户籍者

---

[1] 谢宇等，2013，《中国民生发展报告2013》，北京：北京大学出版社，第345—353页。

[2] 潘绥铭、黄盈盈、王东，2011，《论方法：社会学调查的本土实践与升华》，北京：中国人民大学出版社，第10—23页。

并不比非农业户籍者更有权益受损感；户籍在外县市者和本地户籍者也没有显著差异；高中、中专和大学及以上教育程度者甚至比初中及以下教育程度者的权益受损感更强，但也没有达到显著程度。将收入分为四等分，高收入组与低收入组也显示不出任何显著差别。不同年龄组的权益受损比例也大致相同，没有显著差异。数据并不支持权益受损感更集中于相对弱势的、社会资源更少者的假设。

（三）权益受损感与社会发展阶段的关系

另一种假设认为，权益受损感与个体自身的特征并没有显著关系，而在于个体所处的社会环境和社会发展阶段。我们从2013年统计年鉴中查到了调查涉及的各个城市的2012年城镇居民人均可支配收入。城镇居民人均可支配收入大致可以反映一个城市的经济发展水平。在调查涉及的城市中，其人均可支配收入与权益受损比例是否有关系呢？

- 在人均年收入为20000元以下的城市中，权益受损比例为5.7%；
- 在人均年收入为20001—25000元的城市中，权益受损比例为4.9%；
- 在人均年收入为25001—35000元的城市中，权益受损比例为10.1%；
- 在人均年收入为35000元以上的城市中，权益受损比例为7.3%；

从上面的数据来看，似乎在人均年收入更高的地区权益受损比例更高。但是对数据进行考察之后发现，上述结果其实是由于在"25001—35000元"组和"35000元以上"组中存在着三个权益受损比例极高的城市（超过18%）造成的。这三个离群值对于分析影响非常大。如果去除上述三个离群值之后，我们发现，那些人均可支配收入较低的地区中，既有权益受损比例较高的，也有权益受损比例较低的。在人均可支配收入较高的地区中，也同样如此。两者之间很难找出一定的规律来。因此，权益受损感的产生原因是源于当时当地的具体社会环境和社会机制当中的，不能单单用经济发展水平等变量来进行解释。

（四）权益受损者的政府信任和社会信任度更低

权益受损无疑会使得权益受损者对政府的信任度降低。这是一个基于常识的推断，数据证明这个推断是成立的。

- 权益受损者不信任当地县、区政府的比例为27.9%，而权益未受损者不信任当地县、区政府的比例为10.4%。
- 权益受损者认为政府处理事情不公道的比例为44.7%，而权益未受损者认为政府处理事情不公道的比例只有19.5%。
- 权益受损者认为当前社会不和谐的比例为23.2%，而权益未受损者认为当前社会不和谐的比例为10.6%。上述差异在统计上是显著的。

值得注意的是，自感权益受到政府行为损害不仅降低了对于政府的整体性信任，而且还进一步降低了对于社会的整体性信任。

- 权益受损者中赞同"大多数人值得信任"的比例为39.5%，而权益未受损者中赞同"大多数人值得信任"的比例为54.1%。权益受损者的社会人际信任度要低近15

个百分点。

- 权益受损者中认为"社会上的是非标准变得很模糊"的比例为60.8%，而权益未受损者中赞同"社会上的是非标准变得很模糊"的比例为47.1%。权益受损者的社会道德信任度也明显更低，与权益未受损者相差近14个百分点。

（五）权益受损感的影响不局限于权益受损者自身

数据中显示出来的另一个有趣现象是，在那些权益受损比例较高的城市中，即使是那些自身或家人没有遭受过权益受损的被访者，与那些权益受损比例较低的城市中的同类人相比，对于政府和社会的信任度也会相对较低。也就是说，权益受损影响的不仅仅是权益受损者及其家庭，而且会形成一种更为广泛的"社会情绪"，也影响到那些自身权益未受损的社会成员。这同样是一个重要的社会命题，人并不是孤立的个体，而是处于社会网络与社会环境中的行动者。换而言之，权益受损对于政府信任的影响范围不仅包括权益受损者本人及其家庭成员（约占整体的6.3%），而且也包括那些同处一个社会环境当中的那些未直接受损者（社会整体）。这一点更为深刻地表明了权益受损存在的"社会"影响。

总体数据中有6.3%的人感觉到自身或其家人的权益受到了政府行为损害。分析中以此为标准，所有市区被分为两组：受损感比例较高的城市（高于6.3%）和受损感比较低的城市（低于6.3%）。以下是这两组城市中自感权益未受损者的社会信任和政府信任的比较结果。

- 在权益受损比例较高的城市中，权益未受损者认为当前社会不和谐的比例为 13.2%；在权益受损比例较低的城市中，权益未受损者认为当前社会不和谐的比例为 8.7%。

- 在权益受损比例较高的城市中，权益未受损者不信任当地县、区政府的比例为 13.8%；在权益受损比例较低的城市中，权益未受损者不信任当地县、区政府的比例为 8.0%。

- 在权益受损比例较高的城市中，权益未受损者认为政府处理事情不公道的比例为 23.3%；在权益受损比例较低的城市中，权益未受损者认为政府处理事情不公道的比例为 17.2%。

- 在权益受损比例较高的城市中，权益未受损者认为大多数人是值得信任的比例为 49.6%；而在权益受损比例较低的城市，权益未受损者认为大多数人是值得信任的比例为 56.3%。上述差别在统计上均是非常显著的。

（六）权益受损的影响随着权益受损比例而扩大

更进一步的分析发现，处在权益受损比例较高的城市中的权益受损者，与处在权益受损比例较低的城市中的那些权益受损者相比，他对于社会和政府的信任度要更低。也就是说，不仅权益受损的影响范围是"社会性"的，而且权益受损的影响程度也是"社会性的"。如果权益受损在一个城市中只是零散的、发生概率较低的，那些权益受损者也会将其归因为个体性原因（某个政府官员的问题）而不会影响到对政府整体的判断，但是如果城市中权益受损的比例逐渐升高时，权益受损者的归因可能发生变动，权益受损对于社会信任和政府信任的影响也会更大。

- 在权益受损比例较高的城市中，权益受损者认为当前社会不和谐的比例为 26.7%；在权益受损比例较低的城市，权益受损者认为当前社会不和谐的比例为 18.3%。

- 在权益受损比例较高的城市中，权益受损者不信任当地县、区政府的比例为 29.0%；在权益受损比例较低的城市中，权益受损者不信任当地县、区政府的比例为 30.2%。在这点上，两者不存在显著差别。

- 在权益受损比例较高的城市中，权益受损者认为政府处理事情不公道的比例为 49.3%；在权益受损比例较低的城市中，权益受损者认为政府处理事情不公道的比例为 35.7%。

- 在权益受损比例较高的城市中，权益受损者认为大多数人是值得信任的比例为 36.0%；在权益受损比例较低的城市中，权益受损者认为大多数人是值得信任的比例为 42.4%。上述差别在统计上均是显著的。

三 权益维护途径

在个人或家人权益受到政府行为损害后，被访者的维护方式和应对之道是什么呢？数据显示，有 48.2% 的被访者去找政府相关部门申诉或投诉；有 25.1% 的被访者去法院打官司；有 35.5% 的被访者找私人关系解决。这一结果与以往的社会调查数据基本一致。如"中国综合社会调查"（CGSS）2006 年调查数据表明，在遭到城市拆迁、土地征用、失业保障、企业改制等不公平对待时，人们首先去的仍然是政府，占 43.4%，去法院的占 16.5%。[1]

---

[1] 中国人民大学中国调查与数据中心，2009，《中国综合社会调查报告（2003—2008）》，北京：中国社会出版社。

在中国的社会情境中，一般而言在行政救济无法取得预想效果时，人们才会去诉诸法律救济手段。数据也表明，在那些权益受损比例高于平均水平的城市中，权益受损者最终诉诸法律救济手段的比例会更高，为26.1%；而在那些权益受损比例低于平均水平的城市中，这一比例明显更低，为19.2%。两者的差异在统计上是显著的。在权益受损比例较低的城市中，人们采用行政救济的比例更高，为51.2%，而这一比例在权益受损比例较高的城市中为44.2%。

各种救济方式的效果如何呢？在找政府相关部门申诉或投诉的人中，有43.5%认为有效；在找法院打官司的人中，有44.0%认为有效。在被访者的经历中，行政救济和法律救济的成功比例差不多，并不太高。值得注意的是，寻求行政救济和法律救济而无果，将会大大降低被访者对于政府的信任程度。在那些寻求了行政救济而无果的被访者中，认为政府处理事情不公道的比例高达60.4%；而在寻求行政救济最终成功的被访者中，这一比例为43.0%。

这与许多学者对于上访现象的研究结论是一致的。如胡荣发现，农民上访的直接结果是造成了各级政府在农村的信任流失，农村上访走访过的政府层级越高，对基层政府的信任度越低；随着上访层次的提高，上访也对高层政府的信任产生了显著的负面影响。[①] 李连江也发现，上访行为成了政治信任转换的重要机制：较高的政府信任导致人们在遇到权益受损时去上访，但上访过程

---

① 胡荣，2007，"农民上访与政治信任的流失"，《社会学研究》第3期。

中的受挫则导致政府信任的流失①。数据在这里显示的结果与上述逻辑有类似之处。

四 基层参与

基层参与是公民保护自身权益的一个重要途径和手段。在基层参与不够活跃、公民性发展不足的情况下，公民的权益诉求很难得到反映，公民权益的自身保护能力也会较弱。下面我们试图以社区活动参与为例来探讨一下当前基层参与的主要特征和问题。

（一）社区参与比例保持稳定

社区参与是当前基层社会参与的重要方式之一。数据显示，在过去一年中：

- 19.8%的被访者参加过社区居委会举办的活动；
- 20.4%的被访者向社区居委会提过建议或反映过问题；
- 28.0%的被访者和邻居面对面谈论过社区事务；
- 8.1%的被访者在网上与业主或邻居交流过本社区问题。

与2013年调查数据相比，社区参与比例基本没有变动。2013年调查数据中，有18.9%的被访者参加过社区举办的活动，30.1%的被访者和邻居谈论过社区事务。

（二）社区活动参与者的特征

哪些人在积极地参与社区活动呢？一种假设认为，参加社区

---

① Li, Lianjiang, 2008, "Political Trust and Petitioning in the Chinese Countryside." *Comparative Politics* 40（2）.

活动是公共参与的一种形式，公共参与意识与教育程度具有较为密切的关系。因此，教育程度较高的人往往会积极地投入到公共参与当中，也因此会更多地参与社区活动。但是数据却并不支持这一假设。不同教育程度者在社区活动参与情况上的差别微乎其微。

- 在教育程度为初中及以下的被访者当中，过去一年中参与过社区居委会举办的活动的比例为20.1%；
- 在教育程度为高中、中专的被访者中，这一比例为19.2%；
- 在教育程度为大学及以上的被访者中，这一比例为20.0%。

另一种假设认为在当下社会现实中，社区参与除了公共参与的内涵之外，还包括社会动员的内涵。杨敏指出，实践中的社区参与主要体现为一种地方性权威式动员，既借助政府赋予的行政权威，又利用地方性互动网络来动员部分居民参与社区事务与社区活动。[1] 在许多情境下，社区活动虽然强调以公共参与为核心，强调以志愿者为主力军，但是在实践中却必须依赖基层政府的努力。[2] 社区参与主要成为社区居委会及其积极分子网络形成的以感情、人情、互惠和信任为基础的地方性互动网络，目标是获取上级部门的认同。[3] 根据这种假设，那些原本"政府信任"度较高者，更能够和易于被政府动员，更可能成为社区活动的积极参

---

[1] 杨敏，2005，"公民参与、群众参与与社区参与"，《社会》第5期。

[2] 伯兰德、朱健刚，2007，"公众参与与社区公共空间的生产——对绿色社区建设的个案研究"，《社会学研究》第4期。

[3] 闵学勤，2009，"社区自治主体的二元区隔及其演化"，《社会学研究》第1期。

与者。从政治身份来看，党员就比非党员更可能成为社区活动的积极参与者。

- 数据中显示，党员中有34.4%在过去一年中参与过社区居委会组织的活动；
- 非党员中有18.4%在过去一年中参与过社区居委会组织的活动。

党员的社区活动参与比例几乎是非党员的两倍，两者的差异极其显著。这显示了现阶段社区活动参与的重要特征：政府动员在其中起到了非常关键的作用。

此外，从年龄结构上来看，老人的社区活动参与比例相对更高。其原因在于老人有充足的时间来参与活动，参与成本更低。参与成本是决定参与的一个重要因素，参与成本高昂的活动无法确保其广泛的覆盖面。此外，女性的参与比例显著高于男性，这也与以往研究一致。

- 年龄为16—30岁的被访者中17.5%参与过社区居委会组织的活动；
- 年龄为31—45岁的被访者中18.8%参与过社区居委会组织的活动；
- 年龄为46—60岁的被访者中22.4%参与过社区居委会组织的活动；
- 年龄在60岁以上的被访者中25.8%参与过社区居委会组织的活动。

(三) 社区参与的主导驱动力

我们根据统计年鉴得到了调查涉及的所有城市的2012年城镇

家庭人均可支配收入数据（以下简称为"人均年收入"）。结果发现，那些人均收入更高的城市的社区活动参与比例更高。

- 人均年收入在20000元以下的城市中，社区活动参与比例为16.4%；
- 人均年收入为20001—25000元的城市中，社区活动参与比例为17.7%；
- 人均年收入为25001—35000元的城市中，社区活动参与比例为25.2%；
- 人均年收入在35000元以上的城市中，社区活动参与比例为27.5%。

由此看来，人均年收入和社区参与之间存在着密切的关系，在人均年收入较高的城市中，社区参与比例更高。但是，对于上述关系可以有两种不同的解释。第一种解释认为，伴随着经济水平提升和教育程度的提高，人们的公共参与意识也会逐渐提高，进而更为积极地参与各种社区活动。人均年收入较高的城市中，个人收入、受教育水平也较高，这些人具有更高的参与意识和参与热情，因此社区参与活动比例更高。第二种解释认为，社区参与背后的关键动力在于政府的动员能力和动员资源。也就是说，现阶段决定社区参与水平的关键因素不在于需求因素（人们的公民参与意愿水平），而在于供应因素（政府的制度提供与动员方式）。人均年收入较高的城市中，政府也更有资源和能力来进行参与动员和提供参与所需要的资源。结果导致了城市的人均年收入与其社区参与比例之间存在着一定的相关关系。

要想判断上述假设哪一种更有解释力，就需要进一步考察不同人均年收入水平的城市内部个体收入和社区参与行为之间的关

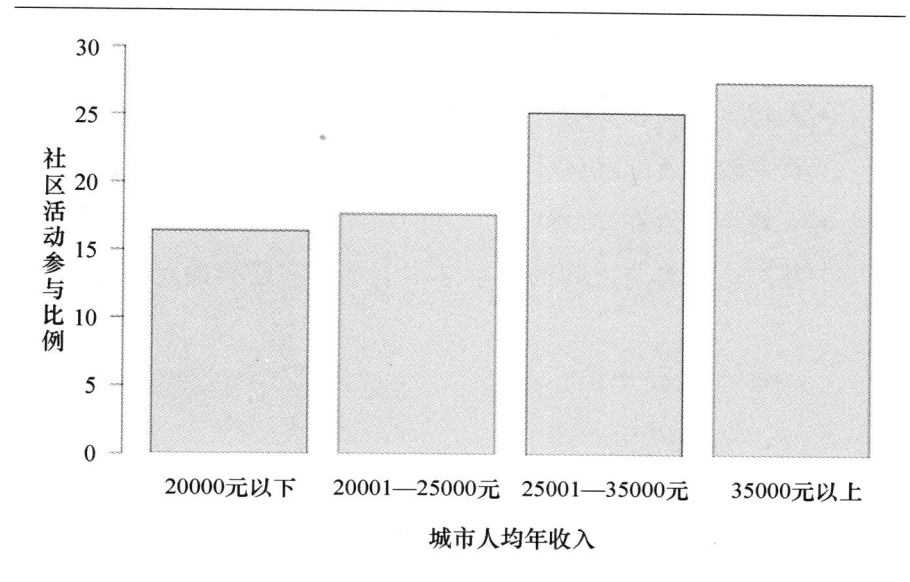

图 9—1 城市人均年收入与社区活动比例

系。如果社区参与的动力来自于人们随着收入增长而增进的参与需求，那么在城市内部，高收入者会具有较高的社区参与水平，收入与社会参与将具有密切关系。如果公共参与的动力来自于政府动员能力与动员资源，那么在城市内部，收入与社区活动参与之间的关系将会呈现出更为复杂的图景。

图 9—1 显示了不同经济发展水平的城市内部个体的家庭月收入与社区活动参与比例之间的关系。总体而言，图中显示的信息更支持后一种假设，即社区活动参与的主导动力是政府的动员能力和动员资源，而非个体的主动参与需求。虽然收入较高的城市拥有较高的社区参与比例，但是在城市内部，较高收入者未必有较高的社区参与水平。从图 9—2 中可以看到：

- 人均年收入在 35000 元以上的城市中，呈现出的基本趋势甚至是家庭月收入较低者的社区活动参与率更高；
- 人均年收入在 25001—35000 元的城市中，家庭月收入各个层级的社区活动参与率基本相同，没有显著的差别；
- 人均年收入在20001—25000元的城市中，趋势则为家庭月收入较高者的社区活动参与率更高；
- 人均年收入在20000元以下的城市中，家庭月收入层级与社区活动参与之间的关系基本上不存在明显的趋势。

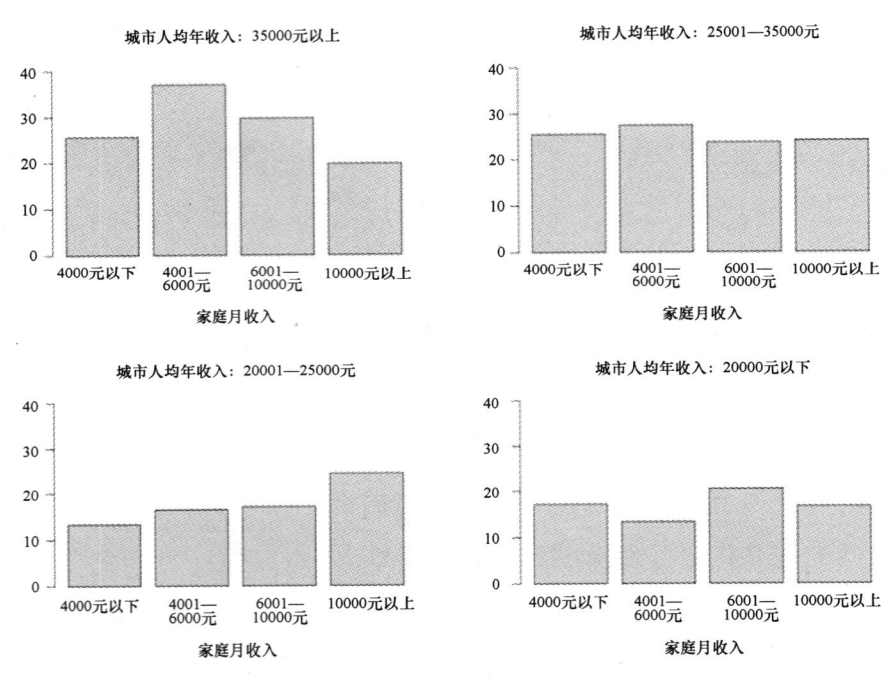

图9—2 不同经济发展水平城市中收入与社区活动参与的关系

如果社区活动参与的主要驱动力是政府动员和政府资源，则上述结果更容易有合理的解释。相对而言，政府动员的效果对于中低收入群体更为有效，而对于高收入群体效果则相对有限。因此，高收入群体的参与比例在经济发展程度较低的城市中和经济发展程度较高的城市中相差不大，但是中低收入群体的参与比例在经济发展程度较低的城市中和经济发展程度较高的城市中就会相差很大。因此,最终的结果是在经济发展程度较低的城市中,低收入群体的参与比例低于高收入群体;而在经济发展程度相对较高的城市中,低收入群体的参与比例高于高收入群体。

由此可以推论,经济发展程度较高的城市之所以社区活动参与比例更高,主要是由于政府有充足的动员动力和动员资源,成功地动员和吸引了中低收入者参与到了社区活动当中。有研究指出,现阶段中国社区参与具有明显的"吸纳式参与"特色,即主要以吸纳积极分子、动员现有的高政府信任者为特征。上述分析进一步验证了这一结论。这种"吸纳式参与"的优势在于,能够满足中低收入者的参与需求和福利供给,同时确保基层参与的政治稳定性。但是这种方式也有其弊端,即不太容易充分发挥参与者的能动性和主体性,对于教育程度较高、收入较高者的吸引力有限,那些更具有自我表达意愿、对社会问题更加关切的公民难于被吸纳到这种参与模式当中。社区参与在参与范围上的扩展和在参与层次上的深入,都需要在进一步的基层治理改革探索中加以重视。

(四) 社区活动参与的效果

公共参与对于社会信任和政府信任的影响一直是政治社会学关注的重要问题。那么现阶段社区活动参与对于社会信任和政府信任的影响如何?要回答这个问题,不能仅仅考察个体的政府信任与社区活动参与之间的关系。因为在吸纳式参与的逻辑下,那些能够和易于被政府吸纳动员的行动者,一般而言都是"政府信任"度较高者。因此相关关系的背后逻辑可能并非是参与行动促进了政府信任,而是基于政府信任来选择参与者。① 数据表明,在个体层面,两者之间确实存在一定的相关关系。但是,要想真正了解公共参与和政府信任之间的关系,需要在城市层面上考察那些社区参与率高的城市是否其政府信任程度也更高。

我们分别计算了调查所涉及的各个城市的社区活动参与率,其中位值为15.9%。基于中位值,我们将所有城市分为两组:中位值及以下的城市为"低社区参与城市",中位值以上的城市为"高社区参与城市"。这两组城市的政府信任程度比较结果如下:

- 在低社区参与城市中,55.4%的人认为当前社会是和谐的;在高社区参与城市中,56.8%的人认为当前社会是和谐的。两者的差异不足2个百分点。
- 在低社区参与城市中,53.2%的人信任当地政府;在高社区参与城市中,47.4%的人信任当地政府。高社区参与城市中的信任比例反而更低。
- 在低社区参与城市中,35.0%的人认为政府处理事情公道;在高社区参与城市中,34.0%的人认为政府处理事情公道。两者的差异仅有1个百分点,在统计上也并不显著。

从上述情况来看,在社会和谐程度认知、政府信任度等问题上,社区活动参与比例不同的城市并没有显著差别。上述现象提示我们,确实存在一种可能性,即社区参与活动并没有能够显著地改善人们对于社会和谐程度的感知,没有显著地提升人们对于政府的信任程度。如果社区参与活动吸引的是原有的高政府信任者,那么它的效应可能就是局限于少数参与者当中,它无法显著

---

① 高勇,2014,"参与行为与政府信任的关系模式研究",《社会学研究》第5期。

地提升社会的整体治理绩效,无法有一种"外溢效应"而影响那些非参与者,从而也就对于人们的政府信任和社会感知形成整体性的影响。

(五) 社区活动参与和权益维护的关系

那么,社区活动参与和权益维护方面的关系如何呢?去除了两个权益受损比例极高的离群点城市外,我们发现,社区活动参与比例低于平均水平的城市中,其权益受损比例为5.3%,而社区活动参与比例高于平均水平的城市中,其权益受损比例为4.9%。两者的差异十分之小,在统计上也并不显著。数据并不支持社区活动参与和权益维护存在相关关系的假设。

五 结语

对于"中国社会发展和社会态度(2014)"调查数据的分析表明,权益受损对于政府信任和社会信任均有较大影响;权益受损影响的不仅仅是权益受损者及其家庭,而且会形成一种更为广泛的"社会情绪",也影响到那些自身权益未受损的社会成员;权益受损的影响随着权益受损比例而扩大,城市中权益受损比例越高,权益受损对于社会信任和政府信任的影响也越大。上述结果充分说明了权益保护对于社会稳定和谐的重要作用。令人欣慰的是,数据也表明,公众对于社会公平状况和政府依法行政状况有乐观预期,对于依法治国的信心有显著提升。《中共中央关于全面推进依法治国若干重大问题的决定》中提出"行政机关要坚持法定职责必须为、法无授权不可为,勇于负责、敢于担当,坚决纠正不作为、乱作为，坚决克服懒政、怠政，坚决惩处失职、渎职。行政机关不得法外设定权力，没有法律法规依据不得作出减损公民、法人和其他组织合法权益或者增加其义务的决定。推行政府权力清单制度，坚决消除权力设租寻租空间"。这充分表明了党和国家依法保障公民权利，加快完善体现权利公平、机会公平、规则公平的法律制度的坚定决心。在全面推进依法治国的进程中，公众的权益必将得到有效保护，人民群众参与公众事务的权利也必将得到切实保障。

第十章 民众的环境满意度

环境保护问题是工业文明以来人类一个永恒的主题，是人类文明程度的显现，更是人类生存发展的坚实基础。随着人类活动强度不断增大，引起的环境污染与环境破坏从区域问题逐渐发展成为全球问题，环境的影响则从影响人类健康扩散为与经济、社会息息相关，甚至影响到人类自身的生存与发展。如今环境问题已经成为各国政府广泛关注的重要问题，也是国际关系中的重要议题。十八届四中全会提出"全面推进依法治国"，对我国环境保护具有重要的意义。当前，我国环境保护工作遭遇到前所未有的难题。随着我国经济建设突飞猛进，工业化不断深入，环境问题也日益突出，环境压力不断加大。大气污染、水生态失衡、土地退化严重、农村生态环境质量明显下降、生物多样性锐减等环境问题，已经成为影响我国经济社会发展和人民生活水平提高的重要因素。

2012年11月，党的十八大从新的历史起点出发，做出"大力推进生态文明建设"的战略决策，从十个方面绘出生态文明建设的宏伟蓝图。十八大报告不仅在第一、第二、第三部分分别论述了生态文明建设的重大成就、重要地位、重要目标，而且在第八部分用整整一部分的宏大篇幅，全面深刻论述了生态文明建设的各方面内容，从而完整描绘了今后相当长一个时期我国生态文明建设的宏伟蓝图。"我们一定要更加自觉地珍爱自然，更加积极地保护生态，努力走向社会主义生态文明新时代。"2013年11月，党的十八届三中全会在《中共中央关于全面深化改革若干重大问题的决定》中，再次强调要加快生态文明建设，并予以制度化，"建设生态文明，必须建立系统完整的生态文明制度体系，实行最严格的源头保护制度、损害赔偿制度、责任追究制度，完善环境治理和生态修复制度，用制度保护生态环境"。2014年10月，党的十八届四中全会提出，建设中国特色社会主义法治体系。会议要求，形成完备的法律规范体系、高效的法治实施体系、严密的法治监督体系、有力的法治保障体系，形成完善的党内法规体系。这也是环境法治体系建设的题中应有之义。"全面推进依法治国"将推动我国环境保护工作进入一个新阶段。其一，在"依法治国"方略指导下，我国环境保护领域的法律法规体系将得到进一步完善。其二，在"依法治国"方略指导下，我国环境保护领域的高效法治实施体系将得到进一步提升。

加快生态文明建设，为广大人民群众营造良好的生产生活环境，提高人民群众对环境的满意度，已成为我国政府努力的重要方向。2014年11月7日至2014年11月12日正值APEC北京会议期间，除了达成各项会议成果，还有难得的蓝天白云，一些网民称为"APEC蓝"，意为转瞬即逝的美好。这种美丽令人神往，同时发人深省。人们关心的是，"APEC蓝"能否保持下去？事实上，本次蓝天与APEC确实息息相关。为保障APEC期间的空气质量，京津冀区域采取了一系列"史上最严"措施，使得治霾能坚守"最后一公里"。APEC会议就像是一次大考，华北六省区市共同采取措施，确保了2014年11月1日至12日，北京空气质量优良 11 天,仅一天轻度污染。事实也证明,雾霾并非一个无法克服的问题,只要有壮士断腕的决心、科学合理的规划、同心协力的行动,蓝天是可以实现的。

目前对环境满意度还没有一个统一的概念,但是一致认为环境满意度反映了民众对当前生活与居住环境的舒适满意程度,是衡量社会发展、人与自然和谐统一的重要指标。目前,我国各级政府和相关职能部门都设置了一系列指标来监测环境变化情况,这些指标在评价方法和数据收集上侧重客观指标,即通过环境监测获得环境质量数据,通过数据评估给出环境质量的状况。这些指标虽然是对监测对象的客观反映,但仍具有一定的局限性,如监测点的数量及代表性、采样频率、地方领导追求政绩等因素会影响数据的代表性,从而无法反映民众对环境变化的主观感受。因此,引入主观感受指标,即环境满意度,是非常有必要的。

本课题在 2014 年实践调研的基础上,对比 2013 年调研结果,从人文角度出发,对环境满意度进行量化描述、解析,并做了细致的比较研究,从而为实现社会可持续发展提供建议,期盼对提升民众环境满意度,推动生态文明建设,最终实现人与自然环境的和谐发展有所裨益。

一 环境满意度的界定与测量

为了解民众对环境现状的评价,中国社会科学院社会发展战略研究院课题组于 2014 年 7 月进行了"社会态度与社会发展状况调查"。本次调查以分层随机抽样,以问卷形式访问了安徽、北京、福建、广东、广西、河北、河南、黑龙江、吉林、湖北、湖南、江苏、江西、辽宁、山东、山西、上海、四川、天津、云南、浙江、重庆、海南、陕西24个省、市、自治区共7171人。其中对环境满意度的评价,包括了空气质量、自来水质量、生态水面质量、城市绿化、生活垃圾处理这五个人民群众主观感受最深的方面。

在本次调查研究中,我们主要从主观层面对环境满意度现状进行评估。具体做法是,分别围绕上述五个维度设计李克特量表,让被调查者分别对这五个维度进行主观评判,进而获得各维度得分。这一满意程度量指标基于人们的直观感受,分为五个层级,"1"表示很不满意,"2"表示较不满意,"3"表示一般,"4"表示较满意,"5"表示很满意。分值越高,表示对项类满意度越高。为了能够统一和便于理解,我们对各个量表进行了赋分调整,全部转变为百分制:原本每个指标赋分是1、2、3、4和5,我们在原来的基础上各乘以20,即每个指标的赋分是20、40、60、80和100。

由于上述五个李克特量表分别测量的是环境满意度的五个维度,而这五个维度在我们看来具有同等的重要性或同等的权重,因此,对上述五个量表进行累加,即可得到环境满意度的总得分,同样为了换算成百分制,需将五个量表的累加得分除以5,这样就完成了对环境满意度及其五个维度的百分制测量。

二 环境满意度总体状况

目前我国的环境满意度总体得分为61.42(见表10—1),与2013年相比(59.53),满意度提高了1.89。五个维度的具体得分情况是：城市绿化得分最高，为69.75；其次是自来水质量，为62.86；生活垃圾处理得分刚刚及格，为60.23；在生态水面质量方面，得分较低，为57.78；得分最低的是空气质量一项，仅为56.39。与2013年相比，五个维度中，除了生活垃圾处理得分有所降低外（-2.24），其余四个维度得分均有提高，其中空气质量得分上升最快（+4.2），其次是生态水面质量（+3.35），再次是自来水质量（+2.83），最后是城市绿化（+1.39）。

表10—1　　　　　　环境满意度总体评价状况统计

	N	均值	标准差
空气质量	7126	56.39	21.780
自来水质量	7075	62.86	20.314
生态水面质量	6864	57.78	20.605
城市绿化	7119	69.75	18.216
生活垃圾处理	7086	60.23	20.375
环境总体满意度	6719	61.42	20.258

我们可以更进一步从各个维度来观察，目前民众对环境质量状况的满意程度：

——空气质量：民众满意度最低。

此次调查，民众对空气质量的不满意度最高，计达37.1%，满意度仅28%（见表10—2）。与2013年相比，不满意度有所降低（2013年不满意度为45.3%），满意度提高了4.6个百分点。

表 10—2　　　　　　　　空气质量评价情况

		频率	百分比	有效百分比	累积百分比
有效	很满意	353	4.9	4.9	4.9
	较满意	1655	23.1	23.1	28.0
	一般	2455	34.2	34.2	62.3
	较不满意	1679	23.4	23.4	85.7
	很不满意	984	13.7	13.7	99.4
	不知道	43	0.6	0.6	100.0
	合计	7169	100.0	100.0	
缺失	系统	2	0.0		
合计		7171	100.0		

——自来水质量：满意度相对较高，但比重较低。

民众对自来水质的满意度为38.49%，不满意度为23.02%。在此次调查项类中，仅次于城市绿化的满意度，不过这一比重仍然较低。更多的人认为一般（38.49%）（见图10—1）。与2013年相比，民众对自来水的满意度有所提升（+6.1%），不满意度降低（-4.8%）。

——生态水面质量：不满意度较高，知情人群数量最少。

满意度仅为26.5%，较不满意度（31%）少了4.5%，同时，有4.2%的人表示对这方面的情况不知道（见表10—3）。与2013年相比，满意度提升了4.6%，不满意度降低了7.6%。与此同时，对生态水面质量不知情的群体数量亦有增加（+0.8%）。

第十章 民众的环境满意度

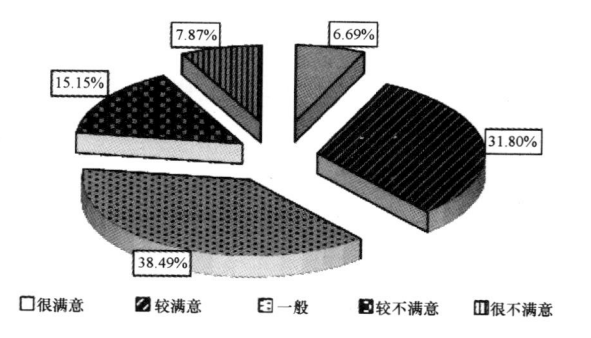

图 10—1 对自来水质量满意度的比例分布

表 10—3 生态水面质量评价情况

		频率	百分比	有效百分比	累积百分比
有效	很满意	323	4.5	4.7	4.7
	较满意	1575	22.0	22.9	27.7
	一般	2744	38.3	40.0	67.6
	较不满意	1462	20.4	21.3	88.9
	很不满意	760	10.6	11.1	100.0
	合计	6864	95.8	100.0	
缺失	不知道	303	4.2		
	系统	4	0.1		
	合计	307	4.3		
合计		7171	100.0		

——城市绿化：满意度最高。

此次调查中，民众对城市的绿化满意度最高，达到了53.1%，而不满意度仅为12.3%（见表10—4）。与2013年相比，满意度提高了4.3%，不满意度下降了2%。

表10—4　　　　　　　城市绿化评价情况

		频率	百分比	有效百分比	累积百分比
有效	很满意	759	10.6	10.7	10.7
	较满意	3045	42.5	42.8	53.4
	一般	2433	33.9	34.2	87.6
	较不满意	671	9.4	9.4	97.0
	很不满意	211	2.9	3.0	100.0
	合计	7119	99.3	100.0	
缺失	不知道	44	0.6		
	系统	8	0.1		
	合计	52	0.7		
合计		7171	100.0		

——生活垃圾处理：满意度较低，较2013年有所下降。

民众对生活垃圾处理的满意度为32.6%（见表10—5），与2013年相比，满意度下降了3.9%；不满意度也有27.3%，与2013年持平。

表 10—5　　　　　　　　生活垃圾处理评价情况

		频率	百分比	有效百分比	累积百分比
有效	很满意	359	5.0	5.1	5.1
	较满意	1980	27.6	27.9	33.0
	一般	2789	38.9	39.4	72.4
	较不满意	1298	18.1	18.3	90.7
	很不满意	660	9.2	9.3	100.0
	合计	7086	98.8	100.0	
缺失	不知道	77	1.1		
	系统	8	0.1		
	合计	85	1.2		
合计		7171	100.0		

调查结果表明，目前我国民众对环境的满意度有所提高，但是满意度并不高，这表明我国环境保护事业依然任重道远。

综合五个维度及相应指标的调查结果来看，目前我们国家在环境保护上已经取得了初步成效，特别是在城市绿化方面，绩效较为良好；但也在一些方面，如生活垃圾处理，有待进一步改善和加强。

三　环境满意度的群体认知差异

（一）基本人口统计群体的环境满意度评价差异

在表 10—6 中，我们对基本人口统计群体之间的环境满意度评价进行了比较：

表 10—6　　不同人群对环境满意度的评价情况

		均值	样本数
性别	男	62.18	2990
	女	60.85	4057
年龄	16—29 岁	60.33	2229
	30—39 岁	59.69	1628
	40—49 岁	62.77	1556
	50—59 岁	62.31	1079
	60 岁及以上	65.19	553
婚姻状况	未婚	60.77	1485
	已婚	61.60	5273
民族	汉	61.40	6815
	少数民族	61.33	236
信教	否	61.56	6573
	有	59.14	458
政治面貌	共产党员	61.48	612
	共青团员	59.73	1109
	民主党派	58.32	19
	群众	61.77	5306
教育程度	小学及以下	64.16	493
	初高中	62.05	3592
	大中专	60.37	1984
	本科及以上	59.73	973
区域①	东部地区	60.49	1728
	中部地区	61.18	2612
	西部地区	62.73	1905
	东北地区	60.92	811

① 对区域的划分，我们依据国家统计局的划分标准，将北京、天津、上海、江苏、浙江、福建、广东、山东8个省（市）归为东部地区；中部地区包括山西、安徽、江西、河南、湖北、湖南6个省；西部地区包括广西、重庆、四川、云南、甘肃5个省（市、自治区）；东北地区包括辽宁和黑龙江2个省。

（1）性别差异：在环境满意度的整体评价上，男性（62.18）高于女性（60.85）。

（2）年龄差异：30—39岁群体对环境满意度评价最低（59.69），随着年龄的增长，民众对环境质量的评价不断提高，到60岁及以上这个群体，评价分值达到最高（65.19）。

（3）婚姻状况差异：在环境满意度的整体评价上，已婚群体（61.60）比未婚群体（60.77）高。

（4）民族差异：汉族群体（61.40）比少数民族群体（61.33），对环境质量的评价要高一些。

（5）信教差异：从整体上看，信教群体（59.14）较非信教群体（61.56），对环境的评价要低。

（6）政治面貌差异：群众评价最高（61.77），其次是共产党员群体（61.48），共青团员群体再次之（59.73），民主党派群体评价最低（58.32）。

（7）教育程度差异：本科及以上教育程度的人群，对环境质量评价最低（59.73），小学及以下教育程度的人群对环境质量的评价最高（64.16），初高中教育程度（62.05）的人群与大中专教育程度（60.37）的人群处于中间水平。

（8）区域差异：对环境质量的整体评价，西部地区最高（62.73），其次是中部地区（61.18），东北地区再次之（60.92），东部地区最低（60.49）。

整体上看，在对环境的主观评价上，男性要好于女性；年长者要好于年轻人；已婚群体要好于未婚群体；汉族群体要好于少数民族群体；群众要好于党员；本科及以上教育程度的群体评价最差，而小学及以下教育程度的群体评价最好；西部地区评价最好，中部地区次之，东北地区再次之，东部地区评价最差。

（二）居住环境对环境满意度评价差异的影响

从表10—7中可以看到：棚户区居住的群体评价最低，为60.29，居住在高档商品房/高级住宅区/别墅区群体评价得分为60.43，普通商品房/经济适用房群体评价得分为60.67，未经改造的老城区（街坊型社区）的群体对环境质量的评价为61.74，居住在单位社区的群体评价为62.39，居住在农转居社区的群体对环境质量的评价最高（62.67）。

与2013年相比，不同居住环境群体的环境满意度排名发生了一些变化。2013年环境满意度由高到低依次为：未经改造的老城区（街坊型社区）、单位社区、高档商品房/高级住宅区/别墅区、普通商品房/经济适用房、农转居社区、棚户区；2014年环境满意度由高到低依次为：农转居社区、单位社区、未经改造的老城区（街坊型社区）、普通商品房/经济适用房、高档商品房/高级住宅区/别墅区、棚户区。

尽管不同居住群体的环境满意度的排名有所变化，但2014年这些群体对环境的满意度较2013年都有不同程度的提升，2013年仅未经改造的老城区（街坊型社区）与单位社区的群体满意度超过了60，其余几种类型居住群体对环境的满意度均未及格，而2014年这些群体的满意度都超过了60。

表 10—7　　　　　　　不同居住环境群体的环境满意度

	均值	样本	差异显著性
普通商品房/经济适用房	60.67	3446	
高档商品房/高级住宅区/别墅区	60.43	367	
单位社区	62.39	1028	F = 4.366, df = 7
未经改造的老城区（街坊型社区）	61.74	1151	Sig = 0.000
棚户区	60.29	105	
农转居社区	62.67	481	
其他	62.36	180	

在环境质量满意度各个维度上，不同居住环境的群体所做出评价也不尽相同。

——空气质量评价方面，高档商品房/高级住宅区/别墅区居住的群体评价最低（54.42）（见图10—2），未经改造的老城区（街坊型社区）居住群体评价最高（57.95），二者评价相差3.53。其余群体评价由高到低排列依次是：农转居社区（57.51）、棚户区（56.64）、单位社区（56.42）、普通商品房/经济适用房（55.20）。

——自来水质量评价方面，居住在棚户区的群体评价最低（58.50）（见图10—3），最高的是单位社区居住群体（64.86），二者评价相差6.36。其余几类居住环境群体评价居于两者之间，从高到低依次为：农转居社区（64.14）、未经改造的老城区（街坊型社区）（64.13）、普通商品房/经济适用房（61.87）、高档商品房/高级住宅区/别墅区（61.25）。

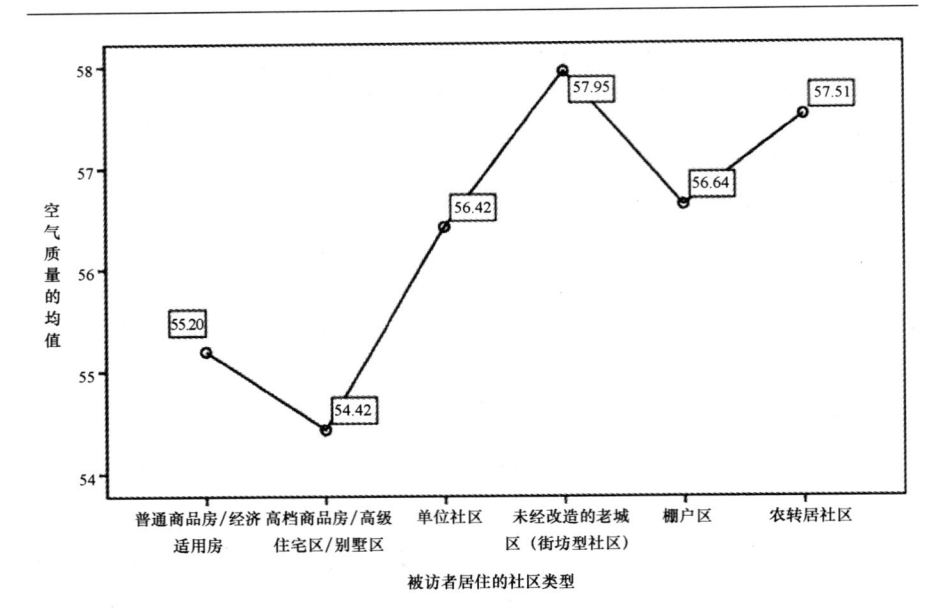

图 10—2　不同居住环境群体对空气质量的评价情况

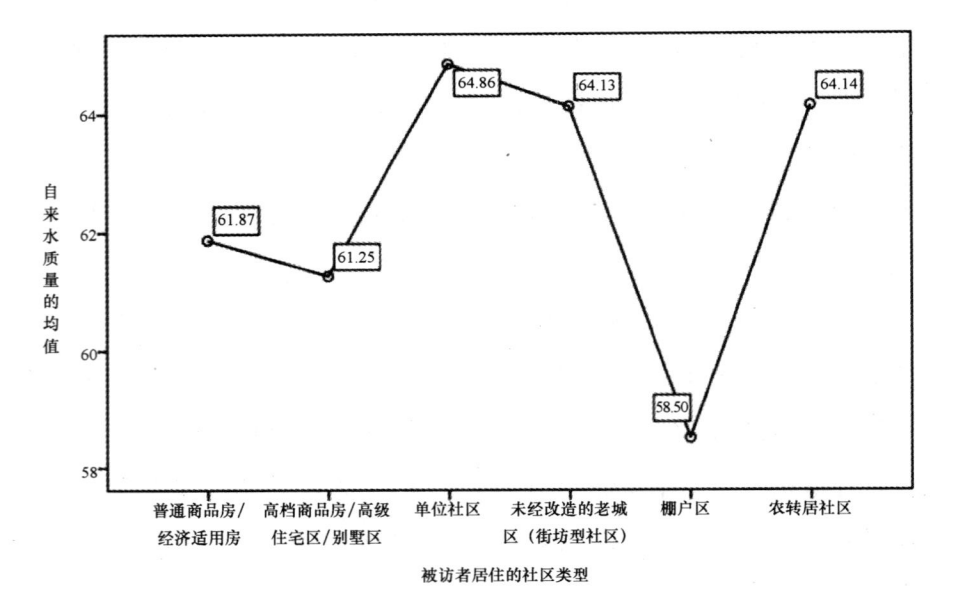

图 10—3　不同居住环境群体对自来水质量的评价情况

——生态水面质量评价方面，居住在未经改造的老城区（街坊型社区）群体评价最低（57.33）（见图10—4），最高的来自棚户区的居住群体（60.83），二者相差3.5。其余群体评价由低到高排列依次是普通商品房/经济适用房（57.35）、农转居社区（57.50）、高档商品房/高级住宅区/别墅区（57.87）、单位社区（58.96）。

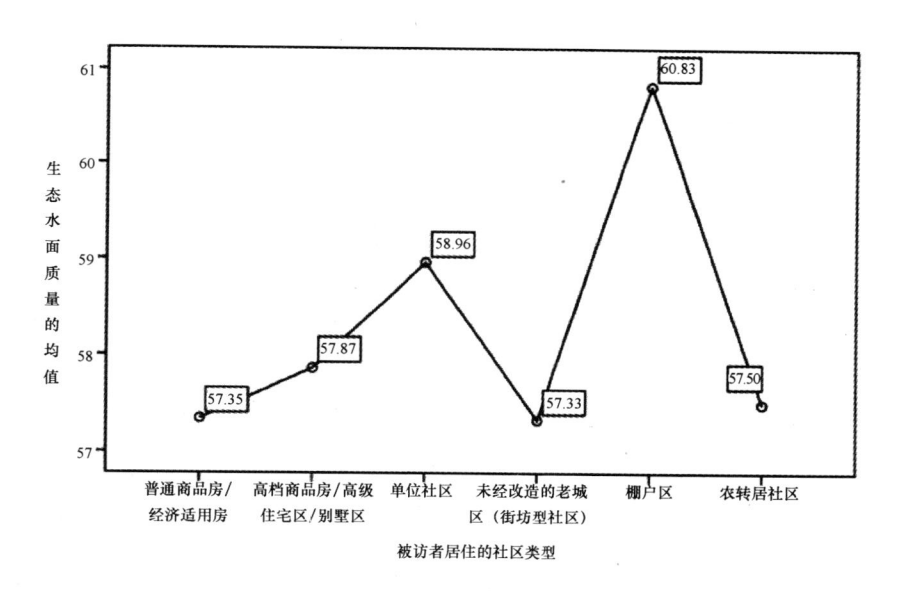

图10—4　不同居住环境群体对生态水面质量的评价情况

——城市绿化评价方面，居住在未经改造的老城区（街坊型社区）的群体评价最低（68.45）（见图10—5），居住在农转居社区的群体评价最高（71.33），二者相差2.88。其余群体评价由低到高排列依次是：棚户区（69.06）、高档商品房/高级住宅区/别墅区（69.16）、普通商品房/经济适用房（69.51）、单位社区（70.55）。

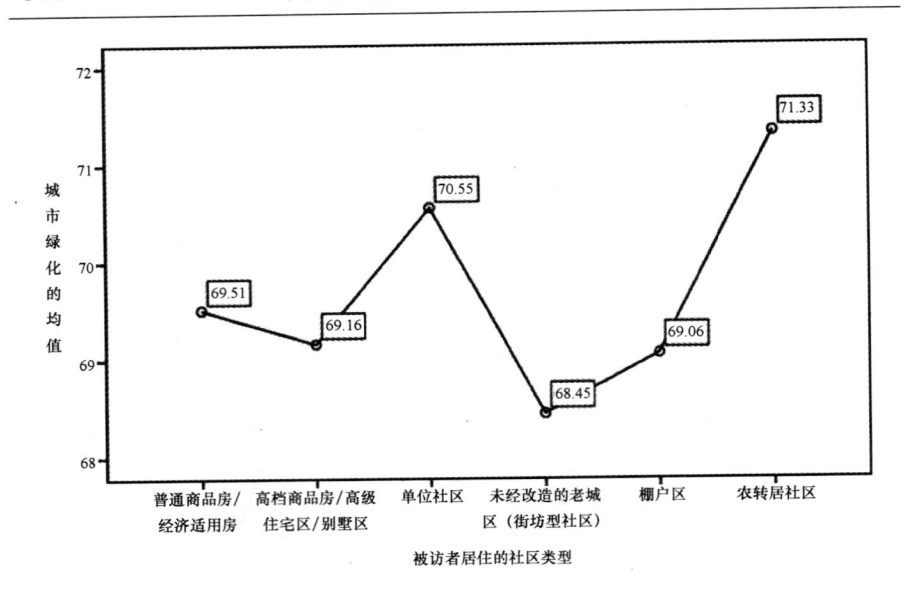

图 10—5　不同居住环境群体对城市绿化的评价情况

——生活垃圾处理评价方面，评价最低的是居住在棚户区的群体（56.42）（见图10—6），居住在农转居社区的群体评价最高（62.89），二者相差6.47。其余几类居住环境群体评价居于这两个群体之间，相差不大，评价由低到高排列依次是普通商品房/经济适用房（59.41）、高档商品房/高级住宅区/别墅区（59.45）、未经改造的老城区（街坊型社区）（60.86）、单位社区（61.14）。

从环境满意度的五个维度来看，居住类型的不同，导致群体对自身居住环境所做出的评判有所差异，其中生活垃圾处理与自来水质量这两个维度的差值较大，分别是6.47和6.36。值得关注的是，这两个维度的满意值最低的群体均来自棚户区。这也反映了在加强棚户区基础设施维护和公共服务方面，仍然有许多工作需要做。

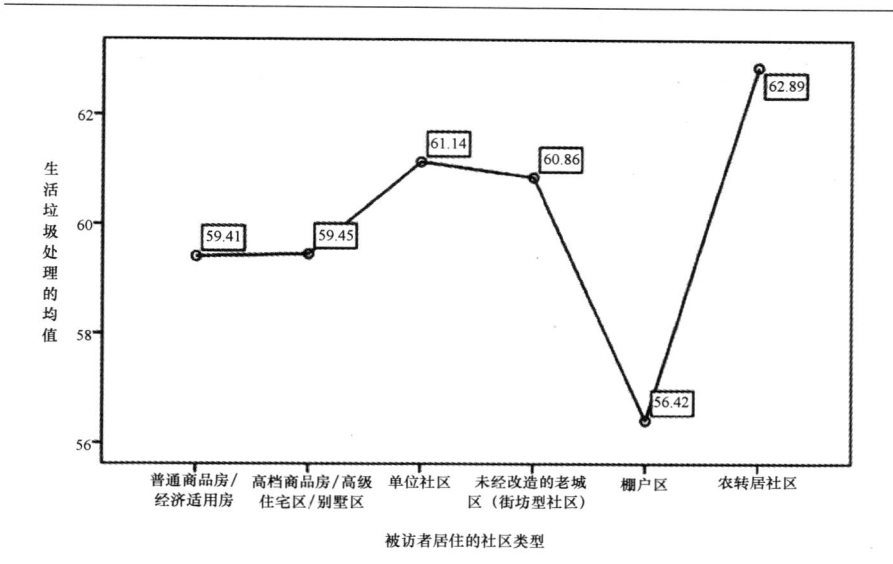

图 10—6　不同居住环境群体对生活垃圾处理的评价情况

四　环境质量信心度调查结果

在调查问卷中，为了更真实地反映民众的预期，我们将受访者对环境质量未来三年的预期分为变好、没变化、变差和不知道四个层次，调查结果如图 10—7 所示。

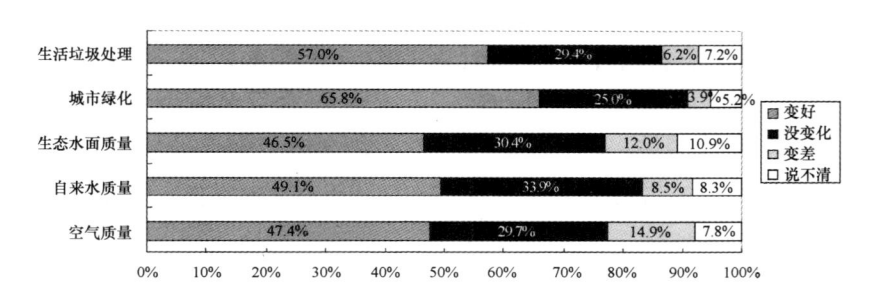

图 10—7　环境质量信心比例分布

（一）受访者对环境质量整体改善信心不足

受访者对未来三年中国环境质量改善依然信心不足，从五个维度来看，只有一个维度在受访者"变好"预期中超过60%（城市绿化65.8%）。受访者中，对环境质量改善预期持"说不清"态度的比例较高，接近10%。

（二）受访者对城市绿化信心最高

受访者对未来三年的城市绿化改善的信心度最高，65.8%的受访者认为未来会变好，仅有3.9%的受访者认为会变差，这是五个维度"变差"预期最低的，25%的受访者认为没有变化，剩下的5.2%的受访者持"说不清"预期，这也是五个维度中最低的。

（三）受访者对空气质量改善信心最低

受访者对未来三年空气质量改善信心最低，14.9%的受访者认为未来三年空气质量将持续恶化，这一比例在五个维度同一层次中是最高的，认为空气质量将变好的受访者仅有47.4%。

（四）受访者对生活垃圾处理的改善持相对较高信心

受访者对未来三年生活垃圾处理信心相对较高，有57%的受访者认为生活垃圾处理状况将变好，在五个维度中，仅次于城市绿化，但是仍低于60%，只有6.2%的受访者认为会变差。

（五）受访者对自来水质量改善不持乐观态度

33.9%的受访者认为未来三年自来水质量将没有变化，这一数据在五个维度"没有变化"预期一层次中最高。仅49.1%的受访者认为自来水质量将变好，还有8.5%的受访者认为自来水质将变差，8.3%的受访者持"说不清"的态度。

（六）受访者对生态水面质量改善信心不高

只有46.5%的受访者认为未来三年生态水面质量将变好，这一数据在五个维度"变好"预期层次中是最低的。12%的受访者则认为生态水面质量将变差，30.4%的受访者认为将没有变化，而10.9%的受访者则表示对这一状况"说不清"，这一数据也是五个维度同一层次中最高的。

与2013年相比，受访者对未来三年环境改善的信心有所提升，从环境满意度的五个维度来看，认为"变好"的受访者所占比重均有所增加，与之相对应的是认为"变差"的受访者所占比重均有所下降。

五 结论与思考

环境满意度主要探讨的是人们对其居住环境的一种直观感受，在本课题中，将环境满意度分为五个维度来进行：空气质量、自来水质量、生态水面质量、城市绿化、生活垃圾处理。

我们对环境满意度及其维度的数据分析表明：

（1）目前，我们国家的环境满意度总体得分为61.42。在各个维度的评价体系中，城市绿化得分最高，为69.75；其次是自来水质量，为62.86；生活垃圾处理刚刚及格，为60.23；在生态水面质量方面，得分较低，为57.78；得分最低的是空气质量一项，仅为56.39。需要注意的是，环境满意度整体得分并不高，仅仅达到及格水平，生态环境建设道路依旧任重道远，尤其是空气质量和生态水面质量亟待改善。

（2）从基本人口统计群体的环境满意度评价差异来看，在对环境的主观整体评价上，男性要好于女性；年长者要好于年轻人；已婚群体要好于未婚群体；汉族群体要好于少数民族群体；群众要好于党员；本科及以上教育程度的群体评价最差，而小学及以下教育程度的群体评价最好；西部地区评价最好，中部地区次之，东北地区再次之，东部地区评价最差。

（3）居住环境对环境满意度的评价影响比较显著，在对环境质量满意度的整体评价上，在棚户区居住的群体评价最低，为60.29分，居住在农转居社区的群体对环境质量的评价最高（62.67）。

空气质量评价方面，高档商品房/高级住宅区/别墅区居住的群体评价最低（54.42），未经改造的老城区（街坊型社区）居住群体评价最高（57.95），其余群体评价由高到低排列依次是：农转居社区（57.51）、棚户区（56.64）、单位社区（56.42）、普通商品房/经济适用房（55.20）。

（4）环境质量信心度调查结果显示，受访者对未来三年中国环境质量改善依然信心不足，从五个维度来看，只有一个维度在受访者"变好"预期中达到及格（城市绿化65.8%）。受访者中，对环境质量改善预期持"说不清"态度的比例较高，接近10%。与2013年相比，受访者对未来三年环境改善的信心有所提升，从环境满意度的五个维度来看，认为"变好"的受访者所占比重均有所增加，与之相对应的是认为"变差"的受访者所占比重均有所下降。

具体到评价体系的五个维度,受访者对未来三年的城市绿化改善的信心度最高,65.8%的受访者认为未来会变好,仅有3.9%的受访者认为会变差,这是五个维度"变差"预期最低的;受访者对未来三年空气质量改善信心最低,14.9%的受访者认为未来三年空气质量将持续恶化,这一比例在五个维度同一层次中是最高的;受访者对未来三年生活垃圾处理信心相对较高,有57%的受访者认为生活垃圾处理状况将变好,在五个维度中,仅次于城市绿化;33.9%的受访者认为未来三年自来水质量将没有变化,这一数据在五个维度"没有变化"预期一层次中最高;只有46.5%的受访者认为未来三年生态水面质量将变好,这一数据在五个维度"变好"预期层次中是最低的。

(5)上述具体统计结果表明,我国环境整体质量较去年有所改善,但民众对环境的满意度提升不多,尤其是空气质量与生态水面质量,在此次调查中,仍是民众迫切希望改善的方面。目前国家对环境问题越来越重视,环境保护和建设的投入也越来越大,人们的环保意识也在不断增强,但日益严峻的环境问题这一现实还是影响到了人们对未来环境改善的预期,尽管与2013年相比,民众对未来三年环境改善的信心有所增强,但是反映到数据上,仍是处于比较低的水平。空气质量与生态水面质量的改善,依旧是政府未来数年在生态文明建设事业中尤需重视的方向,也是提升居民环境满意度很重要的一个环节。

我们注意到,不同居住环境的民众对环境满意度几个维度的评价不尽一致,相应改善居住环境,提高居民对环境质量的满意度,也是生态文明建设的题中之意。如棚户区因基础设施建设相对滞后，居住在这类环境中的民众对空气质量、自来水质量、城市绿化和生活垃圾处理等方面不满意度较高，而居住在高档商品房、高级住宅区、别墅区和单位社区的群体满意度相对有所提高，不过居住环境与环境满意度并不是完全的正相关，在此次调查中，基础设施建设相对一般的农转居社区对环境质量满意度的评价最高，2013年则是街坊型社区。因此在城市规划与建设中，一方面要加强基础设施建设，将棚户区改造与农转居社区建设纳入总体规划，统筹考虑棚户区改造和农转居社区建设与基础设施、公用设施建设相结合，统筹考虑棚户区改造和农转居社区建设与环境保护和建设相结合，从整体上提高棚户区和农转居社区基础设施、生态环境的承载能力；另一方面在对老城区进行改造时，要充分考虑老城区居民的意愿，尊重他们对老城区的归属感。

第十一章　社区参与

社区是德国社会学家腾尼斯提出的一个与社会相对应的类型学概念。腾尼斯在《乡土社会与法理社会》中，把人们的关系分成两类，第一类是基于感情、恋念和内心倾向的关系，第二类是为了达到某种目的而建立在占有物的合理交易和交换基础上的关系。腾尼斯称第一类传统的富有人情味的、有共同价值观念、关系亲密的社会生活共同体为"Gemeinschaft"，一般译作"社区"。腾尼斯将其解释为一种由同质人口组成的具有价值观念一致、关系密切、出入相扶、守望相助的富有人情味的社会群体。人们加入这个群体并不是由自己选择的，而是因为他们生长在这个群体，这个群体就是社区。经城市生态学和其他社区研究的发展，社区演变为在现代城市社会中也存在的、具有一定地域范围、社会互动和认同的居住生活空间。

社区作为我国城市管理的基本单元和居民日常生活的场域，起着沟通国家与社会、群体与个体的桥梁作用。长期以来，中国城市社区建设以政府为主导，政府主导的社区建设是围绕着政府的需求而提出计划。在实践的过程中，这种社区发展的模式，跟不上社会的发展，对社会可持续起着阻碍的作用。随着中国社会经济的发展，特别是城市的发展，不同阶层分化明显，转型时期利益主体和价值取向日益多元化、基层社会矛盾凸显，社区成为社会和谐稳定的重要一环。互联网的迅猛发展更是使民众诉求表达机制、社会互动组织方式和政府管理方式均发生了重大变化。在这种新的形势下，2006年4月《国务院关于加强和改进社区服务工作的意见》也明确指出："积极支持民间组织开展社区服务活动，加强引导和管理，使其在政府和社区居委会的指导、监督下有序开展服务。"2006年《国务院关于加强和改进社区服务工作的意见》中提出："大力培育社区生活服务类民间组织。支持和鼓励社区居民成立形式多样的慈善组织、群众性文体组织、科普组织和为老年人、残疾人、困难群众提供生活服务的组织，使社区居民在参与各种活动中，实现自我服务、自我完善和自我提高。积极支持民间组织开展社区服务活动，加强引导和管理，使其在政府和社区居委会的指导、监督下有序开展服务。积极组织开展社区志愿服务活动。培育社区志愿服务意识，弘扬社区志愿服务精神，推行志愿者注册制度。"由此掀开了新世纪中国社区建设的大幕。

社区建设的主旨是建设社区，通过整合社区资源、强化社区功能、增强社区活力、培育社区共同体和社区归属感，使居民与社区之间建立起协调发展、和谐有序的平衡关系。要达到这一目的，就离不开社区成员积极而富有成效的参与。社区参与是一个动态的、历史的概念，在不同的时序空间，具有不同的含义。在当前我国城市社区建设中，社区参与是指社区居民通过一定的途径和形式参与社区的各种组织和集体活动，参与社区事务的决策、管理和监督，分享社区建设成果的行为和过程。

社区建设是当前我国社会建设中的重要领域。社区居民的参与是社区发展中最重要的环节，也是社区取得长远发展的依靠力量和长久动力。通过对于社区居民参与的研究，我们能了解当前社区居民参与的现状并探究其影响因素，解决我国当前社区建设中遇到的问题，进而为居民参与提供宽松的环境和便利的条件，促进社区发展。

一　概念与指标体系

（一）社区参与的不同层次

当前城市居民进行社区参与的方式依其所关注的社区事务类型、参与动机以及参与策略的不同，主要有以下三种：

依附参与

依附参与实质上并不是真正的社区参与，它并不出于参与者的完全自愿。例如，有研究者发现，低保居民以及其他一部分受益于社区的居民常采用这种方式进行社区参与。由于在经济或生活上依赖政府和社区，他们往往承担一部分社区任务。由于居民与社区存在依附关系，并且基层政府在社区中往往扮演动员角色，因此这种参与也往往在实质上成了某种负担。这种参与方式虽然表面上看参与度很高，但是并不具有实质上的社区参与的内涵和意义，并没有起到培育公民意识的作用。

志愿参与

志愿参与是指居民出于个人意愿而参与社区公共活动，不索取任何报酬。这类参与一般以社区组织或自发的文艺娱乐活动为主，例如打太极拳、歌咏比赛、联欢会等。除此之外，随着民间社会组织的发育，也有一部分居民志愿参与公益类活动。

权益参与

权益参与是社区居民为了维护自身共同利益,经过讨论组织集体行动,干预侵害,施加影响,保护或发展个人利益的行为。例如在一些老旧社区遭遇强制拆迁时,居民自发组织起来为自己争取应得的合理补偿,争取自身利益。与前两种参与形式相比,权益参与具有特别突出的意义。权益参与最接近参与的本质,权益参与中的个人是自由的,不受他人操纵。权益参与具有一定的政治性,这样的参与有利于居民培育公民意识和权利意识,增强利益表达和维护的能力,能够增强社区自治能力,凝集社区力量,对社区发展有极其重要的意义。

(二) 社区参与综合指标的构建

结合中国的实际情景,本次调查中我们将社区参与分为"活动参与"与"正式参与"两个维度。"活动参与"是指居民在社区中所从事的与社区事务相关的行为,对于这个维度的测量我们在设计上尽可能涵盖前述三个参与层次的内涵;"正式参与"是指居民在正式组织制度中参与的具有一定程序的行为,例如参加业委会、居委会的选举或投票等。在本次研究中,我们一共采用六个题器来测量这两个维度,分别是"参加社区居委会活动"、"与邻居面对面谈论社区事务"、"为本社区居委会提过建议或反映问题"、"与业主邻居交流本社区问题"、"参加业主委员会选举投票"以及"参加社区居委会/村委会选举投票",这六个题器均为二分变量,取值为 0 和 1,其具体统计结果如表 11—1 所示。可以看到,在活动式参与中,和邻居面对面谈论社区事务所占的比例最高,为 28.13%,其次为向社区居委会提建议或反映问题

(20.42%)。尽管互联网作为一种高效便捷的沟通手段,日益成为社区居民交流和沟通的新渠道,但在社区事务中,仍然无法代替现实的活动。从表11—1可以看到,有过在网络上与业主邻居交流本社区问题经历的被访者比例为8.04%,仅为线下活动的一半左右。

表11—1 "社区参与"测量题器基本统计量（N = 7171）

b16a	参加社区居委会活动	19.79%
b16b	和邻居面对面谈论社区事务	28.13%
b16c	向社区居委会提建议或反映问题	20.42%
b16d	网上与业主邻居交流本社区问题	8.04%
b18b	参加业主委员会投票	15.59%
b18c	参加社区居委会/村委会投票	27.40%

根据测量理论,我们采用验证性因子分析模型来建构量表。从模型拟合的结果来看,该指标体系较好地拟合了数据,具有良好的统计检验特征,其逼近根均值平方误系数（RMSEA）为0.039[1],模型拟合优度指标CFI和TLI分别达到了0.994和0.988。

就量表的测量属性而言,在本次量表构建中,大部分指标展示了较好的测量属性,"活动参与"与"正式参与"这两个因子的复合信度系数分别为0.859和0.873。通过进一步检查测量指标,可以看到,有个别指标（网上与业主邻居交流本社区问题）

---

[1] 逼近根均值平方误（Root Mean Square Error of Approximation）,简写为RMSEA,它是测量模型的拟合协方差矩阵和样本数据的协方差矩阵之间的差异程度的度量,取值范围没有上限,下限为0。一般的经验规则是,RMSEA小于0.05时,表示测量模型和抽样数据之间"高度拟合"（close fit）,介于0.05和0.1之间,表示"基本拟合"（reasonable fit）。

的Raykov信度系数水平较低（0.354）。这部分问题还有待在未来的调查中进行修改和优化。因子分析的更详细结果请见表11—2所示。通过计算因子得分，得到"活动参与"因子的最大值为1.640，最小值为-0.358，均值为0；"正式参与"因子的最大值为1.480，最小值为-0.316，均值为0。在本章后面的分析中，将采用这个因子得分作为因变量与其他影响因素展开分析。

表11—2　　　　　"社区参与"因子分析结果

	题器	Lambda	Raykov Reliability
b16a	参加社区居委会活动	0.865	0.748
b16b	和邻居面对面谈论社区事务	0.795	0.632
b16c	向社区居委会提建议或反映问题	0.837	0.701
b16d	网上与业主邻居交流本社区问题	0.595	0.354
活动参与（PARTICIP）			0.859
b18b	参加业主委员会投票	0.878	0.771
b18c	参加社区居委会/村委会投票	0.883	0.780
正式参与（PART_FOR）			0.873
n			7171
CFI			0.994
TLI			0.988
RMSEA			0.039
Chisq			96.093
d.f.			8

二　2014年城市居民社区参与现状

近年来我国社区自治进一步深化，社区参与和社区自治面迅

```
                               0.865
        ┌─────────┐   ─────────→  ┌──────────────────────┐
        │         │   0.795       │ 参加社区居委会活动    │
        │ 活动参与 │  ──────────→  ├──────────────────────┤
        │         │   0.837       │ 与邻居面对面谈论社区事务 │
        └─────────┘  ──────────→  ├──────────────────────┤
                     0.595        │ 提过建议或反映问题    │
                     ──────────→  ├──────────────────────┤
                                  │ 与业主邻居交流本社区问题 │
                                  └──────────────────────┘

        ┌─────────┐   0.878       ┌──────────────────────┐
        │ 正式参与 │  ──────────→  │ 参加业主委员会选举投票 │
        │         │   0.883       ├──────────────────────┤
        └─────────┘  ──────────→  │ 参加居/村委会选举投票  │
                                  └──────────────────────┘
```

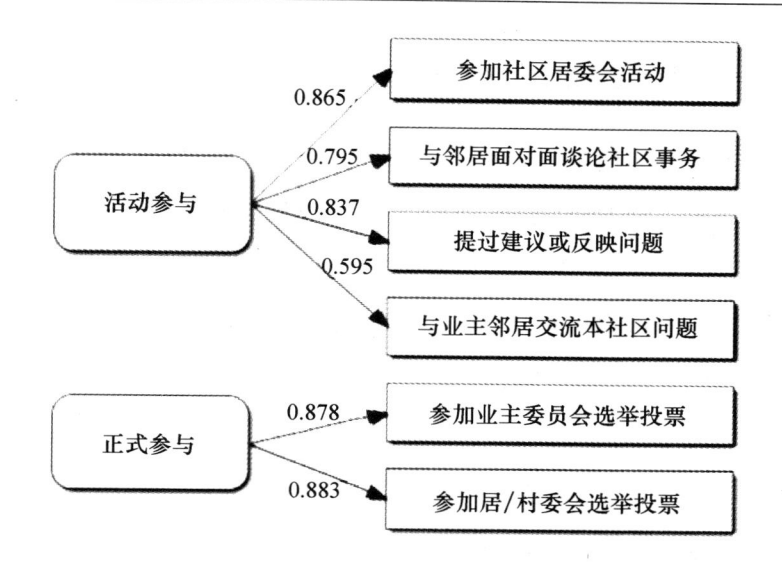

图 11—1　社区参与因子分析结果

速拓宽，社区建设进一步发展，在社区参与的组织化和制度化方面都取得了飞速的发展，形成了一大批社区义工和社区志愿者组织，培育促进了社区中介组织的建设。各地实践表明，当前我国城市居民参与社区建设的领域越来越多，居民参与正呈现良好的发展态势。尽管如此，由于我国社区建设的时间不长，城市化进程非常迅猛，在社区建设的实践过程中不可避免存在很多问题。根据相关调查研究的结果，我国当前社区发展和建设普遍存在着社区居民参与不足的问题，主要体现为：第一，居民总体参与率不高，发展不平衡，社区参与的主体以老年人、妇女为主，而青壮年参与较少。第二，社区参与的程度不深，参与的形式不够丰富，目标层次较低。居民大多数情况下只是由基层政府动员而被动式参与，或者只参与社区具体事务，尤其是文化娱乐活动，而很少参与决策和管理。因此，下文将针对不同人群来分析和比较社区参与的差异。

（一）社区参与的地区差异

我国城市居民的社区参与水平与城市化程度以及各级地方政府社区建设水平紧密关联。从社区参与的地区差异上看，无论是活动参与还是正式参与，东部地区城市居民的参与程度都最高，其得分分别为 0.266 和 0.322，其次为中部地区。东北地区居民的社区参与水平最低，其活动参与和正式参与的得分分别为 -0.122 和 -0.137。

在本研究中，根据城市发展水平及地区经济社会发展水平，将城市划分为四类层级。其中一类城市包括北京、上海、广州和深圳，这四个城市代表着中国房地产行业发展的最高水准；二类城市包括省会城市和计划单列城市；三类城市包括大多数地级市；四类城市为县级市、县城。从数据结果上看，三类城市居民的活动参与程度最高，为 0.284，其次为一类城市居民，其活动参与程度为 0.146，四类城市居民的活动参与程度最低，为 0.056。从社区的正式参与程度上看，同样呈现一致的排序，即三类城市最高，一类城市其次，最低为四类城市。

表 11—3　　　　　　　　　社区参与的地区差异

		活动参与	正式参与	N
区域	东部	0.266	0.322	1755
	中部	0.149	0.143	2661
	西部	0.067	0.066	1925
	东北	-0.122	-0.137	830
城市类型	一类城市	0.146	0.181	403
	二类城市	0.065	0.078	2855
	三类城市	0.284	0.284	1863
	四类城市	0.056	0.066	2050

随着我国城市化建设的步伐，社区建设亦从传统的单位制社区向新型商品房社区转型。从社区类型上看，老城区居民的活动参与程度最高，为0.193，其次为农转居社区居民（0.162）；在正式参与程度上，则是农转居社区居民最高，为0.260，其次为老城区居民。单位社区居民在活动参与和正式参与两项中均处于最末。这表明，在我国的城市化建设以及社区建设进程中，由于传统基层组织设置及城市配套设施的完备，老城区居民仍然在一定程度上保留着某些熟人社会特征，其社区认同感较高，能够较多地投入到社区活动参与中。而农转居社区是近几年伴随城市扩张才开始出现的现象，在这个过程中由于政府已经开始重视社区建设，因此其居民往往经历了社区基层组织、居民自组织重建等过程，从而表现为有较多的正式参与经历。而对传统单位社区来说，由于其所赖以支撑的制度基础不复存在，随着人口变迁社区逐渐空心化，其原有的熟人社会特征进一步被销蚀，传统单位社区居民的社区参与程度亦因此受到影响。

表11—4　　　　不同社区类型中居民的社区参与

		活动参与	正式参与	N
社区类型	单位社区	0.048	0.026	1040
	高档商品房小区	0.085	0.116	373
	老城区	0.193	0.184	1277
	农转居社区	0.162	0.260	493
	其他	0.180	0.165	490

(二) 社区参与的群体差异

年龄

从年龄上看,不同年龄的群体,对社区参与的差异,具有统计显著性。年龄越大,无论是活动参与还是正式参与,其参与程度都呈逐渐增加的趋势。就整体而言,年龄与社区参与呈现线性趋势。唯一的例外是36—45岁年龄组的被访者,由于他们正处于事业和家庭最繁忙的阶段,其在活动参与上的得分低于28—36岁年龄组的被访者。

性别

性别在这两个社区参与类型上呈现截然不同的差异。女性更多是从事活动参与,其因子得分均值为0.129,大于男性的0.117,尽管该差值较小,但是具有统计显著性;而在正式参与程度上,则是男性(0.140)高于女性(0.129)。这也反映了当前我国社区参与中性别不平衡的现状。

政治面貌

党员无论在活动参与还是正式参与程度上,均显著高于非党员。

婚姻

从婚姻状况上看,当前我国社区参与主体中几乎见不到未婚青年群体的身影,未婚青年在活动参与上的得分为0.034,在正式参与上的得分为0.013。

表 11—5　　　　　　　　　不同群体社区参与情况

		活动参与	正式参与	N
年龄	28 岁以下	0.059	0.053	2061
	28—36 岁	0.136	0.148	1431
	36—45 岁	0.125	0.163	1469
	45—60 岁	0.169	0.181	1724
	60 岁及以上	0.200	0.173	479
性别	女性	0.129	0.129	4124
	男性	0.117	0.140	3040
政治面貌	非党员	0.100	0.116	6540
	党员	0.381	0.326	622
婚姻	已婚	0.148	0.166	5641
	未婚	0.034	0.013	1515

社会经济地位

本研究从主观社会地位、主观经济地位、是否拥有自住房、是否拥有家庭轿车以及家庭收入五个方面来综合衡量城市居民的社会经济地位。个人的主观社会地位和主观经济地位均为十级排序量表，取值从 1 到 10，第十层级表示最高地位、最高层。在本次分析中，由于第八及以上层级个案数较少，我们对其进行了合并，因此最终数据为八级。

从图 11—2、图 11—3 可以看到，居民的社区参与与主观社会地位存在一个倒 U 型关系，即在第七层级之前，随着居民的个人主观社会地位越高，其社区参与程度也越高；主观社会地位的最高层（第八层）其社区参与程度反而有所降低。类似的规律也体现在主观经济地位与社区参与的关系上面，但其下降的拐点出现在第五和第六层级附近。

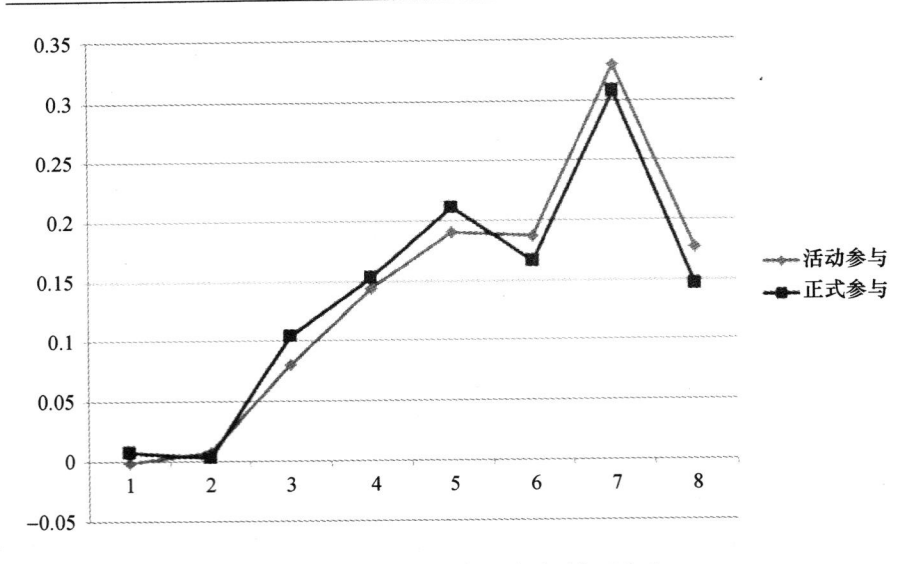

图 11—2　主观社会地位与社区参与

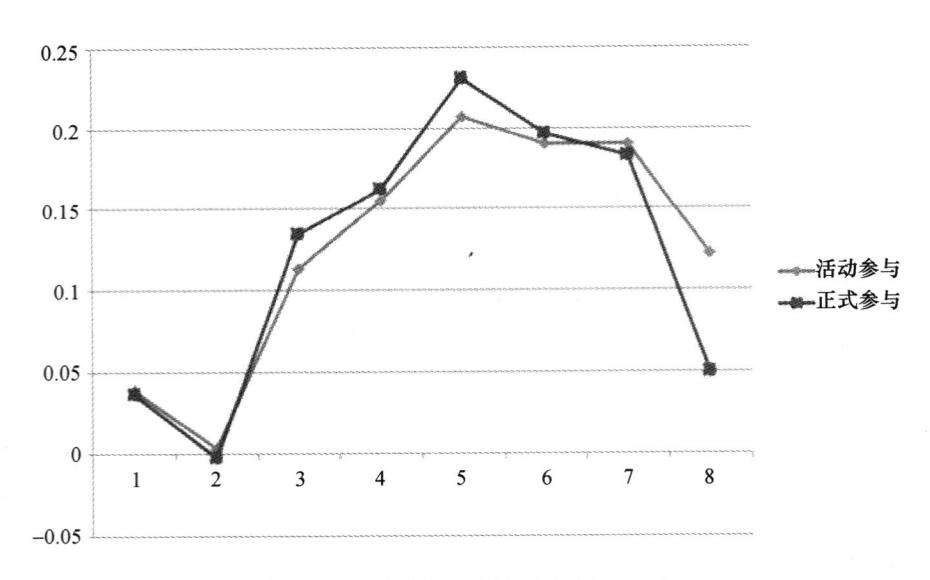

图 11—3　主观经济地位与社区参与

从表 11—6 可以看出，拥有自住房的居民其社区参与程度显著高于没有自住房的居民；拥有家庭轿车的居民在社区活动参与和正式参与上都显著高于没有家庭轿车的居民。从家庭收入上看，低收入家庭的社区参与程度显著低于高收入家庭，其活动参与水平仅为0.066，正式参与水平仅为0.077；在相对高收入的家庭中，尽管在社区活动参与程度上略有差别，但是其差异较小。在社区正式参与上，参与程度最高的是收入中间层，收入最高层正式参与程度反而降低。这个结果与前述主观经济地位的结果也是相符合的。

表11—6　　　　不同社会经济地位居民社区参与差异

		活动参与	正式参与	N
住房	没有	-0.02131	-0.011	520
	有	0.133	0.143	6434
家庭轿车	没有	0.092	0.113	5001
	有	0.194	0.180	1950
家庭月收入	3600元以下	0.066	0.077	1180
	3600—5000元	0.120	0.154	820
	5000—6000元	0.107	0.134	1059
	6000—8000元	0.123	0.148	1250
	8000元及以上	0.127	0.124	1643

因此，综上所述，当前我国社区参与主要以中间阶层为主。绝大多数研究认为，中产阶层不单是一支稳定社会的中坚力量，更是一个在政治上敢于表达自己观点的阶层，他们会利用有效的制度途径，进而影响决策层做出有利于他们的政策决定。社区参与是社区居民作为社区管理的主体，参与社区各种事务的行为。如何把握好中间阶层的特点，促进中间阶层对社区参与的兴趣和利益关注，激发他们社区参与的意识和动力是社区参与和社区建

设的重要内容。

(三) 社区参与和邻避倾向

"邻避运动"最早起源于西方国家。"Not in my backyard"（不要建在我家后院）这个词由英国 20 世纪 80 年代的环境事务大臣尼古拉斯·雷德利创造，后来逐渐流行开来。"邻避运动"意指居民为了保护自身生活环境免受具有负面效应的公共或工业设施干扰，而发起的社会反抗行为。从这个词的起源上看，"邻避运动"跟环境保护密切相关，只是"邻避运动"强调的是保护地方民众的小环境而不是人类或整个社会的大环境。后来，"邻避主义"涵盖的范围不断扩大，包含了一切有着潜在环境和安全风险及危害的大型生产项目以及设施建设，其目的也从原先的以抵制"危害性"风险为主转变为抵制一切可能"改变现状"的建设和生产。

在当今世界，几乎每个国家都会出现"邻避运动"，但"邻避运动"的形式和结果却又有很大不同。"邻避运动"能否成为一种理性而有益于社会进步的运动，跟社会的法治观念和公共意识有很大关系。相比较而言，在西方发达国家，"邻避运动"通常都能保持理性的形式。而在发展中国家，尤其是社会急剧转型的国家，"邻避运动"很容易超出理性诉求的边界。

在我国已经推出有关环境影响评价相关法律的背景下，提高公众参与不仅是政府想民之所想、推进环境保护公开决策、维护公众环境权益以及完善公众参与机制的积极之举，更是我们构建和完善社会主义市场经济法治基础的必经之路。在中国，"邻避运动"近年来频频发生。像殡仪馆、垃圾场、炼油厂、加油站、

第十一章 社区参与

铁路、造纸厂、PX项目、核电站等可能对附近环境和资产造成负面影响的设施，通常都会遭到当地民众的抵制和抗争。而抗争的模式与结果几乎都如出一辙：只要民众反对的规模越大，抗争手段越激烈，地方政府通常都会屈服而终止该项目。令人深思的是，在某种程度上频繁发生的邻避现象源自于公众的知识匮乏和对风险的误解。在这个背后，则是信息沟通机制的缺乏。在新一轮的城镇化及工业化的发展过程中，针对区域的环境保护，无论是对政府还是公众，"邻避主义"显然都非长久之策，能否在全社会真正地建立并执行一整套抵御环境风险的全社会参与和沟通机制，以及完善的治理体系，才能从根本上杜绝以环境换经济、以环境换政绩的不当之举，跳出邻避倾向的陷阱。

本项调查针对社区邻避倾向设计了四个问题，分别是对在社区周边设置四种公共设施的反应，包括公共厕所、变电站、城市快速路或高架桥以及垃圾焚烧厂，其选项为五级，从低到高分别为"反对并维权"、"反对"、"多数同意才认可"、"补偿才认可"以及"认可"。从调查数据可以看出，被访者对这四个设施的抵触情绪次第增加，在关于"设置垃圾焚烧站"的选项上，13.2%的被访者选择了维权行动，参见图11—4。

本项研究使用验证性因子模型将这四个题器综合为一个量表，模型拟合结果如下表所示。模型的逼近根均值平方误系数（RMSEA）为0.092，模型拟合优度指标CFI和TLI分别达到了0.989和0.967，表明该量表具有较好的测量属性。通过计算因子得分，邻避倾向的最小值为-1.660，最大值为0.866，均值为0，得分越高表示邻避倾向越弱，反之，得分越低表示邻避倾向越强烈。

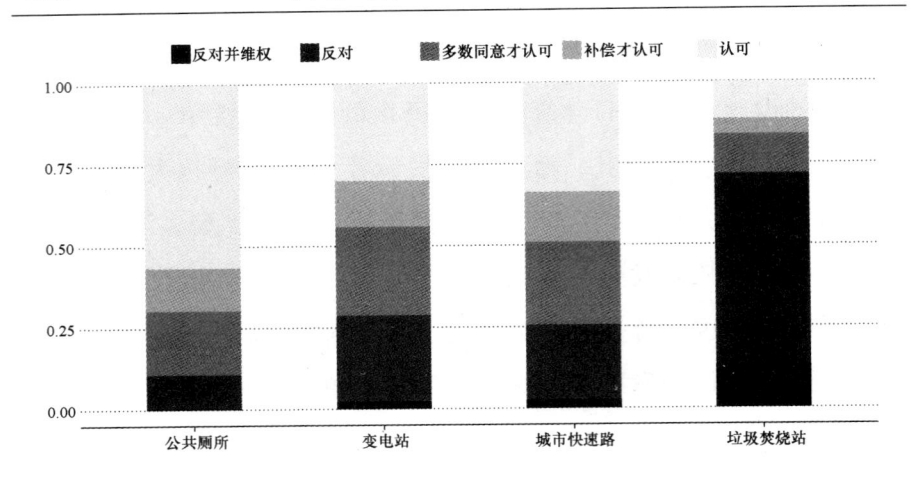

图 11—4 对公共设施的反应

表 11—7　　　　　　　　　　邻避倾向量表

题器	Lambda	Raykov Reliability
b20a	公共厕所	0.576	0.332
b20b	设置变电站	0.825	0.681
b20c	开通快速路/高架桥	0.723	0.523
b20d	建立垃圾焚烧厂	0.571	0.326
邻避倾向			0.773
n			7168
CFI			0.989
TLI			0.967
RMSEA			0.092
Chisq			123.176
d.f.			2

在建立了综合指标之后，我们可以考察社区参与的两个维度及相关自变量与邻避倾向之间的关系了。表 11—8 显示了用回归模型来考察邻避倾向与社区参与之间关系的结果。

表 11—8　　　　　　　邻避倾向回归模型

自变量	Estimate	Std. Error	t value	Pr（>|t|）
社区参与				
活动参与	0.062	0.019	3.233	0.001
正式参与	0.042	0.020	−2.090	0.037
年龄	−0.009	0.003	−3.364	0.001
年龄平方	0.000	0.000	5.174	0.000
文化程度	−0.014	0.004	−3.384	0.001
男性	0.040	0.012	3.366	0.001
未婚	0.047	0.021	2.253	0.024
主观社会地位	−0.011	0.006	−1.984	0.047
主观经济地位	−0.010	0.005	−1.846	0.065
拥有住房	−0.007	0.022	−0.325	0.745
拥有轿车	0.067	0.013	4.965	0.000
城市类型				
二类城市	−0.049	0.026	−1.870	0.061
三类城市	−0.007	0.028	−0.240	0.810
四类城市	−0.053	0.027	−1.950	0.051
（截距）	0.197	0.069	2.852	0.004

回归分析中得到的结论总结如下：

（1）在控制了其他因素影响的情况下，不同年龄的城市居民与邻避倾向存在关联，其差异具有统计显著性。并且，年龄与邻避倾向呈微弱的 U 型关系，即随年龄增加，邻避倾向程度变强，但过了一定阶段，邻避倾向变弱。

（2）文化程度越高，邻避倾向越强烈。这表明文化程度越高的居民，其环境问题、权益保护意识都更加强烈。

（3）在控制了其他因素影响的情况下，男性的邻避倾向低于女性，该差异具有统计显著性。

（4）未婚城市居民相比较已婚城市居民，邻避倾向更弱。

（5）从社会经济地位上看，我们的假设是社会经济地位越高，邻避倾向越强烈。多元回归模型的结果也证实了这一点，主观社会地位较高的以及家庭轿车拥有者的邻避倾向高于主观社会地位较低的以及不拥有家庭轿车的居民。

（6）在控制了其他因素之后，是否拥有住房对于邻避倾向不具有显著相关关系。

（7）从社区参与与邻避倾向的关系上看，社区参与程度与邻避倾向呈负相关，且具有统计显著性。从回归模型结果可以看出，在控制了其他因素的条件下，无论是社区活动参与还是社区正式参与，被访者的参与程度越高，其邻避倾向就越弱。因此，能否从社区参与入手，建立通畅的社区沟通渠道，构建社区沟通平台，改善城市社区里的邻避陷阱将是社区建设的重要组成部分。

（8）在不同城市类型上，尽管二类、三类和四类城市的回归系数低于一类城市，表明其邻避倾向略高于一线城市，但是统计检验并不具有显著性，可以认为不同城市类型的居民之间，在邻避倾向上没有统计差异。

三 结论与建议

本章从社区参与的两个维度——活动参与和正式参与出发，分析了不同地区和人群在社区参与上的差异。随着城镇化进程如火如荼地推进，新时期的社区建设也取得了巨大成就。社区参与和社区自治面迅速拓宽，社区建设进一步发展，在社区参与的组织化和制度化方面都取得了飞速的发展。尽管如此，我们仍然应该看到社区参与的现状仍存在较大的不平衡，这种不平衡主要表现在：

（一）地区差异明显

社区参与水平受地区经济发展水平制约严重，发达地区相较于欠发达地区在推进社区参与方面大踏步前进，而西部和东北部地区的社区参与水平进展缓慢。

（二）二类城市矛盾多、底子薄

从城市层级上看，社区参与水平也存在较大的不平衡。尽管总的来说一类城市在社区制度建设上起步较早、条件较好，但是居民对社区参与的要求更高，权益意识更强，因此呈现的矛盾也较多，这为城市管理和社区自组织建设提出了更高挑战。二类城市居民参与意识和权益意识日益高涨，社区制度建设相对滞后，是目前社区参与和社区建设的薄弱地带。三类城市居民在社区参与的两个维度上得分均为最高，其可能的原因是：第一，原有的社区纽带依然保存，社区联系紧密；第二，居民较少受到大规模城市改造的影响，居民的权益意识尚未受到完全激发，社区参与需求较容易得到满足。

（三）社会中间阶层社区参与意识强烈

当前我国社区参与主要以中间阶层为主，这部分人文化程度高，具有良好的收入，权益意识较强，能够自发投入社区志愿型或维权型参与。

近几年来，邻避运动时有发生，有些甚至造成了较大规模的群体事件。如何看待邻避倾向，通过社区参与的方式和途径，化解非理性的误解，实现个体利益与整体利益的协调，是新时期社区建设的重要内容。

本次调查数据表明，通过推动社区参与，提高社区治理水平有助于消减邻避倾向，实现社区的和谐共治。社会中间阶层既是社区参与的主要力量，亦是邻避倾向的主要带领者。通过推进社区参与不仅满足社会中间阶层实现权益主张的需要，同时也是化解信息沟通鸿沟，在更大的层次上实现社会权益的有效手段。

第十二章 社会包容状况

2014年7月29日的中共中央政治局会议提出，"发展必须是遵循经济规律的科学发展，必须是遵循自然规律的可持续发展，必须是遵循社会规律的包容性发展"，第一次在顶层政策设计中提出了包容性社会发展的理念。其实，当经济全球化成为一种不可选择的卷入力量，发展差距的扩大也无可避免地导致更加严重的社会排斥。为消除日夜显现的社会分裂和正在失去的经济社会秩序，越来越多的国际机构和政府加强了包容性社会政策的预设和实践。

一 概念和测量工具

（一）概念

世界银行将社会包容（Social Inclusion）定义为改进弱势身份人群的能力、机会和尊严，以及参与社会的进程。[1] 社会包容在生活世界中被描述为每个人都生活在尊严中，他们感觉受到了重视，与别人的差异受到尊重，基本需求得到满足。它的对立面

---

[1] World Bank, 2013, *Inclusion Matters: The Foundation for Shared Prosperity*. Washington, D.C.: World Bank.

是社会排斥。社会排斥（Social Exclusion）是弱势群体被排除在经济、社会、政治和文化体系之外的过程，使得人们难以融入社区。[1] 在社会排斥概念最早提出者法国政府官员勒内·勒努瓦（René Lenoir）看来，在一个封闭的民族族群社区中，"被排斥"的群体包括：残疾人、单身父母、吸毒者、越轨者和老人，这些人被排斥在经济和社会参与之外，需要国家通过社会保险的方式给予帮助。也就是说这些群体应对未保险的风险是脆弱的，经济增长不能解决他们的贫困问题。[2] 如果抛弃这些脆弱群体意味着个人与外界日常联系的"社会纽带的断裂"（Rupture in Social Bonds）。[3] 社会排斥概念如今被广泛应用于描述社会群体之间的抗拒人群之间的抗拒和割裂。

在社会政策层面，社会包容作为社会排斥的反式，在性质上是一种平权行动（Affirmative Action），旨在改变导致社会排斥的环境和习性。平权行动（如英国的正面差别待遇、加拿大的就业公平等）原本指的是将"种族、肤色、宗教、性别或者民族血统"等因素纳入相关政策设计，以便经济和社会福利能够惠及在就业、教育和商业等领域未被充分代表的群体（Underrepresented Group）。平权行动概念在19世纪60年代初期作为反对雇佣过程种族歧视的一种选择被引入，随后扩展运用到包括性别不平等在

---

[1] Cappo D., 2002, "Social inclusion initiative: Social inclusion, participation and empowerment." Address to Australian Council of Social Services National Congress 28 - 29 November, Hobart.

[2] Paugam, S., 1993, La société française et ses pauvres (French Society and Its Poor). Paris: PUF.

[3] Silver, H., 1994, "Social Exclusion and Social Solidarity: Three Paradigms", *International Labor Review* 133, pp. 531 - 578.

内的广泛议题分析和政策制定。平权行动的政策设计在世界各地不尽相同，一些国家，如印度，通过配额制（Quota System）追求平权，即借以一定比例的工作岗位或者入学名额必须留给某个种族（Race）、种姓（Caste）或者其他受保护的群体。另外一些国家或地区，具体的配额并不存在，可替代的是少数族群成员在选拔过程具有优先选择权，常见的如指定大学奖学金优先授予特定的少数族群成员等。① 平权思想被广泛应用到一般性社会弱势群体的政策设计，如为弱势群体提供最低收入和基本公共服务保障，以促进各项社会权利的实现，中国的最低生活保障制度和高校招生对少数民族生源的加分制度就是例证。但是，不平等和抗拒的根源主要产生于生产环节，分配后的平权和政策只能是一种残补型的福利救济和政策眷顾，难以遏制政策对象的向下社会流动。更深层次的平权体现于生产过程的包容性。

亚洲开发银行2007年在其年度报告中首次提出"包容性增长"（Inclusive Growth）概念，倡导"有效的包容性增长战略需集中于能创造出生产性就业岗位的高增长、能确保机遇平等的社会包容性以及能减少风险，并能给最弱势群体带来缓冲的社会安全网"。按照其最初倡导者的界定，"包容性增长使得人人都能参与到经济增长的进程当中，同时又保证每个人都能平等享有经济增长带来的福利"。②

---

① Thomas Sowell, 2004, *A formative Action Around the World: An Empirical Study*. Yale University Press, New Haven & London, pp. 1 – 22.

② Asia Development Bank, 2008, *The ADB Annual Report 2007* (http://www.adb.org/documents/adb-annual-report – 2007).

包容性增长作为发展经济学的一个新概念具有以下含义：第一，包容性增长是机会平等的增长，强调通过高速和可持续的经济增长以创造就业和其他发展机会。① 第二，包容性增长是益贫式增长，强调经济过程对贫困和弱势群体的关注。这种增长有利于发展中国家中的大多数人，而且在经济与政治上更具有持续性。② 第三，包容性增长是促进充分就业的增长，包容性增长应该实现穷人的充分就业，并使工资增长速度高于资本报酬增长速度，从而缩小贫富差距。③ 可见，包容性增长似乎谋求工作机会的平等和充分就业制度来减少资本密集型生产带来的财富集中对劳动力造成的冲击，但是这种愿望在资本主宰的增长模式下只能是一厢情愿的表达。

　　"包容性发展"（Inclusive Development）概念再一次减弱了人们对包容性的质疑。它不同于"包容性增长"的关键在于中心词是"发展"而不是"增长"。"发展"的实质是福祉（Well Being）扩大，而"增长"仅仅是"收入"（Income）的增加。"包容性"（Inclusive）则聚焦于机会、收入或者福祉在全社会的分配。"增长"一般指经济增长，可以用人均收入（GDP per capita）变动精确衡量；而"发展"则寓意丰富，不仅指经济数量和结构的变化、人口空间的聚集，如城市化，还需要通过教育、医疗等

---

① Ali, I., and J. Zhuang, 2007, "Inclusive Growth toward a Prosperous Asia: Policy Implications." *ERD Working*, Paper No. 97, Economics and Research Department, Asian Development Bank, Manila.

② Birdsall. N., 2007, "Reflections on the Macro Foundations of the Middle Class in the Developing World." *Working Paper*, No. 130, Centre for Global Development, Washington, D. C.。

③ Felipe, J., 2007, *Macroeconomic Implications of Inclusive Growth*, Mimeo, Asian Development Bank, Manila.

社会指标来反映。所以，包容性发展反映的是福祉在全社会的生产过程和公正分配的一种状况。[1]

伊格纳齐·塞奇（Ignacy Sach）认为，"包容性增长"正是针对"增长"的恶性而提出来的。他撰文指出，定义"包容性发展"自然的思路是作为拉美"不正当增长"（Perverse Growth）和排斥性增长（Excluding Growth）的反式。不正当增长的两个主要特征是"排斥"（Excluding）和"集中"（Concentrating），前者指众多的在生产环节创造财富的劳动者被排除在消费市场之外，后者指收入和财富越来越集中在少数人身上。排斥性增长的两个不良后果是"劳动力市场严重分割"和"多数人无力参与政治和决策"[2]，所以，需要倡导公正包容性（Fair Inclusivity）为核心的发展，即包容性发展，包括以下几个方面：首先，确保公民权利（Civil & Civic）和政治参与权利的实施，因为民主是真正的基础价值（阿玛蒂亚·森所言），它同时能够保证发展过程必需的透明和责任；其次，覆盖全民（机会公平）的残疾人福利、妇女儿童福利和老年福利（应对自然的、物质的不平等）；再次，覆盖全民的公共服务，如教育、健康和住房。[3]

---

[1] Ravi Kanbur, Ganesh Rauniyar, 2010, "Conceptualising Inclusive Development: With Applications to Rural Infrastructure and Development Assistance." *Journal of the Asia Pacific Economy*, Vol. 15, No. 4.

[2] Kothari. R., 1993, Growing Amnesia: An Essay on Poverty and the Human Consciousness. New Delhi, Viking/Penguin Books. Rodriguez, O. 1998, "Heterogeneidad estructural y empleo", in Revista de la CEPAL. Número extraordinario, CEPAL 50 Anos. October.

[3] Ignacy Sachs, 2004, "Inclusive development strategy in an era of globalization", *ILO Working Papers from International Labour Organization* (http://www.ilo.org/public/libdoc/ilo/2004/104B09_260_engl.pdf).

对社会学知识体系而言，阐述和实践"包容性"的概念定然不是"包容性发展"，而是"包容性社会发展"（Inclusive Social Development）。"包容性社会发展"概念也是由亚洲开发银行提出。亚洲开发银行1999年开始实施了一个减贫战略，包含可持续经济增长，包容性社会发展和良治，涵盖了经济、社会、政治三个维度。2004年，这个被称为"三个支柱"的减贫战略被纳入实现亚行愿景（Vision）的整体方案，"包容性社会发展"即成为亚行倡导的三大减贫战略之一。作为一种社会政策规划，"包容性社会发展"的不同之处在于具有独立的"有效社会发展计划"（Effective Social Development Programs），在经济增长的同时实施，帮助弱势群体从经济增长提供的机会扩张中受益。具体措施包括人力资本发展，如发展基础教育、冲突地区学校的重建、高等教育入学者的技能发展以及其他教育领域发展计划；健康服务，通过项目发展以及健康照顾服务传递方式的改革致力于贫困者和弱势群体的健康改善；基础设施服务，制定政策、制度并建造必要的基础设施有效地为贫困人群提供基本公共服务，如改善贫困地区的城市供水及排水工程；另外，特别关注性别发展、社会保护、原住民和非自愿移民发展以及参与式发展等。①

不难看出，包容性社会发展第一次站在了社会发展的角度看待经济社会发展不平衡状态，并在包容性发展的框架下提出了相对独立的社会发展计划，真正不再把社会发展当作经济增长的附庸，而是直接为相关人群提供从福利到人力资本开发的全方位服务，从而实现为终极目标——人的发展和福祉服务。从社会整

---

① Asia Development Bank, 2005, *ADB Annual Report 2004*（http://www.adb.org/documents/adb-annual-report-2004）.

合、社会融合到包容性社会发展的概念演化,实际上是从理念到政策的操作化过程。

(二)量表修订

关于社会建设,十八大报告提出"两个必须":必须以保障和改善民生为重点;必须加快推进社会体制改革。从社会学的理性概念进行分析,前者是社会建设的价值理性(Value Rationality),是社会建设本身所具有的价值和意义;而后者则是社会建设的工具理性(Instrumental Reason),是社会建设所需要使用的手段和工具。在论及发展道路时十八大报告指出,"……公平正义是中国特色社会主义的内在要求……保证人民平等参与,平等发展权利;共同富裕是中国特色社会主义的根本原则……着力解决收入分配差距较大问题,使发展成果更多更公平惠及全体人民;社会和谐是中国特色社会主义的本质属性……团结一切可以团结的力量,最大限度增加和谐因素",反映了顶层设计的谋求所在,即"和谐"、"团结"、"平等参与"、"平等发展"、"共同富裕"等关键词汇,都构成了包容性社会发展的核心价值或者机制。十八届三中全会报告提出的关于完善市场体系、转变政府职能、城乡一体化、民主政治、法治中国等一系列国家治理、社会治理的举措,都将有利于开放、民主、平等的包容性社会发展制度的形成。

中国社会科学院社会发展战略研究院于2012年开始了"我国包容性社会发展"研究。研究根据相关理念及"中国社会态度和社会发展状况调查(2012)",在项目分析和因子分析的基础上构建了探索性研究的社会包容量表。量表包括政府服务、社会保护、交换自由、社区参与、机会公平五个方面因素，即五个子量表。2012年测量结果显示，我国城市2012年总体社会包容分值达到65.60。在社会包容的五个方面构成中，社会保护指数最高，达到89.10，提供社会安全网的理念得到广泛认可；社区参与指数和政府服务指数分别达到了65.40和64.82，得到了城市居民的基本认可；但在机会公平与交易自由方面，现实状况尚不能有效满足广大公民的基本愿望，指数分值分别只有58.10和50.60。

2013年量表基于同样的概念和方法构建，包含五个分量表（因子）共十五个题器，这五个因子的总变异解释率达到62.85%。各分量表的一致性系数（Cronbach α）值如下：权利保护为0.824，交换自主为0.621，社区参与为0.509，公共服务为0.626，社会安全网为0.811；总量表的Cronbach α值为0.763。总量表和每个分量表的信度都达到了可接受的水平。其中，社区参与量表的α值低于0.6，是总量表中的相对短板，表明量表题器结构需要进一步完善。根据我国政府关于社会参与主导文件的表述，2014年的问卷设置了社区参与、单位参与、社会活动参与三个层次的题器。2014年量表结构确定如下：

"权利保护"分量表，包含"法律对公民财产权利的保护"、"法律对公民劳动权益的保护"、"法律对公民人身权利的保护"；

"交换自主"分量表，包含"工作状况"、"社会地位"、"发展机会"；

"社会参与"分量表，包含"参与社区公共事务管理和监督"、"参与单位民主管理和监督"、"参与广泛的社会活动"；

"公共服务"分量表，包含"教育水平"、"医疗服务"、"基础设施状况"；

"社会安全网"分量表，包含"对残疾人的社会救助"、"对孤寡老人、孤儿的社会保护"、"对贫困群体的社会救助"。

二　结果分析

根据修订的社会包容量表，利用SPSS19.0软件对"中国社会态度和社会发展问卷调查（2014）"数据库进行分析，得出我国城市居民关于社会包容状况主观判断的结果。

（一）社会包容的总体水平

（1）2014年城市社会包容指数为64.64，与2013年的65.00（调整后）相比略有下降，但与2012年的64.60（调整后）相比略有上升，[①] 总体上保持稳定增长态势。

城市居民对2014年社会包容的评价总体呈正态分布，偏度系数（Skewness）和峰度系数（Kurtosis）分别为-0.037和0.891，参见图12—1。其均值为2.77，对应百分制分值为64.64，比2013年的65.00（调整后）略有下降，但比2012年的64.60（调整后）略有上升，总体保持稳定增长态势。2013年"社会参与"量表得分为68.64，三个题器分别为"为社区的事务，我会主动提出建议"、"我经常和朋友讨论社会上的问题"、"我很愿意参加公益活动"。2014年"社会参与"量表的三个题器更换为"参与社区公共事务管理和监督"、"参与单位民主管理和监督"和"参与广泛的社会活动"，得分仅为63.64。因为2013年的三个题器不是满

---

① 所谓"调整"，即平滑了更换题器带来的波动，详见下文。

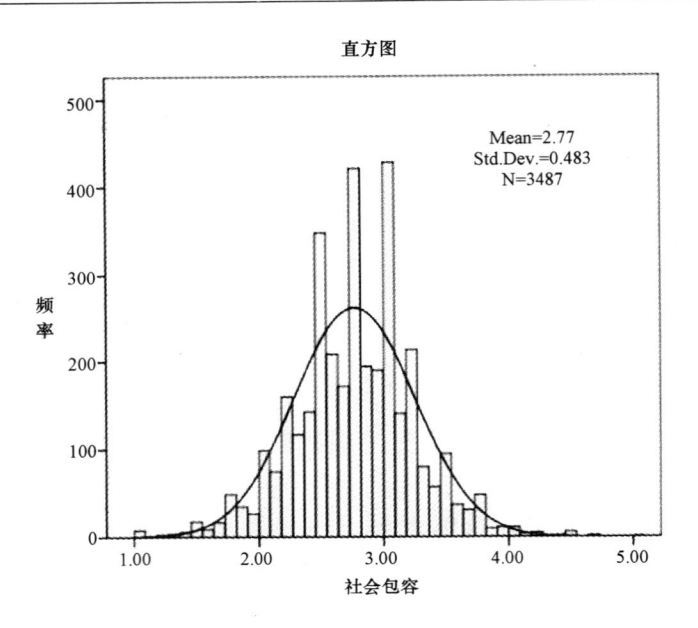

图 12—1　社会包容指数值的正态分布

意度判断，与其他量表并不一致。而 2014 年更换的题器符合满意度判断的要求，更为合理。所以，应该说，2014 年的测量结果更为准确地反映了我国社会包容状况。

从图 12—2 可以看出，城市居民对基础设施、劳动权益保护、孤寡老人和孤儿的社会保护、财产权利保护以及教育水平的发展满意度较高，也就是说，这些方面的工作对社会包容状况的正面作用较大。而在法律对公民人身权利保护状况、对贫困群体的社会救助、参与社区公共事务管理和监督、参与广泛的社会活动、参与单位民主管理和监督、社会地位、工作状况、发展机会等方面，城市居民的满意度对社会包容状况的正面作用贡献较小。

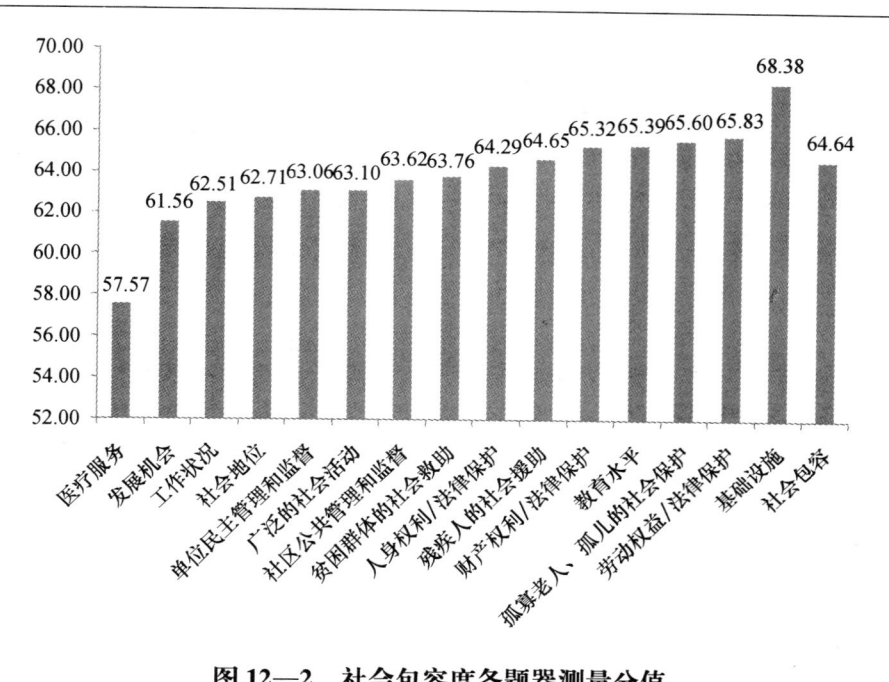

图 12—2 社会包容度各题器测量分值

医疗服务成为公共服务中的薄弱环节,居民评价的满意度只有 57.57 分。

(2) 社会包容指数所显示的不同人群特点,反映出了我国近年来不同社会属性对社会发展所产生的影响。

2014 年的数据分析结果显示,性别、年龄、学历、民族、信教与否、户籍落地、婚姻状况、技术级别等因素对社会包容状况均无显著性影响。而政治面貌、户籍性质、单位分类、单位所有制、行政级别和管理层级则对社会包容状况存在显著影响,参见表 12—1。

表 12—1　　社会包容在不同人群特征上的分值

类别		均值	分值	样本数	差异显著性
性别	男	2.77	64.63		F = 0.1, df = 1, Sig. = 0.980
	女	2.77	64.63		
年龄组	16—25 岁	2.77	64.69		F = 2.539, df = 4 Sig. = 0.038
	26—35 岁	2.79	64.28		
	36—45 岁	2.79	64.22		
	46—55 岁	2.74	65.10		
	56 岁及以上	2.71	65.78		
学历分组	小学及以下	2.74	65.20		F = 1.937, df = 2 Sig. = 0.144
	中学/中专/技校	2.78	64.38		
	大专及以上	2.75	65.00		
民族	汉族	2.77	64.63		F = 0.060, df = 1 Sig. = 0.807
	少数民族	2.76	64.84		
信教与否	信教	2.82	63.52		F = 3.150, df = 1 Sig. = 0.076
	不信教	2.76	64.72		
政治面貌	共产党员	2.68	66.37		F = 5.339, df = 3 Sig. = 0.001
	共青团员	2.74	65.16		
	民主党派	2.88	62.40		
	群众	2.78	64.34		
户籍性质	农业户籍	2.81	63.84		F = 9.047, df = 1 Sig. = 0.003
	非农业户籍	2.75	64.94		
户籍落地	本市县	2.76	64.76		F = 3.595, df = 2 Sig. = 0.058
	外市县	2.81	63.79		
婚姻状况	单身	2.76	64.89		F = 1.627, df = 5 Sig. = 0.149
	同居	2.77	64.62		
	已婚	2.77	64.54		
	离婚	2.76	64.70		
	丧偶	2.56	68.73		

续表

类别		均值	分值	样本数	差异显著性
单位分类	党政机关	2.53	69.33		F = 5.378，df = 7 Sig. = 0.000
	事业单位	2.77	64.59		
	社会团体	2.71	65.76		
	企业	2.77	64.55		
	居委会/村委会	2.39	72.15		
	无单位/自由职业者	2.79	64.12		
	个体工商户/自营职业者	2.80	63.94		
	其他	2.90	62.00		
单位所有制	国有	2.70	65.94		F = 4.586，df = 6 Sig. = 0.000
	集体所有	2.72	65.50		
	私有/民营	2.80	64.08		
	港澳台资	2.91	61.73		
	外资所有	2.69	66.15		
	中外合资/中外合作	2.82	63.69		
	其他	2.51	69.81		
行政级别	司局级及以上	2.59	68.17		F = 5.354，df = 5 Sig. = 0.000
	处级（含副处）	2.82	63.51		
	科级（含副科）	2.56	68.78		
	科员及科员以下	2.73	65.46		
	无行政级别	2.78	64.44		
	其他	2.56	68.87		
技术级别	高级	2.61	67.79		F = 1.994，df = 3 Sig. = 0.113
	中级	2.75	64.95		
	初级	2.72	65.60		
	无技术职称	2.77	64.58		
管理层级	领导	2.64	67.27		F = 4.546，df = 3 Sig. = 0.004
	中层管理人员	2.66	66.70		
	普通职工	2.78	64.47		

在政治面貌属性中，党员、团员的社会包容显著高于一般群众。党、团员群体感到其生活、工作环境更加包容，评价分值分别达到 66.37、65.16，党员比群众高出 2.03。

在单位分类方面，党政机关的社会包容指数最高，达到 69.33，个体工商户/自营职业者的社会包容指数较低，只有 63.94。党政机关高出后者 5.39。

在单位所有制方面，国有单位的社会包容指数为 65.94，比私有/民营单位的社会包容度 64.08 高出 1.86。

在行政级别方面，无行政级别者的社会包容度只有 64.44，而科级干部的社会包容达到 68.78，有行政级别者显著高于无行政级别者。

在管理层级上，单位领导和中层管理人员的社会包容指数分别为 67.27 和 66.70，而普通职工只有 64.47，管理者高出群众 2.80。

以上分析可以得出，党团员、城市居民、国有部门、行政领导、管理人员拥有较高的社会包容度；而一般群众，农业户籍居民、民营部门从业者社会包容度较低。也就是说，社会包容是围绕着权力、身份、资源分布的。

(二) 社会包容分量表分值分布

(1) 总体看来，2014 年城市居民对社会包容在权利保护等五个子量表方面表现的评价结构与 2013 年大致相同，雷达分布图保持整体相似的格局。

2014 年的测量表明，社会包容的五个子量表中，权利保护指数最高，达到 65.35，其中有实际权益保护进步的因素，也有对依法治国的期待；社会安全网的评价为 64.98，较为平稳；公共服务和社会参与的得分较低，分别只有 63.88 和 63.64，低于社会包容总体分值，参见图 12—3。

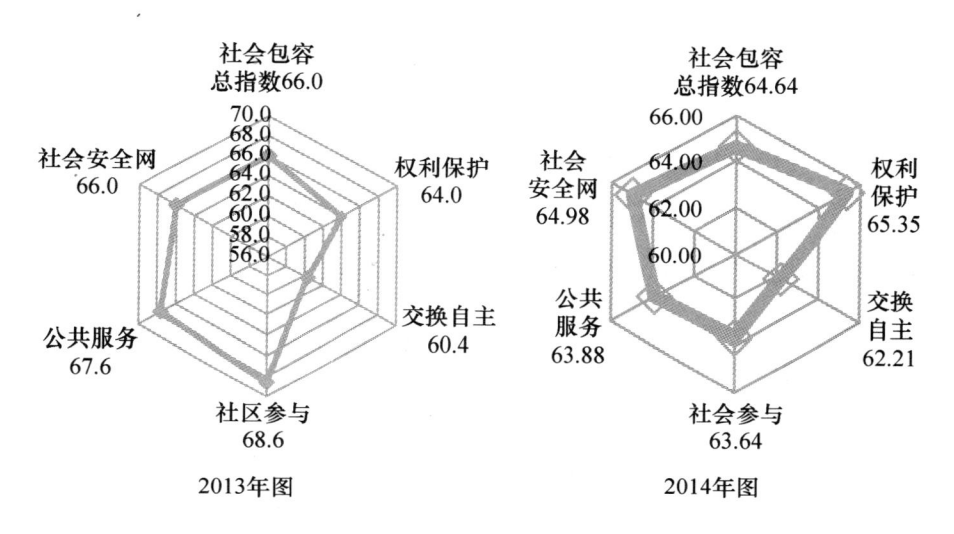

图 12—3 社会包容各子量表分值分布雷达图

"交换自主"量表 2012 年分值为 50.6，2013 年为 60.4，2014 年为 62.21，虽然逐年增长，但连续三年成为得分最低的短板，"交换自主"代表着城市居民在市场经济社会体制中的谈判和交易能力，是发展机会、工作状况、社会地位的综合表现。从 2014 年评分结果看，三个题器的满意度得分虽然都不是很高，发展机会为 61.56，工作状况为 62.51，社会地位为 62.71，但比上年分别都有所提高，参见表 12—2。

表 12—2　　问卷题器总体均值及量表分值

题器	问卷均值	标准差	频数	量表分值	分量表	量表分值	总量表	量表分值
法律对公民人身权利的保护	2.79	0.926	6815	64.29	权利保护	65.35	社会包容	64.64
法律对公民财产权利的保护	2.73	0.896	6758	65.32				
法律对公民劳动权益的保护	2.71	0.909	6810	65.83				
基础设施状况	2.58	0.945	7076	68.38	公共服务	63.88		
教育水平	2.73	0.939	6986	65.39				
医疗服务	3.12	1.073	7092	57.57				
对孤寡老人、孤儿的社会保护	2.72	0.975	6769	65.60	社会安全网	64.98		
对残疾人的社会救助	2.77	0.940	6573	64.65				
对贫困群体的社会救助	2.81	0.942	6699	63.76				
工作状况	2.87	0.865	6778	62.51	交换自主	62.21		
社会地位	2.86	0.809	7037	62.71				
发展机会	2.92	0.860	6713	61.56				
参与社区公共事务管理和监督	2.82	0.694	6085	63.62	社会参与	63.64		
参与单位民主管理和监督	2.85	0.689	4357	63.06				
参与广泛的社会活动	2.85	0.694	6113	63.10				

注：①转换公式：题器分值 =（6 - 题器均值）×20，即均值 1、2、3、4、5 分别赋予分值 20、40、60、80、100；②分量表分值 = 所含题器分值的算术平均值，总量表分值 = 分量表分值的算术平均值。

（2）我国社会包容的地区差异明显，西部地区得分高于东部。

东部地区、中部地区、西部地区和东北地区关于社会包容的评价得分分别为 63.96、64.50、64.88 和 66.39，F 检验在 0.01 的水平上具有显著性差异，参见表 12—3。实际上，可以看出，东、中、西部的社会包容度是逐级上高的，这似乎与经济发展的梯度相背而行。

表12—3　　　　　东、中、西部和东北地区子量表分值

区域		社会包容	公共服务	社会安全网	权利保护	交换自主	社会参与
东部地区	分值	63.96	66.52	65.35	65.39	60.98	62.65
	样本量	826	1691	1534	1611	1548	1000
	标准差	0.469	0.749	0.765	0.723	0.704	0.547
中部地区	分值	64.50	62.79	64.27	64.68	62.67	62.63
	样本量	1261	2511	2273	2338	2389	1554
	标准差	0.469	0.735	0.780	0.763	0.636	0.563
西部地区	分值	64.88	63.57	65.01	65.22	62.73	65.48
	样本量	1145	1876	1800	1839	1763	1299
	标准差	0.486	0.715	0.722	0.741	0.642	0.563
东北地区	分值	66.39	62.49	66.37	67.66	62.02	64.19
	样本量	255	790	711	749	706	326
	标准差	0.566	0.806	0.776	0.759	0.742	0.615
差异显著性		$F=4.490$ $df=3$ Sig.$=0.004$	$F=24.972$ $df=3$ Sig.$=0.000$	$F=3.933$ $df=3.933$ Sig.$=0.008$	$F=7.619$ $df=3$ Sig.$=0.000$	$F=6.308$ $df=3$ Sig.$=0.000$	$F=18.540$ $df=3$ Sig.$=0.000$

对东部而言，由于经济活动的影响更为深刻，经济转轨和社会体制固封形成矛盾冲突，在一定程度上转化为对居民权利保护、交易自主能力和社会参与的减损。因为对行政和市场双重垄断缺乏强有力的制度制约，普通公众、一般劳动者相对陷于弱势地位。同时，行政权力和财政力量的强大带来了公共服务生产的繁荣和社会安全网建构的扩大，又给公众和脆弱人群带来了福祉的增长。缺乏社会包容的经济发展给公民带来的是利弊双重承受。

对中、西部而言，情况与东部相反。中、西部因为经济活动对社会体制转型的压力不及东部，居民在权利保护、交换自主和社会参与等方面受损的主观判断没有东部居民强烈，表现在相关

题器上的得分比东部居民的评价更好。这个结果与前两年的调查发现是一致的，即越是经济发达地区，城市居民的交换自主性越差，反映出我国目前的经济增长是行政和资本推动的，劳动者正在逐步失去交换自主的能力，资本及其衍生权威在市场和社会对劳动者的排斥较为严重。

三　结论、讨论和政策建议

在对前两年量表进行检讨的基础上，本研究对2014年的量表进行了再建构。新的量表保留了"权利保护"、"公共服务"、"社会安全网"、"交换自主"四个因子，题器亦与2013年相同。所不同的是，2014年对"社区参与"因子进行了调整，因为"为社区的事务，我会主动提出建议"、"我经常和朋友讨论社会上的问题"、"我很愿意参加公益活动"三个题器都不是关于实际社会参与的满意度测量，和其他因子的内容结构并不一致，所以全部更换，并恢复2012年的"社会参与"名称。2014年的量表结构趋于完整，并突出了司法保护对社会包容性发展的重要作用。新量表的因子构成也更加接近东方关于"共生"的思想和欧洲关于"共和构想"的理念。

（一）测量结果

（1）2014年城市总体社会包容指数为64.64，与2013年、2012年相比保持稳定增长态势。城市居民对2014年社会包容的评价总体呈正态分布，其均值为2.77。

（2）我国社会包容指数存在明显的体制性影响因素，也反映出这些因素对社会发展所产生的作用。2014年的数据分析结果显示，性别、年龄、学历、民族、信教与否、户籍落地、婚姻状况、技术级别等因素对社会包容状况均无显著性影响。而政治面貌、户籍性质、单位分类、单位所有制、行政级别和管理层级则对社会包容状况产生显著影响。

党团员、城市居民、国有部门、行政领导、管理人员拥有较高的社会包容度，而一般群众，农业户籍居民、民营部门从业者社会包容度较低。也就是说，社会包容是围绕着权力、身份、资源分布的。

（3）2014年城市居民对社会包容在权利保护等五个子量表方面表现的评价与2013年大致相同，社会包容的五个子量表中，权利保护指数最高，达到65.35；社会安全网的评价为64.98；公共服务和社会参与的得分较低，分别只有63.88和63.64，低于社会包容总体分值。

（4）"交换自主"量表2012年分值为50.6，2013年为60.4，2014年为62.21，虽然逐年增长，但连续三年成为得分最低的短板。"交换自主"代表着城市居民在我国社会主义市场经济体制中的谈判和交易能力，是发展机会、工作状况、社会地位的综合表现，应当加强政策关怀。

（5）我国社会包容的地区差异明显，东部地区、中部地区、西部地区关于社会包容的评价得分分别为63.96、64.50和64.88，东、中、西部的社会包容度是逐级走高的，这与经济发展的梯度相背而行。这个结果与前两年的调查发现是一致的，即越是经济发达地区，城市居民的交换自由性越差，反映出我国目前的经济增长是行政和资本推动的，劳动者正在失去交换自主的能力，资本及其衍生权威在市场和社会对劳动者的排斥较为严重。

(二) 我国社会包容存在的主要问题及关键影响因素

1. 户籍性质、单位所有制、政治身份等成为社会包容评价的二元分割因素

党团员群体、城市户籍人群、国有单位员工等认为社会更加包容；相反，普通群众、农业户籍人群、非国有单位员工等认为社会包容状况相对较差。这些体制性因素的影响没有根本改变。

2. 我国市场和社会机制的改革仍需大力推进

"交换自主"、"社会参与"、"公共服务"三个子量表的满意度评价得分低于社会包容总体评价，说明我国市场和社会机制存在阻碍个体自主参与社会行动的因素，仍然需要大力推进改革，释放个体和社会的力量。

3. "医疗服务"和"发展机会"是影响我国社会包容的关键因素

医疗服务、发展机会的满意度分别只有 57.57、61.56，成为公共服务中的薄弱环节和影响社会包容的重要减分因素，如何在改革中进一步推进基本医疗服务的均等化，保护健康，增加机会公平，促进社会发展仍然是目前我国急需破解的难题。

(三) 促进我国社会包容的政策建议

中国的社会发展存在显著的地方差异性和鲜明的地方特色。包容性增长越来越得到经济管理和市场部门的理解和认可，而包容性发展，尤其是包容性社会发展还存在诸多需要厘清的问题，未引起足够认识和重视，尤其在东部地区。十八届三中全会提出，实现发展成果更多、更公平惠及全体人民，必须着眼于维护最广大人民根本利益，最大限度增加和谐因素，确保人民安居乐业、社会安定有序。十八届四中全会提出了关于全面推进依法治国的决定，依法治国首先表现为依法推进改革，以中华人民共和国宪法为核心，依法保护人民群众的各项权利。本研究认为应该着重从以下方面进行制度改革和政策干预，逐步提高社会包容水平，促进社会和谐发展。

（1）以建立法制经济为行动纲领，深化经济体制和市场机制改革，创新国有经济管理方式，推进政府转型和法治政府建设，大力减少所有制性质造成的社会排斥。

十八届三中全会决定指出，公有制为主体、多种所有制经济共同发展的基本经济制度，是中国特色社会主义制度的重要支柱，也是社会主义市场经济体制的根基。但是必须看到，所有制性质确实是造成社会排斥的重要因素。之所以如此，是因为国有单位，包括国有企业和国有行政单位拥有垄断性资源影响和控制权力。公有制本质是全民所有，而不是一个垄断的内部人所有机制。只要充分发挥市场配置资源的根本原则，就可以有效克服国有企业的垄断霸权，促进不同所有制企业从业人群的相互包容。

同样，我国需要全面深化行政体制改革，建立以民为本的服务型政府。只有当行政权力不再是资源的配置者，而是市场服务和社会服务的组织者时，一个和谐包容的社会局面才能最终形成。经济体制改革和行政体制改革不能无目标、无规则行动，必须依法进行。法制才是全面深化改革的基础保障。

（2）加快和强化社会领域法制建设，创新社会治理体系，大力培育现代社会组织，全面促进社区和社会参与；通过立法打破阶层固化倾向和社会流动藩篱，为公众创造更多的发展机会。

没有法制就没有治理，依法行动是治理原则的基本要义。社会治理是多主体之间的协商和合作，是社会和谐、包容性发展的一种运行机制，没有法制基础是不可能取得成功的。除了强化党的领导和充分发挥政府作用之外，创新社会治理体系，必须大力培育现代社会组织，促进资源在市场、社会和政府部门的均衡分配；形成新的治理结构和机制，必须完善相关法律，全面促进社会参与，充分发挥人民群众的创造力；打破阶层固化倾向和社会流动藩篱是一件艰巨的任务，也必须通过法律保障才能取得成效；另外，法制也可为经济建设和社会建设一线岗位的工作者创造更多的发展机会。

（3）以小康社会建设为目标，全面深化教育、医疗、职业培训等基本公共服务领域改革，强化社会服务体系建设；同时，通过法律赋权，大力提升公众的人力资本和可行能力。

发展机会在本质上取决于公众的人力资本。在城市受访居民中，对教育水平、医疗服务水平回答满意的比例没有持续改进。相反，医疗服务的满意水平在下降，公共服务不健全的弊端再次显现出来。交换自主因子连续三年得分最低，说明人力资本的提升和服务仍然需要进一步加强。我国迫切需要强化人力资本战略，需要突出可行能力的塑造，如全面改革教育体制，取消义务阶段学校分级，推行均等办学，让每一个孩子公平享受优质教育资源，并从填鸭式的分数教学转向创新思维的能力教育；医疗服务改善有利于公众保持健康体魄，从而为可行能力的提高提供基础。基本公共服务的普及有利于社会包容性发展的体制和机制形成。

（4）继续强化构建社会安全网，加大对弱势、困难群体的社会转移支付、再就业培训和社会服务体系建设，为社会包容提供基本屏障。

实际上，近十年来，对困难群体的社会救助虽然金额上在增长，但是相对于最低工资、人均收入等因素而言，社会救助额的相对水平却在逐年下降。社会救助和安全网建设是现代市场经济体制国家一项最为基本的政府公共服务，它具有兜底的社会功能，保证最困难群体的基本生活条件。因为和其他公共服务相比，社会救助是一项定向的福利机制，容易产生依赖性，所以，社会安全网建设需要和再就业以及社会服务体系相衔接，共同维护积极的社会生活。如我国在社会救助、社会保护方面取得了巨大成绩，仅城市居民最低生活保障救助人群维持在两千余万，占全国相关人口的3%左右。同时，劳动部门提供再就业培训服务，引导他们靠自身劳动走出困境。救助政策和就业服务共同作用，才能更好地建立起社会包容的基本保障。不过，和美国等发达国家享受救助和生活补贴的比例达到15%的水平相比，我国的社会安全网建设还需要大力加强。

（5）在依法治国的大框架中改革司法制度，从根本上保证广大公民的一切合法权益，为全体公民，特别是弱势群体提供强有力的司法保护。

十八届四中全会发出推进"依法治国"的号召，坚持法治国家、法治政府、法治社会一体建设，才能保障依法治国形成公正的体制。2013年调查结果反映出，城市居民对"权利保护"因子的三个题器的评价得分都低于社会包容总体评价。2014年法制保障的满意度有所提升，其中，"法律对公民财产权利的保护"和"法律对公民劳动权益的保护"评价分别达到65.32和65.83，高于社会包容总指数得分；只有"法律对公民人身权利的保护"得分为64.29，略低一些。但这种状况离依法治国的目标还很遥远。所以，深化司法体制改革，维护人民权益，让人民群众在每一个司法案件中都感受到公平正义，依然是全面深化改革的重中之重，司法公正才能成为社会包容提供基础保证。

理性的选择是从实际出发，认识到我国包容性社会发展具有的时代性和地区差异性。在2020年全面建成小康社会目标以及新的城镇化路径下，我国需要秉持民生为本，经济发展和人的发展并重的包容性社会发展理念，以法治建设为同步原则，推动经济、社会、环境与人的全面协调、可持续发展。在地方层次上，我国的包容性社会发展战略要充分尊重地区特色和进程差异，推动不同群体的社会整合、不同民族的社会融合、不同阶层的相互包容。

第十三章　国际比较:中国社会发展阶段分析[①]

20世纪后半叶以来,全球的发展观经历了一系列的转变过程。早期的发展理念是以经济增长为主,"先增长后分配"。发展中国家在只要是"经济的"就是"合理的"观念指导下,单一追求经济发展,致使社会经济发展出现资源浪费、环境污染、生态破坏、贫富差距拉大和产业结构畸形等情况,经济社会"有增长而无发展"。在这种观念指导下,平民教育、劳动保护、社会福利和社会公平等与人民的利益息息相关的社会进步因素都被当作经济增长的代价牺牲掉了。随着社会的发展,现代发展观经历了最初单一的增长到近年来的"全面协调可持续"发展的根本转变。与上述社会发展理念相对应,评价一个国家的社会发展水平的标准也逐渐由单一指标转向复合指标,从经济指标为主扩大到包括社会公平、社会包容等指标。

中国社会科学院社会发展战略研究院发布的《中国社会发展年度报告(2013)》[②] 以"四位一体"的社会发展理念为指导,构

[①] 本章来源于中国社会科学院社会发展战略研究院中国社会发展阶段国际比较研究课题组,课题组组长葛道顺,执笔张巍巍。

[②] 李汉林,2013,《中国社会发展年度报告(2013)》,北京:中国社会科学出版社。

建了评价社会发展的综合指标体系,该指标体系理论基础坚实,计算方法简明,架构逻辑一致、可行可比,发布后受到广泛的好评。《中国社会发展年度报告(2013)》使用这种指标体系初步计算了32个国家和经济体的社会发展综合指数,并重点展示了中国当前的社会发展水平在世界中所处的位置及其变化趋势,取得了较好的效果。

本章在《中国社会发展年度报告(2013)》构建的社会发展综合指标体系框架下,进一步扩大样本国家容量,利用最新的数据计算出全世界149个国家和区域经济体的社会发展综合指数,进而分析各国和经济体的社会发展阶段,并重点考察中国社会发展水平在世界中所处的位置及其变化趋势,以期为中国社会未来发展提供政策建议。

一 社会发展综合指数的新理念

1990年,联合国开发计划署(UNDP)首次发布的《人类发展报告》第一次使用了人类发展指数(HDI:Human Development Index)来综合衡量世界各国的社会发展水平。人类发展指数从生活质量、预期寿命和教育水平三个方面来衡量一国的社会发展水平。他们认为人类发展的核心内涵应当是能够得到较好的生活资源,能过上健康长寿的生活并能够到学校接受必要的教育。这种综合性的指标代替了以往单一的人均GDP指标来衡量一个国家或地区的社会发展水平,被广泛用于衡量和比较各国的社会发展水平,是目前世界范围内应用最广泛和影响最大的衡量社会发展的指数。但是,《人类发展报告》并没有完全将持续协调的经济发展与平等普惠的人类发展有效结合起来,也没有涉及如何维持和扩展人类社会发展水平的基本机制。①

鉴于此,中国社会科学院社会发展战略研究院在《中国社会发展年度报告(2012)》中提出了全新的社会发展理念,他们认为社会发展是致力于人民福祉、社会公平、包容和可持续的一种理念。福祉包含了四个方面的属性:获得幸福和满足的必要物质条件的提供、获得情感满足所必需的社会归属、自我成长和自我实现所需要的平等机会保障以及对稳定协调之社会发展的预期。人民福祉是社会发展的根本目标。社会公平是以扩大权利平等和机会平等为宗旨,并在法律、制度和习俗上充分建立维护人民权益的基本机制,从而使全体公民平等的道德法律准则和社会政治准则得到集中体现。社会包容是指平等对待不同地域、不同民族和不同文化的差异性,让所有人民都可以有条件和渠道参与发展过程,公平合理地共同享有发展成果的分配。社会可持续发展是指社会发展中既要充分考虑资源和环境的承受能力,也要充分考虑种种社会条件和社会资源的承受能力,为社会长远发展布局。

在健康的社会发展中,福祉、公平、包容和可持续"四位一体"的基本理念构成了相辅相成的四个重要环节。个人的幸福、群体的依恋和人类的福祉,是一切社会发展的根本目标;为实现这一目标,则必须进一步通过维护社会公平,将幸福和福祉尽可能扩展到更广的范围内,将社会发展的成果尽可能为所有人共享。社会包容,则提供了能够落实发展目标的合理的社会机制,通过有效的社会保障、公共参与让所有人积极主动地融入发展事业中来。同时,可持续发展是一切社会发展的前提条件。"四位一体"

---

① 李汉林,2012,《中国社会发展年度报告(2012)》,北京:中国社会科学出版社。

的社会发展概念框架系统地涵盖了社会发展的根本目标、基本要求、实现机制和前提条件，这为评价和引导社会的长久、健康、和谐发展提供了一个很好的理论框架，是社会发展综合指数的坚实理论基础。《中国社会发展年度报告（2013）》在这一理论框架下，构建了社会发展综合指数体系。

二 社会发展综合指数概述

（一）社会发展综合指数体系

在"四位一体"社会发展新理念的框架下，课题组在《中国社会发展年度报告（2013）》中构建了社会发展综合指数体系。该指数在功能、编制原则上具有鲜明的特点。

社会发展综合指数具有反映功能、评价功能、预测功能和引领功能。综合指数能够通过相关的社会统计指标切实反映各国的整体发展水平及所处的阶段和历史变化趋势；能够通过指数的差异，对不同国家存在的问题进行识别和评价；还能够通过相关的社会统计指标趋势变化预测未来一定时间段内社会的发展状况；能够通过比较，为未来国家的发展指明发展方向。

社会发展指数编制时遵循系统性、科学性、可比性、简洁性和可信性的原则。综合指数要能够系统地反映社会发展的基本内涵，全面地衡量一个国家公民享受到的福祉，社会的公平和包容的环境及可持续发展的能力。指标体系的设计科学，评价指标紧密围绕社会发展的四个方面，指标的定义、内涵明确，计算方法简便。社会发展综合指数还具有可比性，这体现在两个方面：一是各国数据指标统计口径的可比性；二是所构建的综合指数具有可比性，综合指数的可比性不仅体现在不同国家横向上，也体现在时间纵向上。

课题组参照定性分析的方法，从"四位一体"的社会发展理念框架出发，按照五大编制原则分别从四个维度来选取代表性强的指标，经过汇集指标、建立备选指标库、专家测评和指标筛选等程序，最终构建出社会发展综合指标体系。社会发展综合指标体系由两级指标，共八个子指标构成，指标简洁，同时具有较强的代表性。最终选取的指标及其结构和含义如表13—1所示。

表13—1 社会发展综合指数指标体系

一级指标	二级指标		
	名称		含义
d_1 福祉	d_{11}	人均国民生产总值	按购买力平价（PPP）衡量的人均GDP，单位为2005年不变价国际元
	d_{12}	人均消费额	人均居民最终消费支出（2005年不变价美元）
d_2 包容	d_{21}	失业率	总失业人数占劳动力总数的比例
	d_{22}	公共支出比	政府的补贴和其他拨款占其支出的比例
d_3 公平	d_{31}	基尼系数	家庭收入的基尼系数
d_4 可持续	d_{41}	人均受教育年限	25岁及以上人口的人均受教育年限
	d_{42}	教育公共开支比	教育公共开支占国内生产总值比例
	d_{43}	单位能耗产值	GDP单位能源使用量（购买力平价美元/千克石油当量）

数据来源：人均受教育年限来自于联合国计划开发署（UNDP）的数据库[1]，数据是对25周岁及以上人口按接受教育的程度转化而来；分国别的基尼系数来自于世界收入不平等标准化数据库（SWIID：The Standardized World Income Inequality Database）[2]，部分群组的基尼系数来自于Branko（2005），部分经作者计算得出；其他六项指标来自于世界银行世界发展指数WDI-2014数据库[3]。

---

[1] http：//hdr.undp.org/en/content/mean-years-schooling-adults-years.
[2] http：//myweb.uiowa.edu/fsolt/swiid/swiid.html.
[3] http：//datacatalog.worldbank.org/.

人均国民生产总值、人均消费额、失业率、公共支出比、教育公共开支比和单位能耗产值的定义和数据均参照世界银行世界发展指数 WDI – 2014 数据库。人均受教育年限的定义、计算方法和数据参照联合国计划开发署（UNDP）。世界收入不平等标准化数据库（SWIID：The Standardized World Income Inequality Database）是本章基尼系数的主要来源数据库。最新的数据库（SWIID 5.0）包含了 174 个国家从 1960 年到 2013 年的基尼系数的估计值，是目前可获得的关于基尼系数的最好的综合数据库。虽然 SWIID 尽可能使用各个国家不同时期最广泛的样本数据来计算基尼数据，但是在可比性上还是存在着一些问题，为此 SWIID 模拟了 100 种情况下的基尼系数。① 本章对这 100 种基尼数据进行简单算术加权平均。另外，SWIID 给出了四种不同收入口径计算出的基尼数据，本章使用家庭可支配收入数据计算出的基尼系数。

（二）社会发展综合指数计算

课题组使用综合指数方法来编制社会发展综合指数。② 综合指数的计算包括缺失数据弥补、逆向指标处理、指标无量纲化、指标权重确定和指数合成等五个步骤，下面分别介绍。

本章使用了近邻估计法、插值法和类比等方法对数据进行了弥补。对于部分国家在整个时间序列上完全缺失的指标，采用世

---

① Solt F., 2009, "Standardizing the World Income Inequality Database", *Social Science Quarterly*, 90（2）: 231 – 242.
② 多指标综合评价方法主要有聚类分析、因子分析、主成分分析等多元统计综合评价方法及层次分析法（AHP）、模糊评价和据包络分析法（DEA）等运筹优化方法。经过权衡，课题组采用了综合指数方法来编制社会发展综合指数，详见《中国社会发展年度报告（2013）》。

界平均水平进行弥补。课题组构建的社会发展指数八个指标中有两个逆向指标：失业率和基尼系数，对这两个比率性的指标使用极大值法进行正向化处理，即用 100 分别减去这两个指标的值，得到两个正向且取值为正的指标。社会发展综合指数体系中的指标具有不同的性质和计量单位，需要进行无量纲化转换为可以对比的同一单位的指标数值。课题组选取简单功效系数法来消除量纲的影响。简单功效系数法的公式如下：

$$d = \frac{x - L}{H - L}$$

其中，x 为评价指标，H 和 L 分别对应指标 x 在理论上的最大值和最小值。简单功效系数法中的最大值和最小值的选取是理论上的，也是相应指标的最好值和最差值，它们不随评价年份的改变而改变。由于本次研究在 2013 年报告的基础上增加了大量的国家、区域经济体，为更好地展现指数的变化趋势，每个评价指标的最大值和最小值（阈值）也做了相应的调整。因此，2013 年报告中的 32 个国家和地区的 1990—2012 年的社会发展综合指数值将会发生变化，本次报告将计算所有的国家和区域经济体 1990 至 2013 年的综合指数值，它们在时间序列纵向上和国家间的横向上是可比的。

关于社会发展综合指数的权数结构，课题组认为福祉、包容、公平和可持续四个单项指数对总指数计算的重要性应当是相等的，即上述四个单项指数在计算总指数时是等权的。而在每个单项指数内，由于指标数量较少，构成简单，借鉴 HDI 指数的构建方法，对每个指标也采用等权重的方法。最后，课题组选择几何平均法进行综合指数的合成。几何平均法合成社会发展综合指数的计算公式为：

$$d = \prod d_i^{wi} \qquad (1)$$

其中 d_i 为第 i 个一级子指标，$i=1,1,4$　w_i 为第 i 个一级子指标的权重，由于采用几何平均法，$w_i = \frac{1}{4}, i=1,1,4$. $\_D^d i$ 由二级子指标合成得出，其计算公式为：

$$d_i = \prod d_{ij}^{wij} \qquad (2)$$

其中 d_{ij} 为第 i 个一级子指标对应的第 j 个二级子指标，由表13—1可看出几何平均法下二级子指标对应的权重分别为：$w_{1j} = \frac{1}{2}, w_{2j} = \frac{1}{2}, w_{3j} = 1, w_{4j} = \frac{1}{3}$。

三　中国与世界：社会发展比较

2013年，课题组分别根据经济发展阶段、人口特征和地理分布相关特点选择了23个国家、9个地区和联合体作为参照样本，比较定位中国所处的发展阶段。课题组从世界银行等国际权威机构收集并演算了中国及比较群体1990—2012年的相关指标数值，初步构成了社会发展综合指数分析的数据库。

为了有效定位中国社会发展的比较阶段以及在世界格局中的位置，课题组在《中国社会发展年度报告（2013）》的基础上，扩大评价和比较国家的容量，选取了124个国家、25个地区和联合体作为参照样本，比较定位中国所处的发展阶段。课题组从世界银行等国际权威机构收集并演算了中国及比较群体1990—2013年的相关指标数值，进一步丰富了社会发展综合指数分析的数据库。

使用公式（1）和公式（2）及表13—1中列示的指标数据，

可以计算出124个国家和25个地区经济体1990—2013年的社会发展综合指数,列示于附表13—4和附表13—5。2013年中国的社会发展综合指数为0.240,在124个国家中排名第93位。

为更好地分析中国的社会发展水平、探讨中国的社会发展阶段及其在世界各国中的位置,本节将分别考察中国与G20国家、美国、金砖国家、各区域经济体、收入分类经济体和传统大国的社会发展情况,并进行对比分析。

(一) G20国家社会发展水平稳步提升

20国集团(G20)是一个国际经济合作论坛,于1999年12月16日在德国柏林成立,属于布雷顿森林体系框架内非正式对话的一种机制,由九国集团(美国、日本、德国、法国、英国、意大利、加拿大、俄罗斯、中国)和十个重要新兴工业国家(阿根廷、澳大利亚、巴西、印度、印度尼西亚、墨西哥、沙特阿拉伯、南非、韩国和土耳其)以及欧盟组成。G20集团的GDP占全球经济的90%,贸易额占全球的80%,集团成员涵盖世界最主要的国家。

从图13—1可以看出,尽管受1997年的亚洲金融危机和2008年的国际金融危机等因素的影响,G20集团国家的社会发展综合指数有一定的小幅波动,但从整体上看所有国家的社会发展综合指数都呈现出明显的上升趋势。在全球化大潮的影响下,G20集团国家的社会发展状况都有显著的进步。

根据1990年各个国家的社会发展综合指数值和它们的走势,G20集团国家也自然呈现出不同的"三个世界",纵贯来看,虽然各个"世界"的社会发展都有明显的进步,但集团间的鸿沟依

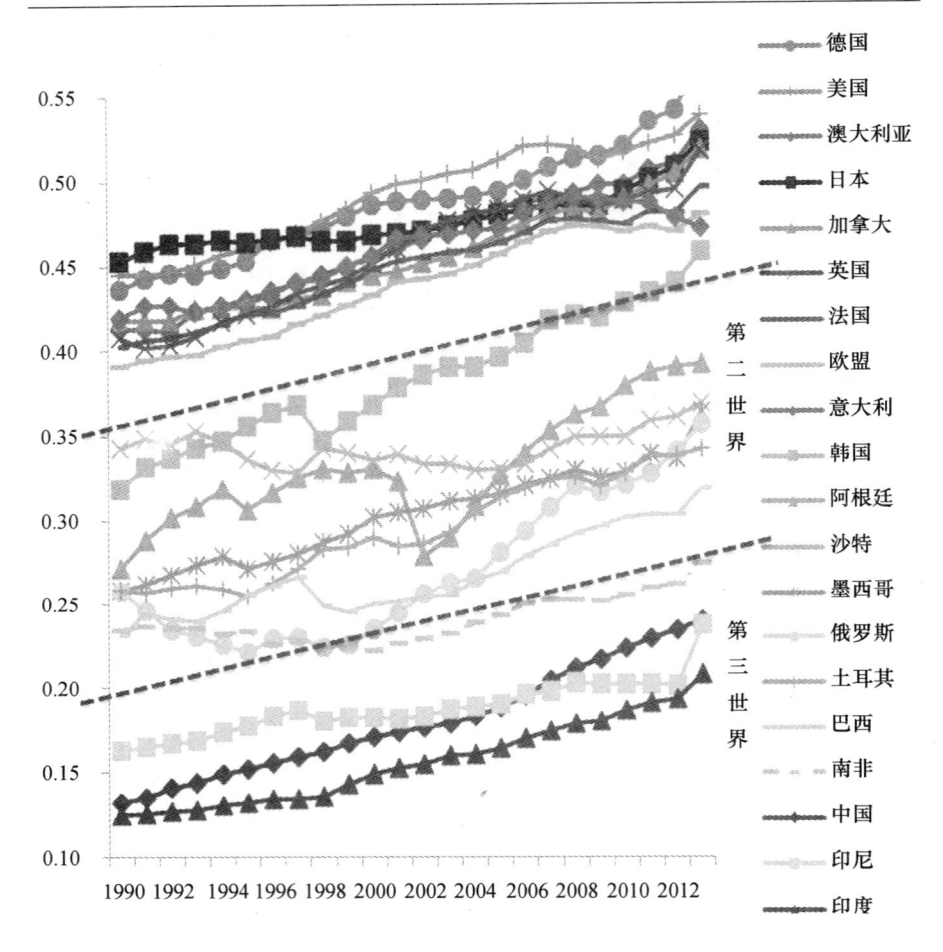

图 13—1　1990—2013 年中国与 G20 国家社会发展综合指数趋势

注：图例按照 2013 年社会发展综合指数得分值降序排列。

然存在，并无缩小的趋势。

第一世界国家有德国、美国、澳大利亚、日本、加拿大、英国、法国、意大利和韩国。其中韩国在 20 世纪 90 年代初属于第二世界，二十年来，韩国经济社会快速发展，不断缩小与第一世界的差距，已于近年成功跨入第一世界。第一世界国家大多为传统强国,他们的社会发展较为稳健,二十多年来,这些国家始终保持在前列。

第二世界国家有阿根廷、沙特、墨西哥、俄罗斯、土耳其和巴西。第二世界国家的社会发展起伏较大,受区域性和国际性重大事件和危机的影响较大,自身抵抗风险的能力较第一世界国家稍低,许多国家受困于"中等收入陷阱"。如韩国成功地跨入了第一世界,而南非则降入第三世界。

第三世界国家有南非、中国、印度和印度尼西亚。二十多年来,第三世界与第二世界的整体差距有所缩小,其中中国缩小的幅度最大。1990年中国的社会发展综合指数位于第三集团的末位,2006年其综合指数超过印度尼西亚,至2013年已居第三世界前列,中国与第二集团社会发展水平的差距进一步缩小。从中国的社会发展综合指数走势来看,如果中国能保持当前的社会发展进步水平,15—20年中国将进入第二世界的行列。

(二)中国社会发展处于初级阶段

在G20集团国家中,2013年社会发展综合指数最高的是德国,综合指数值为0.569;最低的为印度,综合指数值为0.208,其他国家社会发展综合指数的情况如图13—2所示。2013年中国的社会发展综合指数值为0.240,仅高于印度尼西亚和印度,在G20集团中排名倒数第三位,依然落在第三世界阵营。按照一般的判断,中国社会发展总体上还处于初级阶段。

作为世界上最大的发展中国家,中国的社会发展综合指数与世界上最大的发达国家美国相比还有很大的差距。2013年,中国的社会发展综合指数0.240远低于美国0.539的水平。从社会发

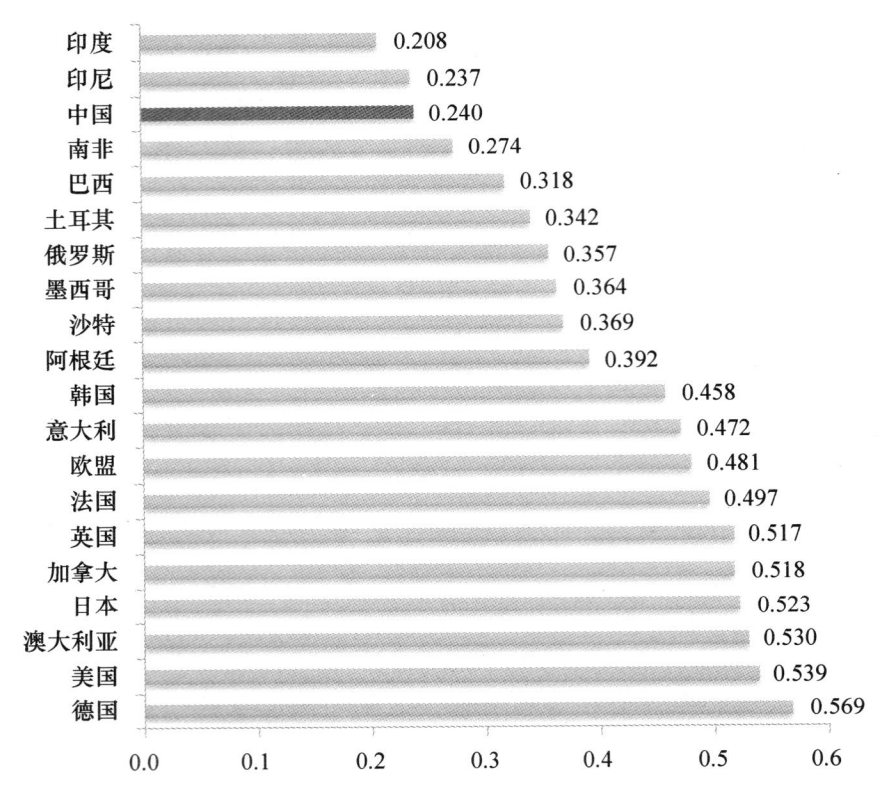

国家	指数
印度	0.208
印尼	0.237
中国	0.240
南非	0.274
巴西	0.318
土耳其	0.342
俄罗斯	0.357
墨西哥	0.364
沙特	0.369
阿根廷	0.392
韩国	0.458
意大利	0.472
欧盟	0.481
法国	0.497
英国	0.517
加拿大	0.518
日本	0.523
澳大利亚	0.530
美国	0.539
德国	0.569

图13—2 2013年中国与G20国家社会发展综合指数

展综合指数的构成指标来看，中国全面落后于美国。美国国民的福祉水平远高于中国，2013年美国的人均GDP为51451国际元（2011年不变价），而中国的人均GDP仅为11525国际元，美国的人均GDP约为中国的4.5倍；而以人均消费额代表的福祉来看，美国国民的人均消费额为中国国民的23.8倍之多，中国国民享受到的物质消费远低于美国国民。美国的社会包容性也高于中国，但这种差距不是特别大。2013年美国的公共支出比约为63.8%，高于中国63.3%的水平，这表明美国投入了相当大的政府资源来建立社会的包容机制；需要说明的是2013年美国的失业率为8.4%,高于中国的失业率,但两者的统计口径并不一样,中国政府使用的城镇登记失业率可能低估了总体劳动力失业水平。从社会公平性来看,美国的社会不平等程度要高于大多数欧洲国家的水平,且还有小幅上升的趋势,2013年美国的基尼系数为37.0,接近国际公认40的警戒水平;而中国的基尼系数远超国际警戒水平,2013年这一系数为53.1,这一水平在G20国家中也处于最不平等的国家行列。这表明,中国为了自身社会的健康发展,必须下大力气解决收入分配不平等的问题。最后,美国的社会可持续发展水平也远高于中国。美国的人均受教育年限为12.9年,而中国仅为7.5年,从教育投入来看,中国的教育公共开支占GDP的比例仅为2.3%,也远低于美国5.8%的水平。随着中国人口红利逐渐消失,必须加强各类教育,增加教育投资,充分发掘人才红利,才能保证中国社会的健康可持续发展。另外,2013年中国的单位能耗产值为4.6美元,而美国为7.2美元,为中国的2.2倍,中国经济所依赖的高耗能、高投入的发展模式也迫切需要转型。因此,要充分认识到中国社会发展尚处于较低水平这一现状,从人民福祉、社会包容、社会公平和可持续发展等多个角度全面推进健康中国的发展,稳步建设和谐社会,实现中国梦。

表13—2 中国与美国社会发展各项指标对比(2013年)

指标	人均GDP(国际元)	人均消费额(美元)	失业率(%)	公共支出比(%)	基尼系数(%)	人均受教育年限(年)	教育公共开支比(%)	单位能耗产值(美元)	综合指数
美国	51451	31087	8.4	63.8	37.0	12.9	5.8	7.2	0.539
中国	11525	1307	4.1	63.3	53.1	7.5	2.3	4.6	0.240

注:部分数据为作者在WDI2014数据库的基础上弥补拟合的值。

(三) 中国社会发展进步迅速

虽然中国的社会发展水平较低,但从 G20 国家社会发展综合指数的变化幅度来看,中国的社会发展进步较大。1990 年,中国的社会发展综合指数值为 0.132,在 20 国集团中排名倒数第 2 位,仅高于印度的 0.124;二十多年来随着中国经济快速发展,中国的社会发展进步明显,综合指数不断上升,2013 年上升为 0.240,上升幅度高达 0.108,变化幅度在 G20 国家中位于前列(见图 13—2)。社会发展综合指数的大幅上升展现了中国社会发展在改革开放后的巨大进步,但与韩国、德国、阿根廷、澳大利亚和英国相比还有一定的距离,这表明中国社会发展进步空间较大。

中国快速进步的社会发展水平得益于它在社会发展的四个方面均表现出了明显的进步。其中,进步最大的是福祉,2013 年中国的人均 GDP 比 1990 年增加了 10424 国际元,相较于 1990 年增长了 9.5 倍,而人均消费额也从 1990 年的 258 美元增加到 2013 年的 1307 美元,增长了 1049 美元,增幅达 4 倍之多。在这个过程中,中国的失业率也出现了一定幅度的上升,但中国政府的公共开支由 1990 年的 53.7% 增加到 2013 年的 63.3%,相比上升了 9.6 个百分点。不可忽视的是,这个过程中,中国社会的公平状况在变差,基尼系数由 1990 年的 32.3 上升为 2013 年的 53.1,上升了 20.8 个百分点,上升的幅度也远高于美国上升的幅度。从可持续发展来看,中国社会发展也出现了可喜的变化,人均受教育年限由 1990 年的 4.9 年增加为 2013 年的 7.5 年,22 年间国民的平均受教育年限增加了 2.6 年,教育公共开支比也增加了 0.5 个百分点。中国经济发展的单位能耗产值也由 1990 年的 1.0 增长为

2013年的4.6，能耗产值实现了大幅增加，但是这一增长幅度仍然低于美国4.2美元的增长幅度。总体来看，相对量的增长使中国的社会发展综合指数出现了大幅的增长。

表13—3　　　　中国与美国社会发展各指标变化对比（2013年与1990年）

指标	年份	人均GDP（国际元）	人均消费额（美元）	失业率（%）	公共支出比（%）	基尼系数（%）	人均受教育年限（年）	教育公共开支比（%）	单位能耗产值（美元）	综合指数—
中国	1990	1101	258	2.5	53.7	32.3	4.9	1.8	1.0	0.132
	2013	11525	1307	4.1	63.3	53.1	7.5	2.3	4.6	0.240
	变化	10424	1049	1.6	9.6	20.8	2.6	0.5	3.5	0.108
美国	1990	31899	21124	5.6	57.6	34.2	12.3	5.0	3.0	0.445
	2013	51451	31087	8.4	63.8	37.0	12.9	5.8	7.2	0.539
	变化	19552	9963	2.8	6.2	2.8	0.6	0.8	4.2	0.093

注：部分数据为作者在WDI 2014数据库的基础上弥补拟合得出。

（四）中国社会发展水平比较位置和差距

参照世界银行的分类标准，我们将世界各大区域经济体与中国进行对比。图13—3列示了中国与这些区域经济体的社会发展综合指数变化趋势的对比情况。由图可以看出中国的社会发展综合指数在世界各大区域经济体中处于偏后的水平，中国在总体上落后于欧洲、中欧、中东与北非、拉美和加勒比，也落后于全球和其所在的东亚太平洋的平均水平。但是，应当看到，中国社会发展综合指数表现出较快的上升趋势，已经超过了东西太平洋发展中国家的平均水平。

经济发展是社会发展的重要内容和基本保障，经济发展水平与社会发展水平有极为密切的关系。将中国与按收入分类的经济

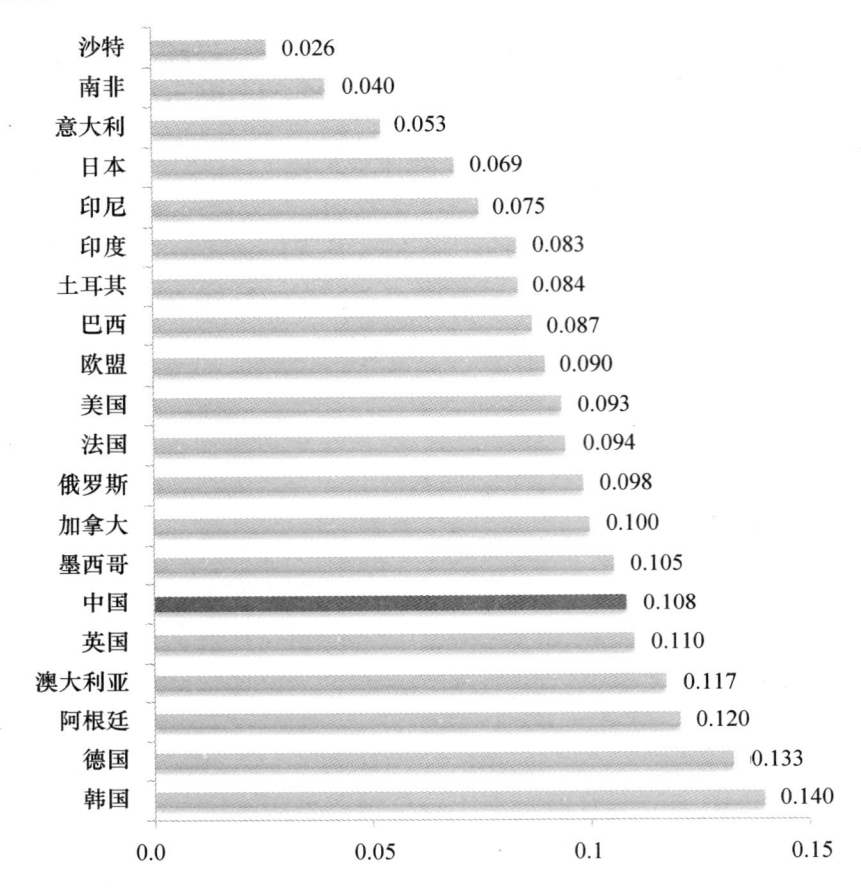

国家	数值
沙特	0.026
南非	0.040
意大利	0.053
日本	0.069
印尼	0.075
印度	0.083
土耳其	0.084
巴西	0.087
欧盟	0.090
美国	0.093
法国	0.094
俄罗斯	0.098
加拿大	0.100
墨西哥	0.105
中国	0.108
英国	0.110
澳大利亚	0.117
阿根廷	0.120
德国	0.133
韩国	0.140

图 13—3　2013 年中国与 G20 国家综合指数相较于 1990 年变化

体进行比较，可以从总体上看出中国社会发展在经济及其他社会发展方面的均衡情况。图 13—4 列示了中国与各收入类别经济体的社会发展综合指数变化趋势的对比情况。[1] 根据世界银行的分

---

[1] 世界银行按 2013 年人均 GNI 把各个国家分为：高收入国家（High Income）、上中等收入国家（Upper Middle Income）、中等收入国家（Middle income）、下中等收入国家（Lower Middle Income）和中低收入国家（Low & Middle Income）。其标准为低收入国家为 1045 美元或以下者；下中等收入国家在 1046—4125 美元之间；上中等收入经济体在 4126—12745 美元之间；高收入国家为 12746 美元或以上者。详见 http：//data. worldbank. org/about/country-classifications。

类标准，2013年中国属于上中等收入国家，但从图中可以看出，中国的社会发展水平远低于高收入国家的社会发展水平，也依然低于上中等收入国家、中等收入国家的发展水平。从近年的变化趋势来看，中国的社会发展水平一直落后于发达经济体和高收入经济体的水平，并且这种情况在未来相当长的一段时期内还将存在。但可喜的是，随着中国经济的快速发展和社会发展机制的逐渐完善，较短时期内中国社会发展水平可能超过中等收入经济体水平，达到上中等经济体的社会发展水平。

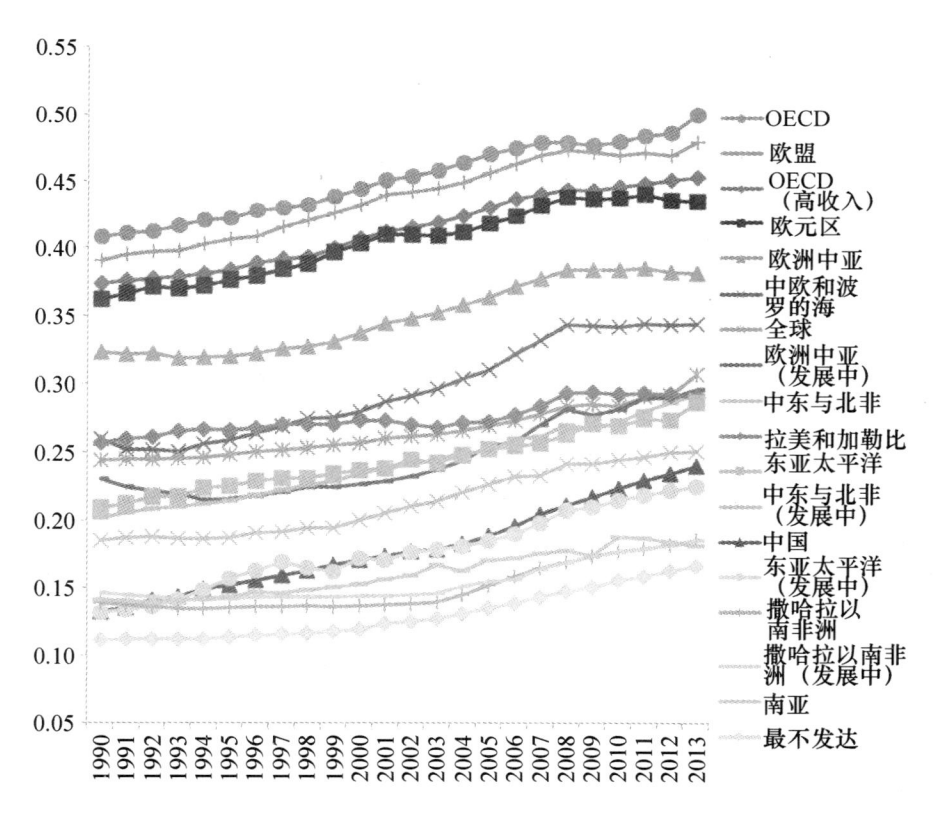

图13—4 1990—2013年中国社会发展综合指数与区域经济体的趋势对比

"金砖五国"作为世界新兴市场国家的领头羊,在发展中国家的社会发展中发挥着重要的作用。从中国的社会发展与其他"金砖四国"进行对比的情况来看,2013年,中国的社会发展水平排在俄罗斯、巴西和南非之后,仅高于印度。从趋势上来看,受益于中国快速的经济增长和不断完善的社会发展机制,中国的社会发展水平快速进步,中国的社会发展综合指数与俄罗斯和巴西的差距也在不断缩小。详细情况参见图13—5。

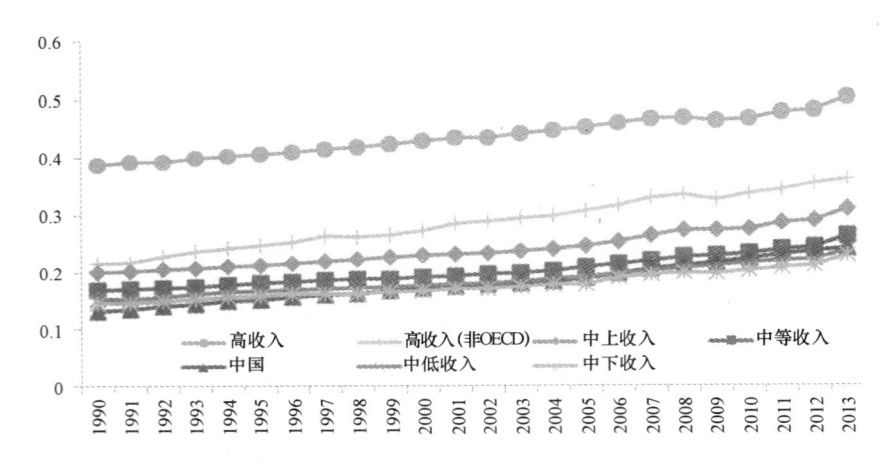

图13—5　1990—2013年中国社会发展综合指数与收入分类经济体的趋势对比

从某种意义上说,美国、日本、欧盟、俄罗斯和中国构成了世界发展的五极,它们引导着世界社会的发展。从中国的社会发展与其他极点国家进行对比的情况来看,中国的发展水平远低于美国、日本、欧盟和俄罗斯这些传统的强国,但从趋势上来看,中国的社会发展综合指数与他们的差距有所缩小,特别是与俄罗斯的距离在接近。详细情况参见图13—6。作为世界性大国,中国在世界的经济和社会发展中发挥着越来越重要的作用,但其社会发展水平与其在世界政治、经济等舞台中的位置还有一定的差距，这需要我们坚持理论自信和制度自信，不断完善社会治理，提高社会发展水平，扩大中国在国际社会中的影响力。

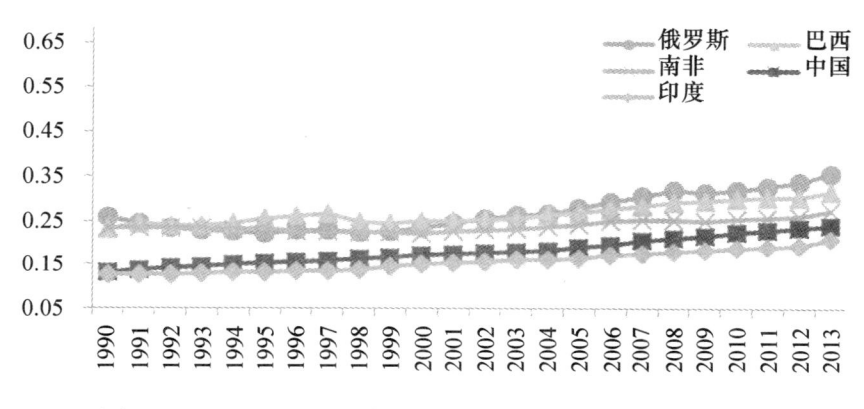

图13—6　1990—2013年金砖国家社会发展综合指数趋势

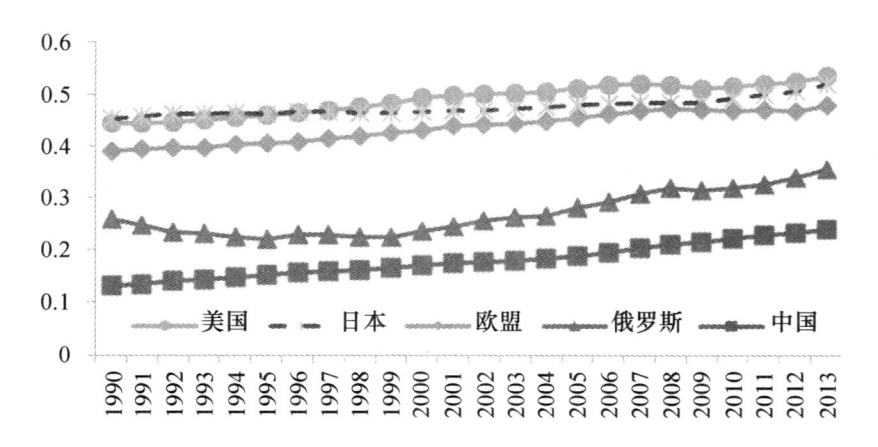

图13—7　1990—2013年世界五极国家社会发展综合指数趋势

四　小结与展望

本章在《中国社会发展年度报告（2013）》构建的社会发展

综合指标体系框架下，进一步扩大样本容量，利用最新的数据计算出全世界149个国家和区域经济体的社会发展综合指数。在此基础上，报告考察了中国与G20国家、美国、金砖国家、各区域经济体、收入分类经济体和传统大国的社会发展情况，并进行对比分析，得出许多有意义的结论。

（1）2013年中国的社会发展综合指数为0.240，在124个国家中排名93位；

（2）G20集团国家的社会发展综合指数都呈现出明显的上升趋势，其社会发展状况都有显著的进步；

（3）G20集团国家也呈现出"三个世界"的格局，且各个世界国家的组成较为稳固，不同集团之间的鸿沟并未有缩小的趋势；

（4）中国社会发展尚处于初级阶段，2013年中国的社会发展综合指数值为0.240，依然位于第三世界阵营；

（5）与欧美国家相比，中国国民的福祉水平、社会包容性、社会公平和可持续发展都有差距，有待继续提高；

（6）中国社会发展水平进步迅速，从各个国家社会发展综合指数的变化幅度来看，中国上升的幅度较大；

（7）从中国的社会发展综合指数走势来看，课题组仍然维持2013年的判断：如果中国能保持当前的社会发展进步水平，15—20年内中国将进入第二世界的行列。

为全面建成小康社会，实现民族复兴的中国梦，需要充分认识中国社会发展尚处于初级阶段这一现状，在国家治理的宏观战略和政策上应更加注重以人民福祉为核心，建立并完善公平、包容、可持续等各种机制，推动我国社会向更高阶段实现跨越式发展。为此，要做好以下几点。

第一,要坚定不移地发展经济,做大蛋糕,为快速增加人民福祉提供坚实的物质基础。虽然我国经济已经实现腾飞,并成为世界第二大经济体,但是,从人均水平而言,我国只是刚刚摆脱低收入水平,和发达国家甚至中等收入国家人均收入水平相比还有很大差距。向中等收入迈进,要大力稳定社会经济的发展,确保经济增速在下限之上,确保人民群众的福祉不受影响,从而为社会快速发展和进步提供基本保障。

第二,全面深化社会经济体制改革。以公平正义为根本原则,推动财税制度、人事制度、就业制度、户籍制度等关键领域改革,打破行政垄断和市场垄断,增强市场活力,特别要下大力气解决收入分配不公问题,分好蛋糕。

第三,加强和改善党的领导,调动社会各方面力量,建立充满活力的社会治理新机制,尊重人民群众的首创精神,从各个层面建立社会包容机制,从各个领域推动包容性社会发展。

第四,加快经济发展转型,摆脱高投入、高耗能的发展模式。同时在中国人口红利开始消失的时候,加强各类教育,增加教育投资,充分发掘人才红利,保证中国社会健康可持续发展。

总之,要从人民福祉、社会包容、社会公平和可持续发展多个维度全面推进中国社会发展,不断提高中国社会的整体影响力和核心竞争力,稳步建设和谐社会,逐步缩小我国社会发展与发达国家的差距,从而最终实现中华民族复兴的伟大梦想。

附　录

表13—4　　1990—2013年世界各国家、地区社会发展综合指数值

	1990	1991	1992	1993	1994	1995	1996	1997	1998	1999	2000	2001
挪威	0.501	0.505	0.510	0.518	0.528	0.535	0.546	0.555	0.557	0.560	0.564	0.571
瑞士	0.535	0.533	0.531	0.536	0.540	0.546	0.550	0.555	0.562	0.565	0.571	0.576
卢森堡	0.498	0.508	0.507	0.511	0.517	0.522	0.522	0.531	0.542	0.555	0.565	0.566
丹麦	0.458	0.467	0.481	0.485	0.497	0.504	0.504	0.515	0.521	0.526	0.538	0.546
德国	0.436	0.443	0.446	0.445	0.449	0.453	0.465	0.468	0.472	0.480	0.486	0.488
瑞典	0.451	0.449	0.444	0.437	0.442	0.449	0.452	0.457	0.466	0.474	0.486	0.489
奥地利	0.463	0.466	0.472	0.471	0.476	0.481	0.482	0.491	0.499	0.507	0.511	0.510
荷兰	0.456	0.459	0.463	0.462	0.464	0.467	0.470	0.481	0.491	0.503	0.510	0.513
美国	0.445	0.445	0.447	0.451	0.457	0.461	0.464	0.469	0.477	0.484	0.494	0.499
爱尔兰	0.359	0.363	0.370	0.373	0.381	0.393	0.403	0.412	0.422	0.430	0.447	0.452
澳大利亚	0.413	0.413	0.412	0.424	0.427	0.431	0.436	0.440	0.445	0.450	0.455	0.461
日本	0.453	0.459	0.463	0.464	0.465	0.464	0.467	0.468	0.465	0.465	0.468	0.470
芬兰	0.432	0.426	0.417	0.410	0.408	0.417	0.420	0.426	0.433	0.437	0.443	0.450
加拿大	0.418	0.418	0.418	0.425	0.425	0.426	0.426	0.431	0.433	0.440	0.444	0.446
英国	0.408	0.402	0.403	0.409	0.417	0.422	0.426	0.434	0.439	0.443	0.452	0.461
法国	0.402	0.407	0.408	0.411	0.416	0.422	0.423	0.427	0.434	0.439	0.448	0.453
新西兰	0.357	0.351	0.352	0.356	0.366	0.374	0.384	0.387	0.393	0.402	0.408	0.416
北美洲	0.391	0.394	0.401	0.409	0.402	0.405	0.407	0.413	0.418	0.425	0.431	0.435
比利时	0.469	0.465	0.468	0.455	0.454	0.434	0.437	0.451	0.458	0.468	0.481	0.490
意大利	0.420	0.427	0.427	0.423	0.426	0.429	0.433	0.441	0.443	0.451	0.456	0.467
韩国	0.319	0.331	0.337	0.343	0.347	0.356	0.364	0.369	0.347	0.359	0.368	0.379

续表

	1990	1991	1992	1993	1994	1995	1996	1997	1998	1999	2000	2001
马耳他	0.291	0.301	0.313	0.313	0.324	0.338	0.346	0.353	0.368	0.374	0.391	0.385
冰岛	0.395	0.398	0.393	0.390	0.392	0.393	0.402	0.413	0.427	0.426	0.429	0.440
斯洛文尼亚	0.382	0.366	0.368	0.373	0.377	0.382	0.386	0.391	0.397	0.406	0.419	0.425
香港	0.359	0.368	0.373	0.380	0.385	0.384	0.386	0.399	0.385	0.376	0.390	0.386
塞浦路斯	0.363	0.366	0.378	0.367	0.374	0.390	0.390	0.392	0.398	0.401	0.412	0.421
捷克	0.346	0.333	0.341	0.344	0.354	0.363	0.367	0.365	0.362	0.364	0.363	0.371
以色列	0.351	0.358	0.360	0.367	0.376	0.384	0.389	0.388	0.390	0.393	0.398	0.400
西班牙	0.377	0.376	0.376	0.370	0.371	0.378	0.386	0.393	0.405	0.418	0.429	0.440
波多黎各	0.349	0.360	0.364	0.366	0.365	0.364	0.374	0.377	0.385	0.390	0.396	0.400
新加坡	0.307	0.319	0.322	0.332	0.331	0.342	0.360	0.349	0.353	0.357	0.378	0.378
斯洛伐克	0.307	0.300	0.298	0.297	0.296	0.306	0.314	0.321	0.328	0.324	0.323	0.327
波兰	0.275	0.274	0.279	0.281	0.286	0.290	0.310	0.316	0.321	0.325	0.328	0.331
阿联酋	0.384	0.381	0.383	0.376	0.382	0.382	0.376	0.379	0.384	0.372	0.379	
阿根廷	0.271	0.288	0.302	0.308	0.319	0.306	0.316	0.325	0.330	0.328	0.330	0.323
希腊	0.338	0.341	0.346	0.347	0.351	0.355	0.361	0.364	0.368	0.374	0.381	0.393
文莱	0.379	0.373	0.381	0.392	0.390	0.385	0.392	0.396	0.390	0.385	0.374	0.378
罗马尼亚	0.245	0.239	0.236	0.238	0.243	0.248	0.260	0.257	0.256	0.256	0.256	0.268
匈牙利	0.328	0.318	0.320	0.317	0.320	0.314	0.312	0.318	0.327	0.338	0.349	0.358
立陶宛	0.252	0.252	0.259	0.255	0.255	0.258	0.266	0.280	0.291	0.298	0.306	0.307
乌拉圭	0.274	0.279	0.289	0.299	0.305	0.305	0.310	0.318	0.314	0.308	0.314	0.311
克罗地亚	0.267	0.267	0.267	0.279	0.285	0.294	0.309	0.321	0.323	0.322	0.326	0.327
爱沙尼亚	0.259	0.261	0.259	0.262	0.266	0.274	0.286	0.298	0.307	0.307	0.308	0.319
古巴	0.289	0.282	0.275	0.269	0.259	0.255	0.254	0.259	0.262	0.265	0.271	0.278	0.285
沙特	0.343	0.349	0.345	0.353	0.346	0.336	0.330	0.328	0.343	0.340	0.335	0.339
智利	0.247	0.254	0.263	0.271	0.274	0.282	0.288	0.293	0.297	0.293	0.299	0.304
特立尼达和多巴哥	0.224	0.231	0.230	0.232	0.234	0.240	0.242	0.245	0.245	0.256	0.262	0.263
委内瑞拉	0.271	0.287	0.297	0.296	0.291	0.285	0.278	0.283	0.282	0.275	0.280	0.283
墨西哥	0.258	0.262	0.268	0.274	0.279	0.272	0.276	0.281	0.287	0.292	0.302	0.305
拉脱维亚	0.320	0.304	0.269	0.267	0.273	0.271	0.279	0.288	0.295	0.304	0.310	0.319

续表

	1990	1991	1992	1993	1994	1995	1996	1997	1998	1999	2000	2001
巴哈马	0.289	0.285	0.286	0.295	0.296	0.311	0.319	0.321	0.323	0.350	0.364	0.365
马来西亚	0.231	0.238	0.245	0.252	0.263	0.273	0.282	0.288	0.280	0.280	0.296	0.302
俄罗斯	0.258	0.246	0.235	0.231	0.226	0.221	0.230	0.230	0.224	0.226	0.235	0.245
白俄罗斯	0.216	0.214	0.206	0.203	0.194	0.202	0.208	0.220	0.231	0.237	0.246	0.256
哈萨克斯坦	0.271	0.262	0.255	0.252	0.242	0.233	0.233	0.241	0.236	0.241	0.247	0.254
土耳其	0.258	0.257	0.260	0.261	0.259	0.255	0.263	0.272	0.283	0.284	0.290	0.285
毛里求斯	0.217	0.229	0.231	0.233	0.235	0.237	0.239	0.245	0.253	0.259	0.268	0.270
黎巴嫩	0.247	0.264	0.268	0.267	0.269	0.273	0.272	0.264	0.266	0.262	0.264	0.270
黑山	0.254	0.256	0.256	0.258	0.262	0.253	0.257	0.273	0.276	0.274	0.257	0.280
博茨瓦纳	0.207	0.216	0.217	0.216	0.227	0.236	0.243	0.252	0.250	0.253	0.250	0.251
保加利亚	0.267	0.256	0.270	0.244	0.236	0.233	0.227	0.227	0.243	0.248	0.256	0.260
巴西	0.232	0.245	0.241	0.239	0.246	0.256	0.261	0.267	0.249	0.246	0.251	0.252
哥斯达黎加	0.226	0.233	0.241	0.250	0.258	0.262	0.264	0.270	0.277	0.279	0.275	0.274
加蓬	0.258	0.262	0.259	0.260	0.259	0.260	0.258	0.259	0.266	0.260	0.265	0.264
巴拿马	0.218	0.231	0.234	0.246	0.241	0.243	0.241	0.247	0.251	0.255	0.255	0.249
哥伦比亚	0.243	0.243	0.249	0.249	0.251	0.253	0.251	0.255	0.250	0.250	0.247	0.250
伯利兹	0.195	0.208	0.207	0.209	0.211	0.211	0.215	0.236	0.236	0.243	0.244	0.253
突尼斯	0.223	0.221	0.222	0.223	0.225	0.225	0.227	0.235	0.235	0.239	0.242	0.246
厄瓜多尔	0.237	0.238	0.237	0.240	0.241	0.241	0.240	0.241	0.243	0.229	0.222	0.219
约旦	0.221	0.210	0.216	0.212	0.216	0.218	0.222	0.214	0.216	0.217	0.208	0.212
秘鲁	0.206	0.217	0.219	0.218	0.228	0.228	0.228	0.235	0.231	0.235	0.236	0.238
塞尔维亚	0.190	0.199	0.201	0.199	0.209	0.220	0.229	0.240	0.246	0.251	0.258	0.264
阿尔巴尼亚	0.238	0.221	0.226	0.228	0.231	0.243	0.246	0.229	0.236	0.235	0.241	0.236
泰国	0.177	0.182	0.186	0.193	0.199	0.203	0.207	0.211	0.203	0.206	0.222	0.228
乌克兰	0.254	0.248	0.241	0.218	0.206	0.201	0.196	0.194	0.191	0.190	0.200	0.213
纳米比亚	0.175	0.179	0.179	0.178	0.181	0.181	0.182	0.184	0.184	0.184	0.186	0.188
蒙古	0.199	0.192	0.189	0.187	0.181	0.178	0.184	0.186	0.194	0.196	0.200	0.204
多米尼加	0.173	0.178	0.184	0.193	0.198	0.205	0.211	0.218	0.224	0.230	0.233	0.234

续表

	1990	1991	1992	1993	1994	1995	1996	1997	1998	1999	2000	2001
南非	0.235	0.236	0.236	0.236	0.232	0.234	0.226	0.228	0.225	0.224	0.222	0.227
斯威士兰	0.187	0.168	0.176	0.185	0.187	0.200	0.205	0.209	0.215	0.220	0.226	0.234
埃及	0.181	0.180	0.180	0.177	0.176	0.177	0.181	0.184	0.195	0.204	0.214	0.220
伊朗	0.166	0.175	0.180	0.187	0.189	0.193	0.197	0.202	0.206	0.210	0.213	0.220
萨尔瓦多	0.147	0.147	0.149	0.152	0.155	0.160	0.162	0.162	0.164	0.166	0.169	0.172
摩尔多瓦	0.184	0.195	0.189	0.198	0.189	0.189	0.192	0.194	0.191	0.177	0.183	0.190
摩洛哥	0.196	0.199	0.197	0.196	0.202	0.198	0.205	0.202	0.207	0.203	0.206	0.209
亚美尼亚	0.156	0.151	0.141	0.144	0.152	0.149	0.159	0.164	0.162	0.174	0.176	0.165
阿塞拜疆	0.212	0.207	0.194	0.177	0.163	0.161	0.171	0.174	0.182	0.197	0.206	0.208
阿尔及利亚	0.238	0.234	0.234	0.232	0.231	0.229	0.228	0.232	0.233	0.234	0.226	0.236
斯里兰卡	0.179	0.184	0.184	0.188	0.194	0.196	0.197	0.201	0.204	0.206	0.207	0.207
马其顿	0.208	0.204	0.196	0.193	0.195	0.192	0.187	0.184	0.189	0.198	0.203	0.203
玻利维亚	0.205	0.206	0.203	0.204	0.201	0.203	0.198	0.201	0.203	0.205	0.208	0.214
危地马拉	0.166	0.163	0.163	0.165	0.166	0.188	0.201	0.194	0.198	0.200	0.205	0.206
中国	0.132	0.135	0.141	0.143	0.148	0.151	0.156	0.159	0.162	0.167	0.170	0.174
印尼	0.163	0.165	0.167	0.168	0.174	0.178	0.183	0.186	0.180	0.182	0.182	0.181
巴拉圭	0.192	0.196	0.199	0.200	0.202	0.204	0.204	0.205	0.205	0.204	0.202	0.202
越南	0.141	0.145	0.148	0.152	0.156	0.159	0.163	0.165	0.167	0.174	0.175	0.177
东帝汶	0.134	0.139	0.143	0.148	0.153	0.157	0.161	0.167	0.170	0.176	0.180	0.186
赤道几内亚	0.121	0.124	0.126	0.118	0.112	0.130	0.148	0.163	0.170	0.167	0.155	0.179
菲律宾	0.140	0.144	0.158	0.170	0.174	0.177	0.181	0.182	0.183	0.183	0.183	0.185
吉尔吉斯斯坦	0.200	0.186	0.175	0.163	0.147	0.146	0.143	0.145	0.144	0.147	0.148	0.156
印度	0.124	0.125	0.127	0.128	0.130	0.132	0.134	0.134	0.136	0.143	0.149	0.152
尼日利亚	0.158	0.156	0.155	0.154	0.153	0.152	0.151	0.151	0.152	0.152	0.152	0.155
肯尼亚	0.137	0.135	0.130	0.130	0.130	0.131	0.129	0.127	0.125	0.121	0.117	0.120
刚果（布）	0.186	0.188	0.180	0.178	0.179	0.179	0.182	0.181	0.168	0.180	0.178	0.177
喀麦隆	0.149	0.153	0.146	0.141	0.140	0.143	0.142	0.144	0.145	0.149	0.153	0.160
柬埔寨	0.093	0.096	0.100	0.102	0.105	0.106	0.110	0.109	0.113	0.114	0.124	0.130

续表

	1990	1991	1992	1993	1994	1995	1996	1997	1998	1999	2000	2001
尼泊尔	0.135	0.136	0.137	0.138	0.140	0.140	0.141	0.142	0.143	0.143	0.144	0.147
塞内加尔	0.131	0.136	0.139	0.142	0.144	0.145	0.146	0.147	0.150	0.153	0.154	0.156
莱索托	0.118	0.118	0.111	0.111	0.113	0.124	0.133	0.120	0.132	0.142	0.131	0.135
坦桑尼亚	0.126	0.127	0.129	0.129	0.129	0.130	0.132	0.134	0.135	0.138	0.140	0.143
洪都拉斯	0.168	0.170	0.173	0.175	0.172	0.173	0.174	0.175	0.175	0.176	0.177	0.179
塔吉克斯坦	0.182	0.176	0.156	0.147	0.135	0.128	0.121	0.128	0.136	0.132	0.144	0.147
孟加拉国	0.126	0.126	0.129	0.130	0.132	0.134	0.135	0.138	0.140	0.142	0.143	0.146
贝宁	0.093	0.095	0.096	0.098	0.097	0.099	0.099	0.100	0.101	0.102	0.105	0.105
多哥	0.140	0.140	0.138	0.128	0.131	0.133	0.137	0.141	0.140	0.139	0.139	0.137
巴基斯坦	0.141	0.139	0.142	0.140	0.142	0.146	0.148	0.150	0.148	0.149	0.145	0.147
不丹	0.108	0.110	0.111	0.122	0.133	0.143	0.127	0.132	0.141	0.154	0.147	0.163
埃塞俄比亚	0.081	0.079	0.085	0.082	0.081	0.084	0.085	0.094	0.099	0.100	0.102	0.105
苏丹	0.113	0.115	0.117	0.119	0.117	0.119	0.120	0.123	0.124	0.120	0.124	0.128
赞比亚	0.123	0.119	0.120	0.117	0.113	0.114	0.120	0.121	0.126	0.128	0.123	0.107
莫桑比克	0.084	0.086	0.084	0.086	0.088	0.089	0.090	0.093	0.097	0.103	0.101	0.103
刚果（金）	0.086	0.076	0.091	0.073	0.094	0.076	0.063	0.063	0.065	0.084	0.065	0.047
冈比亚	0.130	0.135	0.124	0.130	0.132	0.135	0.134	0.134	0.134	0.132	0.134	0.133
厄立特里亚	0.112	0.116	0.122	0.122	0.130	0.128	0.136	0.148	0.153	0.147	0.139	0.140

注：按照2013年世界各国的社会发展综合指数值排序。

续表

	2002	2003	2004	2005	2006	2007	2008	2009	2010	2011	2012	2013	排名
挪威	0.576	0.574	0.584	0.592	0.600	0.610	0.609	0.607	0.604	0.621	0.624	0.633	1
瑞士	0.582	0.583	0.588	0.582	0.588	0.592	0.601	0.601	0.603	0.607	0.606	0.609	2
卢森堡	0.574	0.567	0.568	0.580	0.592	0.604	0.601	0.594	0.598	0.600	0.600	0.601	3
丹麦	0.554	0.552	0.560	0.569	0.573	0.580	0.583	0.578	0.578	0.585	0.588	0.594	4
德国	0.489	0.490	0.491	0.494	0.501	0.508	0.513	0.515	0.521	0.535	0.542	0.569	5
瑞典	0.495	0.501	0.505	0.506	0.515	0.521	0.519	0.518	0.517	0.527	0.527	0.542	6
奥地利	0.513	0.512	0.509	0.515	0.523	0.527	0.533	0.534	0.535	0.541	0.540	0.542	7
荷兰	0.516	0.515	0.517	0.522	0.531	0.536	0.542	0.540	0.539	0.544	0.540	0.540	8
美国	0.501	0.505	0.507	0.512	0.521	0.521	0.520	0.513	0.517	0.522	0.527	0.539	9
爱尔兰	0.459	0.466	0.472	0.495	0.504	0.514	0.513	0.501	0.497	0.518	0.523	0.534	10
澳大利亚	0.466	0.472	0.480	0.484	0.487	0.490	0.493	0.498	0.498	0.507	0.510	0.530	11
日本	0.471	0.474	0.477	0.480	0.483	0.486	0.485	0.486	0.494	0.501	0.508	0.523	12
芬兰	0.456	0.461	0.469	0.478	0.483	0.491	0.499	0.493	0.494	0.505	0.507	0.521	13
加拿大	0.452	0.455	0.460	0.469	0.475	0.481	0.483	0.481	0.490	0.497	0.505	0.518	14
英国	0.471	0.477	0.481	0.483	0.489	0.494	0.490	0.486	0.488	0.493	0.495	0.517	15
法国	0.456	0.458	0.460	0.463	0.469	0.476	0.477	0.476	0.475	0.482	0.481	0.497	16
新西兰	0.425	0.433	0.439	0.442	0.443	0.448	0.443	0.479	0.482	0.477	0.488	0.488	17
北美洲	0.437	0.444	0.449	0.453	0.462	0.464	0.465	0.461	0.467	0.471	0.479	0.486	18
比利时	0.495	0.494	0.500	0.500	0.510	0.517	0.524	0.523	0.525	0.504	0.503	0.481	19
意大利	0.468	0.468	0.471	0.473	0.482	0.486	0.491	0.489	0.488	0.487	0.478	0.472	20
韩国	0.386	0.391	0.390	0.396	0.404	0.418	0.421	0.419	0.428	0.434	0.440	0.458	21
马耳他	0.394	0.397	0.403	0.412	0.420	0.422	0.429	0.433	0.432	0.439	0.445	0.450	0.455	22
冰岛	0.441	0.448	0.457	0.467	0.461	0.461	0.437	0.439	0.432	0.444	0.443	0.450	23
斯洛文尼亚	0.428	0.430	0.436	0.443	0.450	0.458	0.462	0.458	0.454	0.455	0.450	0.449	24
香港	0.388	0.389	0.412	0.432	0.403	0.409	0.412	0.426	0.428	0.440	0.437	0.448	25
塞浦路斯	0.426	0.431	0.441	0.444	0.449	0.476	0.470	0.468	0.466	0.464	0.453	0.445	26

续表

	2002	2003	2004	2005	2006	2007	2008	2009	2010	2011	2012	2013	排名
捷克	0.376	0.383	0.386	0.389	0.401	0.410	0.413	0.414	0.413	0.420	0.420	0.429	27
以色列	0.398	0.392	0.394	0.395	0.399	0.406	0.407	0.407	0.411	0.420	0.420	0.425	28
西班牙	0.443	0.448	0.452	0.461	0.472	0.479	0.477	0.464	0.457	0.451	0.435	0.425	29
波多黎各	0.400	0.405	0.398	0.401	0.411	0.416	0.425	0.431	0.431	0.432	0.426	0.425	30
新加坡	0.373	0.375	0.377	0.381	0.386	0.397	0.393	0.390	0.404	0.402	0.402	0.419	31
斯洛伐克	0.338	0.346	0.354	0.364	0.378	0.399	0.408	0.407	0.406	0.411	0.415	0.418	32
波兰	0.330	0.332	0.338	0.345	0.357	0.370	0.382	0.387	0.388	0.392	0.394	0.410	33
阿联酋	0.386	0.394	0.419	0.419	0.431	0.419	0.422	0.391	0.380	0.391	0.397	0.398	34
阿根廷	0.279	0.290	0.308	0.326	0.340	0.353	0.362	0.367	0.379	0.388	0.390	0.392	35
希腊	0.401	0.411	0.418	0.429	0.443	0.452	0.460	0.457	0.448	0.433	0.409	0.390	36
文莱	0.379	0.381	0.388	0.385	0.376	0.376	0.374	0.376	0.371	0.393	0.389	0.390	37
罗马尼亚	0.275	0.281	0.291	0.297	0.310	0.323	0.342	0.323	0.327	0.334	0.355	0.386	38
匈牙利	0.368	0.380	0.382	0.384	0.391	0.392	0.397	0.388	0.384	0.381	0.376	0.384	39
立陶宛	0.324	0.330	0.344	0.357	0.375	0.390	0.399	0.378	0.378	0.379	0.384	0.382	40
乌拉圭	0.295	0.290	0.296	0.305	0.308	0.321	0.329	0.332	0.347	0.359	0.370	0.380	41
克罗地亚	0.348	0.354	0.360	0.367	0.376	0.388	0.397	0.391	0.383	0.385	0.378	0.375	42
爱沙尼亚	0.335	0.340	0.350	0.367	0.388	0.399	0.381	0.363	0.352	0.364	0.367	0.372	43
古巴	0.292	0.299	0.306	0.315	0.326	0.343	0.355	0.350	0.354	0.360	0.365	0.370	44
沙特	0.333	0.333	0.330	0.330	0.333	0.342	0.350	0.349	0.349	0.359	0.361	0.369	45
智利	0.306	0.310	0.312	0.318	0.324	0.332	0.340	0.335	0.342	0.348	0.360	0.366	46
特立尼达和多巴哥	0.277	0.281	0.304	0.290	0.296	0.322	0.330	0.343	0.343	0.352	0.357	0.364	47
委内瑞拉	0.266	0.262	0.281	0.296	0.311	0.327	0.343	0.346	0.348	0.355	0.360	0.364	48

续表

	2002	2003	2004	2005	2006	2007	2008	2009	2010	2011	2012	2013	排名
墨西哥	0.307	0.311	0.313	0.316	0.321	0.324	0.330	0.325	0.328	0.339	0.336	0.364	49
拉脱维亚	0.317	0.324	0.329	0.337	0.357	0.399	0.401	0.368	0.364	0.365	0.364	0.361	50
巴哈马	0.364	0.360	0.362	0.371	0.365	0.372	0.370	0.352	0.352	0.359	0.357	0.361	51
马来西亚	0.297	0.301	0.308	0.314	0.313	0.316	0.322	0.331	0.330	0.343	0.347	0.358	52
俄罗斯	0.256	0.263	0.266	0.281	0.293	0.308	0.320	0.316	0.321	0.327	0.340	0.357	53
白俄罗斯	0.263	0.268	0.276	0.291	0.302	0.312	0.325	0.328	0.341	0.342	0.349	0.354	54
哈萨克斯坦	0.260	0.265	0.270	0.282	0.294	0.306	0.310	0.318	0.323	0.333	0.338	0.345	55
土耳其	0.287	0.293	0.305	0.313	0.319	0.324	0.326	0.320	0.328	0.337	0.338	0.342	56
毛里求斯	0.270	0.284	0.291	0.294	0.298	0.302	0.310	0.315	0.324	0.328	0.333	0.336	57
黎巴嫩	0.268	0.271	0.282	0.291	0.294	0.299	0.302	0.304	0.307	0.309	0.328	0.334	58
黑山	0.277	0.275	0.263	0.263	0.288	0.318	0.334	0.327	0.320	0.330	0.325	0.330	59
博茨瓦纳	0.258	0.259	0.265	0.273	0.288	0.296	0.299	0.305	0.313	0.322	0.327	0.329	60
保加利亚	0.271	0.286	0.283	0.304	0.311	0.319	0.331	0.331	0.326	0.329	0.327	0.326	61
巴西	0.255	0.255	0.264	0.270	0.279	0.286	0.292	0.297	0.301	0.304	0.303	0.318	62
哥斯达黎加	0.275	0.277	0.276	0.280	0.284	0.293	0.294	0.292	0.297	0.305	0.312	0.317	63
加蓬	0.272	0.274	0.272	0.277	0.282	0.289	0.292	0.284	0.288	0.299	0.303	0.312	64
巴拿马	0.253	0.257	0.260	0.266	0.271	0.281	0.281	0.291	0.296	0.304	0.305	0.312	65
哥伦比亚	0.255	0.260	0.263	0.265	0.269	0.274	0.276	0.283	0.289	0.288	0.305	0.310	66
伯利兹	0.254	0.251	0.254	0.258	0.263	0.272	0.278	0.280	0.285	0.290	0.301	0.307	67
突尼斯	0.247	0.256	0.260	0.268	0.274	0.281	0.286	0.289	0.293	0.297	0.301	0.305	68

续表

	2002	2003	2004	2005	2006	2007	2008	2009	2010	2011	2012	2013	排名
厄瓜多尔	0.228	0.234	0.245	0.250	0.258	0.264	0.275	0.274	0.280	0.292	0.295	0.303	69
约旦	0.215	0.218	0.237	0.244	0.259	0.267	0.281	0.280	0.279	0.288	0.293	0.302	70
秘鲁	0.245	0.248	0.254	0.258	0.264	0.272	0.281	0.280	0.286	0.290	0.297	0.301	71
塞尔维亚	0.269	0.268	0.271	0.276	0.283	0.294	0.310	0.308	0.301	0.303	0.300	0.301	72
阿尔巴尼亚	0.244	0.250	0.252	0.262	0.272	0.283	0.292	0.294	0.296	0.301	0.298	0.299	73
泰国	0.234	0.239	0.251	0.254	0.252	0.255	0.260	0.259	0.250	0.273	0.284	0.297	74
乌克兰	0.223	0.231	0.242	0.256	0.268	0.279	0.288	0.280	0.281	0.289	0.292	0.296	75
纳米比亚	0.196	0.193	0.192	0.187	0.191	0.206	0.200	0.225	0.246	0.262	0.276	0.285	76
蒙古	0.207	0.196	0.202	0.211	0.220	0.221	0.235	0.236	0.240	0.257	0.268	0.285	77
多米尼加	0.236	0.232	0.233	0.241	0.251	0.258	0.274	0.267	0.274	0.276	0.277	0.278	78
南非	0.229	0.232	0.238	0.243	0.250	0.252	0.253	0.252	0.256	0.260	0.263	0.274	79
斯威士兰	0.233	0.240	0.245	0.252	0.254	0.254	0.262	0.264	0.259	0.263	0.261	0.263	80
埃及	0.226	0.228	0.230	0.232	0.248	0.250	0.261	0.262	0.264	0.261	0.262	0.260	81
伊朗	0.230	0.239	0.245	0.240	0.247	0.265	0.262	0.262	0.263	0.263	0.263	0.259	82
萨尔瓦多	0.176	0.184	0.190	0.239	0.243	0.244	0.252	0.249	0.251	0.256	0.256	0.258	83
摩尔多瓦	0.196	0.201	0.207	0.218	0.226	0.234	0.242	0.238	0.244	0.250	0.251	0.257	84
摩洛哥	0.214	0.216	0.222	0.217	0.226	0.229	0.239	0.234	0.240	0.248	0.250	0.255	85
亚美尼亚	0.184	0.191	0.190	0.207	0.221	0.226	0.238	0.246	0.247	0.245	0.252	0.252	86
阿塞拜疆	0.215	0.221	0.229	0.241	0.257	0.270	0.267	0.280	0.269	0.267	0.257	0.251	87

续表

	2002	2003	2004	2005	2006	2007	2008	2009	2010	2011	2012	2013	排名
阿尔及利亚	0.243	0.251	0.259	0.268	0.273	0.270	0.277	0.269	0.267	0.261	0.256	0.247	88
斯里兰卡	0.208	0.208	0.216	0.221	0.224	0.225	0.230	0.229	0.231	0.237	0.237	0.243	89
马其顿	0.205	0.194	0.198	0.201	0.210	0.216	0.235	0.240	0.241	0.243	0.242	0.243	90
玻利维亚	0.212	0.215	0.219	0.217	0.218	0.227	0.233	0.240	0.240	0.242	0.241	0.242	91
危地马拉	0.224	0.222	0.224	0.217	0.232	0.236	0.242	0.235	0.233	0.238	0.239	0.241	92
中国	0.177	0.179	0.183	0.189	0.196	0.204	0.211	0.217	0.223	0.229	0.235	0.240	93
印尼	0.183	0.187	0.189	0.191	0.196	0.198	0.203	0.202	0.202	0.202	0.202	0.237	94
巴拉圭	0.197	0.203	0.204	0.208	0.209	0.214	0.217	0.213	0.221	0.227	0.228	0.236	95
越南	0.179	0.182	0.185	0.188	0.192	0.202	0.206	0.213	0.217	0.221	0.225	0.230	96
东帝汶	0.184	0.184	0.185	0.187	0.185	0.193	0.202	0.217	0.221	0.223	0.226	0.229	97
赤道几内亚	0.208	0.216	0.247	0.238	0.229	0.229	0.243	0.232	0.236	0.232	0.233	0.226	98
菲律宾	0.187	0.191	0.191	0.196	0.200	0.207	0.209	0.211	0.214	0.222	0.220	0.226	99
吉尔吉斯斯坦	0.159	0.170	0.178	0.183	0.192	0.194	0.200	0.199	0.201	0.208	0.209	0.215	100
印度	0.154	0.160	0.160	0.164	0.170	0.175	0.179	0.180	0.187	0.191	0.194	0.208	101
尼日利亚	0.155	0.164	0.177	0.183	0.184	0.183	0.181	0.191	0.182	0.193	0.192	0.204	102
肯尼亚	0.120	0.104	0.141	0.153	0.162	0.171	0.171	0.172	0.179	0.182	0.191	0.196	103
刚果（布）	0.175	0.146	0.191	0.196	0.193	0.196	0.202	0.205	0.209	0.204	0.202	0.196	104
喀麦隆	0.165	0.170	0.174	0.176	0.180	0.186	0.186	0.189	0.190	0.192	0.194	0.195	105
柬埔寨	0.131	0.137	0.143	0.149	0.154	0.156	0.171	0.162	0.174	0.180	0.188	0.194	106
尼泊尔	0.145	0.145	0.147	0.150	0.155	0.157	0.162	0.168	0.172	0.175	0.183	0.187	107
塞内加尔	0.157	0.162	0.166	0.173	0.174	0.176	0.178	0.180	0.180	0.182	0.182	0.184	108

续表

	2002	2003	2004	2005	2006	2007	2008	2009	2010	2011	2012	2013	排名
莱索托	0.147	0.142	0.154	0.159	0.154	0.171	0.172	0.176	0.180	0.183	0.181	0.182	109
坦桑尼亚	0.146	0.149	0.152	0.155	0.154	0.161	0.165	0.165	0.167	0.171	0.177	0.180	110
洪都拉斯	0.176	0.176	0.169	0.177	0.178	0.187	0.186	0.174	0.169	0.177	0.175	0.179	111
塔吉克斯坦	0.151	0.152	0.151	0.154	0.150	0.158	0.162	0.167	0.169	0.171	0.174	0.177	112
孟加拉国	0.146	0.149	0.151	0.154	0.156	0.160	0.163	0.166	0.169	0.170	0.171	0.172	113
贝宁	0.104	0.103	0.105	0.105	0.153	0.154	0.158	0.158	0.159	0.161	0.163	0.164	114
多哥	0.135	0.137	0.134	0.131	0.139	0.142	0.135	0.135	0.143	0.147	0.148	0.150	115
巴基斯坦	0.149	0.156	0.150	0.160	0.161	0.165	0.157	0.155	0.153	0.152	0.149	0.149	116
不丹	0.152	0.159	0.165	0.152	0.152	0.157	0.155	0.152	0.152	0.151	0.145	0.149	117
埃塞俄比亚	0.106	0.106	0.108	0.114	0.112	0.102	0.135	0.135	0.139	0.143	0.146	0.148	118
苏丹	0.129	0.131	0.133	0.137	0.140	0.144	0.145	0.147	0.146	0.147	0.147	0.145	119
赞比亚	0.137	0.123	0.131	0.132	0.128	0.140	0.139	0.139	0.132	0.129	0.132	0.133	120
莫桑比克	0.105	0.108	0.111	0.115	0.115	0.117	0.119	0.120	0.121	0.123	0.124	0.126	121
刚果（金）	0.051	0.064	0.064	0.091	0.096	0.101	0.098	0.110	0.110	0.116	0.117	0.121	122
冈比亚	0.135	0.129	0.121	0.122	0.127	0.131	0.139	0.136	0.136	0.129	0.124	0.116	123
厄立特里亚	0.140	0.138	0.139	0.135	0.131	0.127	0.120	0.120	0.118	0.118	0.116	0.113	124

注：按照2013年世界各国的社会发展综合指数值排序。

表 13—5　1990—2013 年世界各区域经济体社会发展综合指数值

	1990	1991	1992	1993	1994	1995	1996	1997	1998	1999	2000	2001
OECD	0.408	0.411	0.413	0.417	0.421	0.422	0.429	0.430	0.433	0.439	0.445	0.451
高收入	0.387	0.391	0.392	0.398	0.402	0.405	0.409	0.415	0.417	0.423	0.428	0.434
欧盟	0.391	0.395	0.397	0.398	0.403	0.406	0.409	0.416	0.421	0.427	0.432	0.441
OECD（高收入）	0.374	0.376	0.378	0.379	0.381	0.384	0.389	0.392	0.393	0.400	0.407	0.412
欧元区	0.362	0.367	0.371	0.370	0.373	0.377	0.379	0.384	0.389	0.397	0.404	0.410
欧洲中亚	0.323	0.322	0.322	0.318	0.319	0.320	0.322	0.326	0.327	0.331	0.337	0.345
高收入（非 OECD）	0.216	0.218	0.229	0.236	0.241	0.248	0.253	0.262	0.262	0.265	0.272	0.284
中欧和波罗的海	0.260	0.252	0.252	0.250	0.256	0.259	0.264	0.269	0.275	0.276	0.280	0.287
全球	0.244	0.244	0.245	0.245	0.246	0.248	0.250	0.252	0.253	0.256	0.257	0.260
中上收入	0.200	0.202	0.205	0.207	0.210	0.213	0.217	0.220	0.223	0.226	0.230	0.231
欧洲中亚（发展中）	0.230	0.224	0.221	0.219	0.214	0.216	0.218	0.221	0.224	0.224	0.226	0.228
中东与北非	0.202	0.206	0.208	0.210	0.212	0.214	0.219	0.222	0.226	0.228	0.234	0.238
拉美和加勒比	0.257	0.260	0.261	0.266	0.267	0.267	0.268	0.271	0.270	0.271	0.273	0.273
东亚太平洋	0.209	0.212	0.217	0.217	0.224	0.225	0.229	0.231	0.231	0.234	0.236	0.238
拉美和加勒比（发展中）	0.256	0.259	0.261	0.265	0.267	0.267	0.269	0.272	0.273	0.275	0.276	0.274
其他小国	0.216	0.218	0.217	0.216	0.215	0.219	0.221	0.223	0.225	0.227	0.225	0.231
中等收入	0.169	0.170	0.172	0.173	0.176	0.180	0.183	0.186	0.187	0.188	0.191	0.194
中东与北非（发展中）	0.185	0.187	0.188	0.187	0.187	0.187	0.191	0.192	0.194	0.195	0.200	0.206

续表

	1990	1991	1992	1993	1994	1995	1996	1997	1998	1999	2000	2001
中低收入	0.152	0.153	0.156	0.161	0.165	0.167	0.169	0.170	0.172	0.174	0.176	0.178
中下收入	0.145	0.146	0.148	0.152	0.156	0.159	0.161	0.162	0.162	0.165	0.167	0.170
东亚太平洋（发展中）	0.131	0.133	0.136	0.141	0.148	0.157	0.163	0.169	0.165	0.162	0.172	0.171
撒哈拉以南非洲	0.139	0.137	0.136	0.134	0.134	0.135	0.136	0.136	0.136	0.136	0.136	0.137
撒哈拉以南非洲（发展中）	0.146	0.144	0.143	0.141	0.141	0.142	0.143	0.143	0.143	0.143	0.143	0.144
南亚	0.141	0.140	0.139	0.140	0.142	0.143	0.146	0.146	0.148	0.150	0.152	0.156
最不发达	0.111	0.112	0.112	0.112	0.112	0.113	0.114	0.116	0.116	0.118	0.119	0.123

	2002	2003	2004	2005	2006	2007	2008	2009	2010	2011	2012	2013
OECD	0.454	0.459	0.464	0.471	0.475	0.480	0.480	0.478	0.481	0.485	0.487	0.501
高收入	0.434	0.440	0.445	0.451	0.458	0.464	0.466	0.462	0.465	0.476	0.480	0.500
欧盟	0.442	0.445	0.450	0.457	0.464	0.470	0.474	0.473	0.470	0.473	0.470	0.481
OECD（高收入）	0.416	0.419	0.425	0.431	0.437	0.441	0.445	0.444	0.447	0.450	0.452	0.454
欧元区	0.410	0.409	0.412	0.418	0.424	0.432	0.439	0.438	0.438	0.441	0.437	0.436
欧洲中亚	0.349	0.353	0.358	0.364	0.372	0.378	0.385	0.385	0.385	0.386	0.383	0.382
高收入（非OECD）	0.287	0.292	0.297	0.305	0.315	0.326	0.332	0.323	0.333	0.341	0.351	0.358
中欧和波罗的海	0.292	0.297	0.304	0.311	0.322	0.332	0.344	0.343	0.343	0.345	0.344	0.345
全球	0.262	0.264	0.266	0.270	0.274	0.278	0.285	0.286	0.285	0.292	0.293	0.308
中上收入	0.234	0.237	0.241	0.246	0.253	0.263	0.271	0.272	0.274	0.283	0.287	0.307
欧洲中亚（发展中）	0.232	0.238	0.243	0.255	0.258	0.270	0.282	0.278	0.282	0.290	0.291	0.297
中东与北非	0.241	0.245	0.249	0.251	0.260	0.262	0.271	0.268	0.273	0.281	0.287	0.293

续表

	2002	2003	2004	2005	2006	2007	2008	2009	2010	2011	2012	2013
拉美和加勒比	0.270	0.269	0.272	0.273	0.278	0.285	0.294	0.295	0.293	0.294	0.293	0.292
东亚太平洋	0.244	0.242	0.248	0.253	0.255	0.257	0.263	0.271	0.270	0.275	0.274	0.287
拉美和加勒比（发展中）	0.270	0.268	0.268	0.270	0.277	0.279	0.291	0.286	0.282	0.285	0.285	0.285
其他小国	0.232	0.236	0.241	0.247	0.247	0.257	0.264	0.266	0.268	0.275	0.276	0.281
中等收入	0.196	0.198	0.203	0.208	0.215	0.219	0.226	0.228	0.232	0.239	0.242	0.261
中东与北非（发展中）	0.210	0.214	0.221	0.227	0.232	0.233	0.241	0.241	0.245	0.246	0.250	0.251
中低收入	0.180	0.183	0.187	0.191	0.197	0.202	0.207	0.211	0.216	0.219	0.222	0.237
中下收入	0.170	0.174	0.178	0.178	0.190	0.195	0.198	0.197	0.202	0.206	0.210	0.228
东亚太平洋（发展中）	0.176	0.178	0.180	0.185	0.190	0.198	0.208	0.210	0.215	0.218	0.222	0.225
撒哈拉以南非洲	0.138	0.139	0.144	0.152	0.158	0.165	0.169	0.173	0.177	0.180	0.182	0.186
撒哈拉以南非洲（发展中）	0.145	0.146	0.151	0.154	0.156	0.164	0.169	0.173	0.177	0.179	0.182	0.186
南亚	0.159	0.167	0.163	0.171	0.172	0.176	0.178	0.174	0.188	0.187	0.184	0.181
最不发达	0.125	0.127	0.131	0.135	0.139	0.143	0.147	0.150	0.155	0.158	0.162	0.166

附录一　调查抽样与数据清理

现阶段错综复杂的社会问题，是与我国社会发展和社会转型相伴而生的，既反映了人类社会现代化进程中的一般规律，也有着中国自身的特殊性。这种特殊性不仅体现在中国的文化价值传统、经济体制机制、人口资源状况等方面，而且也反映了全球化背景下中国作为后发性国家在争取发展过程中所要面对的困难。事实上，中国的经济社会在改革开放以来业已取得了巨大的成就，尤其是经济的高速发展被称之为"奇迹"。"中国经验"、"中国道路"的研究和总结显现出改革三十多年在中国历史上的巨大意义。无论从哪个方面而言，中国已经迈入了新的历史阶段。在新阶段，对中国社会发展问题的研究，既要借鉴国外的理论和方法，更需要紧密联系中国的现实经验。深入探讨社会发展和变迁过程中不断出现的问题，进一步分析重大现实问题的成因和演变趋势，深刻理解和把握社会发展转型的规律机制成为中国社会发展研究的重要课题和艰巨任务。

全面、定期、纵贯的调查研究已成为发达国家和地区收集数据资料的必要手段，如美国的 GSS（1972）、欧盟的 ESS（2002），以及日本的 JGSS（1999）、中国台湾地区的 TSC（1984）等。我国类似的社会调查起步较晚，还不完善。中国综合社会调查（CGSS）是中国第一个全国性、综合性、连续性的大型社会调查项目。从2003年开始至今，对全国范围内的10000多户家庭中的个人进行了调查。CGSS通过定期、系统地收集中国人与中国社会各个方面的数据，总结社会变迁的长期趋势，探讨具有重大理论和现实意义的社会议题。

一般看来，除了综合性调查之外，专门主题的调查也必不可少，如美国除了基本社会调查（GSS）之外，还有美国当前人口调查（CPS）、美国家庭经济动态调查（PSID）等。中国社会科学院社会发展战略研究院于2012年和2013年连续两年对我国对社会发展问题进行全国大样本的问卷调查，并出版了两本《中国社会发展年度报告》，在社会发展调查和研究方面积累了经验。

为此，在2012和2013年调查的基础上，就社会发展中的相关重大问题进行研究，2014年继续开展全国问卷调查。"社会发展与社会态度"调查以中国社会发展状况为研究主题，以大型全国抽样调查为基本研究方法，深入分析和描述我国社会发展的总体状况、影响因素及变动趋势。紧扣科学发展观与当今中国社会经济"五位一体"综合协调发展的核心社会议题，以带有全局性、整合性的研究视角引领社会发展研究，同时将中国社会发展景气指标体系构建、社会发展状况与人们的主观感受、社会发展与政府的社会责任纳入到研究之中。

一　抽样设计与抽样程序

"社会发展与社会态度（2014）"调查，在国家统计局"六普"数据的基础上建立抽样框，抽取全国直辖市、地级市、县级市中居住在社区（居委会）辖区中的16岁及以上人口为调查对象，并通过问卷调查获得的数据对我国社会发展的总体状况与运行态势进行观测与评估。

（一）目标总体

"社会发展与社会态度（2014）"调查的目标总体为中国大陆城市居民。此处，"城市居民"的操作性定义为，中国大陆直辖市、地级市、县级市中居住在社区（居委会）辖区中的16岁及以上人口。

（二）抽样方式

调查采取多阶抽样设计，其中县级行政区划（市辖区、县级市）为一级抽样单位（Primary Sampling Unit, PSU），社区（居委会）为二级抽样单位（Second Sampling Unit, SSU），家庭户作为三级抽样单位（Third Sampling Unit, TSU），最终抽样单位为个人（Ultimate Sampling Unit, USU）。

（三）样本量

在简单随机抽样的条件下，我们可以得到样本量估计的如下公式：

$$n_{srs} = \frac{u_\alpha^2 p(1-p)}{d^2}$$

其中 p 为样本中某一个类别在总体中的比例；u_α 为置信度为 $1-\alpha$ 时所对应的分布临界值；d 为样本估值和总体参数之间的差值。根据上述公式，如果我们设定估计区间置信水平为0.05，绝对误差在3%以内，那么对于绝大多数分布的估计而言，我们仅需调查1000个样本即可。

但本次调查并非简单随机抽样，而是多阶复杂抽样，所以我们还必须考虑设计效应（deff）问题。设计效应是指在同等样本规模下，采取复杂抽样所形成的样本方差和简单随机抽样所形成的样本方差之间的比值。设计效应的估计公式为：

$$deff = 1 + (b - 1) \times roh$$

b 为从单个群中抽取的样本数量；roh 为群内同质性。公式表明，从单个群中抽取的样本数量越大，设计效应越大；群内同质性越大，设计效应越大。本次调查抽样方案已经尽可能增大群的数量，降低单个群内的样本数量。但是，在"社会态度与社会发展"相关问题上，群内同质性估计较强。因此，根据本次调查设计方案，我们估计设计效应为6。因此，考虑设计效应的样本量就是 $1000 \times 6 = 6000$。

为了获得无偏的参数估值，社会调查必须保证一定水平的应答率。经验的规则是，在抽样调查中，我们至少应保证50%以上的应答率，50%的应答率是底线，70%的应答率就是较好的抽样调查。考虑到调查中的无应答现象，我们需要适当放大抽取样本的规模。我们估计应答率为75%左右，因此考虑无应答现象的样本量为 $6000 / 0.75 = 8000$。考虑到样本分配中的具体情况，最终确定的样本量为8100，即 $60 \times 9 \times 15 = 8100$。

（四）抽样框与抽样流程

1. 第一阶抽样：PSU（市、区）的抽取

本次调查的PSU抽样框来自2010年由国家统计局实施并发布的《第六次全国普查（分县）数据》。但考虑到2010距今已经

有 4 年之久，为了校正人口变动的效应，我们根据六普数据中的分性别、分年龄的粗死亡率对 2010 年人口普查数据中的 12 岁及以上城镇人口进行死亡率校正，以校正后的数据作为 PSU 的抽样框（包括 1226 个 PSU），12 岁及以上城镇人口作为加权权重。根据抽样设计方案，我们从 1226 个 PSU 中，按照 PPS 的原则，抽取 60 个 PSU（除新疆和西藏之外的地区中抽取），经专门编制的 Stata 程序运行所得的 60 个 PSU 分布在 24 个省、市、自治区，均值为 2.5，样本数量最多的是湖北省（包含 5 个 PSU），样本数量最少的是云南省（包含 1 个 PSU）。

附表 1—1　所抽取 PSU 家庭数、16 岁及以上人口数[①]

PSU 名称	家庭数	人口数	PSU 名称	家庭数	人口数
北京市朝阳区	1317845	3251255	河南荥阳市	170820	516827
北京市房山区	314012	844849	河南鹤壁市山城区	64156	194387
天津市津南区	150048	528255	河南信阳市浉河区	181403	502008
天津市宝坻区	212266	708654	河南信阳市平桥区	198222	506152
河北藁城市	197063	658745	湖北武汉市江岸区	311234	805553
河北唐山市路北区	229744	660708	湖北武汉市洪山区	345453	1279208
河北秦皇岛北戴河区	26729	76563	湖北武汉市东西湖区	142963	397368
山西太原市迎泽区	194429	521091	湖北黄石市西塞山区	77040	203713
山西吕梁市离石区	90748	264503	湖北汉川市	268793	871824
辽宁沈阳市沈北新区	119590	384399	湖南汨罗市	197796	587090
辽宁大连市旅顺口区	108004	292032	湖南常德市鼎城区	238147	737203
辽宁抚顺市顺城区	178916	423610	湖南永州市零陵区	143521	439468
吉林长春市宽城区	224297	599460	广东惠州市惠城区	455817	1354553

① 以上 16 岁及以上人口数是经过调查组在粗死亡率校正后的估算结果。

续表

PSU 名称	家庭数	人口数	PSU 名称	家庭数	人口数
黑龙江双城市	250077	723247	广东东莞市市辖区	2311534	7598689
黑龙江绥化市北林区	279567	768569	广东中山市市辖区	915156	2788955
上海市浦东新区	1815251	4522727	广西南宁市邕宁区	77865	210515
江苏苏州市吴中区	292407	1048596	广西岑溪市	205537	595038
江苏连云港市连云区	73320	201813	广西北海市铁山港区	38993	115397
浙江宁波市镇海区	165724	369809	广西钦州市钦北区	148124	431271
浙江乐清市	459359	1183755	海南琼海市	133942	399518
浙江义乌市	419193	1084992	重庆市万州区	529381	1349205
浙江温岭市	505042	1185970	重庆市涪陵区	334579	905416
安徽马鞍山市雨山区	93898	276022	重庆市南岸区	258022	681458
安徽黄山市徽州区	30684	83028	四川邛崃市	203029	545215
福建龙海市	247500	751220	四川达州市通川区	147318	408698
江西宜春市袁州区	263838	825238	云南楚雄市	158982	500042
山东济南市长清区	159300	499998	陕西西安市未央区	238677	713918
山东莱西市	247935	640721	陕西西安市雁塔区	393151	1065165
山东诸城市	316179	913512	陕西咸阳市秦都区	147726	447173
山东乐陵市	167666	549170	陕西安康市汉滨区	240371	734864

2. 第二阶抽样：SSU（社区居委会）的抽取

本次调查的 SSU 抽样框来自 2010 年国家统计局《第六次全国普查数据》的原始数据，国家统计局相关部门提供了 2010 年 SSU 的户数和 12 岁及以上城镇人口数。我们根据抽样方案，在 SSU 抽样框中，利用专门编制的 Stata 程序，按照 PPS 的原则，从每个 PSU 中抽取 540 个 SSU。按照 PPS 原则，抽取 9 个社区居委会作为 SSU，总共抽取 540 个社区居委会。由于有的 SSU 人口规模较大，我们进行了分割处理，共有涉及不同地区的 20 个 SSU

被进行了分割（见表1）。

3. 第三阶抽样：TSU（家庭户）的抽取

在本调查中，家庭户包括户籍登记的家庭、集体户以及各类集体居住点。

TSU样本框来自调查实施单位，主要来源有如下两种情况：

A. 如果居委会（社区）有现成的户籍资料（可以从居委会或者当地派出所获取），不论其保存形式为电子文档或纸质文档，抽样员都可以依据户籍资料建立"户样本框"。

B. 如果居委会（社区）没有现成的户籍资料，抽样员需要会同有关知情人，依据已知的地理信息（如地图、地址簿等），依据地块现场制作"户样本框"。

在TSU阶段，我们采用系统抽样法（等距抽样）。具体操作如下：

建立样本框之后，需要根据样本框内的总户数（N）、需要调查的户数（m）以及拒访率估值（r）确定抽样的间距（I）。计算公式是：

$$I = [N * (1-r)]/m$$

居内抽户的工作完成后，抽样员和访问员不可更换样本户。如果经多次努力仍然无法调查抽中的样本户，访问员请在《入户情况登记表》中的相应栏目中注明原因，但不可以进行户替代。

为了能够把流动人口纳入本次调查的范围之内，本次调查TSU的抽样采取"以户定人"的原则，即以住户为抽样单元，无论住户内的成员是户籍人口、常住人口还是流动人口，都是本次调查的潜在对象。

附表1—2　相关 SSU 的分割倍数及人数①

分割倍数	分割后人数	分割前人数	分割前家庭户数	SSU 名称
2	2575	5150	2189	河北省秦皇岛市北戴河区西山街道办事处安居社区居委会
2	3110	6221	2651	河北省秦皇岛市北戴河区西山街道办事处英才社区居委会
2	2476	4952	869	河北省秦皇岛市北戴河区西山街道办事处外国语职业学院社区家委会
3	2556	7669	2904	河北省秦皇岛市北戴河区东山街道办事处育花路社区居委会
2	8479	16959	3606	山西省吕梁市离石区滨河街道办事处桥东居委会
2	14563	29127	7822	辽宁省沈阳市沈北新区道义街道蒲柳岸馨居社区
2	7384	14769	6523	浙江省温州市乐清市乐成镇丹霞社区
2	7731	15462	6642	浙江省温州市乐清市乐成镇民丰社区
2	5233	10467	3992	浙江省温州市乐清市乐成镇乐湖社区
2	11681	23362	6014	福建省漳州市龙海市招商局漳州开发区厦门大学漳州校区
2	11447	22894	10059	福建省漳州市龙海市龙池开发区龙池开发区居委会
5	13207	66038	12722	山东省济南市长清区崮云湖街道办事处大学科技园居委会
2	5940	11880	3407	山东省青岛市莱西市水集街道办事处永兴街社区居委会
3	6976	20928	7722	河南省郑州市荥阳市京城街道办事处腾飞社区居委会

---

① 以上分割倍数是在抽取 SSU 之前计算的结果，在实际抽样中有些地区的 SSU 被抽中两次或多次。根据 PPS 抽样原则，这样更符合际，从而可以更为科学的进行总体推论。

续表

分割后倍数	分割后人数	分割前人数	分割前家庭户数	SSU 名称
2	5222	10444	3595	河南省郑州市荥阳市京城街道办事处大海寺路社区居委会
2	8518	17036	4076	湖南省永州市零陵区朝阳街道杨梓塘社区居委会
2	7049	14098	4365	广西壮族自治区钦州市钦北区小董镇小董社区居委会
2	16227	32454	12008	云南省楚雄彝族自治州楚雄市鹿城镇万家坝社区居民委员会
3	20196	60590	22495	云南省楚雄彝族自治州楚雄市东瓜镇永安居民委员会
2	14971	29943	9728	云南省楚雄彝族自治州楚雄市鹿城镇东兴社区居民委员会

4. 第四阶抽样：USU（回答人）的抽取

抽中的家庭户中，所有 16 岁及以上家庭成员构成第四级样本框。在成功入户后，访问员需要借助问卷首页上的 Kish 表从户内成员中抽选出被访者。需要注意的是，对于集中居住点，若总人数小于等于 10 人，采用 Kish 表进行户内抽样；若人数大于 10 人，则随机抽取集中居住点内的 10 人，再采用 Kish 表进行户内抽样。

（1）访问员应首先了解这一户中 16 周岁及以上的户内人口数（即问卷中的 S8 题），然后在 Kish 表的第一列"适合对象数"栏中的相应数字上划"〇"。如果 16 周岁及以上的户内成员只有 1 人，则调查此人；如果人数大于 10 人，则以年龄排行居中的人作为访问对象；如果人数为 2 到 10 人，请继续以下步骤。

（2）访问员应查看本问卷编号的个位数（位于问卷的首页右上角），然后在 Kish 表的第一行"问卷编号个位数"下面的相应数字上划"○"。

（3）用"16 周岁及以上的户内人口数"确定相应的行，用"本问卷编号的个位数"确定相应的列，在相应的行列交叉的单元格数字上划"○"。设此数字为 N。

（4）将本户所有适合访问对象按年龄从小到大排序，选择其中处于第 N 位的成员，即是本次调查的访问对象。

（5）对于集中居住点，若总人数小于等于 10 人，采用 Kish 表进行户内抽样；若人数大于 10 人，则按照前面所提及的系统抽样法，随机抽取集中居住点内的 10 人，再采用 Kish 表进行户内抽样。

附表 1—3　　　　　　　用 Kish 表进行户内抽人

适合对象数	问卷编号个位数									
	1	2	3	4	⑤	6	7	8	9	0
1	1	1	1	1	1	1	1	1	1	1
2	2	1	1	2	1	2	2	1	2	1
③	3	2	1	2	①	3	1	3	2	3
4	4	1	2	3	3	4	1	2	4	2
5	5	4	3	1	2	2	3	4	5	1
6	6	5	1	2	4	3	1	4	5	6
7	7	1	4	3	6	2	5	3	7	2
8	8	4	5	7	1	2	6	8	3	7
9	3	8	9	2	9	5	4	6	1	7
10	5	8	4	6	1	7	9	10	2	3

例如，如果一户中 16 周岁及以上的人共有 3 位，问卷编号的个位数是 5，则查找第 3 行和第 5 列的行列交叉处数字为 1。将本户所有适合访问对象按年龄从小到大排序，选择其中处于第 1 位的成员（即最年轻者），即是本次调查的访问对象。

如果抽中对象同意接受访问，则开始进行问卷访谈。

如果抽中对象拒绝接受访问，访问员应如实在《入户情况登记表》中的"访问失败"——"受访者原因"的相应栏中标明抽中对象的性别，并记录下"失败原因"。

如果抽中对象因不在家、出国、病重等原因无法接受调查时，可根据当时情况考虑是否应约访抽中对象。如不能约访，访问员也应如实在《入户情况登记表》中的"访问失败"——"受访者原因"的相应栏中标明抽中对象的性别，并记录下"失败原因"。

不管因何种原因而访问失败，访问员都不得在户内替换抽中的被访者，而应在《入户情况登记表》中注明，然后开始下一户的入户工作。

二 调查质量控制

调查的执行工作是通过公开招标方式，委托商业性的专业调查机构负责执行的。在执行过程中，调查组通过督导进行了较为严格的质量控制。

（一）培训

所有参与项目人员必须参加过基础培训，内容包括讲解户内抽样方法、问卷内容、访问员手册、相关物品的使用等。访问员必须熟悉并能正确填写相关表格，在参加项目培训、模拟访问、试访合格后方可参与项目正式执行。

（二）陪访

本地执行城市访问员陪访率≥30%；异地执行城市访问员陪访率≥50%；新访问员陪访率≥100%。凡陪访样本须认真填写陪访报告。

（三）录音复核

50%的访问要求录音，调查结束后对录音进行了20%的复核。

（四）电话复核

为了检测在调查过程中，访问员是否以及在多大程度上按照访问规程进行了调查，以及对数据质量进行控制，我们对被访者进行了10%比例的回访。根据调查问卷中被访者是否留有联系方式，对每个市/区留有联系方式的受访者进行了等比例的随机抽取，共抽取回访样本800份。

三 数据录入与数据清理

（一）数据录入

数据用软件 EpiData Entry 3.1 进行录入。本次调查对所有问卷数据采取双录比对。此外，利用 Epidata Entry 中的数据录入质控功能，预先编制程序，令计算机系统自动检验和控制其中变量的值域错误与变量间的逻辑错误。被调查者的性别、年龄、教育等基本变量不允许出现缺失值，其他变量缺失的数量不能超过5%。单个变量如出现异常值，或者多个变量间逻辑关系有错误，需要查找原问卷，确认是否录入错误；如非录入错误，通过电话联系被访问者，进行核实和补救。如一份问卷中存在逻辑问题的变量数超过总变量数5%，此问卷需作废卷处理。

（二）数据清理

在数据录入之后，对数据进一步进行清理。清理工具主要包括：

1. 核查

进行双录比对（即通过将同一份问卷交由两名不同的录入员进行录入，然后比对两份录入数据，对不一致的样本和变量查对原始问卷记录以进行错误修正，将录入中造成的数据错误降至最低）、核查个案的唯一性与完备性；地址核查；文字与编码比对；问卷时间核查。

2. 入户表的逻辑查验

首先，我们检查入户登记表中16周岁及以上的人口数是否与受访者自答的全家16周岁及以上人口数一致；然后检查入户登记表中户主是否唯一；接下来，对入户登记表中的配偶关系进行逻辑检查。

3. Kish 表的查验

对 Kish 表的查验依循 Kish 表抽取被访者的原则进行，分为三种情形，第一种情形为户内16周岁及以上的成员只有1人，那么被访者只能是此人;第二种情形是户内 16 周岁及以上的成员超过 10 人（n），那么被访者应该是户内年龄排行（由小到大）位于小于 n/2 或大于 n/2+1 的成员;第三种情形是被访者的抽取应该是问卷编码的末尾数与户内 16 周岁及以上成员数的交叉号成员。如果违背上述三种原则，Kish 表出错或者 Kish 表缺失，那么调查过程与数据结果就值得怀疑。在 Kish 表查验的基础上，我们根据问卷中的一个量表对 Kish 表出错与否的数据进行分组的量表守恒检验，结果显示 Kish 表出错的问卷数据与 Kish 表正确的问卷数据之间在量表的守恒性上存在显著的差异，是故删除 Kish 表出错的问卷。

4. 缺失值与"模糊答案"的查验

在问卷调查中，缺失值与"模糊答案"（"不知道"或"不清楚"）的出现是正常现象，但一旦在一份问卷数据中缺失值与"模糊答案"的数量过多，那么就会对该数据结果的适用性产生较大影响。如果一份问卷的缺失值过多，那么就将其当作不合格问卷进行剔除。

5. 开放题编码

对问卷进行查验与清理后，我们对包括职业变量在内的开放题进行了手工编码，进行职业声望赋值，"其他"项处理，排序题重新编码等。

四 抽样权重与目标总体校正

（一）抽样权重的计算

由于我们进行的是多阶段复杂抽样，从而在计算样本抽样权重时，需要计算每阶段的抽样权重。

其中第一阶段，即 PSU 的权重为：

$$\text{wgt}_{\_psu} = \frac{1}{((\text{psu}_{\_p'}/(\text{psu}_{\_p}/\text{psu}_{\_N}))\times(57/\text{psu}_{\_N}))}$$

其中 $\text{psu}_{\_p'}$ 为 PSU 的总人口数，$\text{psu}_{\_p}$ 为所有 PSU 的加总人口数，$\text{psu}_{\_N}$ 为样本框中的 PSU 总数。

第二阶段，即 SSU 的权重为：

$$\text{wgt\_ssu} = \frac{1}{9/(\text{ssu}_{\_N} - \text{ssu}_{\_re})} * \text{人口权重}$$

其中 $\text{ssu}_{\_N}$ 为 PSU 中的 SSU 总数，$\text{ssu}_{\_re}$ 为 PSU 中被替换的 SSU 数。

第三阶段，即 TSU 的权重为：

$$\text{wgt}_{\_tsu} = \frac{1}{\text{tsu}_{\_n}/(\text{tsu}_{\_N} - \text{fail})}$$

其中 $\text{tsu}_{\_n}$ 为居委会内成功访问的家庭户数，$\text{tsu}_{\_N}$ 为居委会内家庭总户数，fail 为访问失败的户数。

第四阶段，即个体层次的权重为：

$$\text{wgt}_{\_ind} = \frac{1}{1/\text{family\_}N}$$

其中 family_N 为家庭中供抽样的 16 周岁及以上人数。

从而，我们的抽样权重为：

$$\text{wgt}_{\_case} = \text{wgt}_{\_psu} \times \text{wgt}_{\_ssu} \times \text{wgt}_{\_tsu} \times \text{wgt}_{\_ind}$$

（二）目标总体校正

由于我们推论的总体是全国 16 岁及以上的城市居民，从而在抽样权重的基础上，还根据每年最新的全国性相关统计数据中的性别、年龄、民族、教育程度等信息进行目标总体校正。

附录二 调查数据主要变量频数

一 个人信息

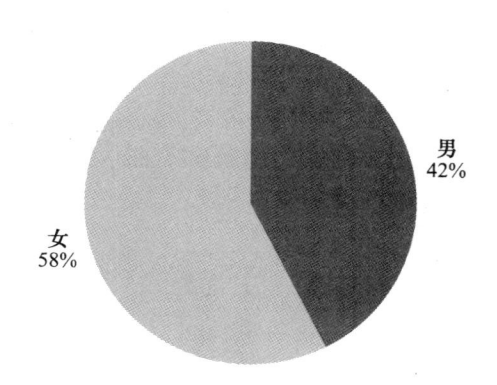

图1 性别（N=7164）

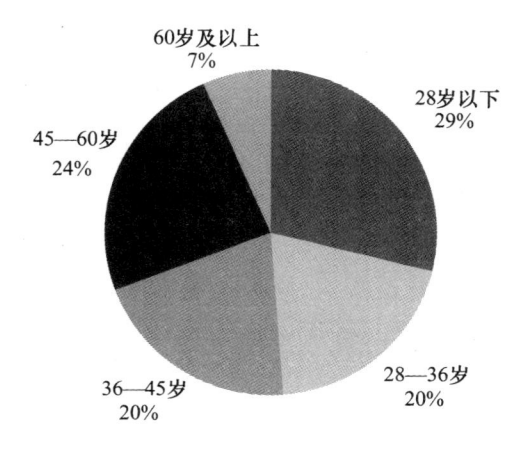

- 男 42%
- 女 58%

图2 年龄（N=7164）

- 28岁以下 29%
- 28—36岁 20%
- 36—45岁 20%
- 45—60岁 24%
- 60岁及以上 7%

少数民族
3%

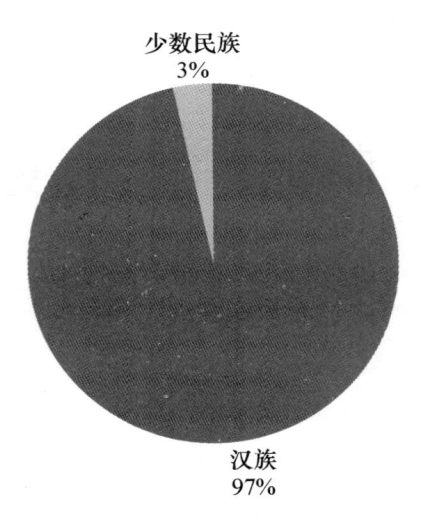

汉族
97%

图 3　民族（N = 7168）

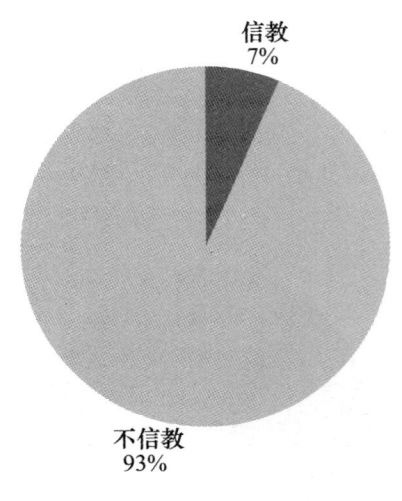

信教
7%

不信教
93%

图 4　宗教信仰（N = 7147）

附录二 调查数据主要变量频数　　　　　　　　　　　　419

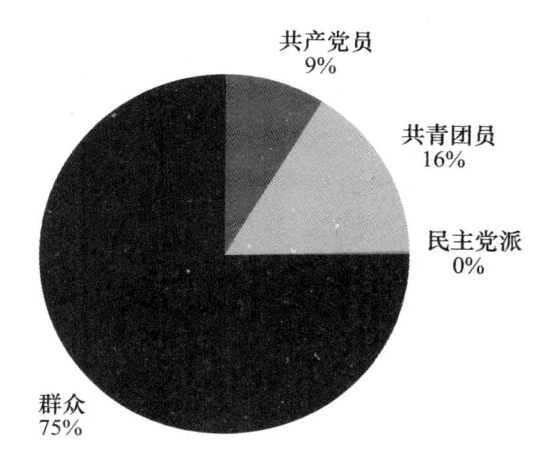

图 5　政治面貌（N = 7162）

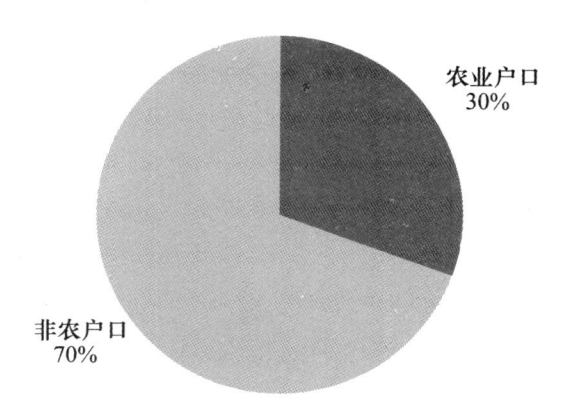

- 共产党员 9%
- 共青团员 16%
- 民主党派 0%
- 群众 75%

图 6　户籍类型（N = 7159）

- 农业户口 30%
- 非农户口 70%

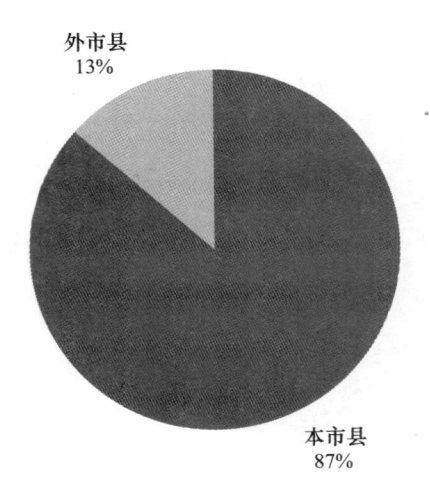

图7 户籍所在地 (N=7147)

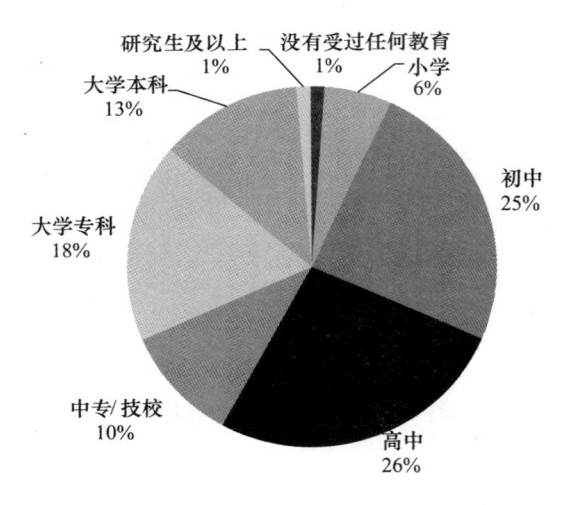

图8 最高教育程度 (N=7158)

附录二　调查数据主要变量频数　　421

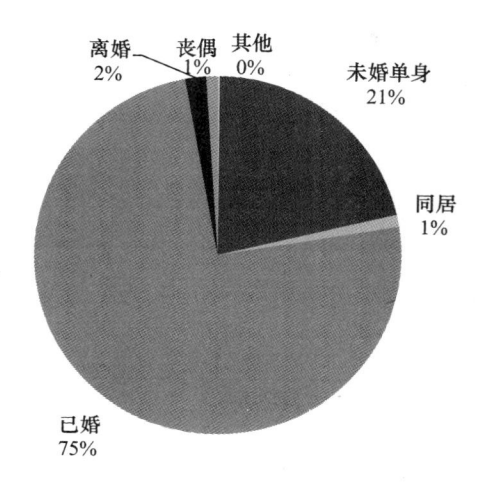

图 9　婚姻状况（N = 7156）

- 离婚 2%
- 丧偶 1%
- 其他 0%
- 未婚单身 21%
- 同居 1%
- 已婚 75%

二　社会感受

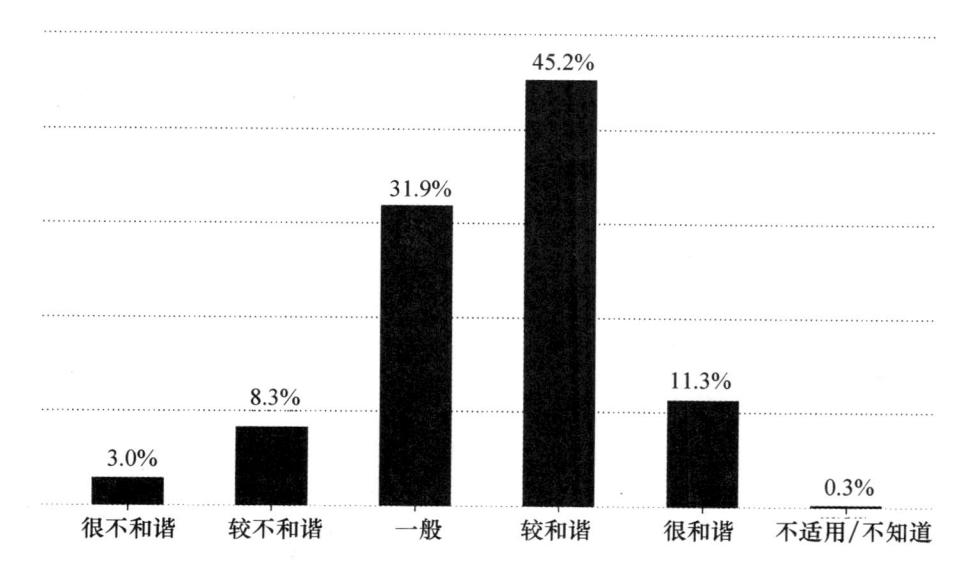

图 10　社会和谐状况（N = 7152）

- 很不和谐 3.0%
- 较不和谐 8.3%
- 一般 31.9%
- 较和谐 45.2%
- 很和谐 11.3%
- 不适用/不知道 0.3%

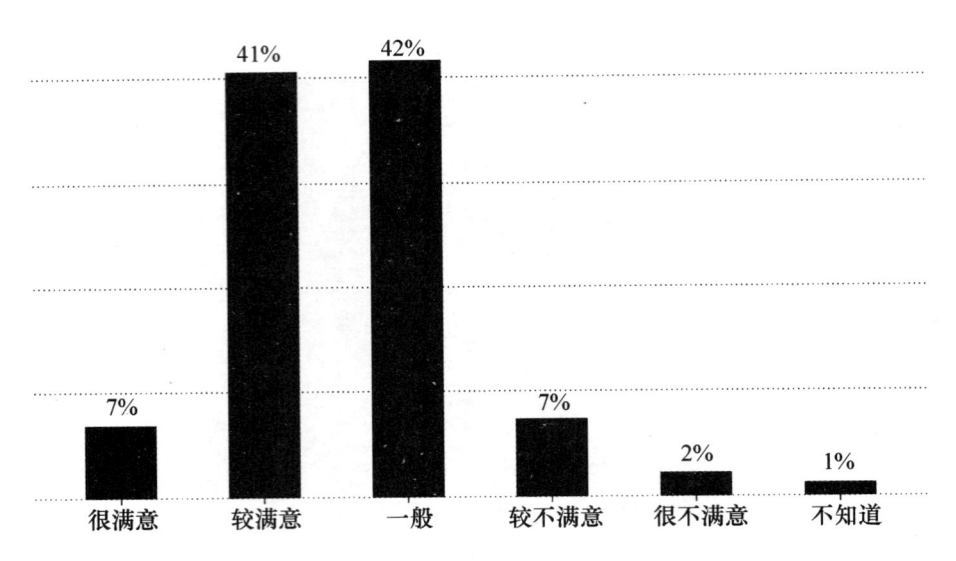

图 11　经济发展水平（N=7079）

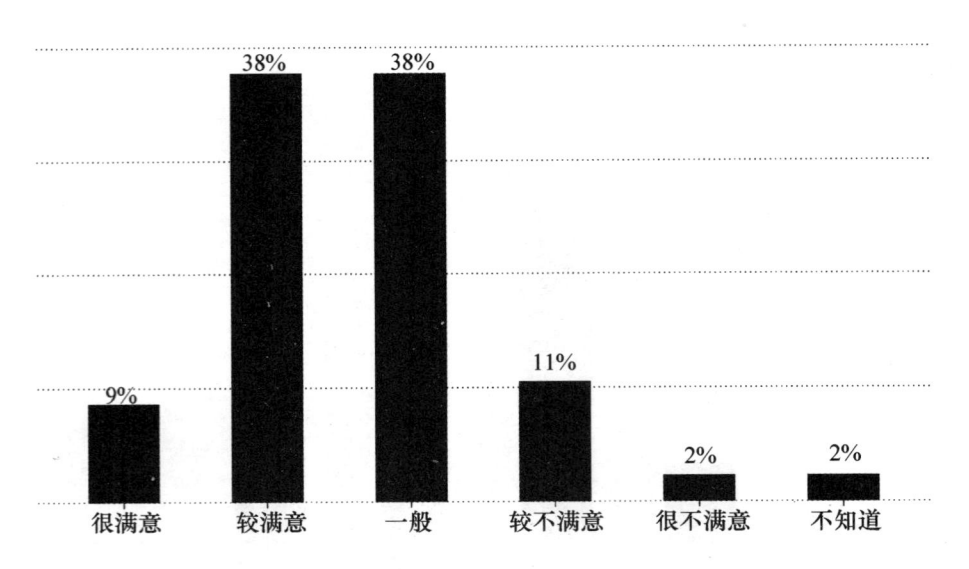

很满意	较满意	一般	较不满意	很不满意	不知道
7%	41%	42%	7%	2%	1%

图 12　经济增长速度（N=6992）

很满意	较满意	一般	较不满意	很不满意	不知道
9%	38%	38%	11%	2%	2%

附录二　调查数据主要变量频数　　423

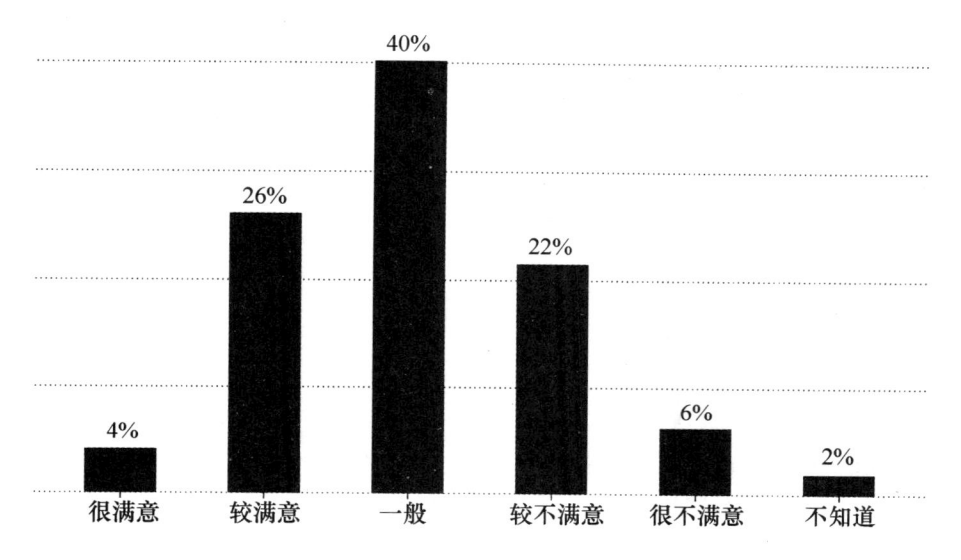

图13　居民收入增长（N=7039）

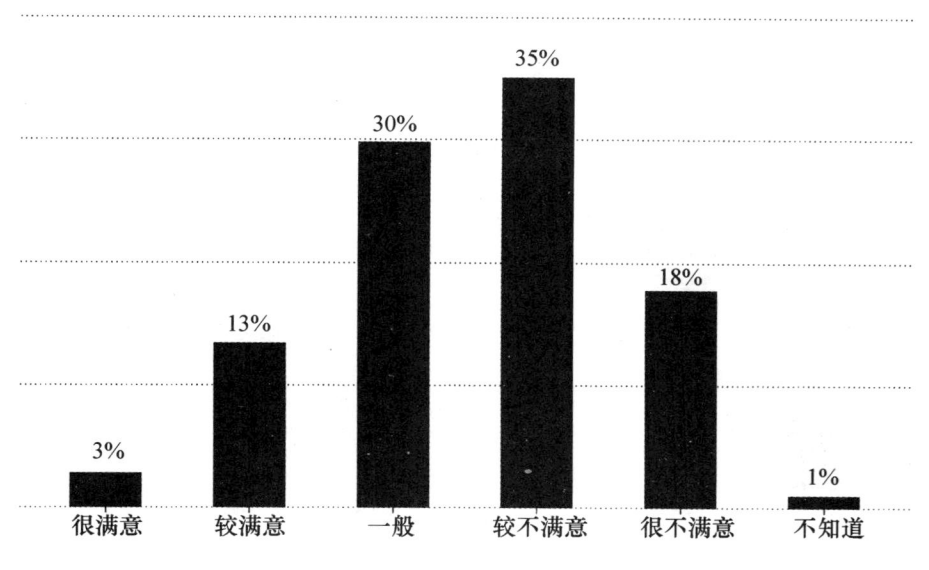

很满意 4%　较满意 26%　一般 40%　较不满意 22%　很不满意 6%　不知道 2%

图14　物价（N=7098）

很满意 3%　较满意 13%　一般 30%　较不满意 35%　很不满意 18%　不知道 1%

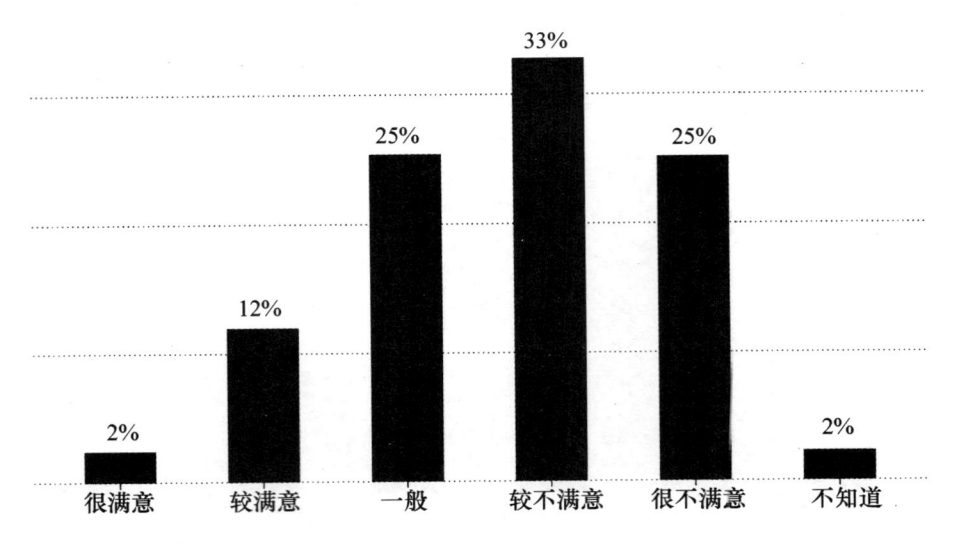

图15 住房价格（N=7007）

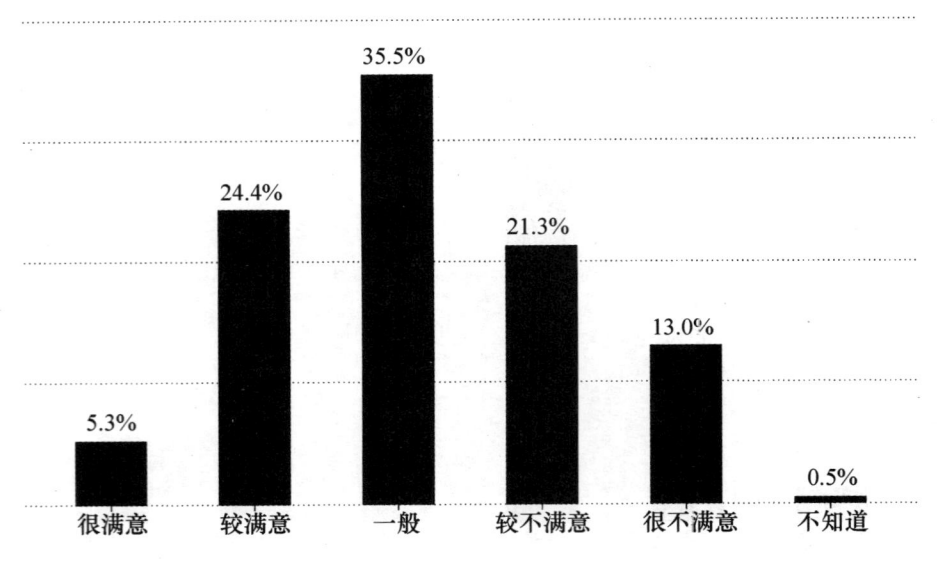

图16 环境质量（N=7133）

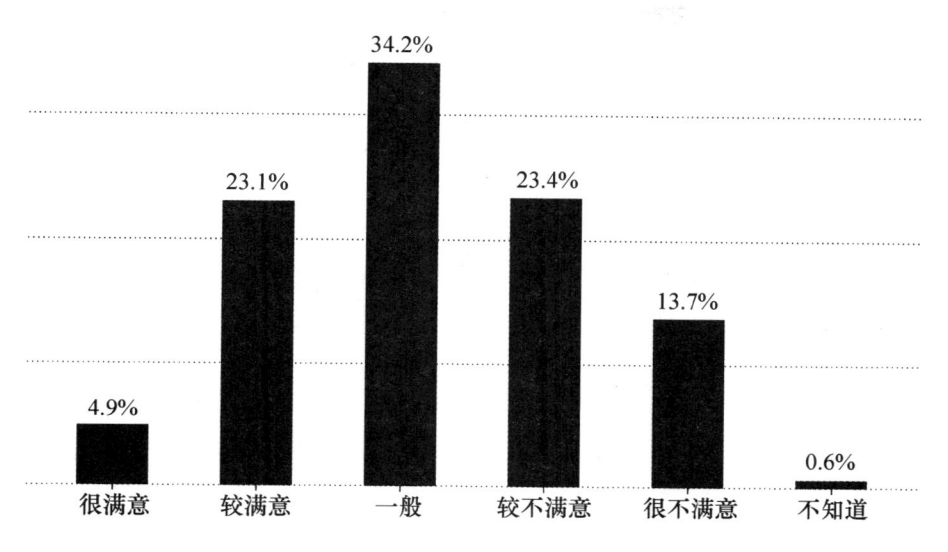

图 17　空气质量（N = 7126）

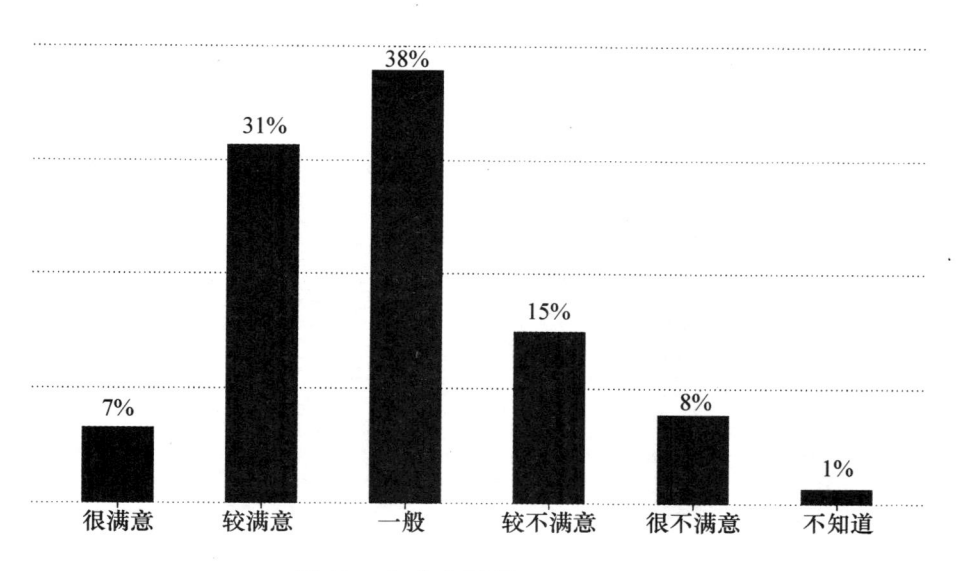

图 18　自来水质量（N = 7075）

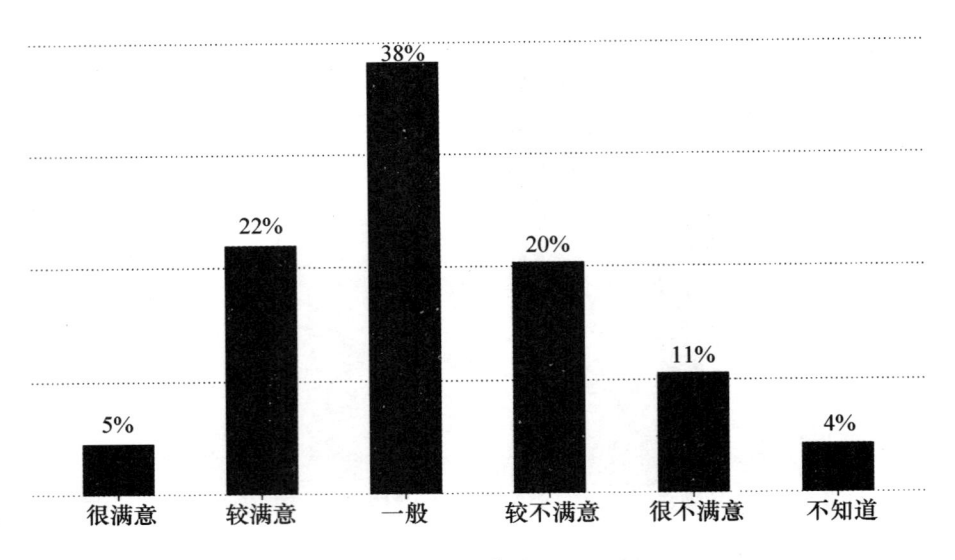

图 19　生态水面质量（N = 6864）

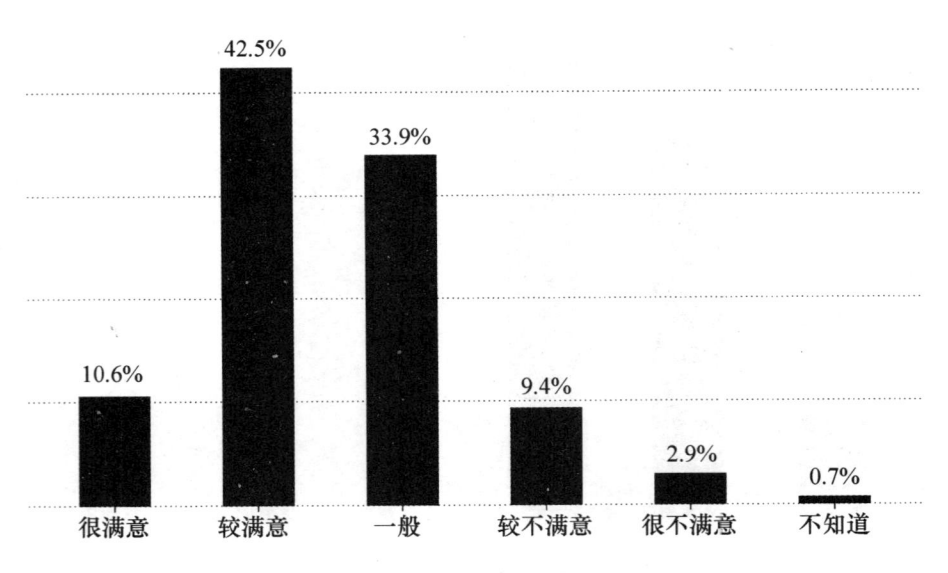

图 20　城市绿化（N = 7119）

附录二 调查数据主要变量频数　　427

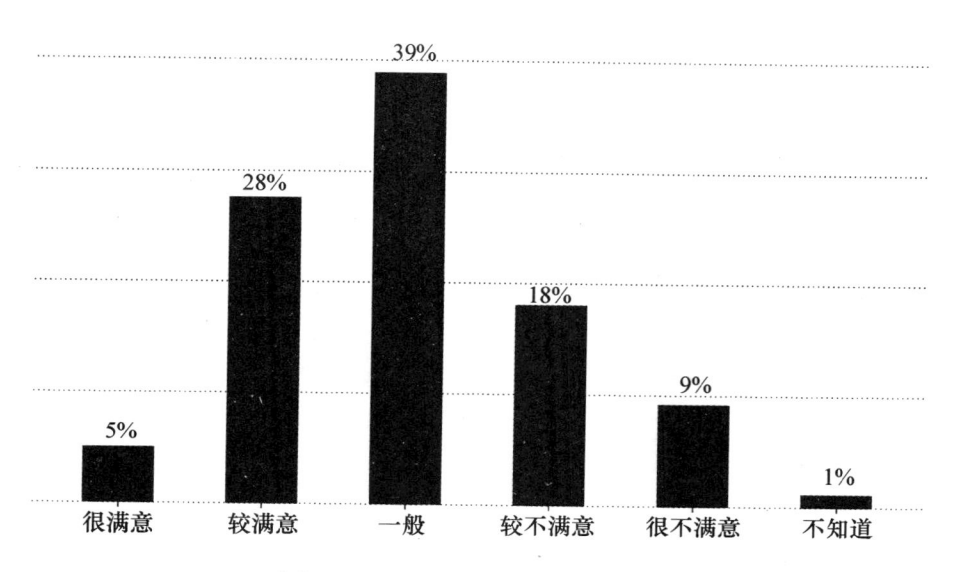

图 21　生活垃圾处理（N = 7086）

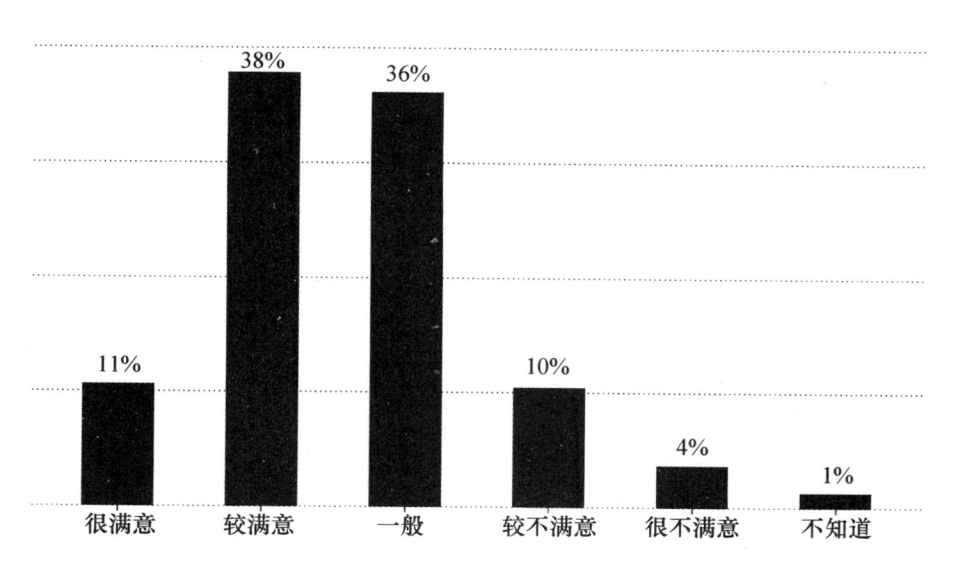

- 很满意：5%
- 较满意：28%
- 一般：39%
- 较不满意：18%
- 很不满意：9%
- 不知道：1%

图 22　基础设施（N = 7076）

- 很满意：11%
- 较满意：38%
- 一般：36%
- 较不满意：10%
- 很不满意：4%
- 不知道：1%

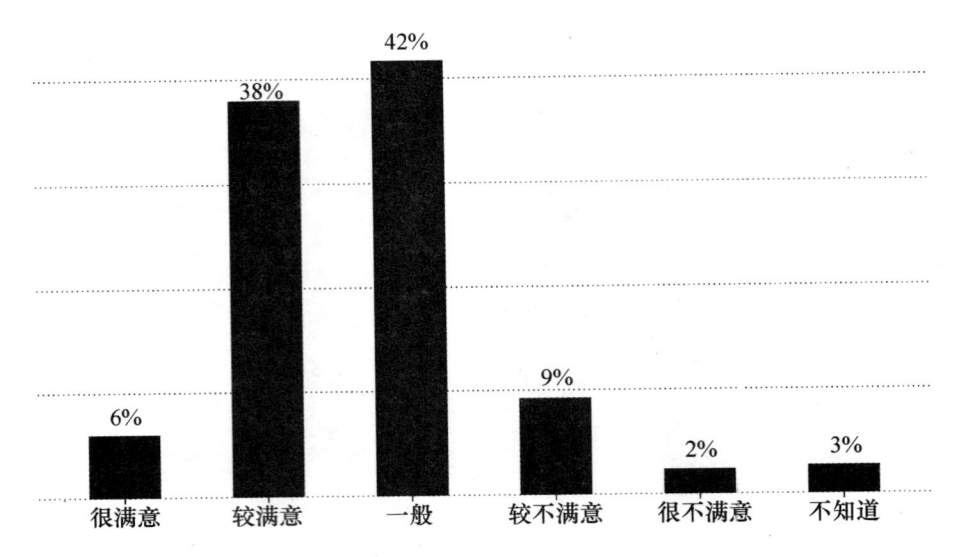

图 23　社会整体发展（N = 6978）

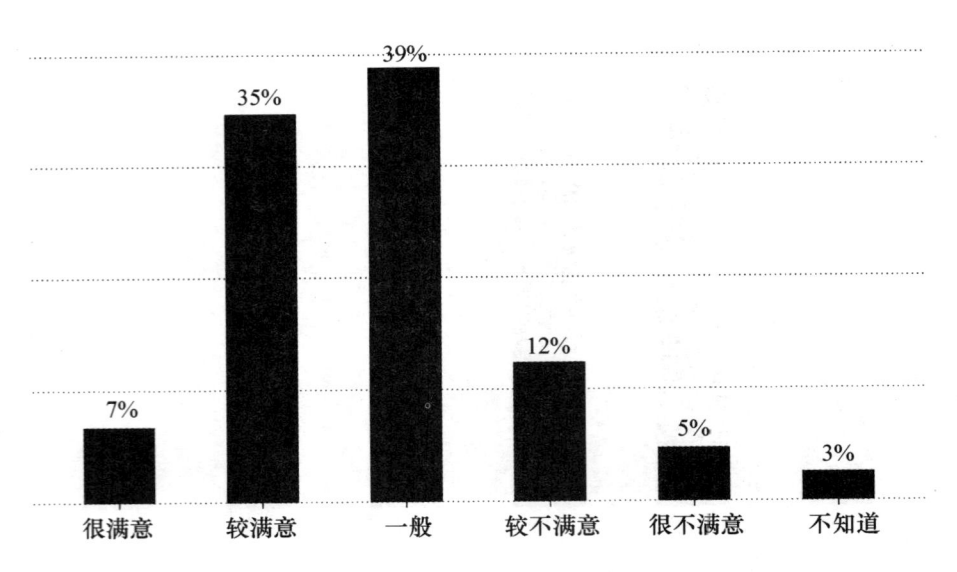

很满意 6%　较满意 38%　一般 42%　较不满意 9%　很不满意 2%　不知道 3%

图 24　教育水平（N = 6986）

很满意 7%　较满意 35%　一般 39%　较不满意 12%　很不满意 5%　不知道 3%

附录二　调查数据主要变量频数

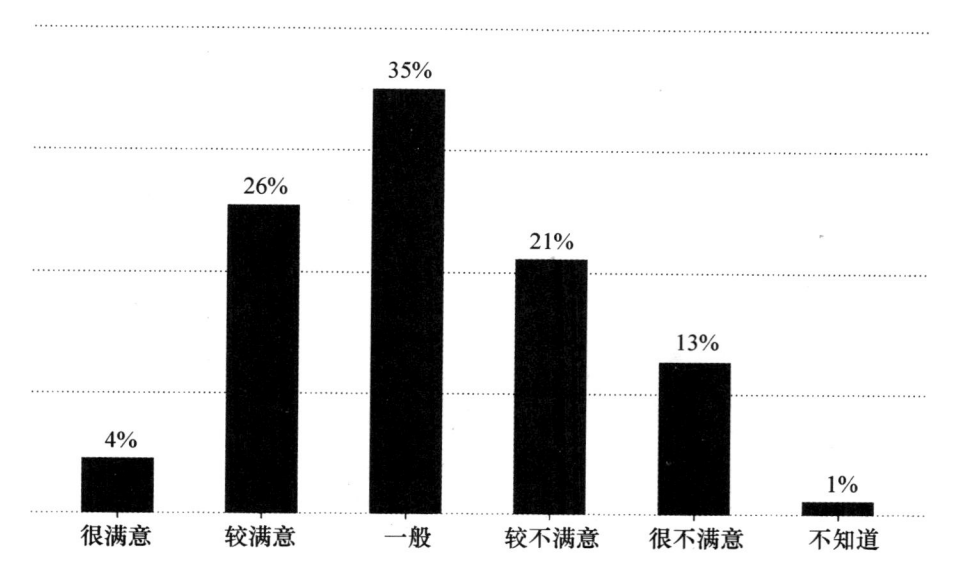

图 25　医疗服务（N =7092）

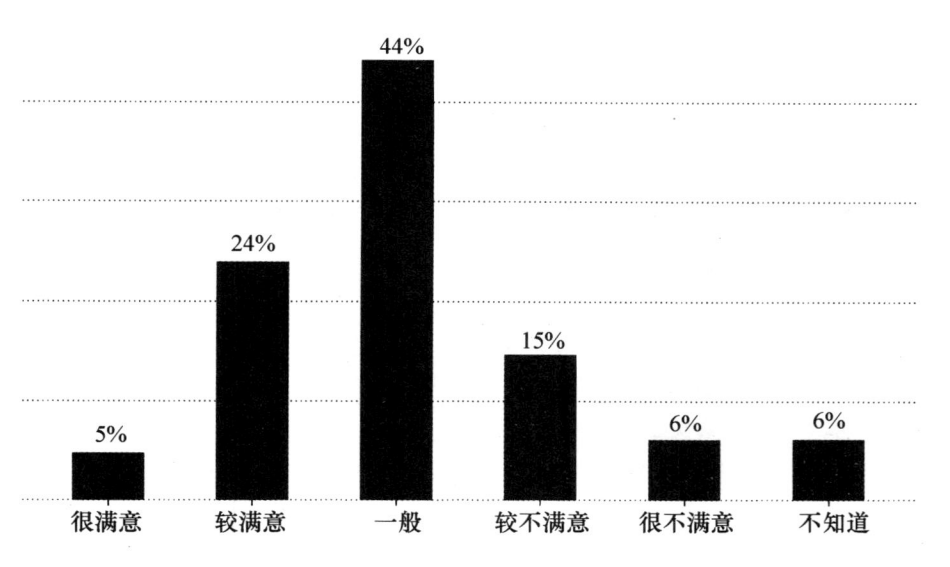

很满意 4%
较满意 26%
一般 35%
较不满意 21%
很不满意 13%
不知道 1%

图 26　住房保障（N =6729）

很满意 5%
较满意 24%
一般 44%
较不满意 15%
很不满意 6%
不知道 6%

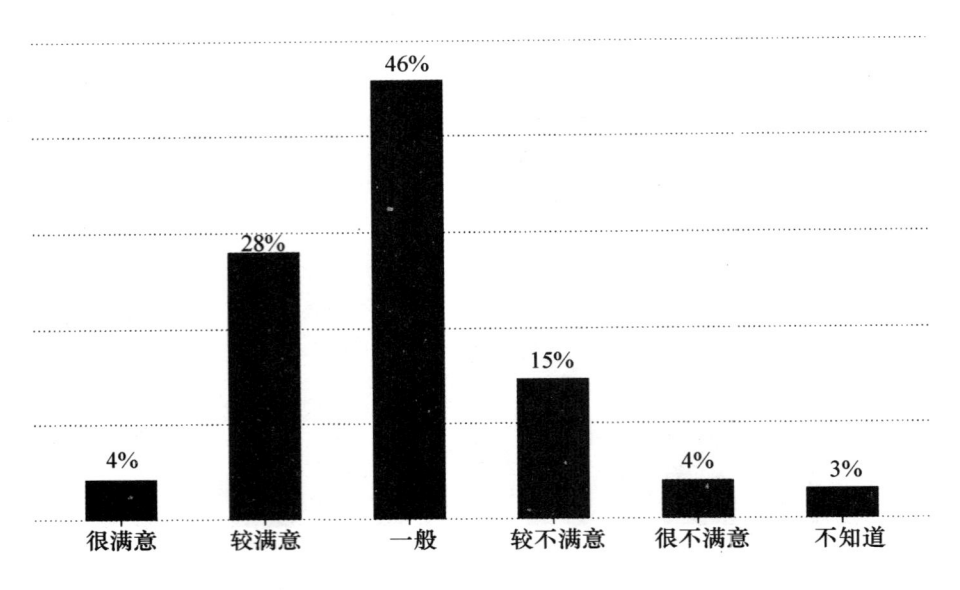

图 27　社会保障（N = 6946）

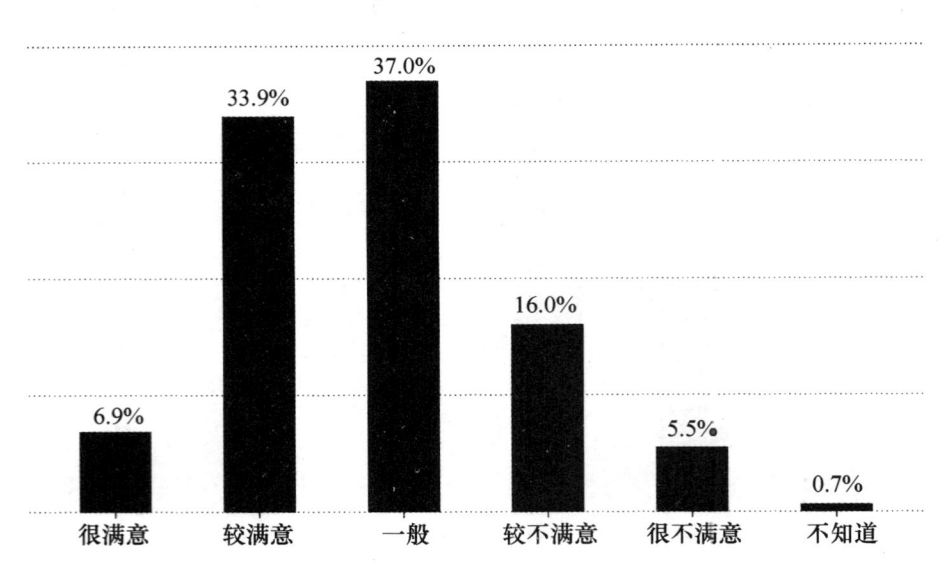

- 很满意　4%
- 较满意　28%
- 一般　46%
- 较不满意　15%
- 很不满意　4%
- 不知道　3%

图 28　治安状况（N = 7124）

- 很满意　6.9%
- 较满意　33.9%
- 一般　37.0%
- 较不满意　16.0%
- 很不满意　5.5%
- 不知道　0.7%

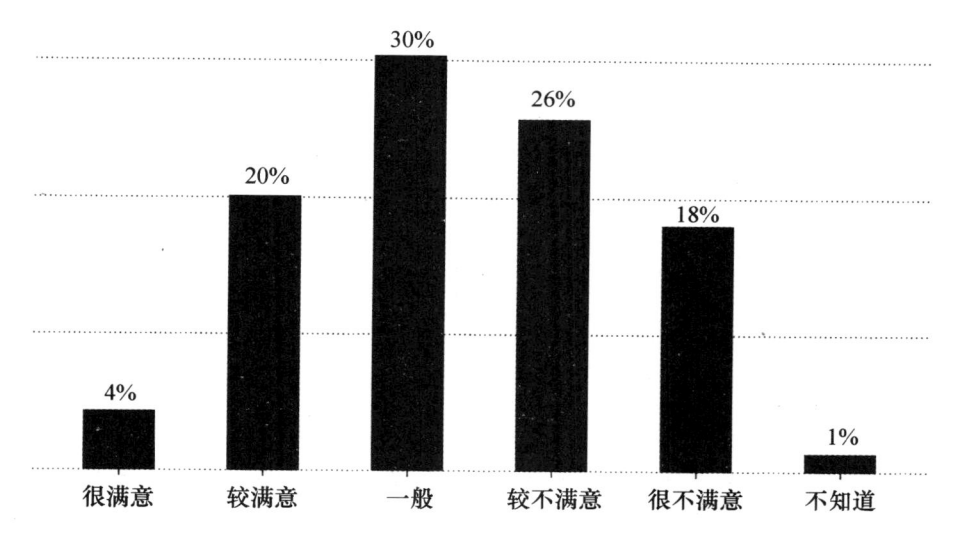

图 29　食品安全（N = 7077）

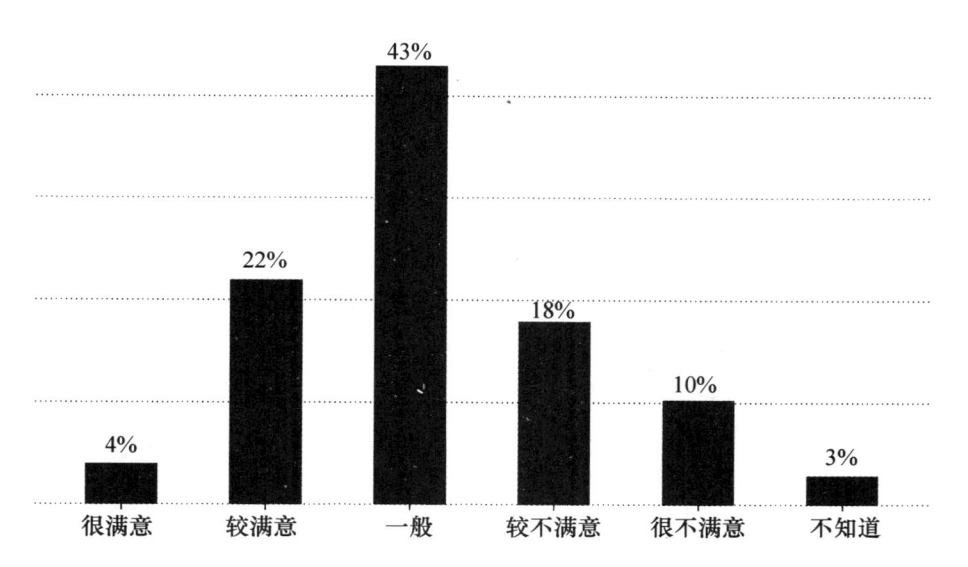

很满意	较满意	一般	较不满意	很不满意	不知道
4%	20%	30%	26%	18%	1%

图 30　社会公平公正（N = 6967）

很满意	较满意	一般	较不满意	很不满意	不知道
4%	22%	43%	18%	10%	3%

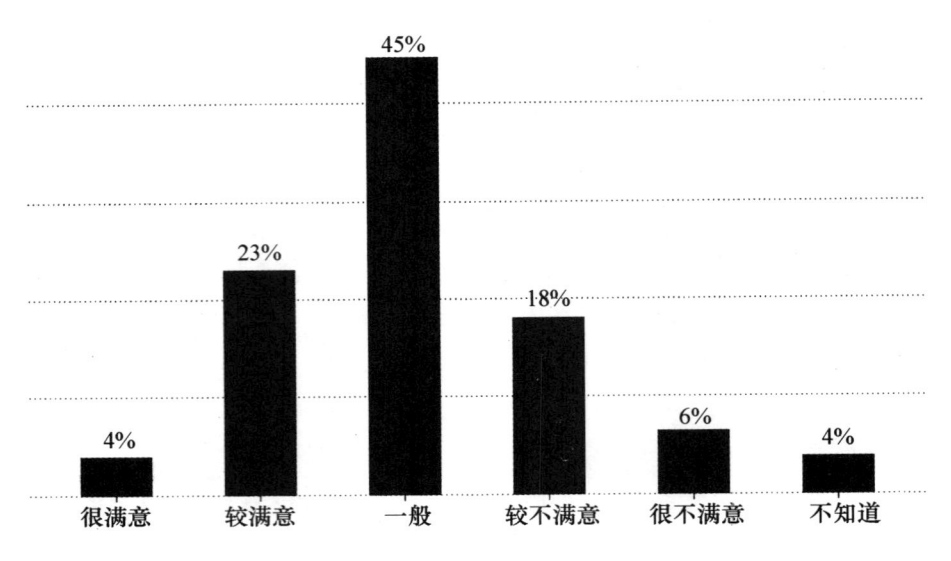

图 31　就业机会（N = 6899）

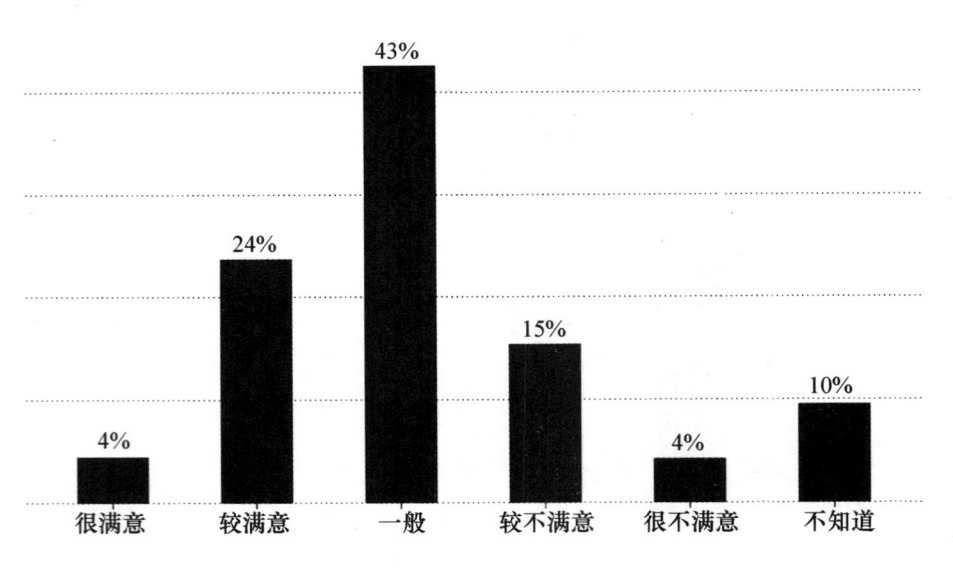

图 32　继续教育和岗位培训（N = 6488）

附录二　调查数据主要变量频数　　433

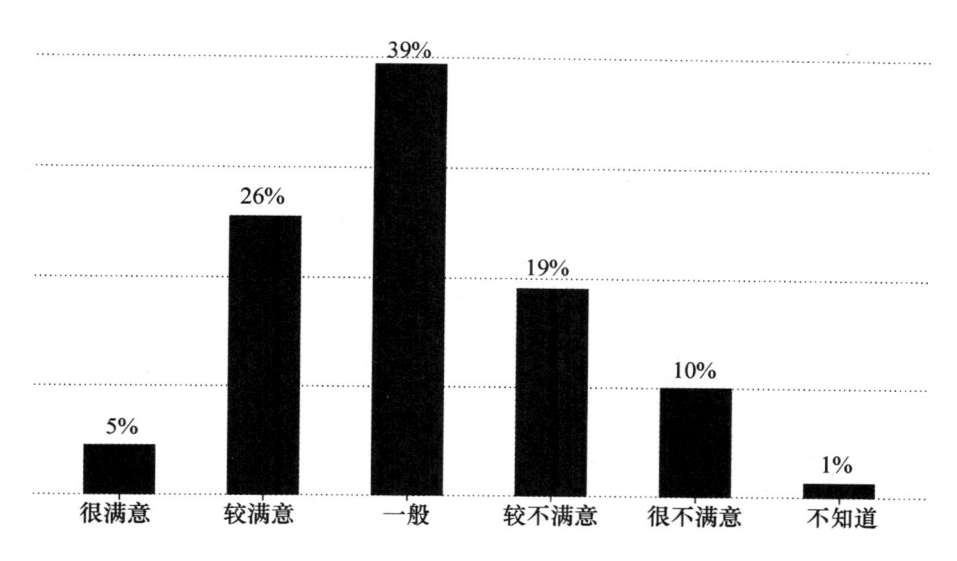

图 33　社会风气（N = 7074）

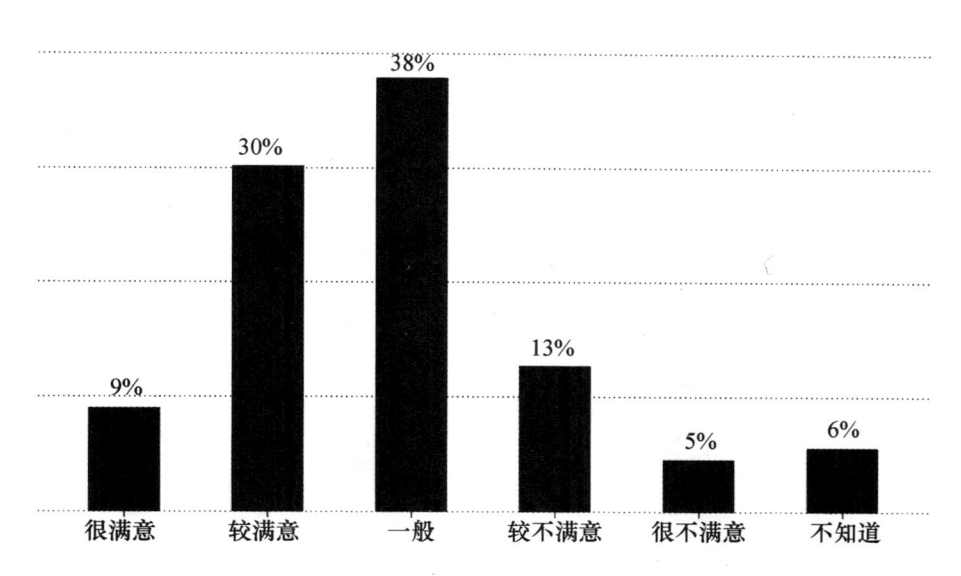

- 很满意：5%
- 较满意：26%
- 一般：39%
- 较不满意：19%
- 很不满意：10%
- 不知道：1%

图 34　对孤寡老人、孤儿的社会保护（N = 6769）

- 很满意：9%
- 较满意：30%
- 一般：38%
- 较不满意：13%
- 很不满意：5%
- 不知道：6%

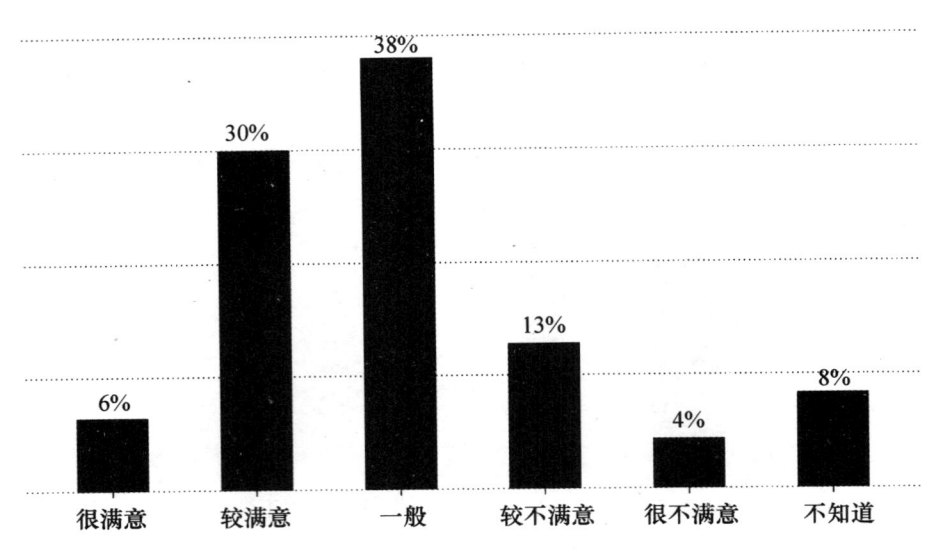

图 35　残疾人社会援助 （N = 6573）

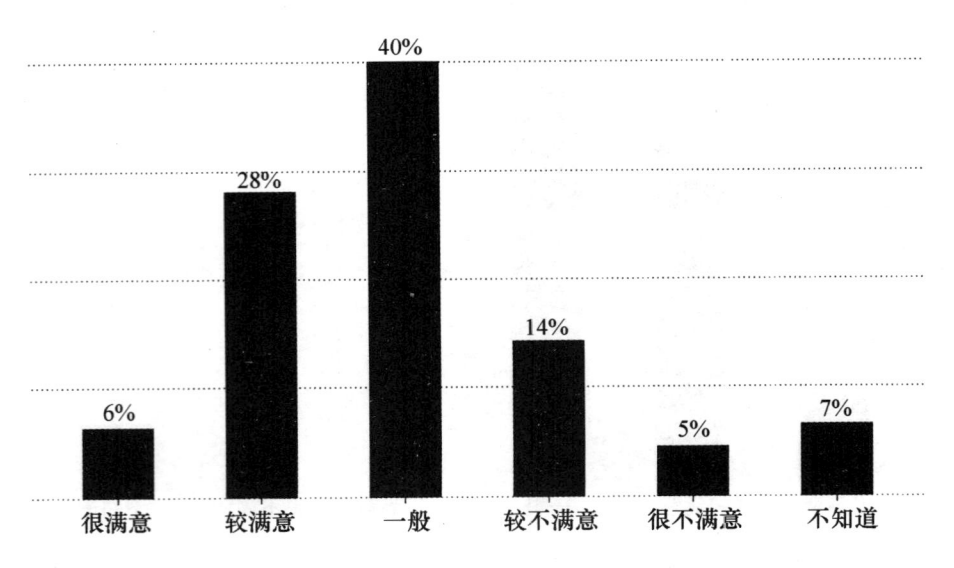

图 36　贫困群体的社会救助 （N = 6699）

附录二 调查数据主要变量频数

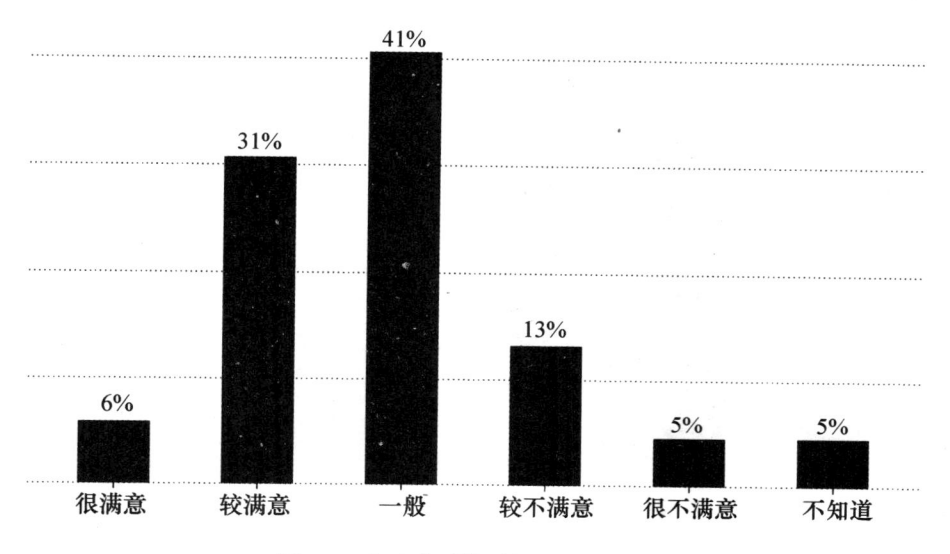

图 37 人身权利保护（N = 6815）

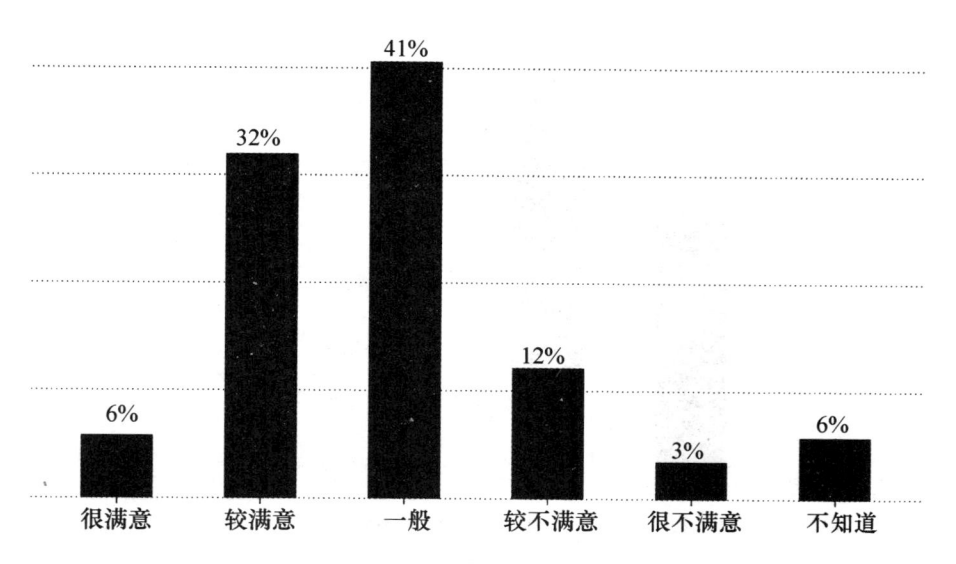

- 很满意：6%
- 较满意：31%
- 一般：41%
- 较不满意：13%
- 很不满意：5%
- 不知道：5%

图 38 财产权利保护（N = 6758）

- 很满意：6%
- 较满意：32%
- 一般：41%
- 较不满意：12%
- 很不满意：3%
- 不知道：6%

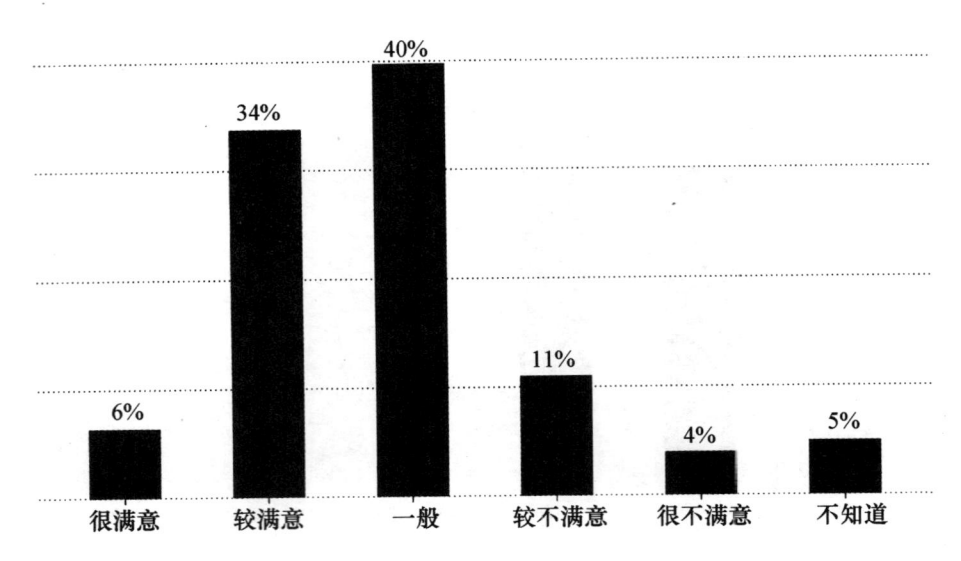

图 39　劳动权益保护（N = 6810）

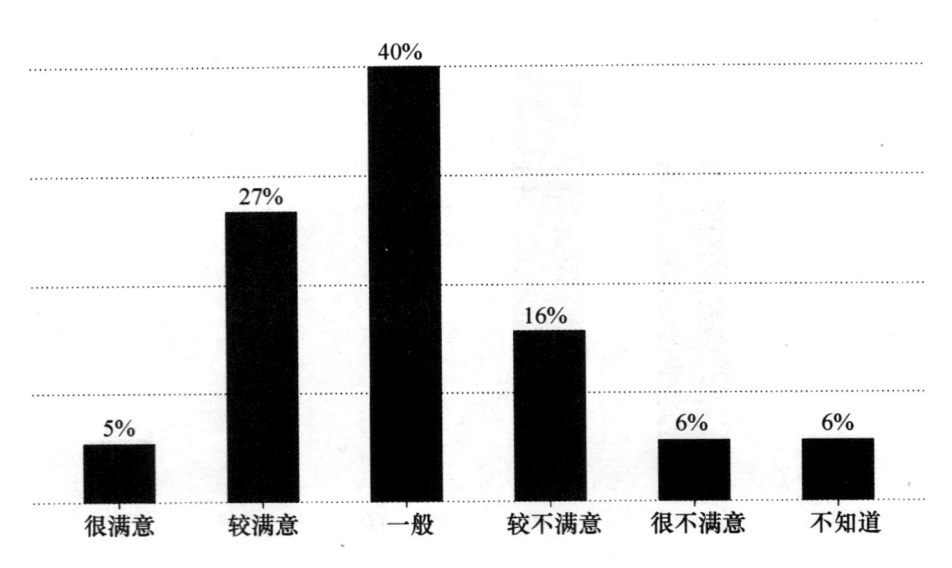

图 40　政府依法行政（N = 6717）

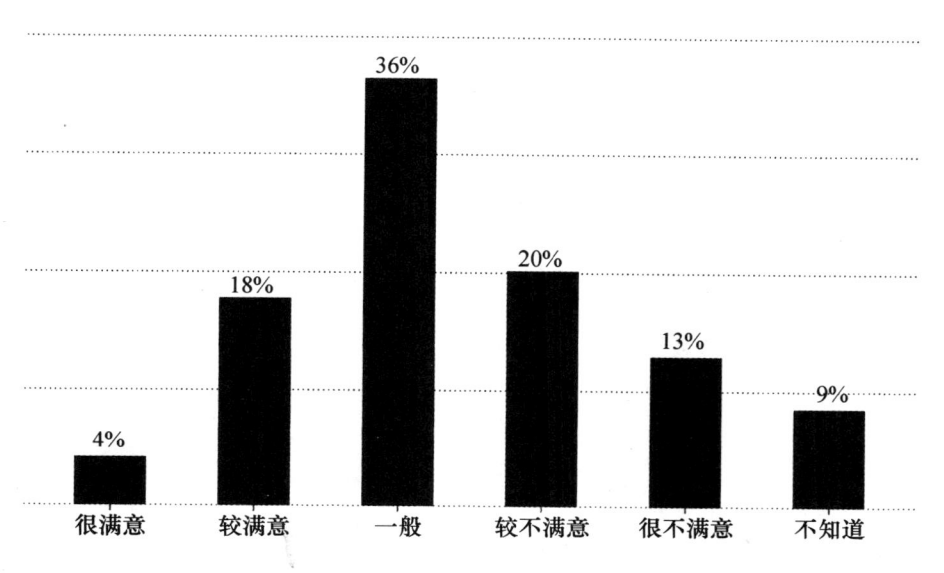

图41 公务员廉洁自律（N = 6558）

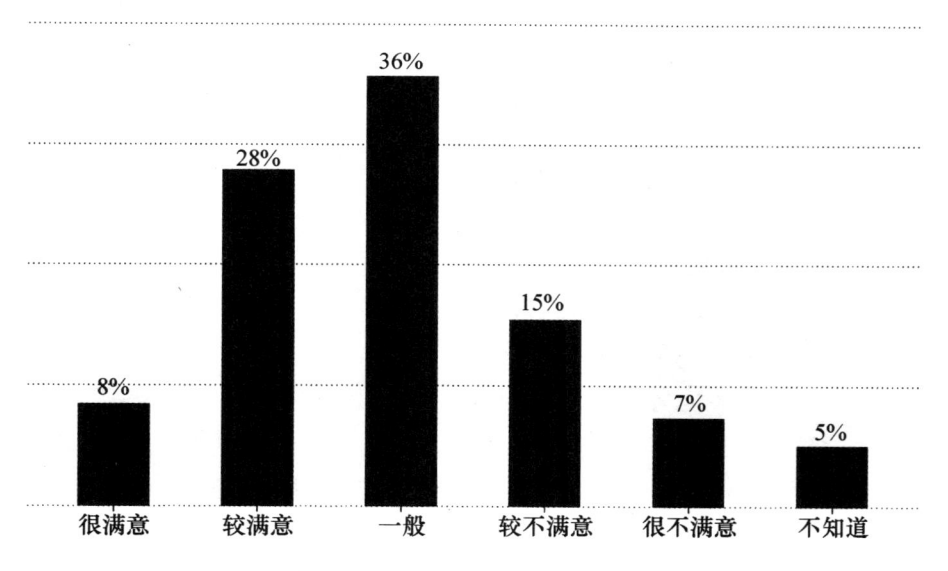

很满意	较满意	一般	较不满意	很不满意	不知道
4%	18%	36%	20%	13%	9%

图42 预防和惩治腐败（N = 6804）

很满意	较满意	一般	较不满意	很不满意	不知道
8%	28%	36%	15%	7%	5%

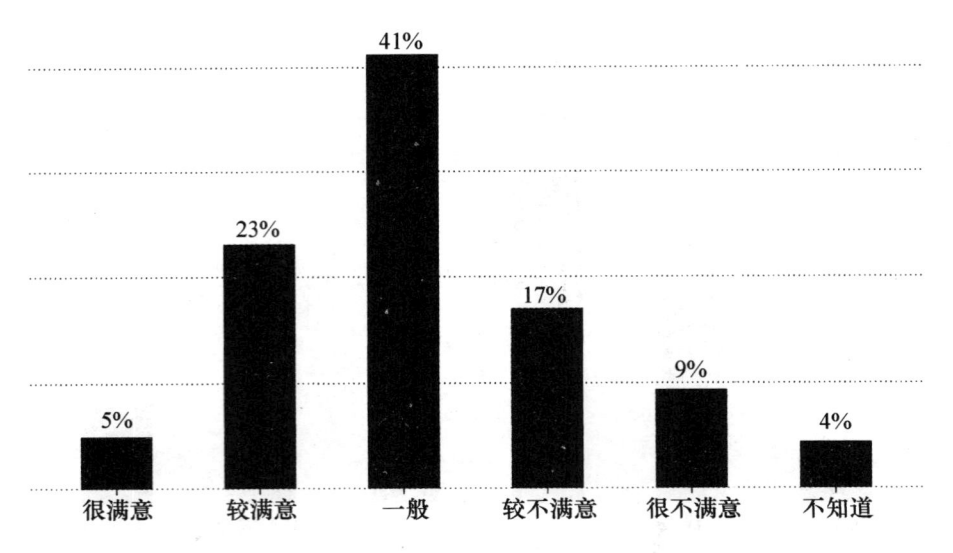

图 43　政府办事效率（N=6856）

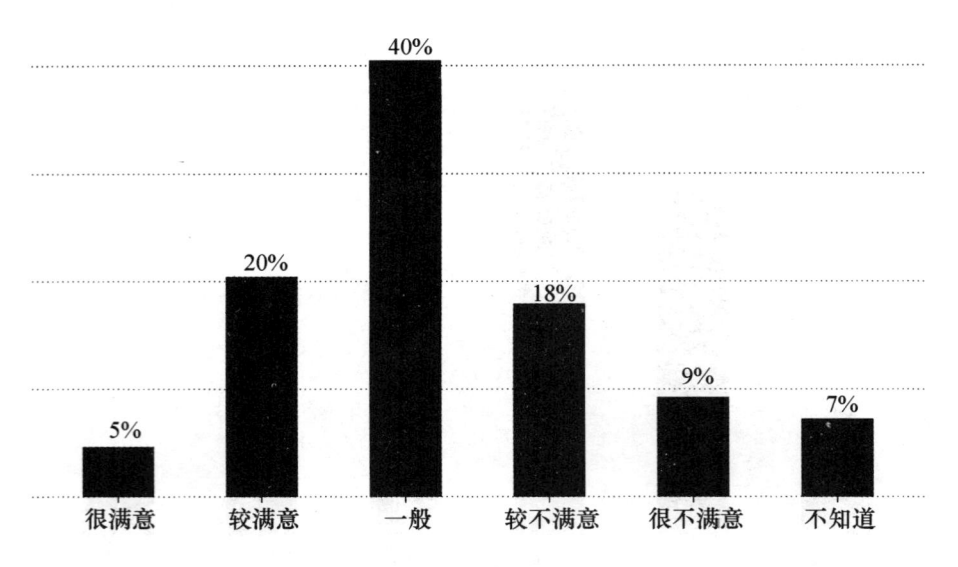

很满意 5%　较满意 23%　一般 41%　较不满意 17%　很不满意 9%　不知道 4%

图 44　政府公开透明（N=6652）

很满意 5%　较满意 20%　一般 40%　较不满意 18%　很不满意 9%　不知道 7%

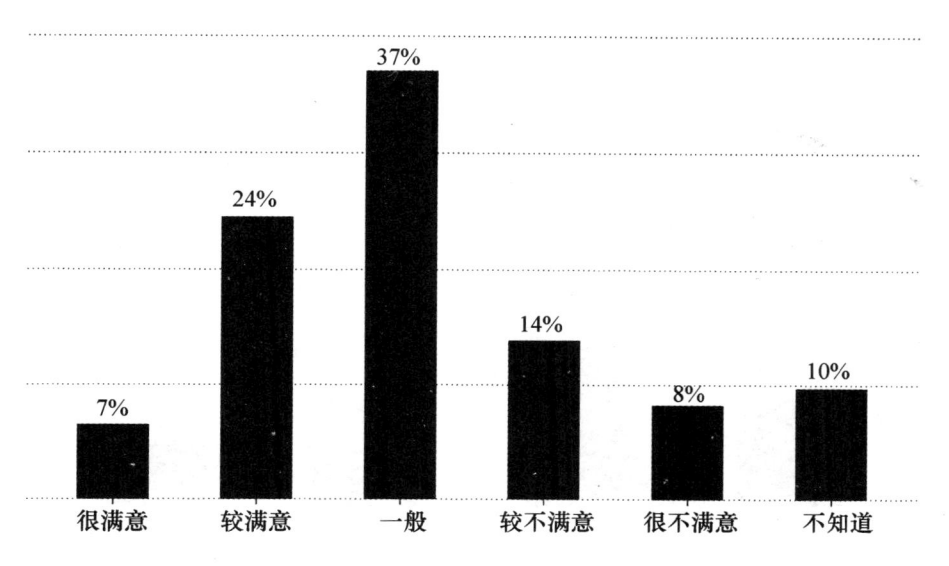

图 45　违规失职后受追究（N = 6473）

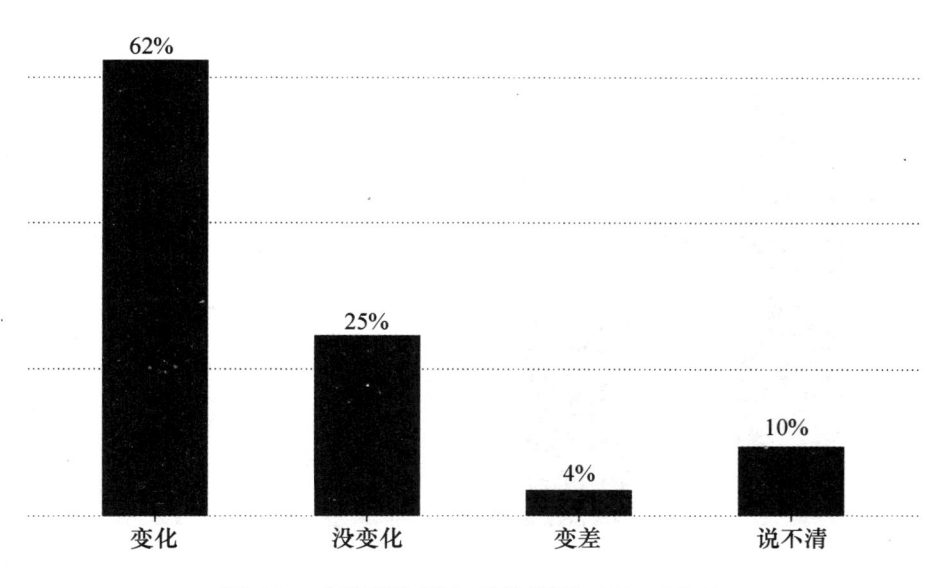

- 很满意 7%
- 较满意 24%
- 一般 37%
- 较不满意 14%
- 很不满意 8%
- 不知道 10%

图 46　对经济发展水平的期望（N = 6487）

- 变化 62%
- 没变化 25%
- 变差 4%
- 说不清 10%

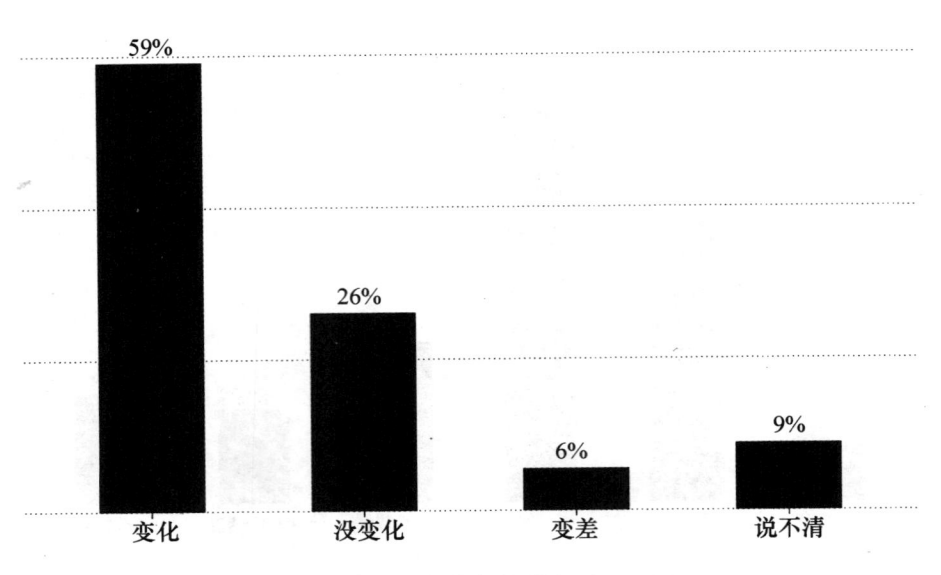

图47　对经济增长速度的期望（N=6525）

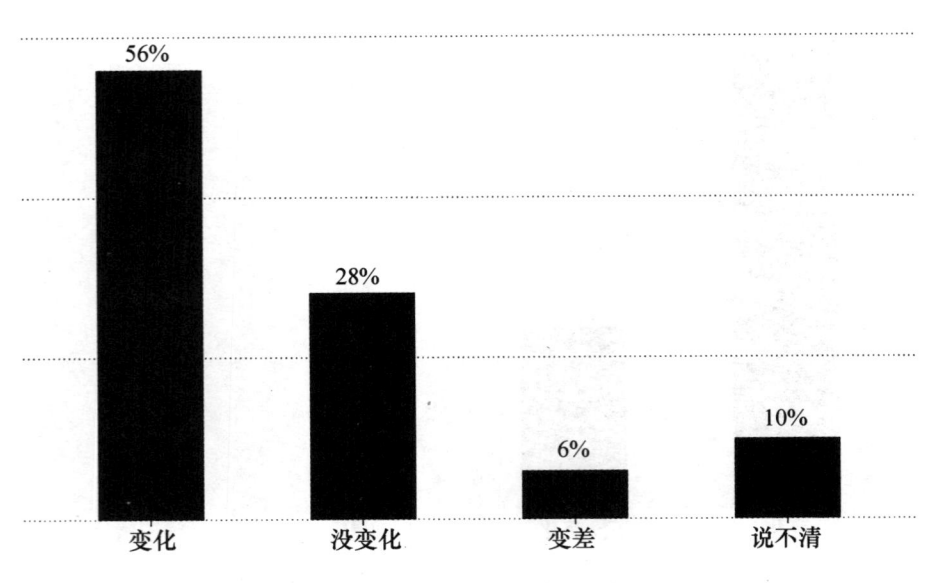

图48　对居民收入增长的期望（N=6462）

附录二　调查数据主要变量频数

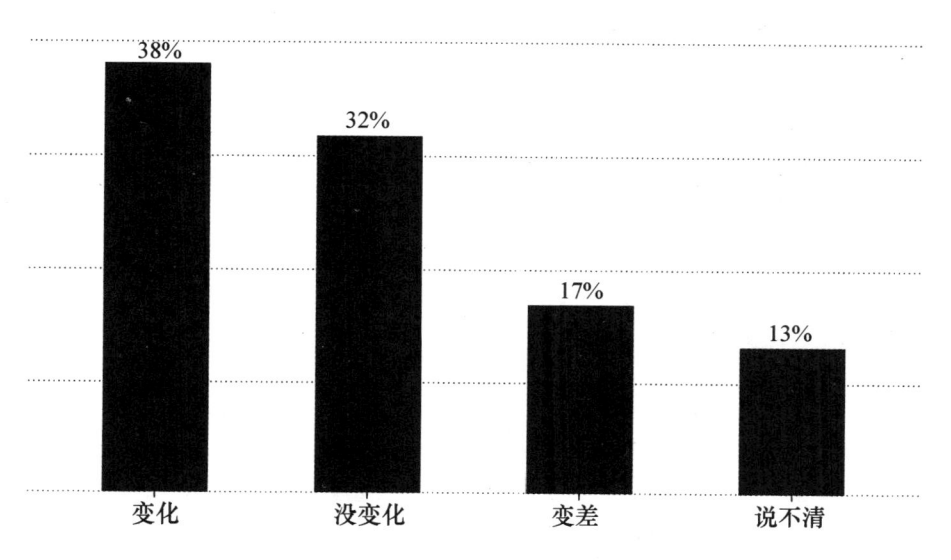

图 49　对物价的期望（N = 6226）

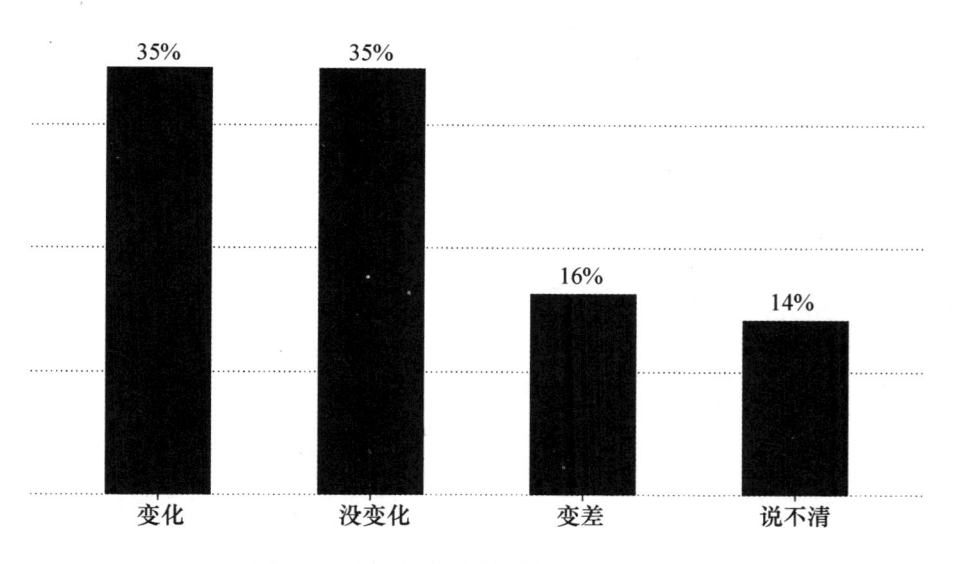

- 变化：38%
- 没变化：32%
- 变差：17%
- 说不清：13%

图 50　对住房价格的期望（N = 6149）

- 变化：35%
- 没变化：35%
- 变差：16%
- 说不清：14%

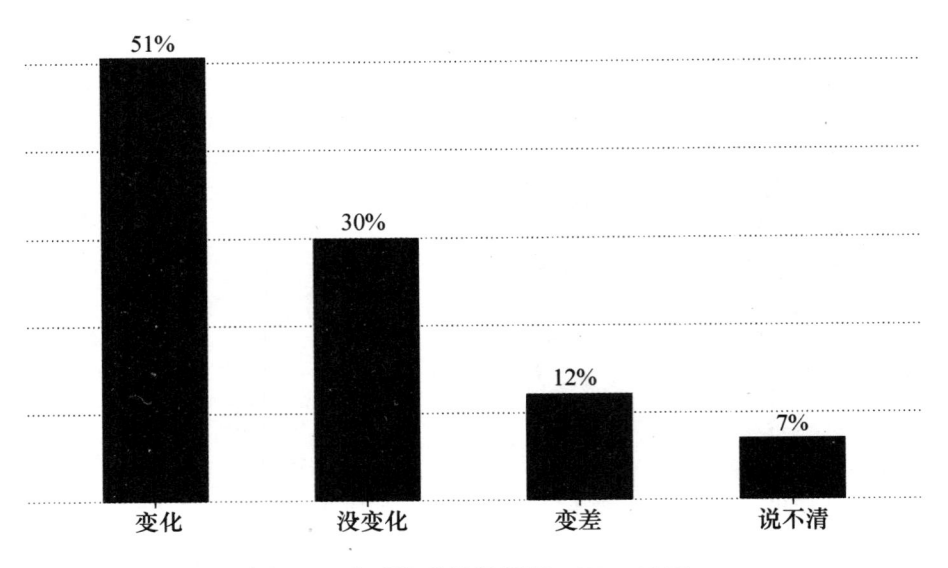

图 51　对环境质量的期望（N = 6666）

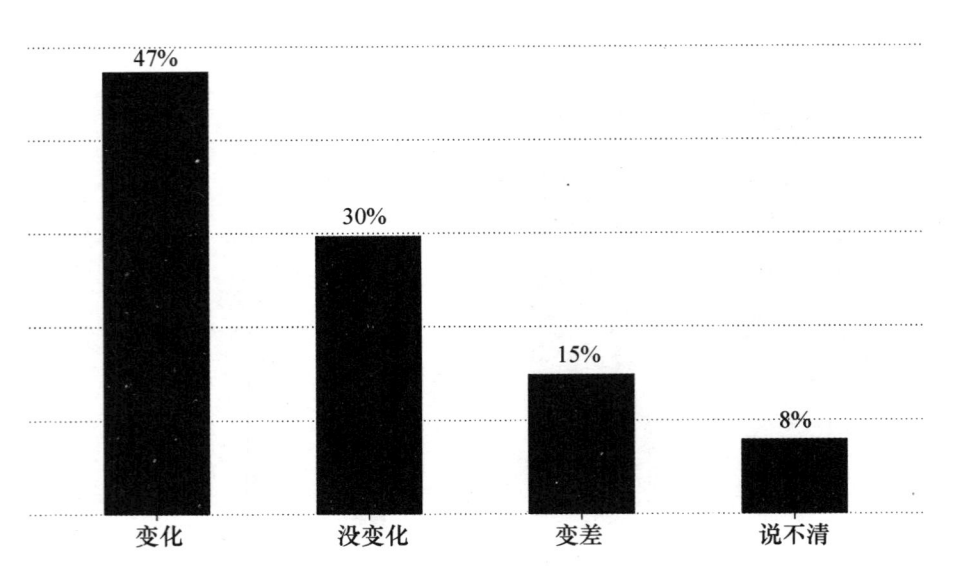

图 52　对空气质量的期望（N = 6598）

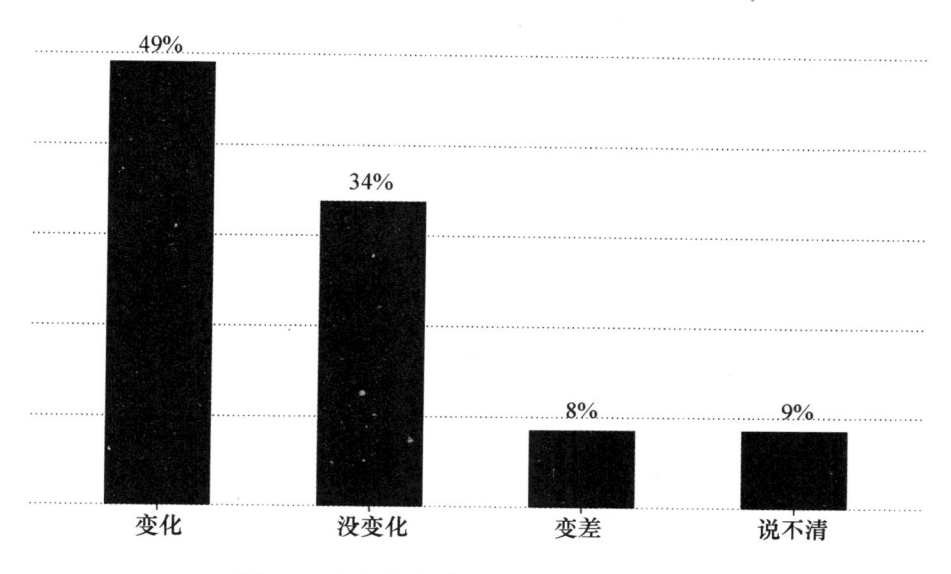

附录二　调查数据主要变量频数　　443

图 53　对自来水质量的期望（N = 6558）

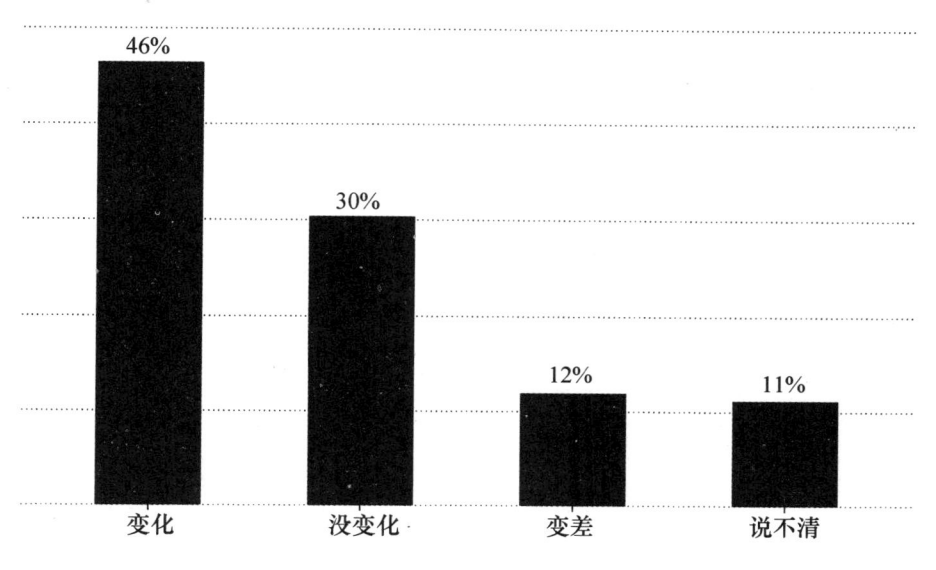

变化	没变化	变差	说不清
49%	34%	8%	9%

图 54　对生态水面质量的期望（N = 6370）

变化	没变化	变差	说不清
46%	30%	12%	11%

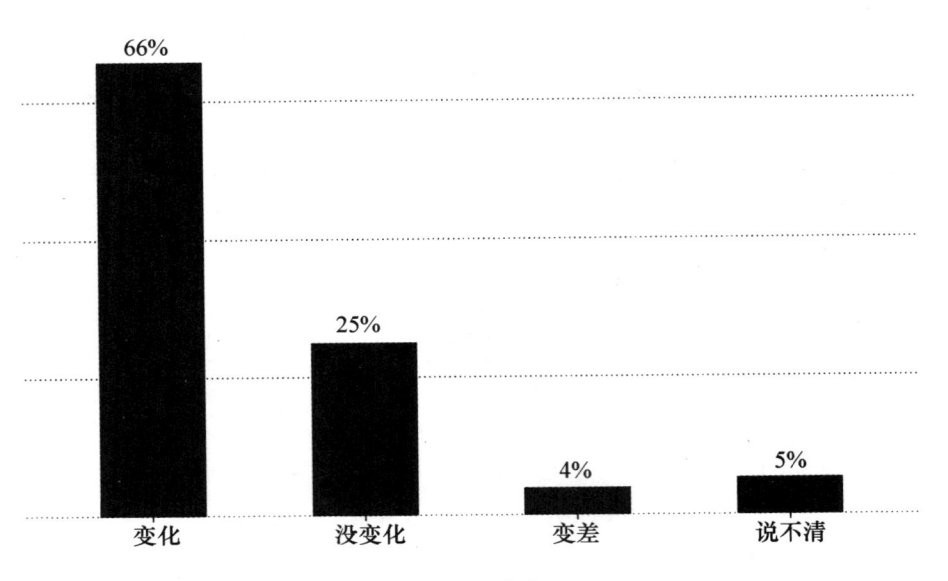

图 55　对城市绿化的期望（N = 6791）

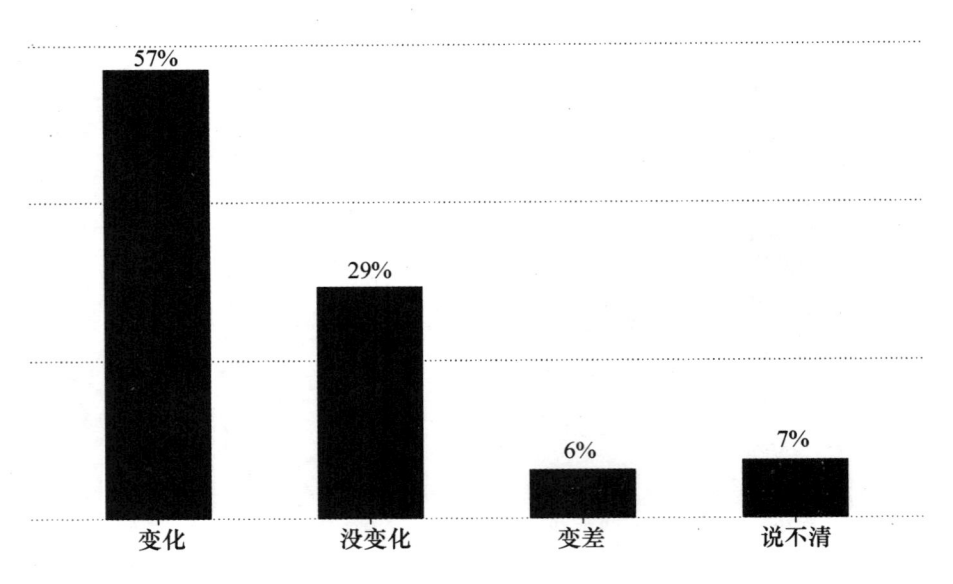

图 56　对生活垃圾处理的期望（N = 6641）

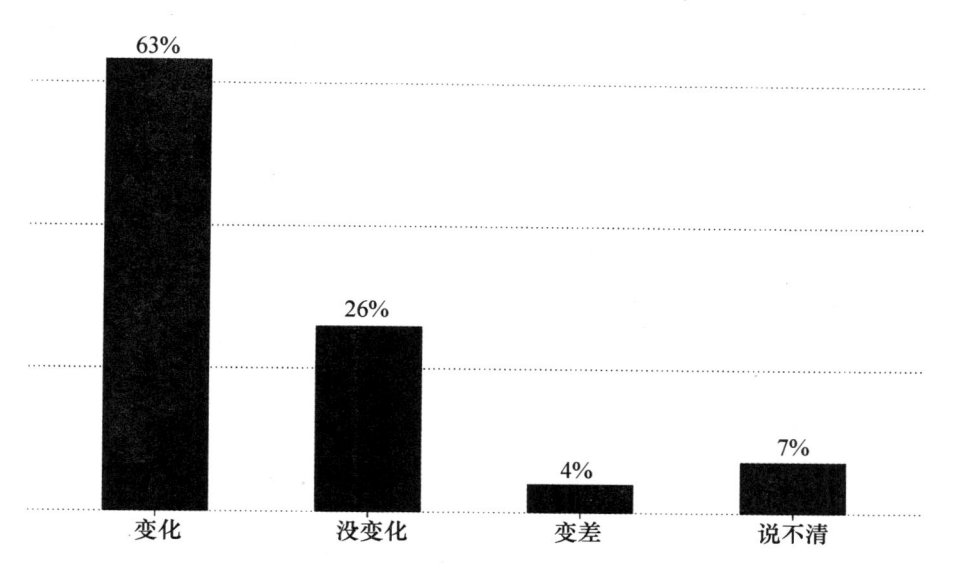

附录二　调查数据主要变量频数　　　445

图 57　对基础设施的期望（N = 6667）

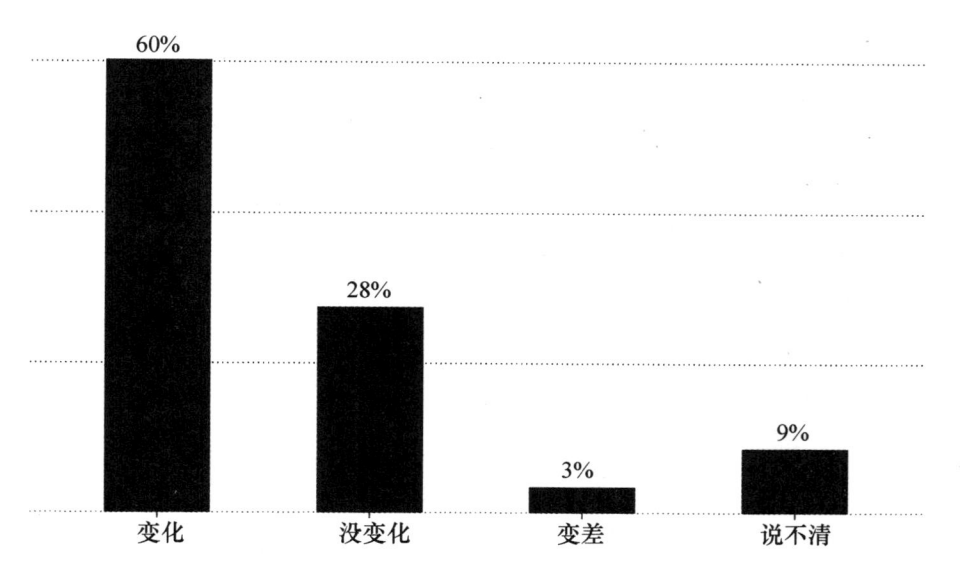

变化	没变化	变差	说不清
63%	26%	4%	7%

图 58　对社会整体发展的期望（N = 6549）

变化	没变化	变差	说不清
60%	28%	3%	9%

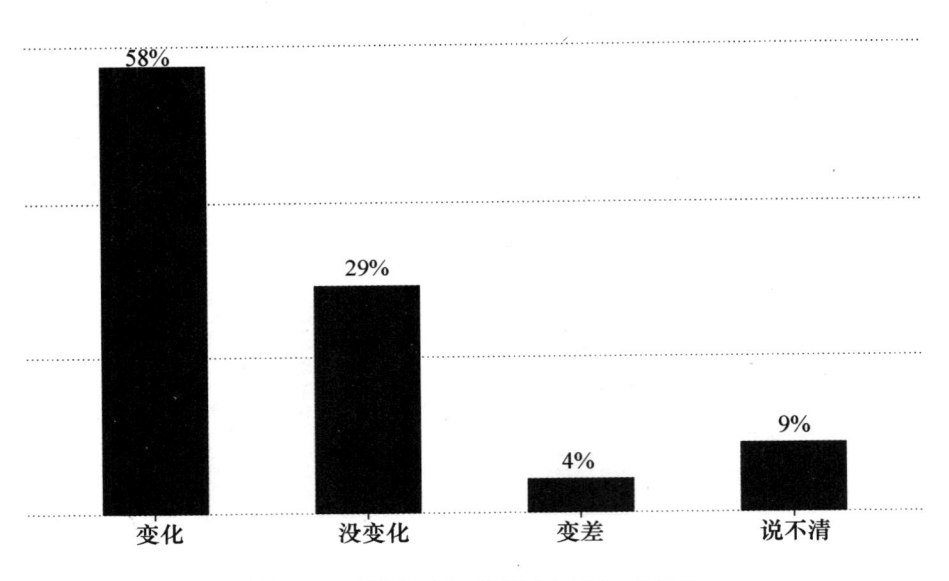

图 59　对教育水平的期望（N = 6535）

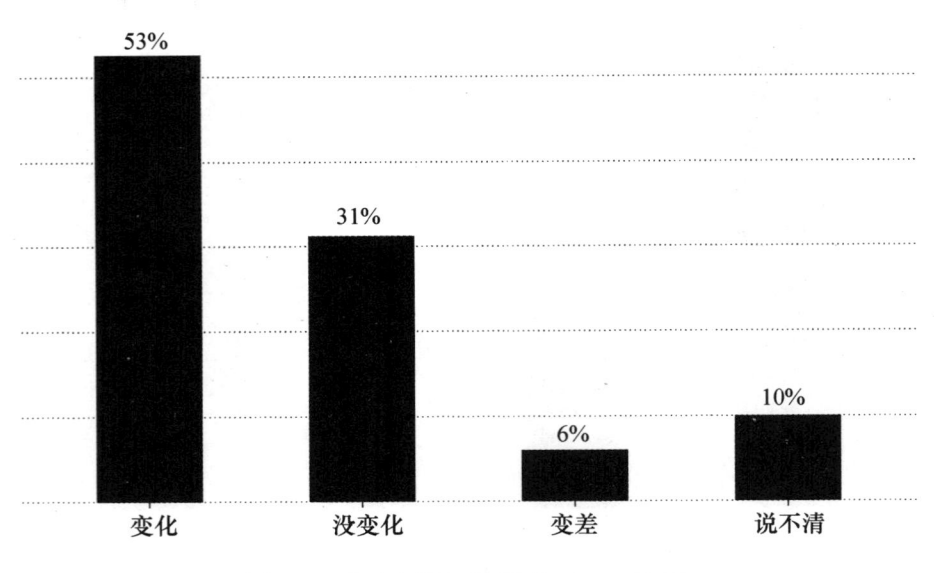

图 60　对医疗服务的期望（N = 6453）

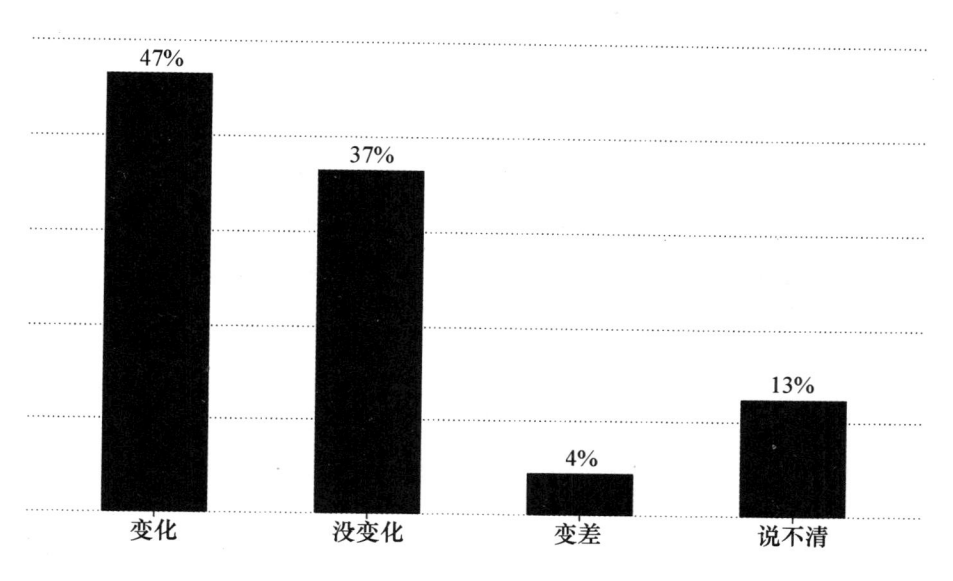

图 61　对住房保障的期望（N = 6274）

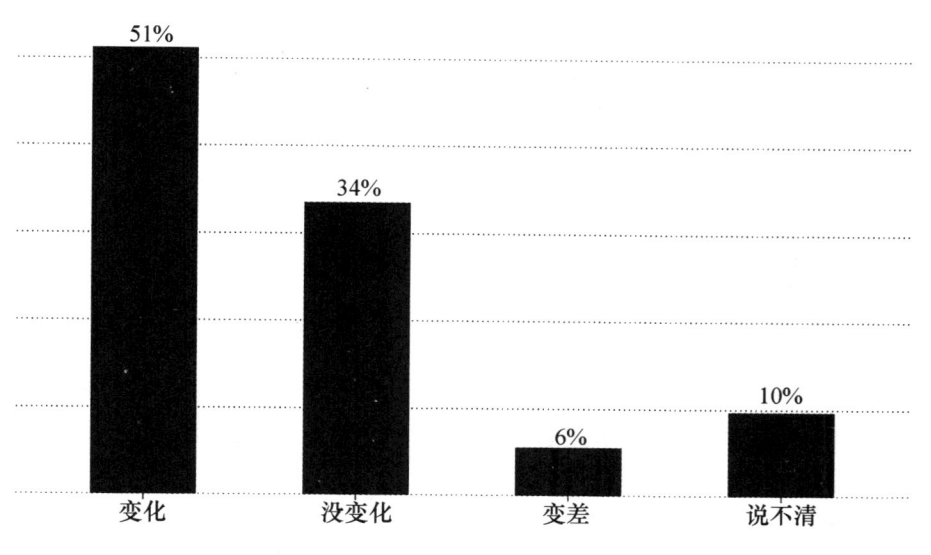

图 62　对社会保障的期望（N = 6474）

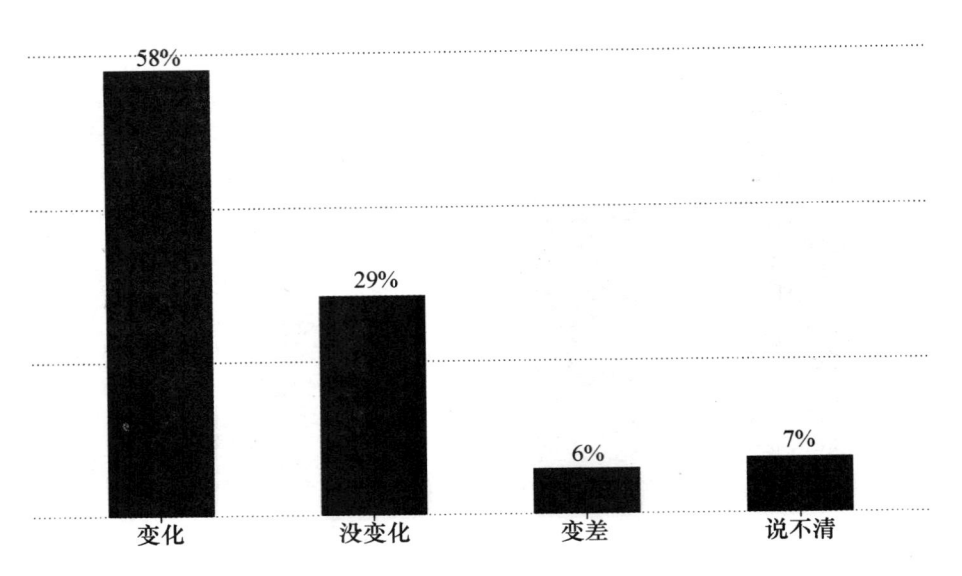

图 63　对治安状况的期望（N = 6646）

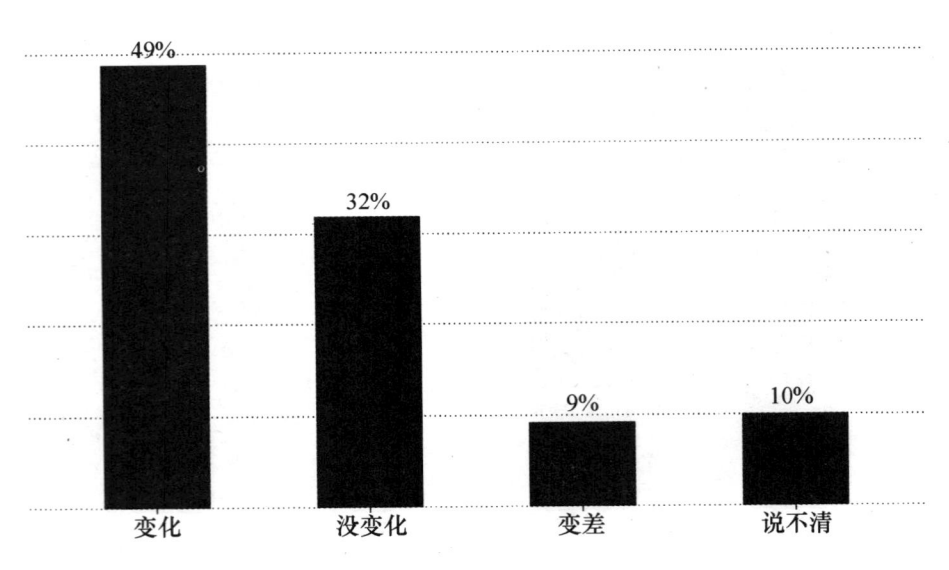

图 64　对食品安全的期望（N = 6450）

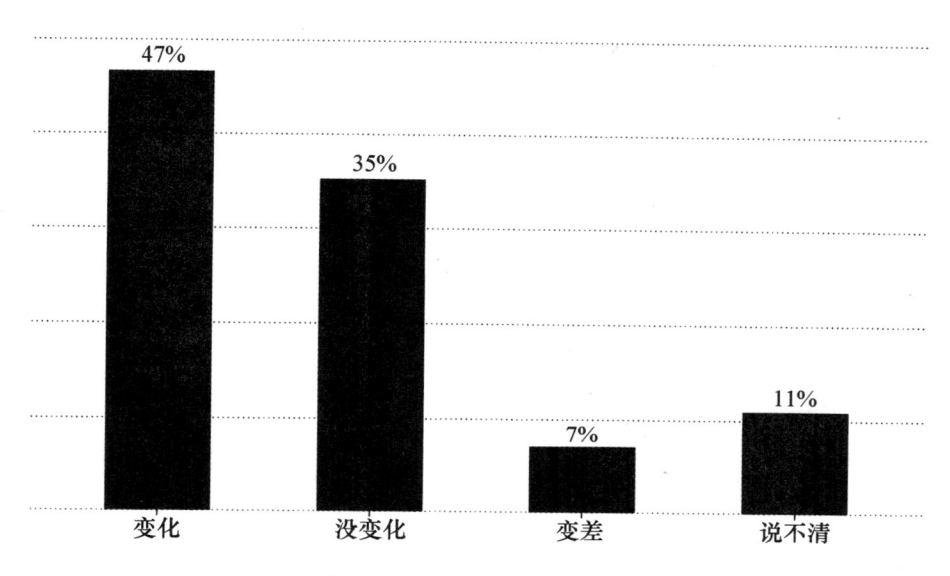

图 65　对社会公平公正的期望（N = 6384）

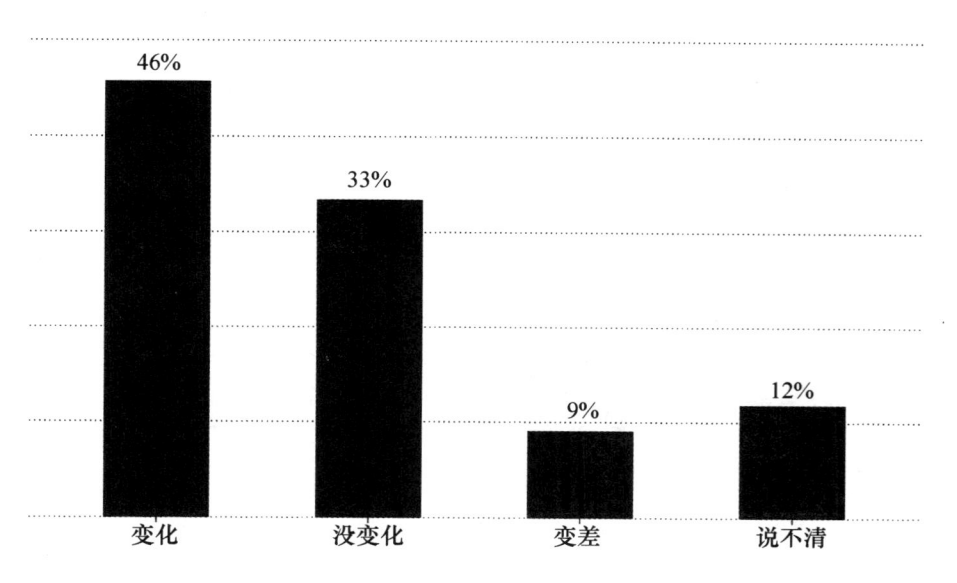

- 变化：47%
- 没变化：35%
- 变差：7%
- 说不清：11%

图 66　对就业机会的期望（N = 6324）

- 变化：46%
- 没变化：33%
- 变差：9%
- 说不清：12%

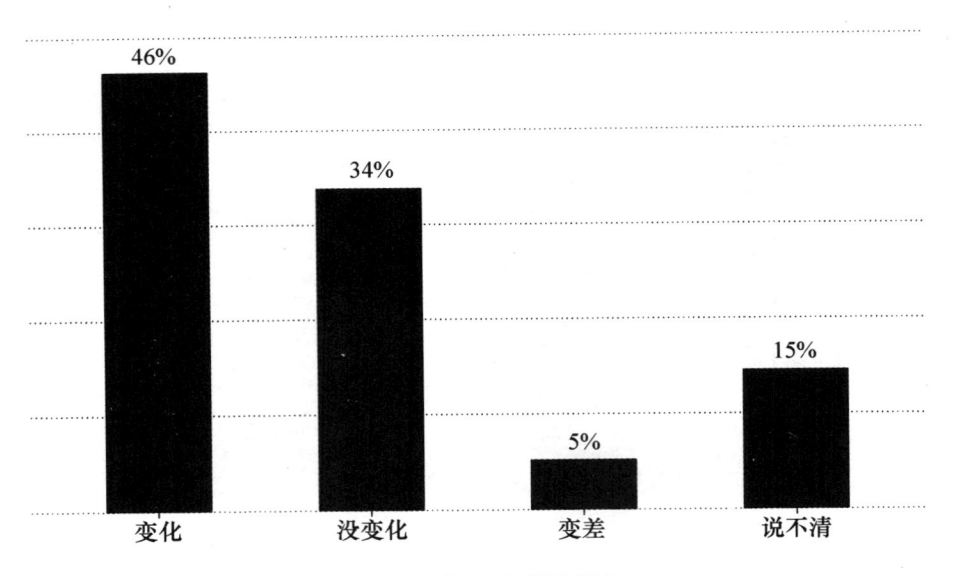

图 67 对继续教育和岗位培训的期望（N =6129）

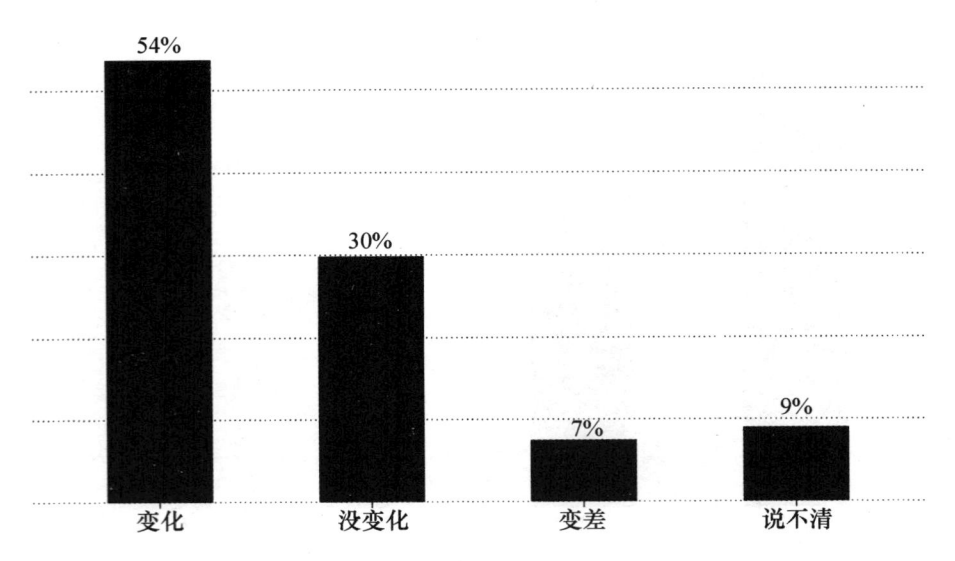

图 68 对社会风气的期望（N =6526）

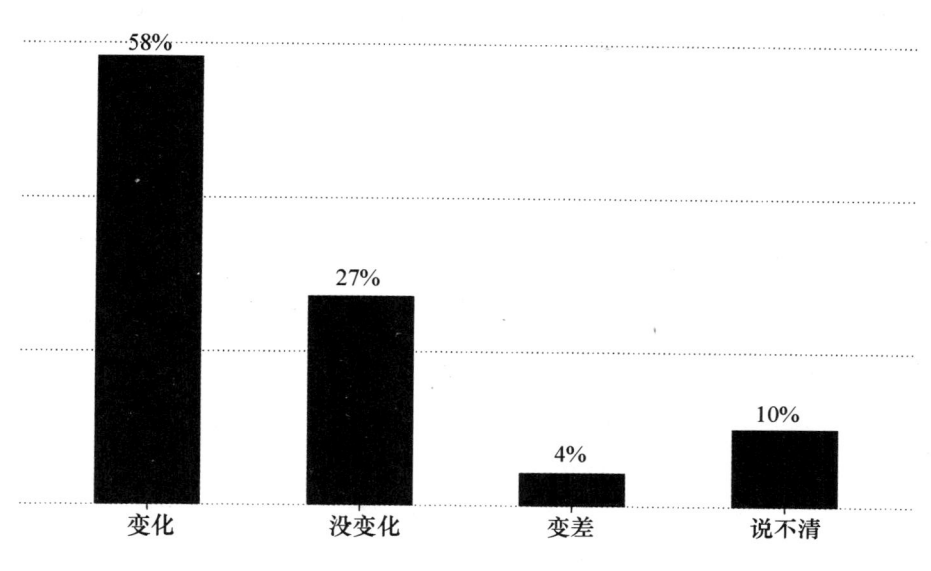

图 69　对孤寡老人、孤儿的社会保护的期望（N = 6449）

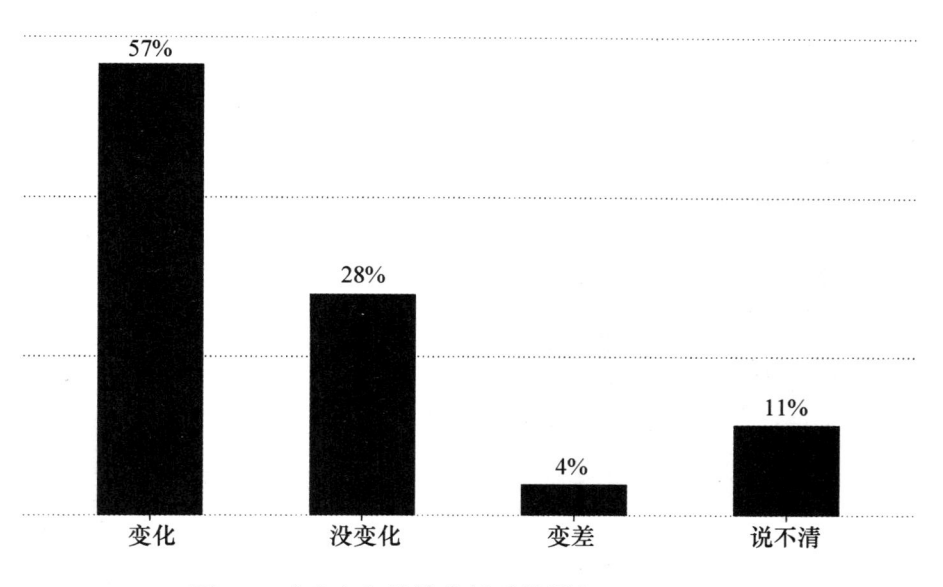

变化 58%　没变化 27%　变差 4%　说不清 10%

图 70　对残疾人的社会援助的期望（N = 6351）

变化 57%　没变化 28%　变差 4%　说不清 11%

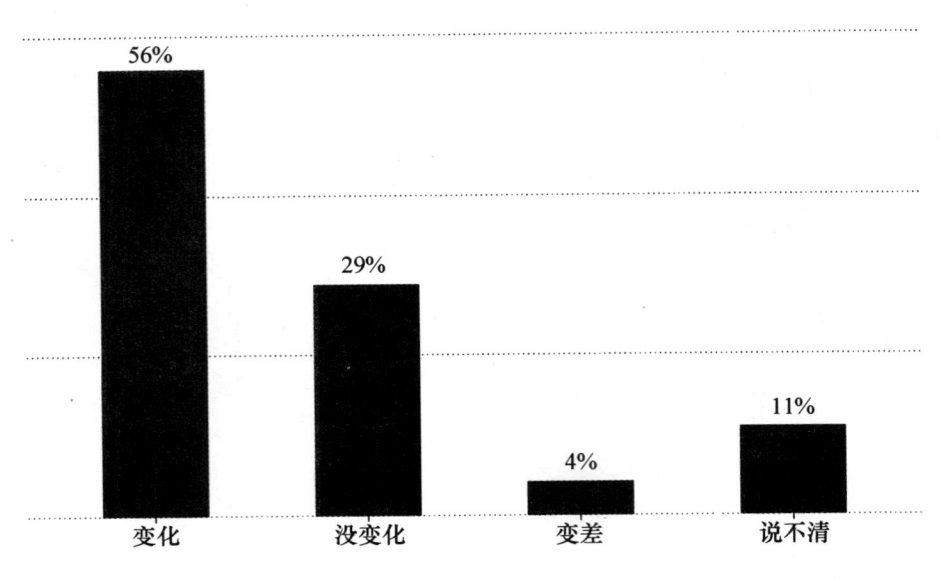

图 71　对贫困群体的社会救助的期望（N = 6382）

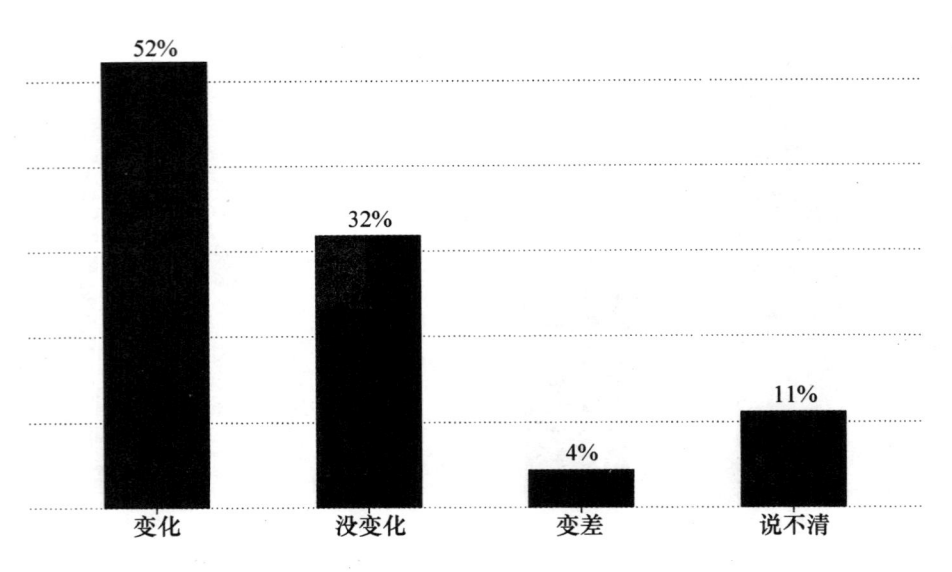

图 72　对法律对人身权利的保护的期望（N = 6364）

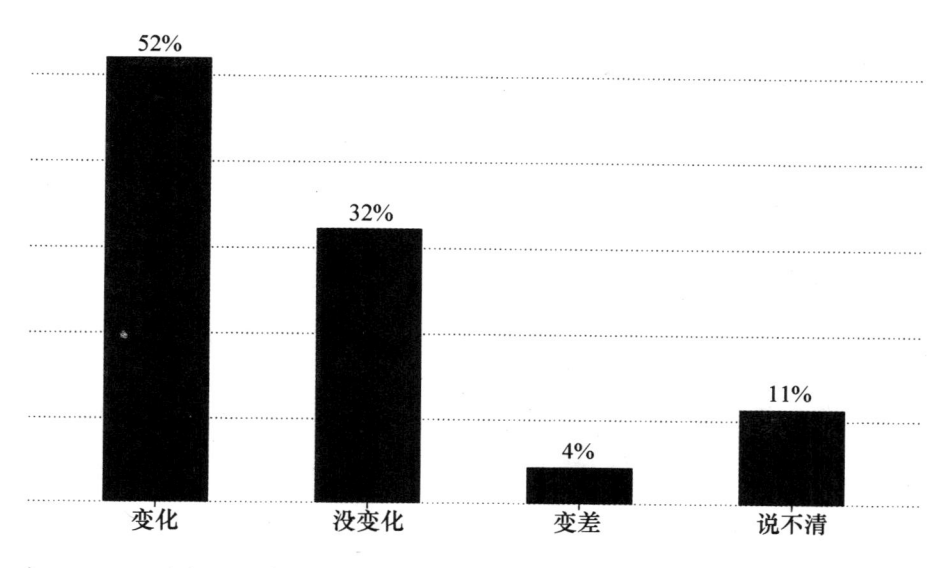

图 73 对法律对财产权利的保护的期望（N = 6358）

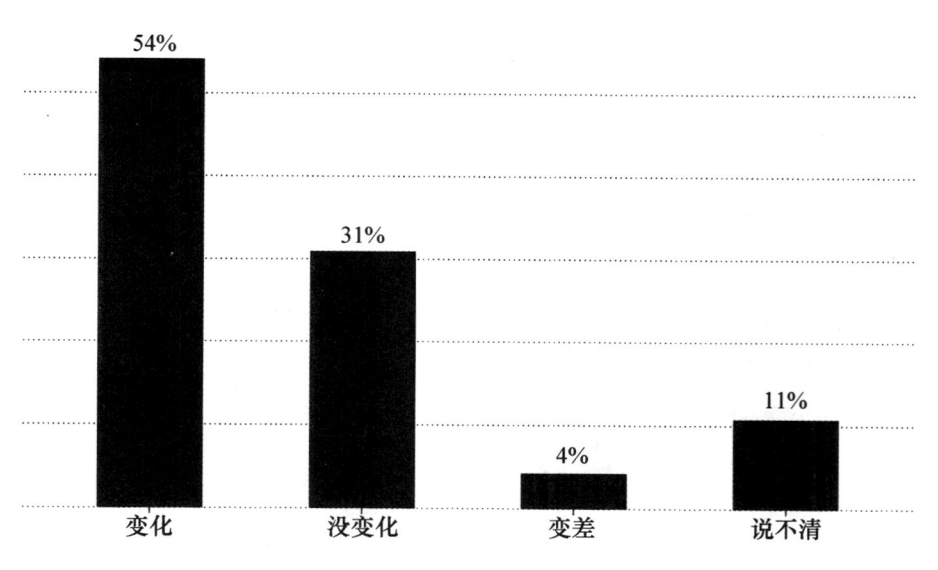

变化 52%　　没变化 32%　　变差 4%　　说不清 11%

图 74 对法律对劳动权益的保护的期望（N = 6399）

变化 54%　　没变化 31%　　变差 4%　　说不清 11%

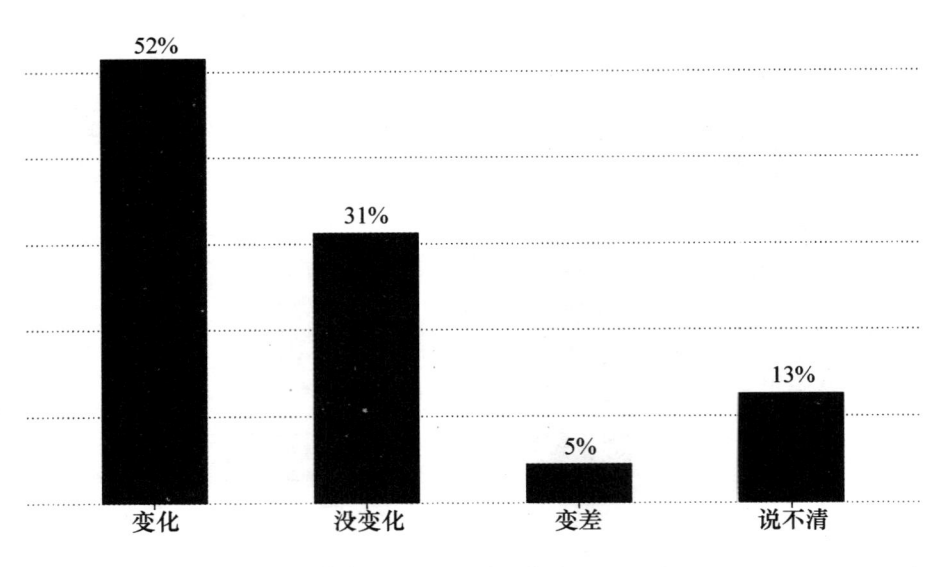

图 75　对政府依法行政的期望（N = 6265）

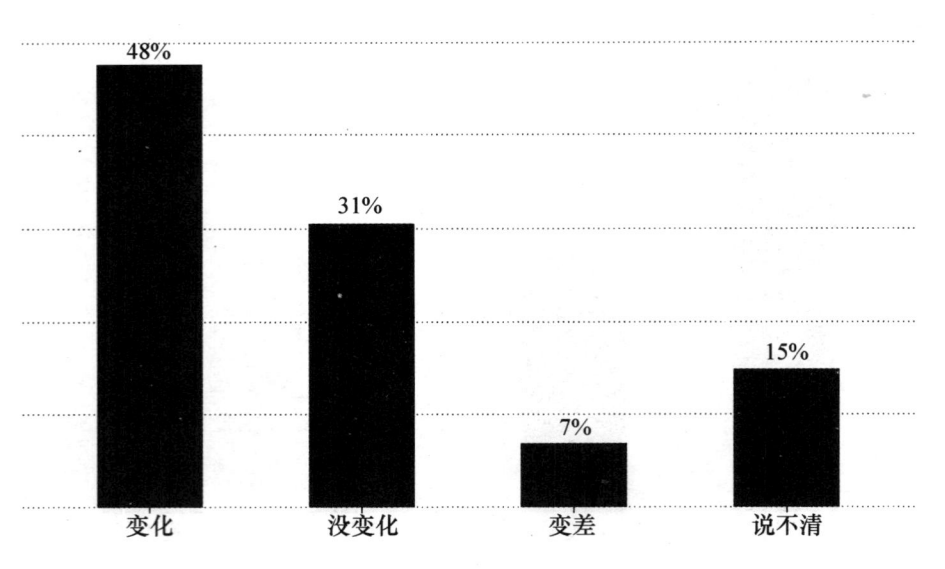

图 76　对公务员廉洁自律的期望（N = 6105）

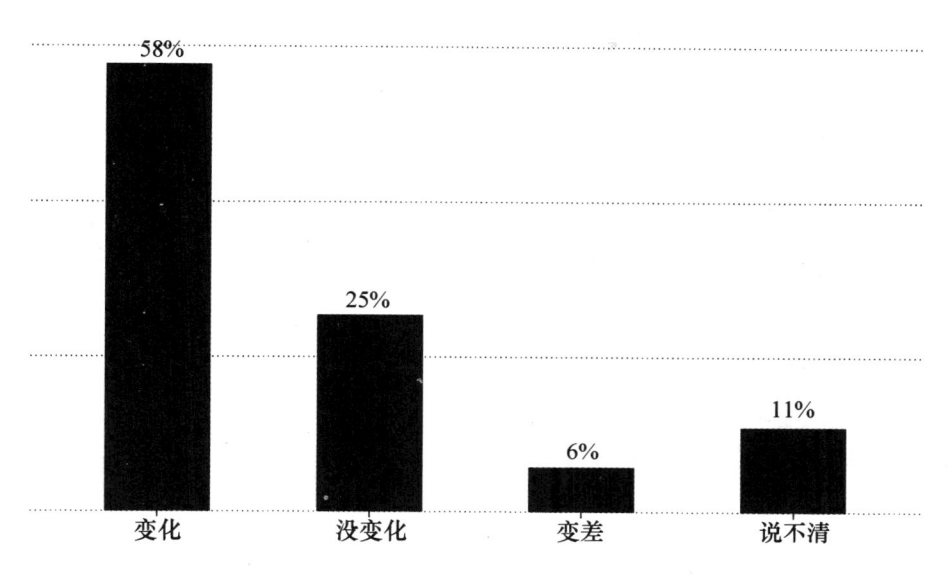

附录二　调查数据主要变量频数　　455

图 77　对预防和惩治腐败的期望（N = 6380）

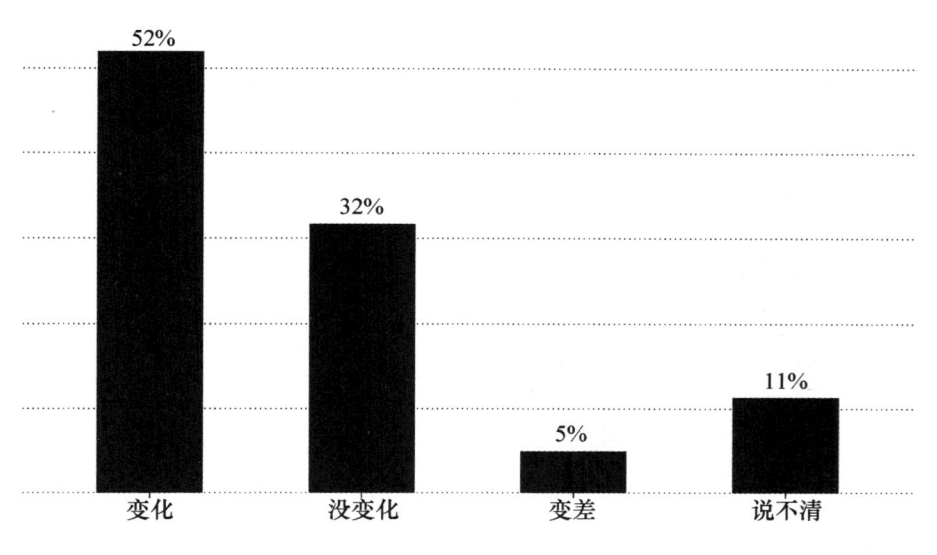

- 变化：58%
- 没变化：25%
- 变差：6%
- 说不清：11%

图 78　对政府办事效率的期望（N = 6358）

- 变化：52%
- 没变化：32%
- 变差：5%
- 说不清：11%

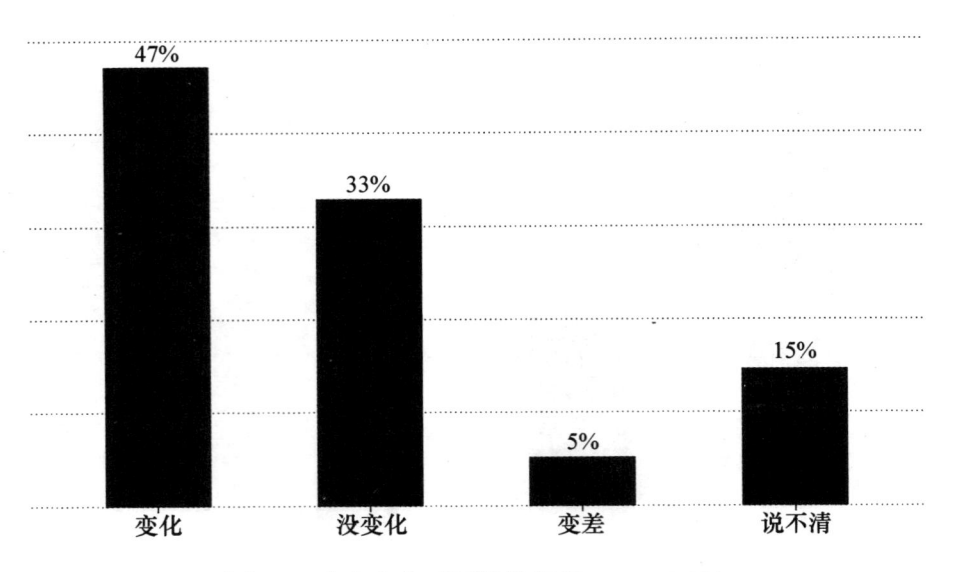

图 79　对政府公开透明的期望 （N = 6119）

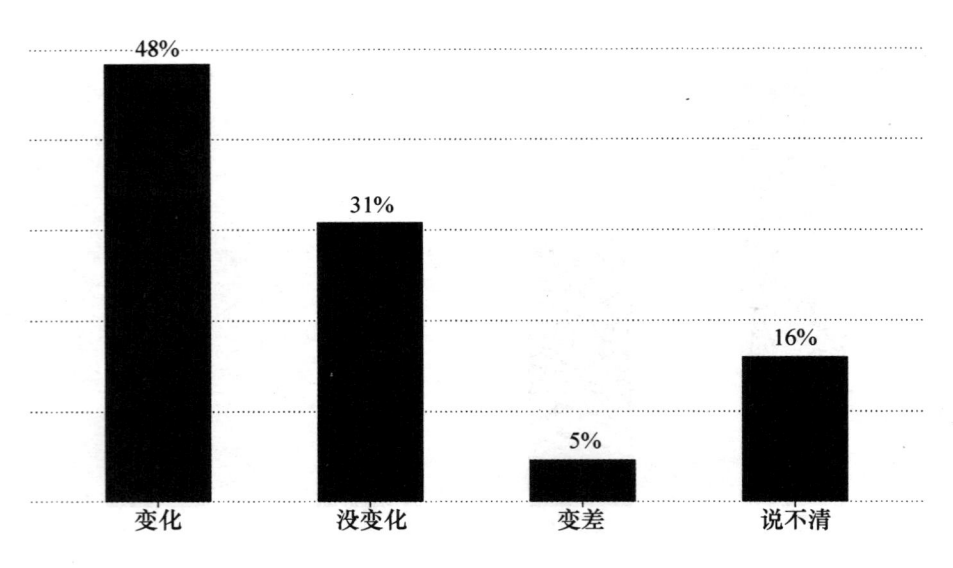

图 80　对违规失职后受追究的期望 （N = 6022）

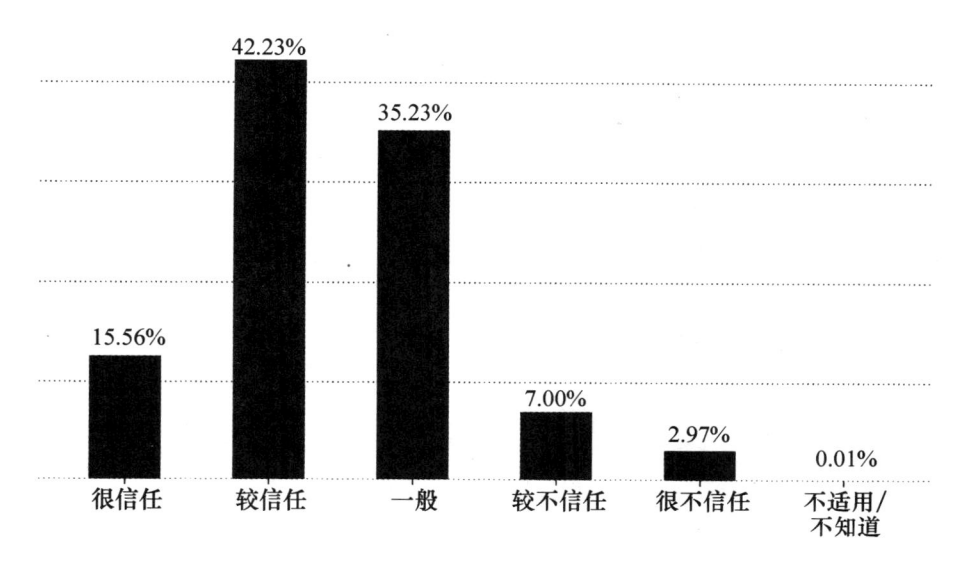

图 81　对公安局/派出所的信任度（N = 7170）

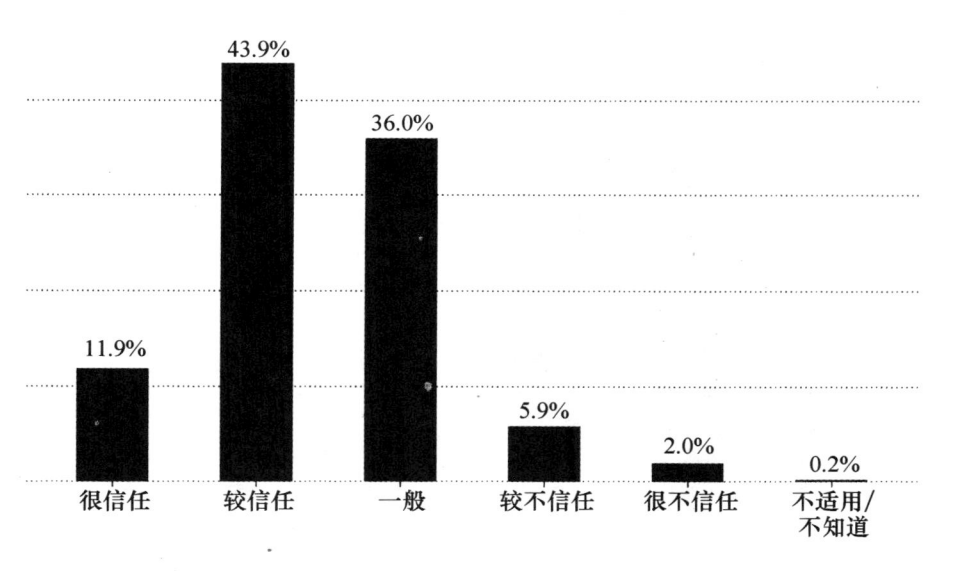

很信任 15.56%
较信任 42.23%
一般 35.23%
较不信任 7.00%
很不信任 2.97%
不适用/不知道 0.01%

图 82　对法院的信任度（N = 7154）

很信任 11.9%
较信任 43.9%
一般 36.0%
较不信任 5.9%
很不信任 2.0%
不适用/不知道 0.2%

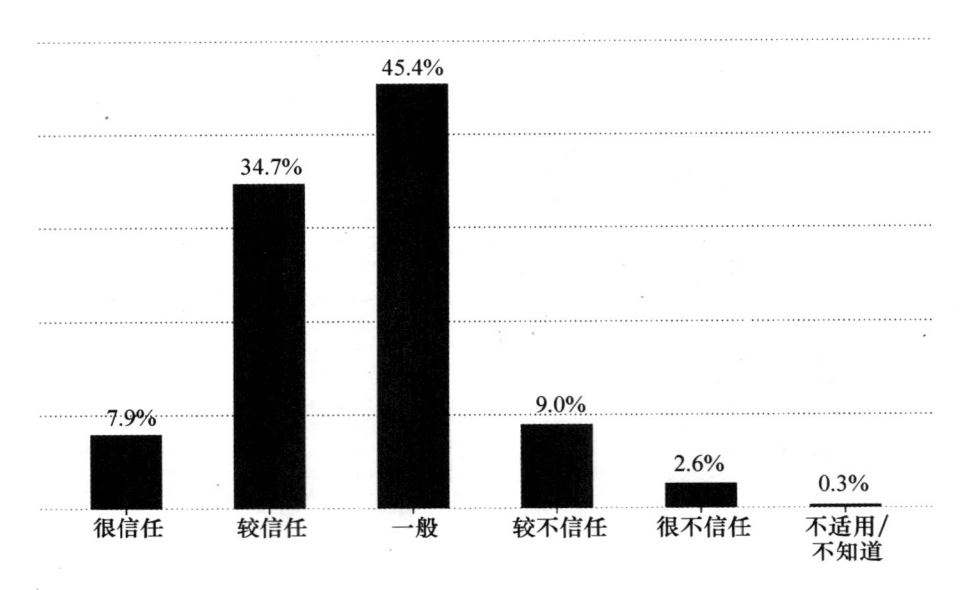

图 83　对工商/税务部门的信任度（N=7148）

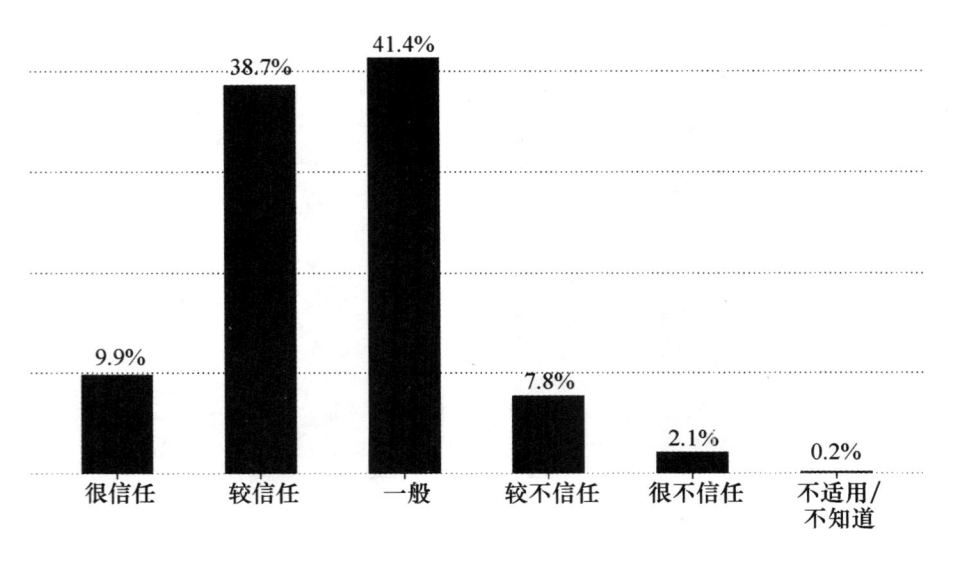

很信任	较信任	一般	较不信任	很不信任	不适用/不知道
7.9%	34.7%	45.4%	9.0%	2.6%	0.3%

图 84　对社会保障部门的信任度（N=7155）

很信任	较信任	一般	较不信任	很不信任	不适用/不知道
9.9%	38.7%	41.4%	7.8%	2.1%	0.2%

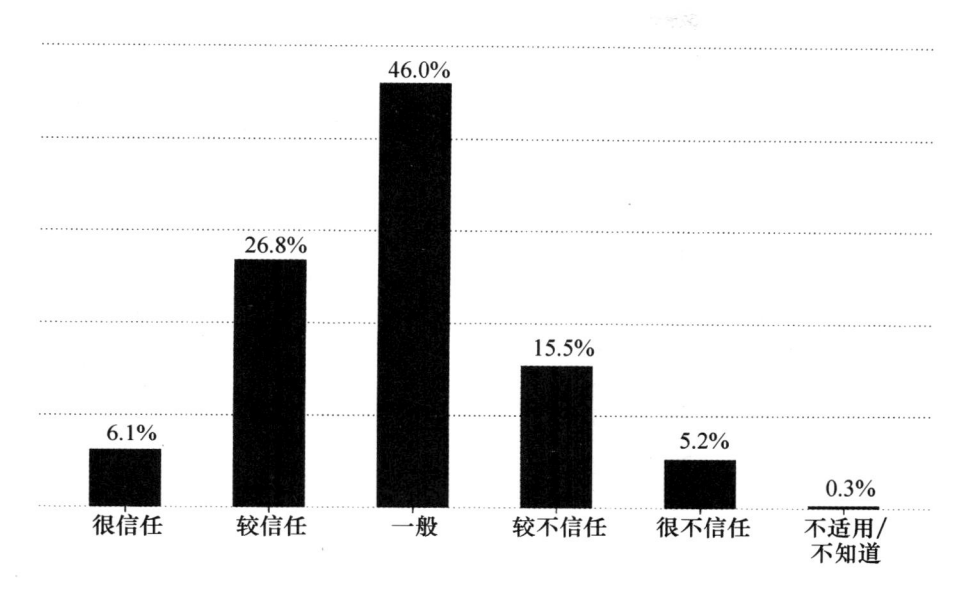

图 85　对信访部门的信任度（N = 7148）

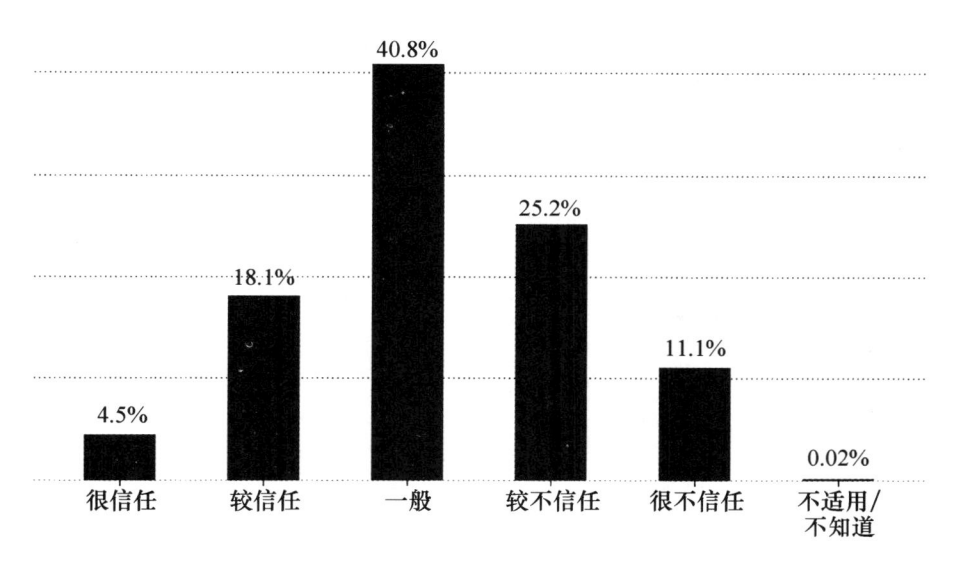

- 很信任：6.1%
- 较信任：26.8%
- 一般：46.0%
- 较不信任：15.5%
- 很不信任：5.2%
- 不适用/不知道：0.3%

图 86　对城管部门的信任度（N = 7155）

- 很信任：4.5%
- 较信任：18.1%
- 一般：40.8%
- 较不信任：25.2%
- 很不信任：11.1%
- 不适用/不知道：0.02%

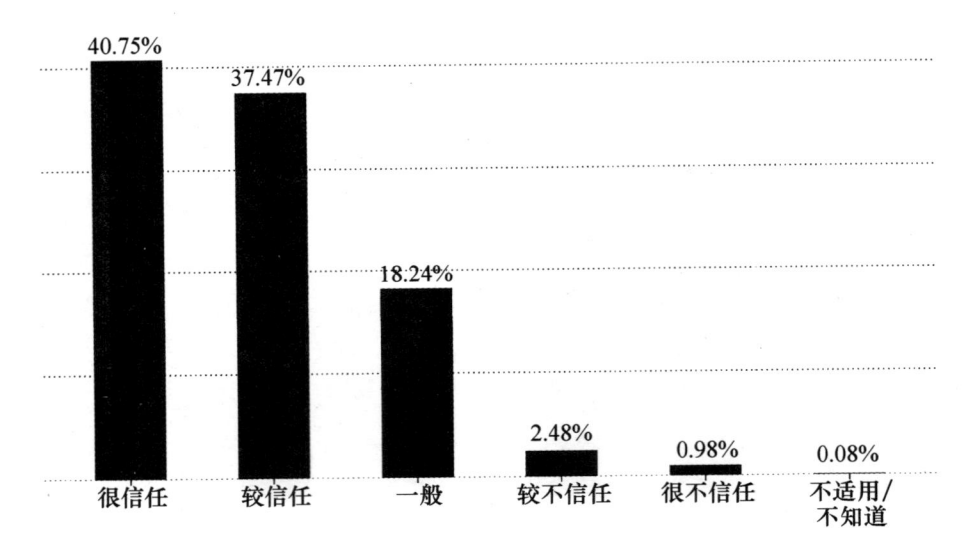

图 87 对中央政府的信任度（N = 7165）

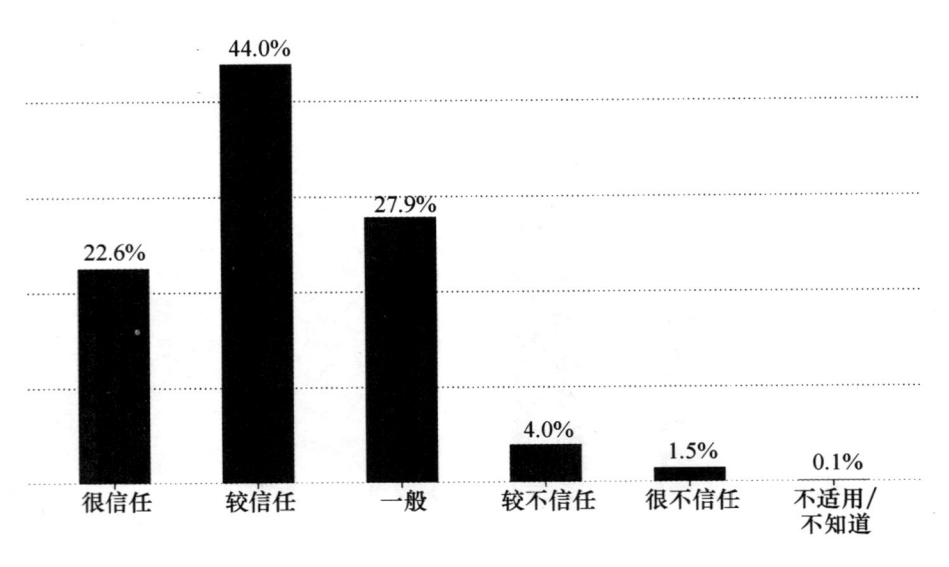

图 88 对省、市政府的信任度（N = 7164）

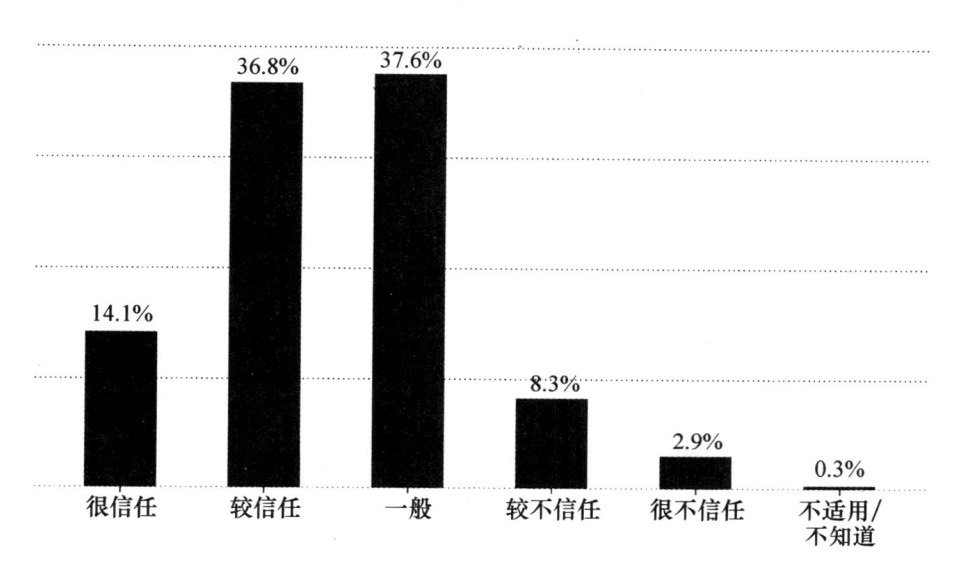

图 89　对县、区政府的信任度（N = 7152）

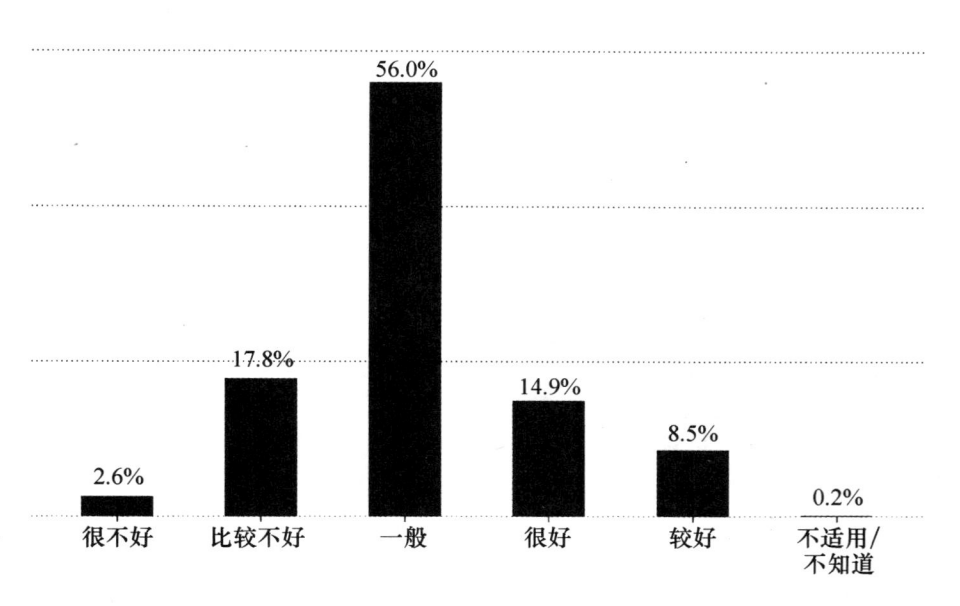

- 很信任：14.1%
- 较信任：36.8%
- 一般：37.6%
- 较不信任：8.3%
- 很不信任：2.9%
- 不适用/不知道：0.3%

图 90　对老板与员工关系的态度（N = 7159）

- 很不好：2.6%
- 比较不好：17.8%
- 一般：56.0%
- 很好：14.9%
- 较好：8.5%
- 不适用/不知道：0.2%

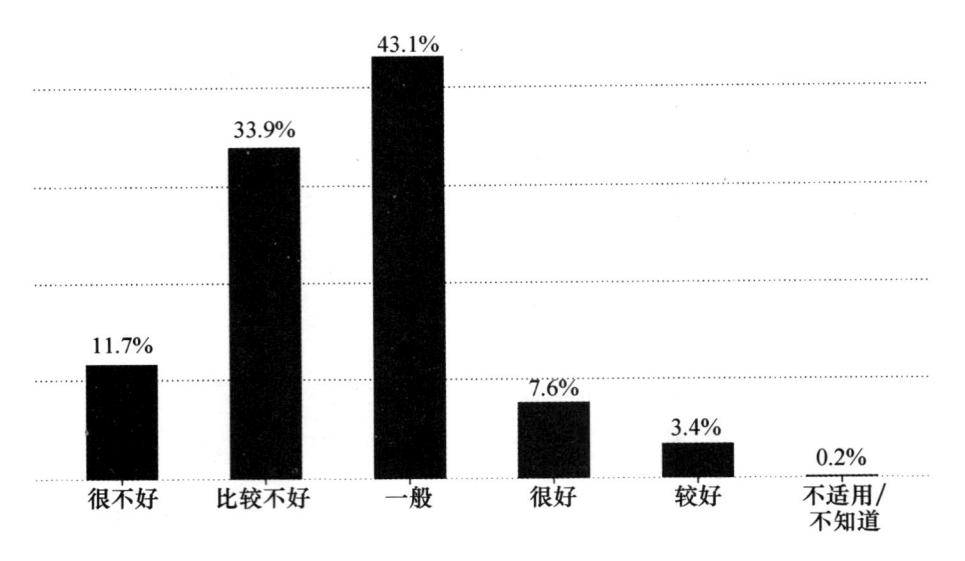

图 91　对穷人与富人关系的态度（N = 7157）

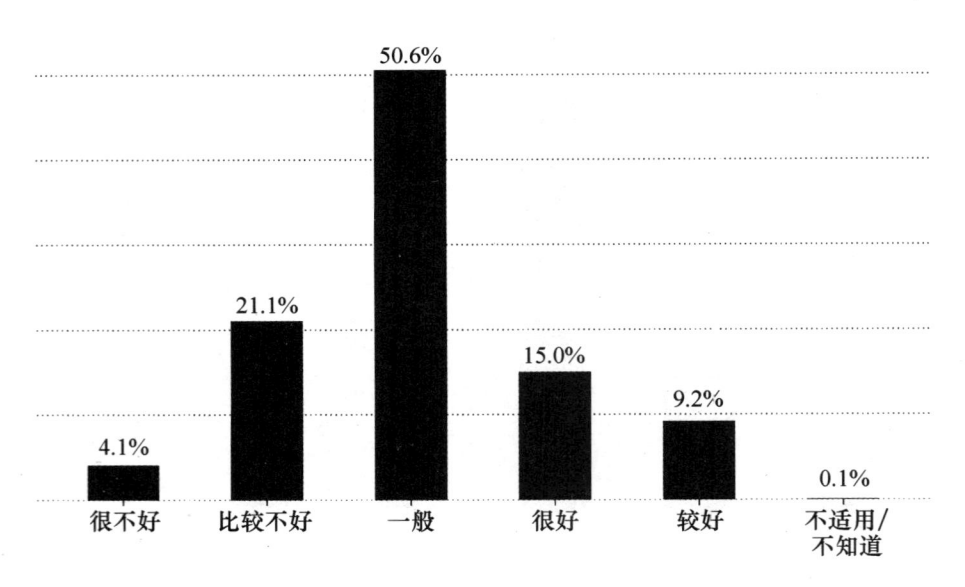

很不好　11.7%
比较不好　33.9%
一般　43.1%
很好　7.6%
较好　3.4%
不适用/不知道　0.2%

图 92　对城里人与农村人关系的态度（N = 7163）

很不好　4.1%
比较不好　21.1%
一般　50.6%
很好　15.0%
较好　9.2%
不适用/不知道　0.1%

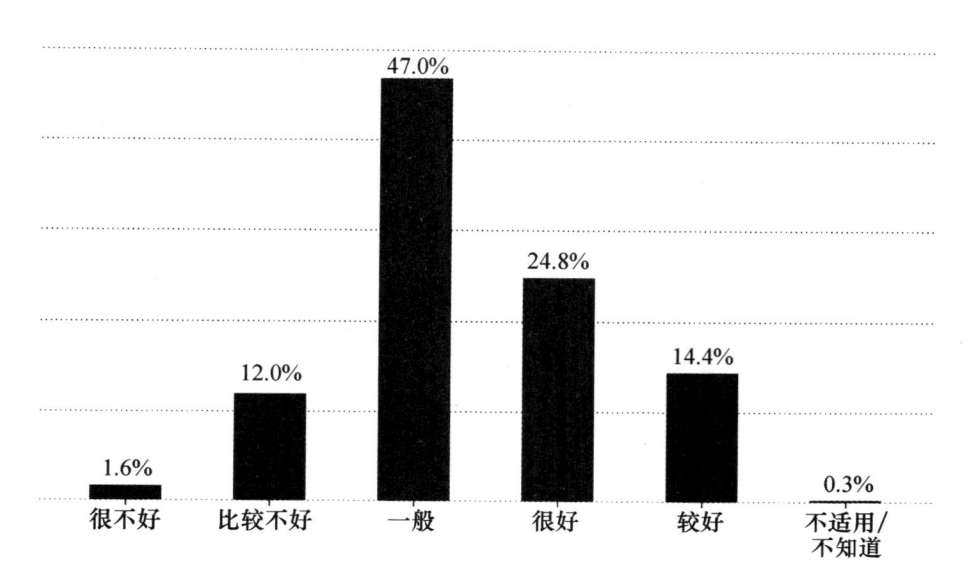

图 93　对汉族与其他民族关系的态度（N = 7153）

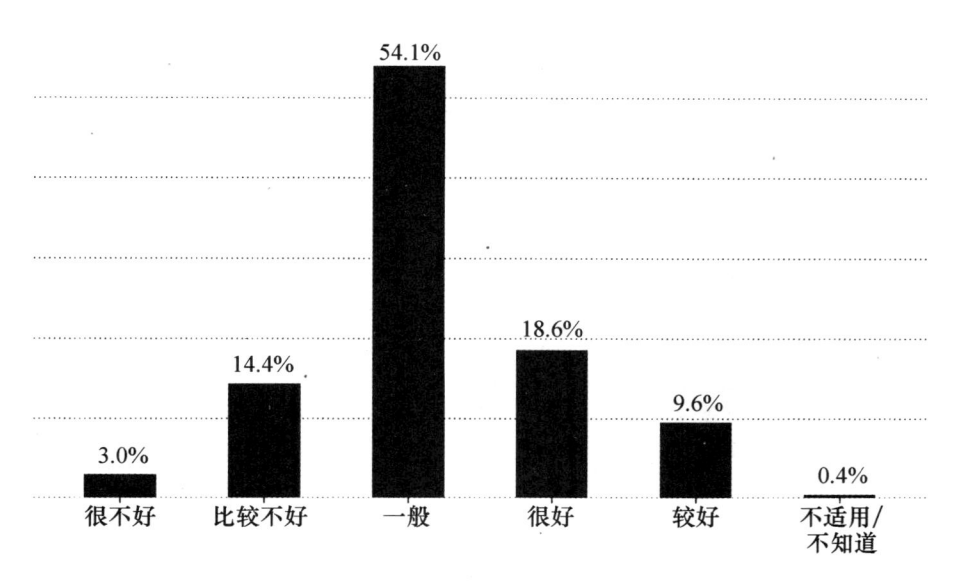

图 94　对信教与不信教关系的态度（N = 7143）

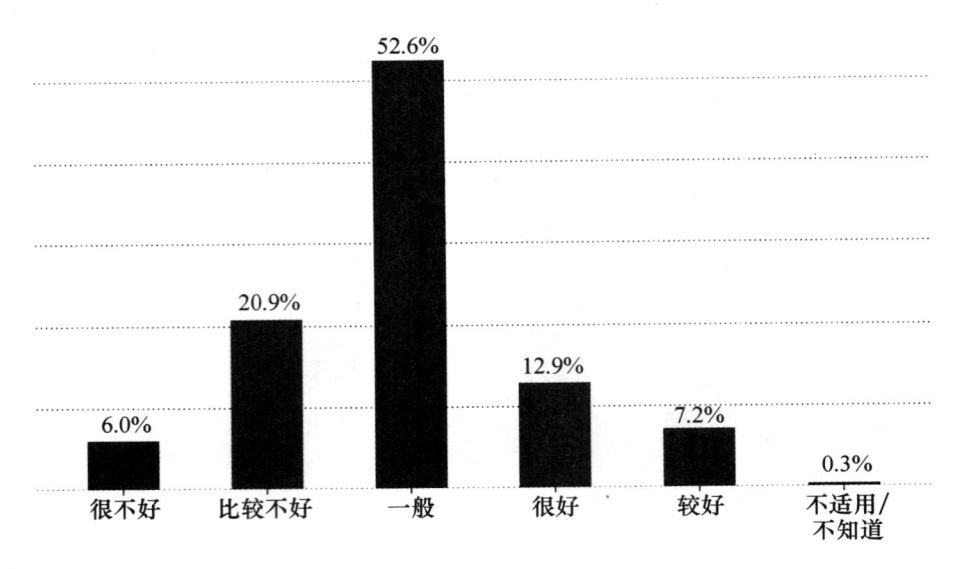

图 95　对干部与群众关系的态度（N =7147）

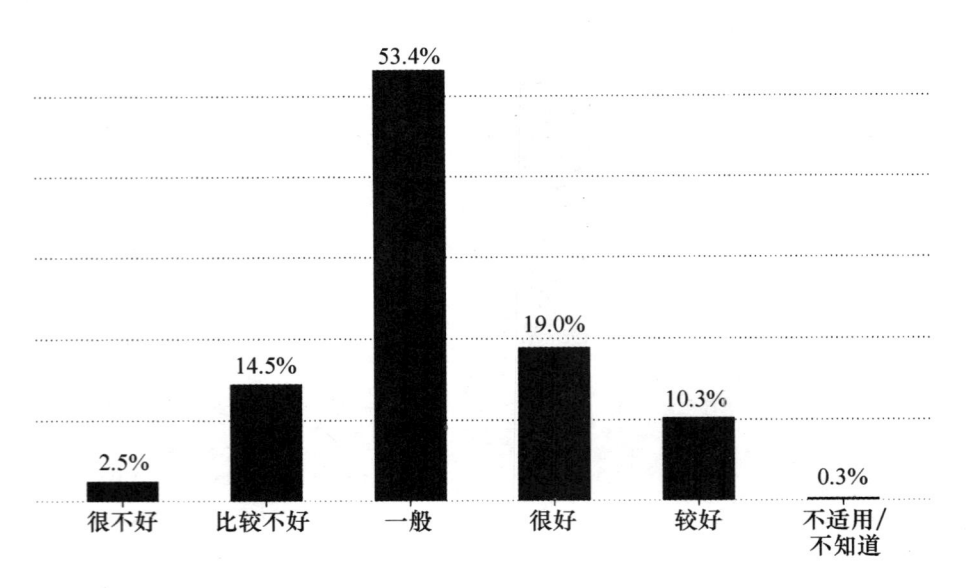

图 96　对本地人与外地人关系的态度（N =7148）

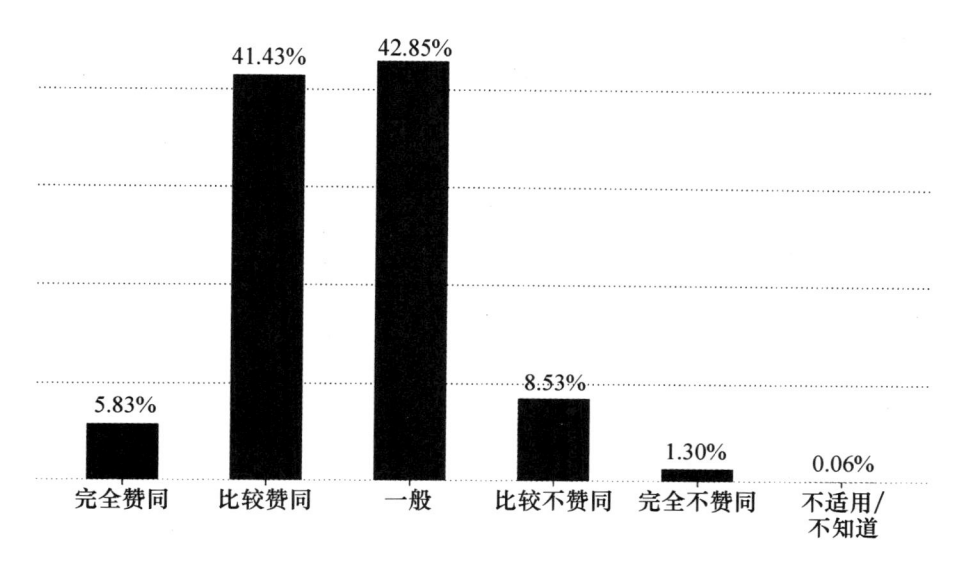

图 97　政府服务符合需要（N =7167）

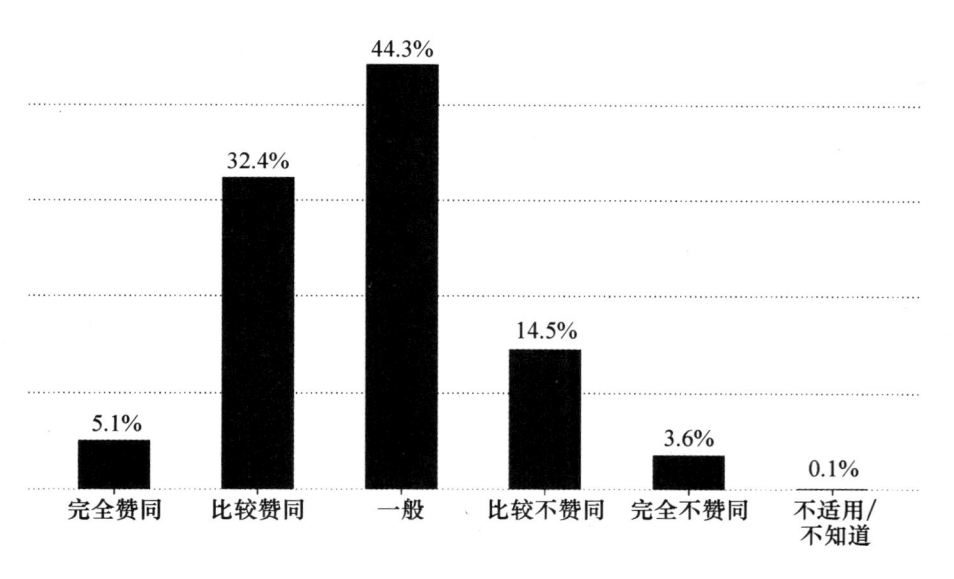

- 完全赞同：5.83%
- 比较赞同：41.43%
- 一般：42.85%
- 比较不赞同：8.53%
- 完全不赞同：1.30%
- 不适用/不知道：0.06%

图 98　政府服务让我实惠（N =7161）

- 完全赞同：5.1%
- 比较赞同：32.4%
- 一般：44.3%
- 比较不赞同：14.5%
- 完全不赞同：3.6%
- 不适用/不知道：0.1%

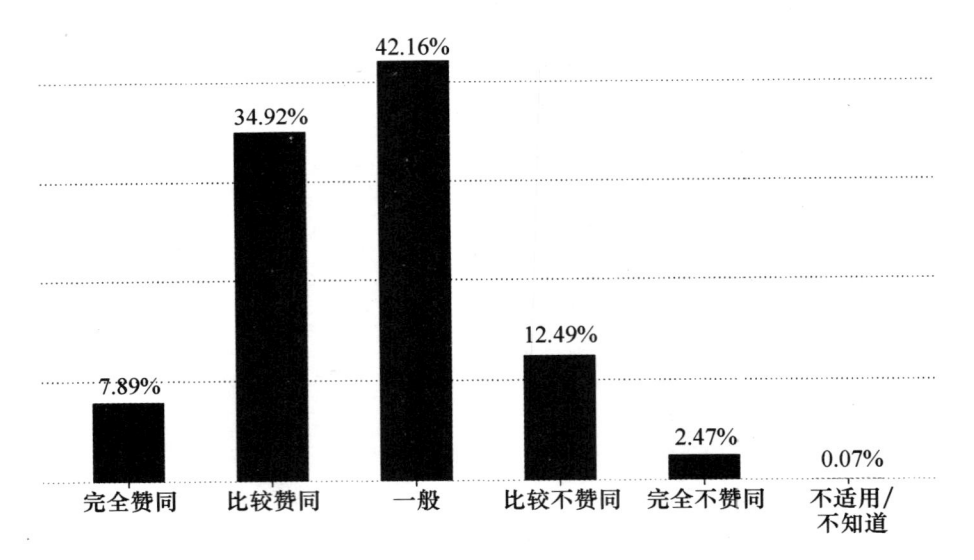

图 99　政府服务很方便（N=7166）

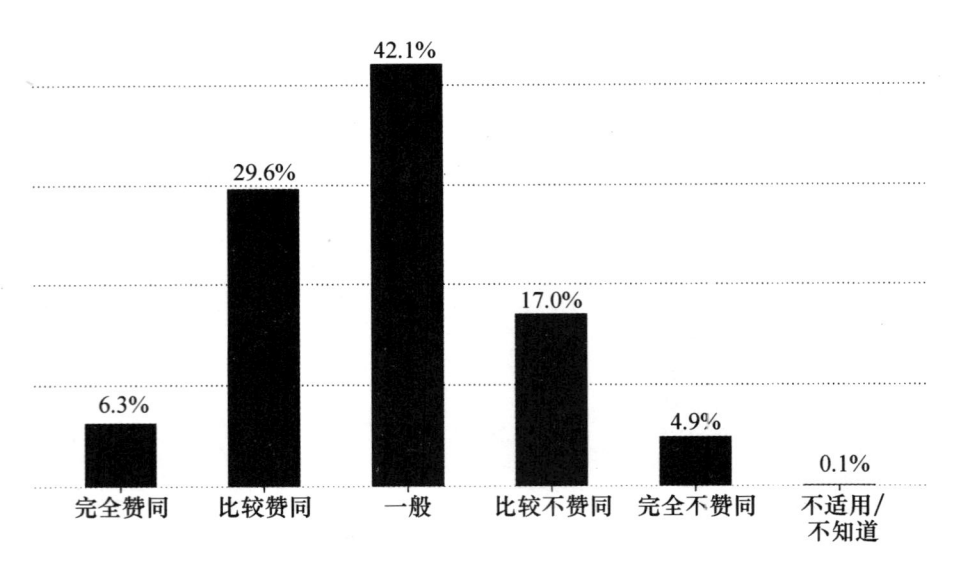

完全赞同 7.89%
比较赞同 34.92%
一般 42.16%
比较不赞同 12.49%
完全不赞同 2.47%
不适用/不知道 0.07%

图 100　政府听取老百姓意见（N=7163）

完全赞同 6.3%
比较赞同 29.6%
一般 42.1%
比较不赞同 17.0%
完全不赞同 4.9%
不适用/不知道 0.1%

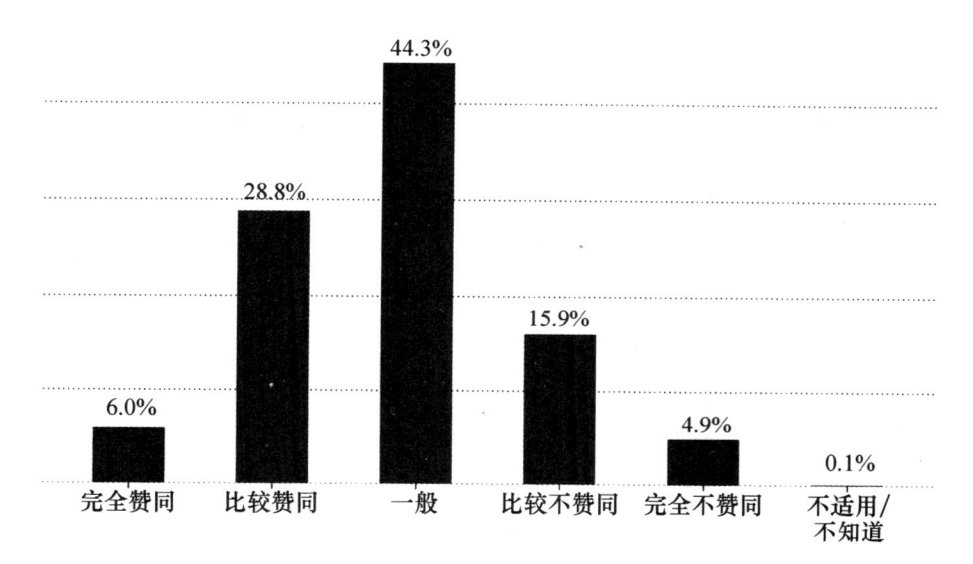

附录二　调查数据主要变量频数　　467

图 101　政府处事公道（N = 7163）

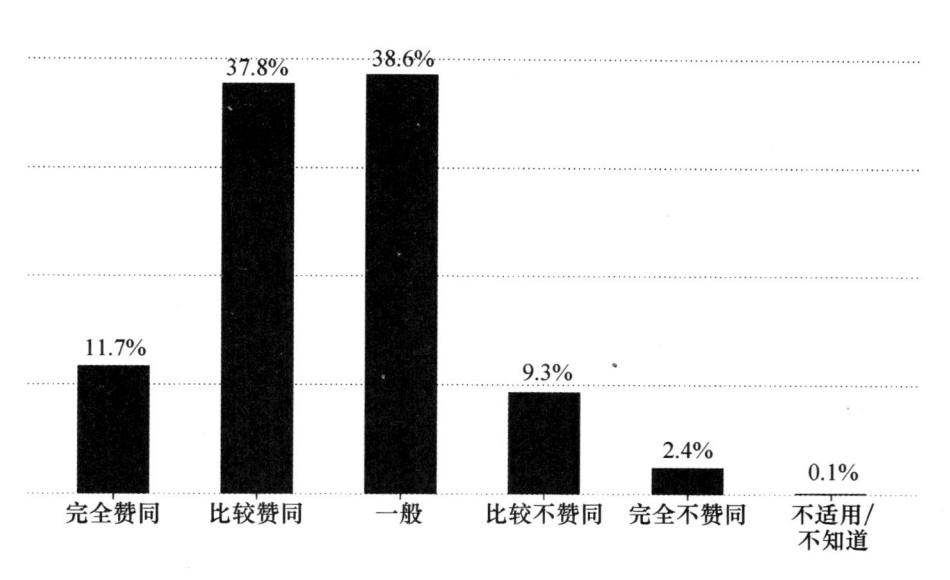

- 完全赞同：6.0%
- 比较赞同：28.8%
- 一般：44.3%
- 比较不赞同：15.9%
- 完全不赞同：4.9%
- 不适用/不知道：0.1%

图 102　政府能够处理好突发事件（N = 7161）

- 完全赞同：11.7%
- 比较赞同：37.8%
- 一般：38.6%
- 比较不赞同：9.3%
- 完全不赞同：2.4%
- 不适用/不知道：0.1%

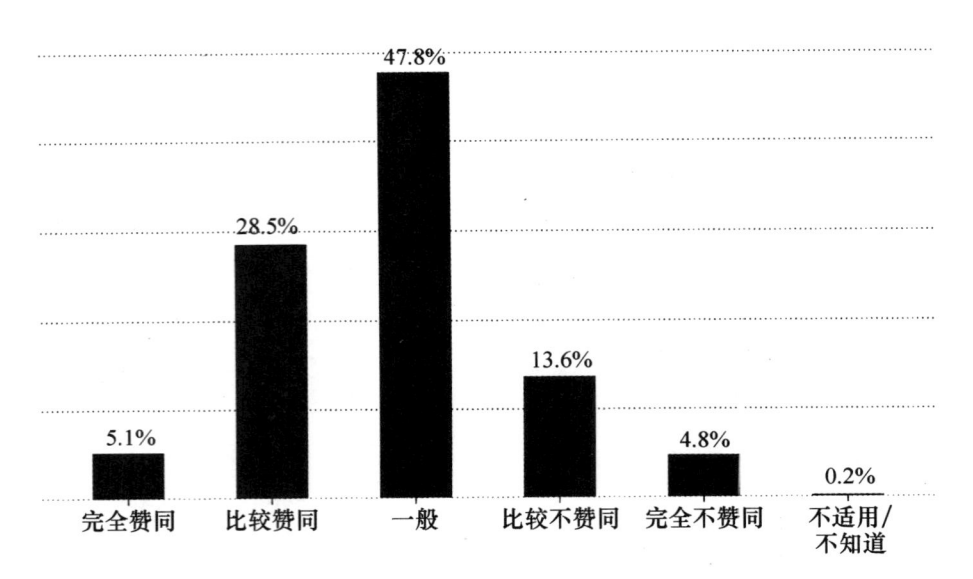

图 103　政府工作人员能力比较强（N=7155）

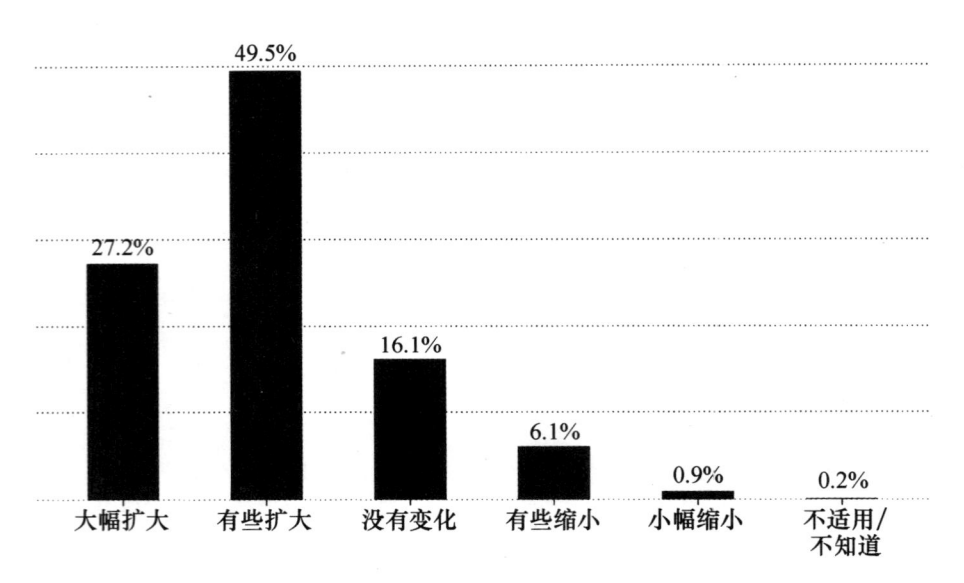

图 104　穷人与富人收入差距（N=7160）

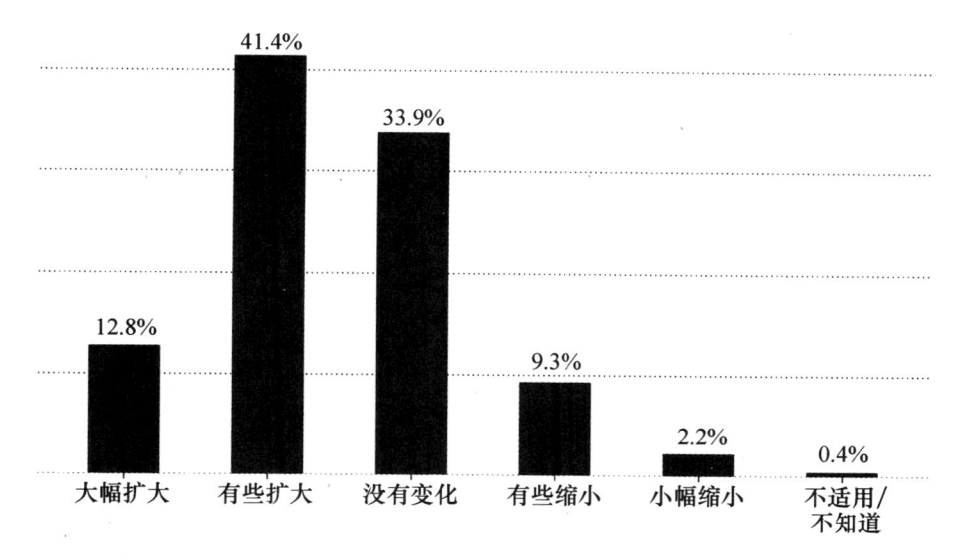

附录二　调查数据主要变量频数　　469

图 105　私企与国企员工发展机会差距（N=7140）

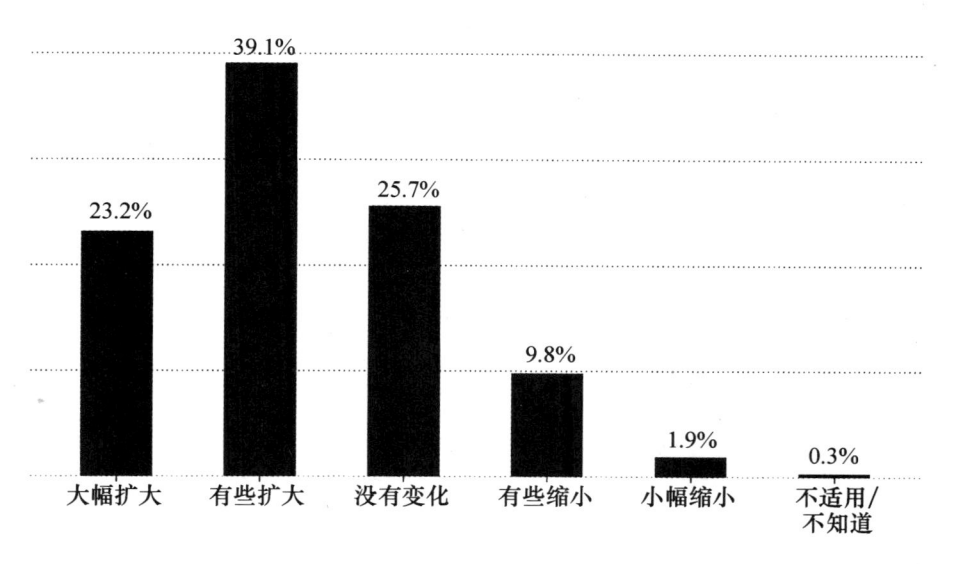

大幅扩大 12.8%　有些扩大 41.4%　没有变化 33.9%　有些缩小 9.3%　小幅缩小 2.2%　不适用/不知道 0.4%

图 106　老百姓与公务员社会保障差距（N=7149）

大幅扩大 23.2%　有些扩大 39.1%　没有变化 25.7%　有些缩小 9.8%　小幅缩小 1.9%　不适用/不知道 0.3%

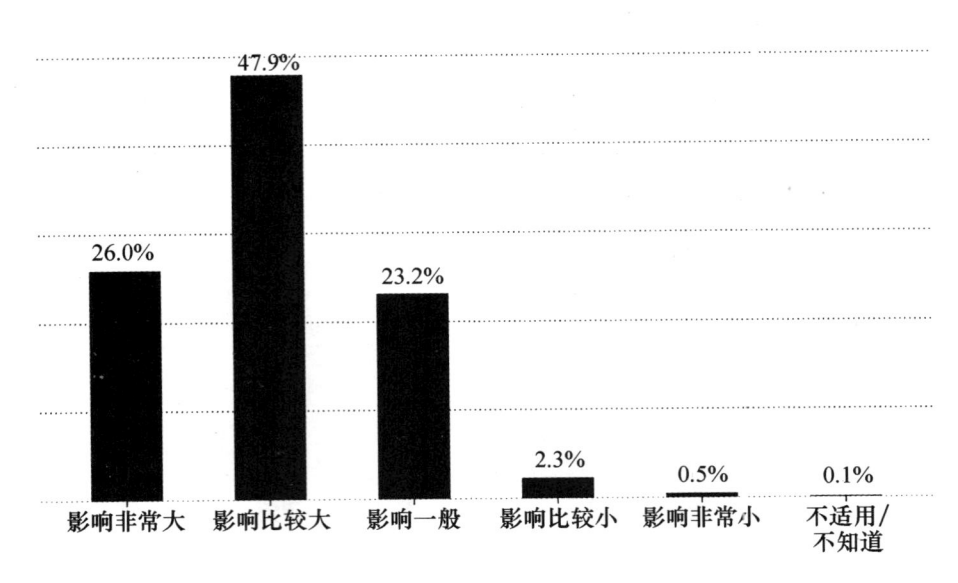

图 107　缺乏能力和才干（N=7162）

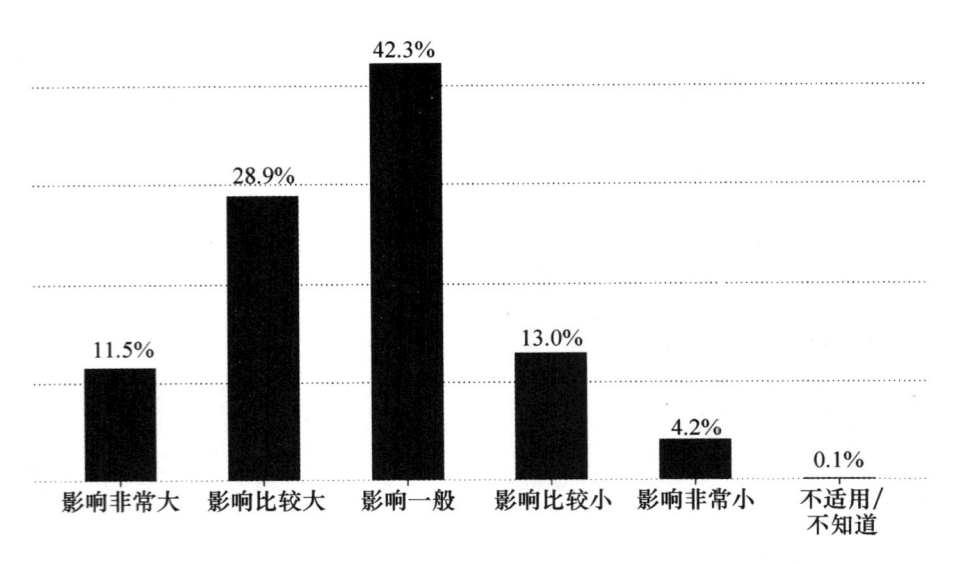

图 108　运气不好（N=7161）

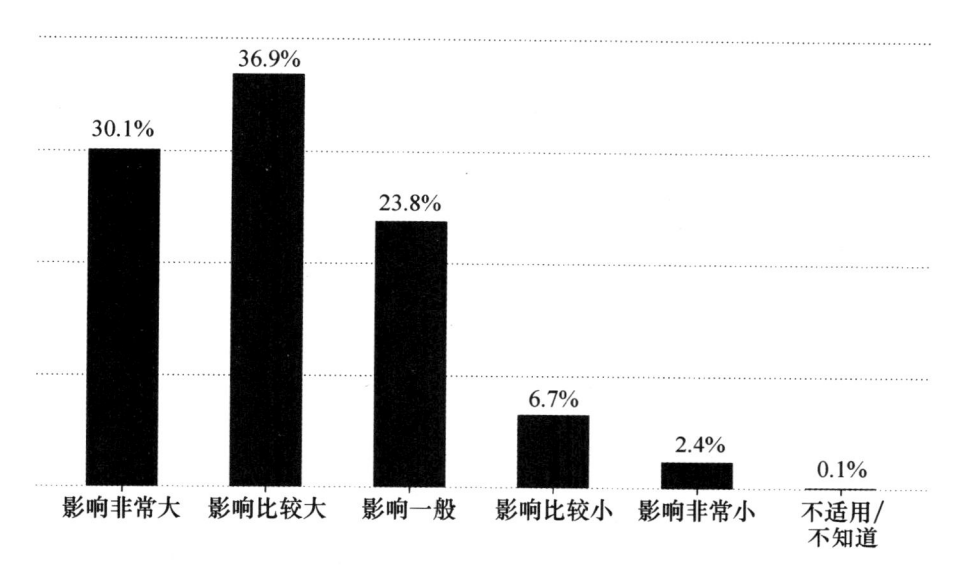

附录二 调查数据主要变量频数　　471

选项	百分比
影响非常大	30.1%
影响比较大	36.9%
影响一般	23.8%
影响比较小	6.7%
影响非常小	2.4%
不适用/不知道	0.1%

图109　品行不良（N=7162）

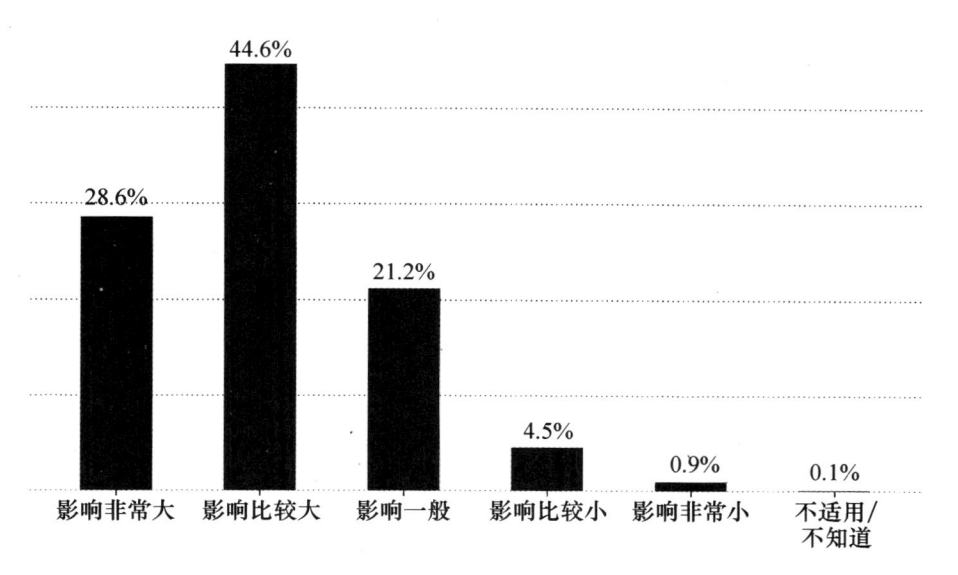

选项	百分比
影响非常大	28.6%
影响比较大	44.6%
影响一般	21.2%
影响比较小	4.5%
影响非常小	0.9%
不适用/不知道	0.1%

图110　个人努力不够（N=7163）

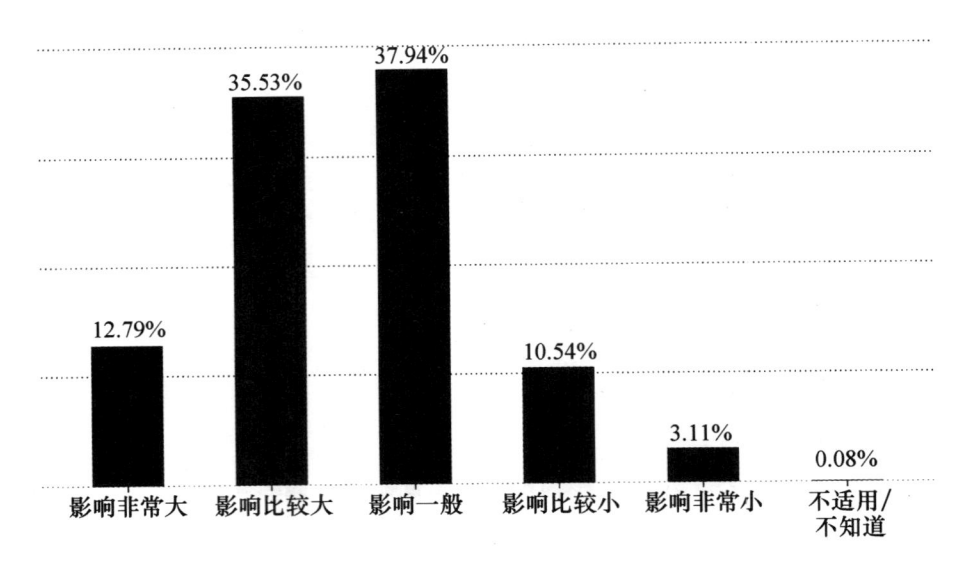

图 111　社会上存在偏见和歧视（N=7165）

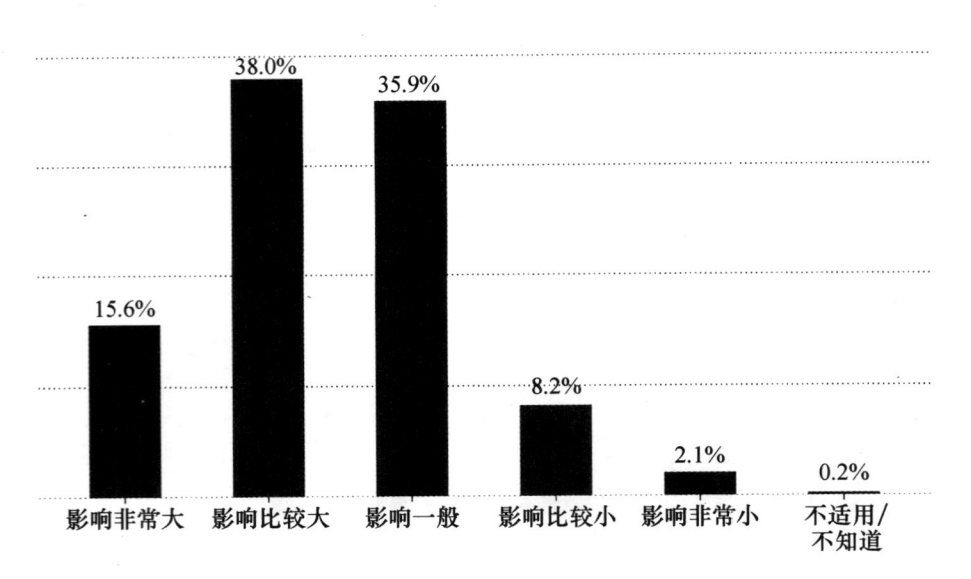

图 112　机会不均等（N=7154）

附录二 调查数据主要变量频数

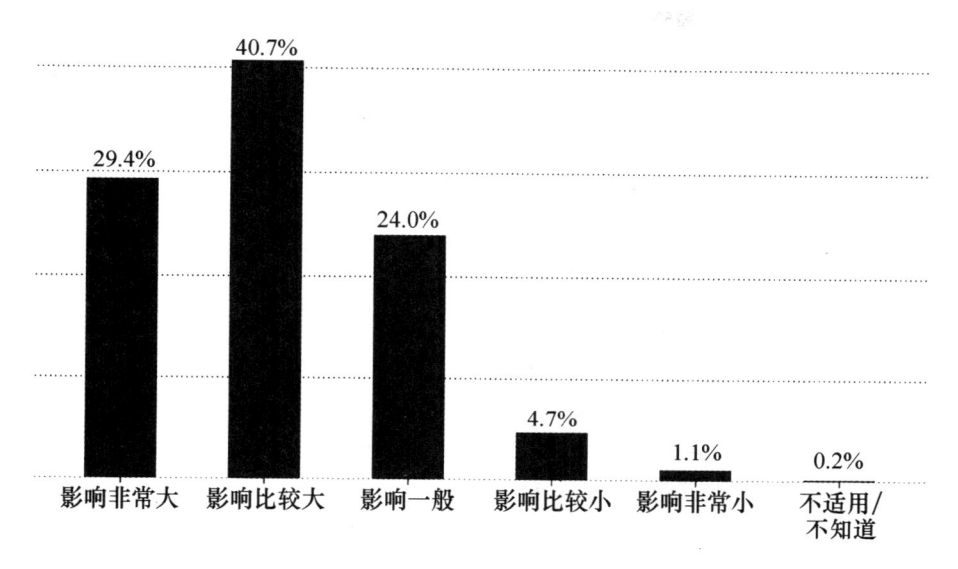

图 113 缺乏社会关系（N=7160）

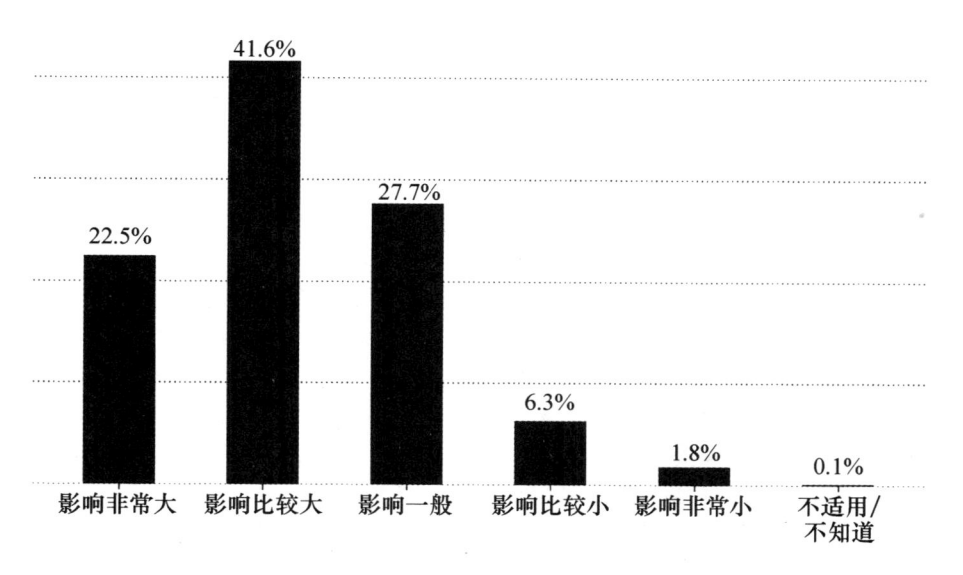

- 影响非常大：29.4%
- 影响比较大：40.7%
- 影响一般：24.0%
- 影响比较小：4.7%
- 影响非常小：1.1%
- 不适用/不知道：0.2%

图 114 学历低（N=7161）

- 影响非常大：22.5%
- 影响比较大：41.6%
- 影响一般：27.7%
- 影响比较小：6.3%
- 影响非常小：1.8%
- 不适用/不知道：0.1%

三　个人生活

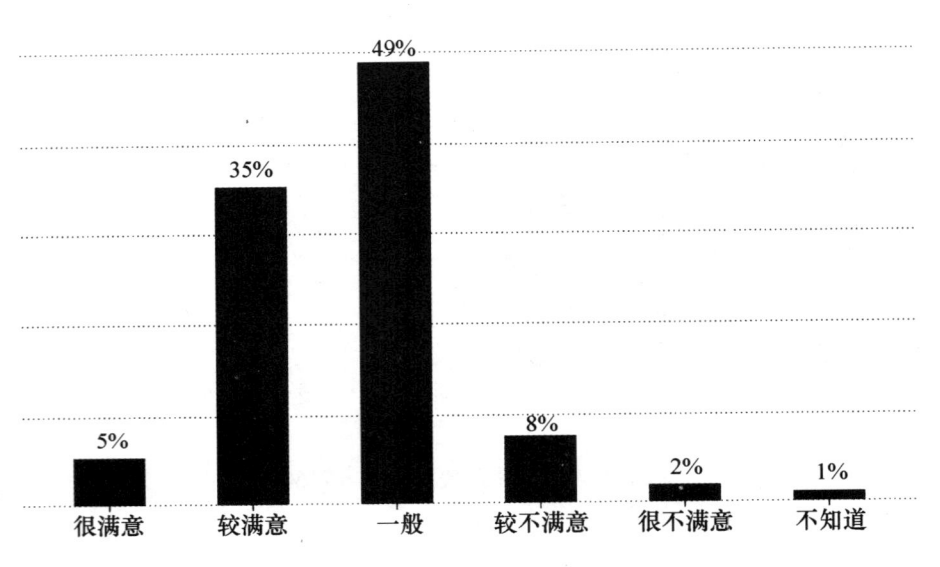

图 115　总体满意度（N = 7096）

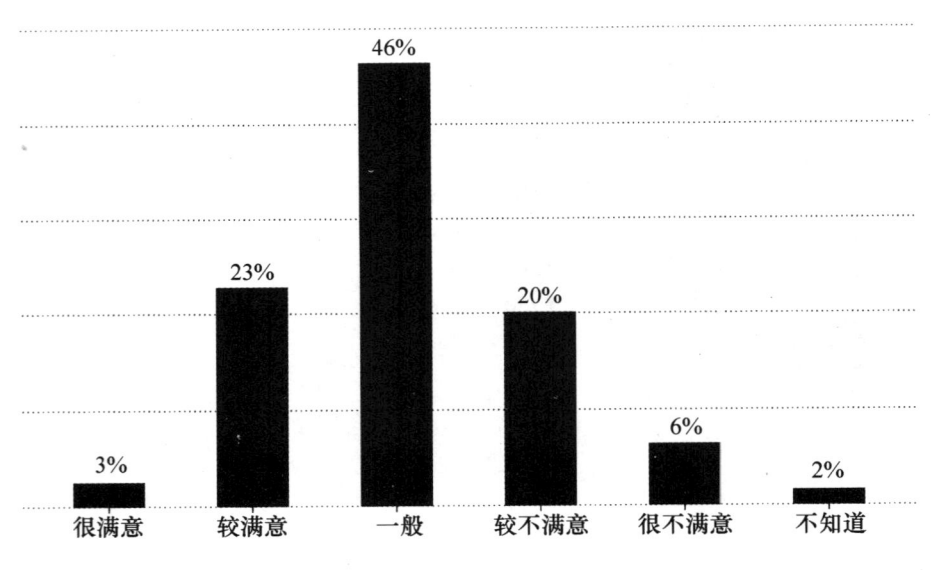

- 很满意：5%
- 较满意：35%
- 一般：49%
- 较不满意：8%
- 很不满意：2%
- 不知道：1%

图 116　对个人收入水平满意度（N = 7054）

- 很满意：3%
- 较满意：23%
- 一般：46%
- 较不满意：20%
- 很不满意：6%
- 不知道：2%

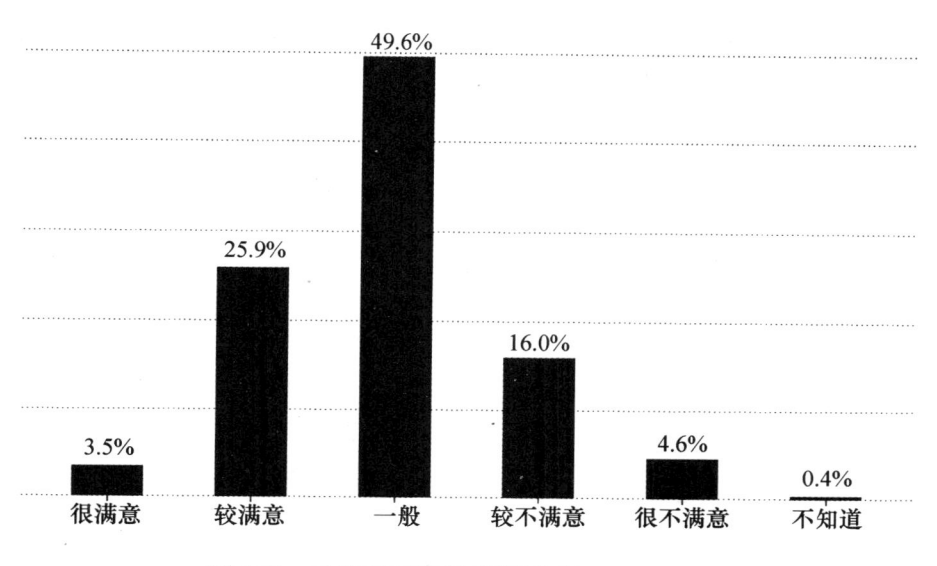

图 117　对家庭经济状况满意度（N = 7144）

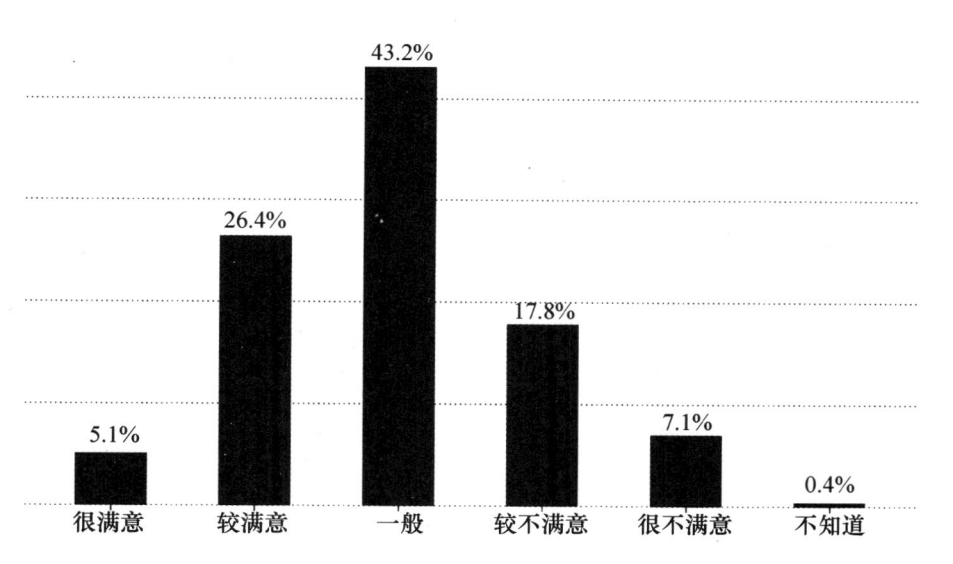

- 很满意：3.5%
- 较满意：25.9%
- 一般：49.6%
- 较不满意：16.0%
- 很不满意：4.6%
- 不知道：0.4%

图 118　对住房状况满意度（N = 7140）

- 很满意：5.1%
- 较满意：26.4%
- 一般：43.2%
- 较不满意：17.8%
- 很不满意：7.1%
- 不知道：0.4%

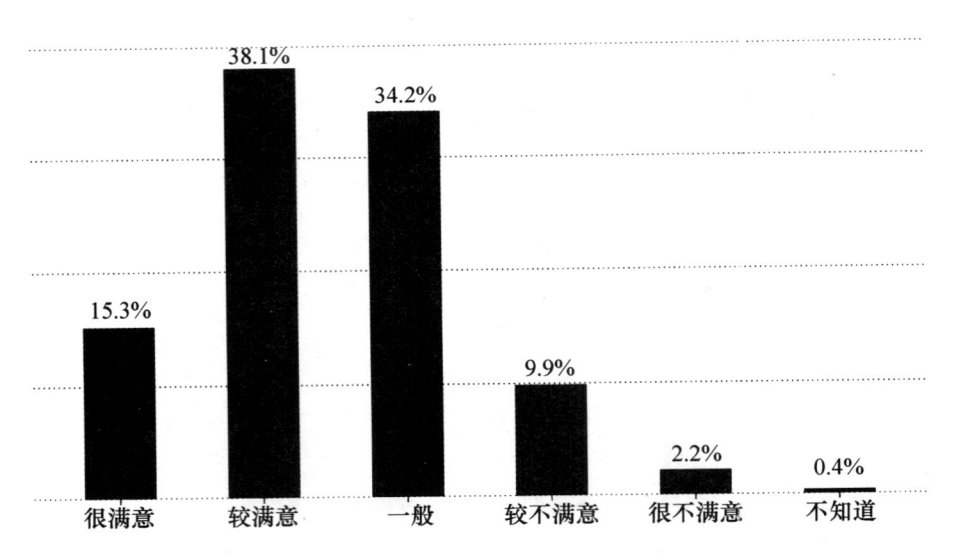

图 119 对健康状况满意度 （N = 7143）

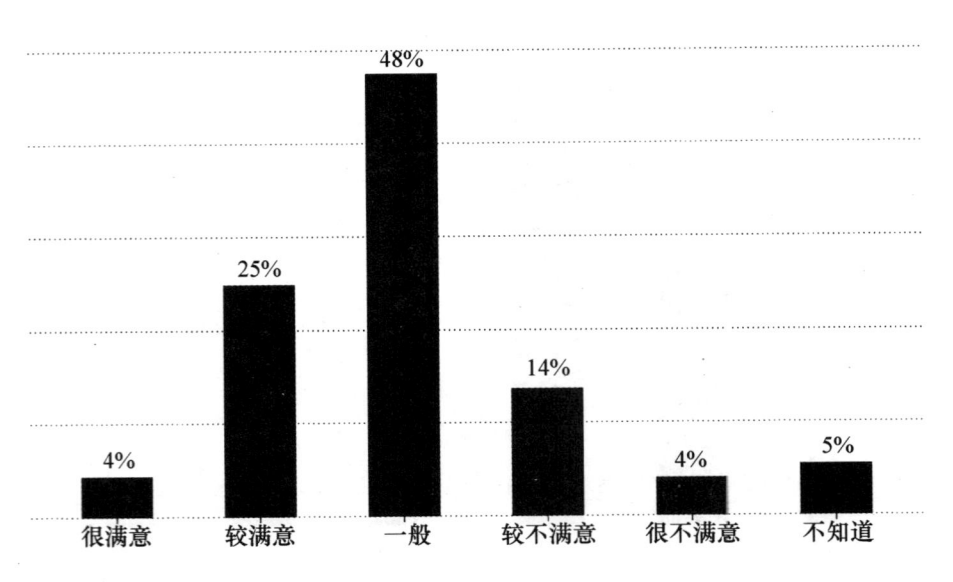

图 120 对工作状况满意度 （N = 6778）

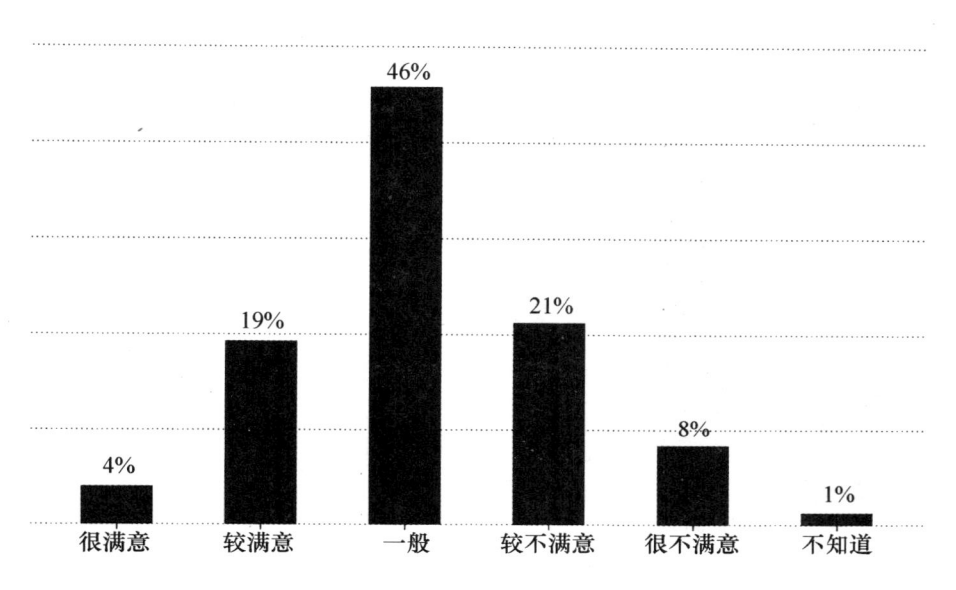

附录二　调查数据主要变量频数　　477

图 121　对生活压力满意度（N=7076）

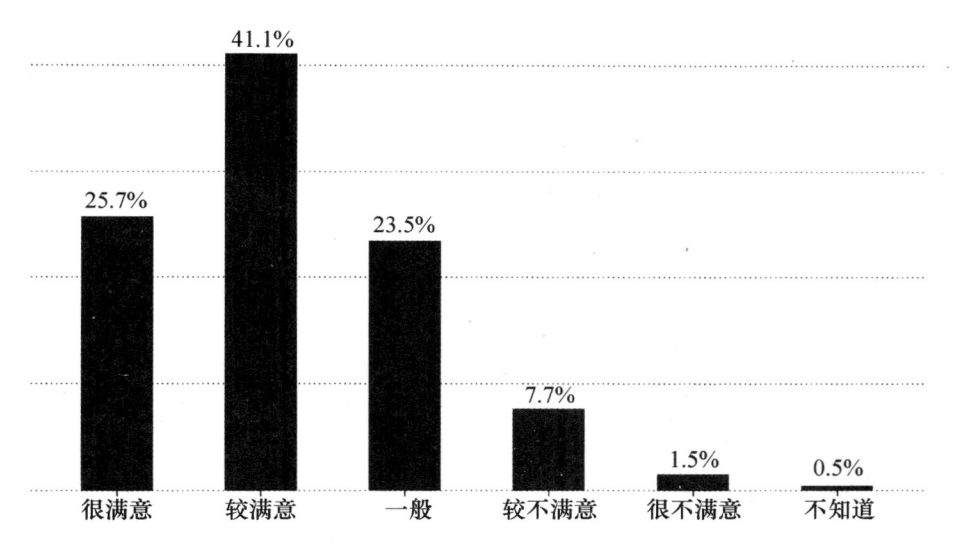

很满意	较满意	一般	较不满意	很不满意	不知道
4%	19%	46%	21%	8%	1%

图 122　对家庭关系满意度（N=7137）

很满意	较满意	一般	较不满意	很不满意	不知道
25.7%	41.1%	23.5%	7.7%	1.5%	0.5%

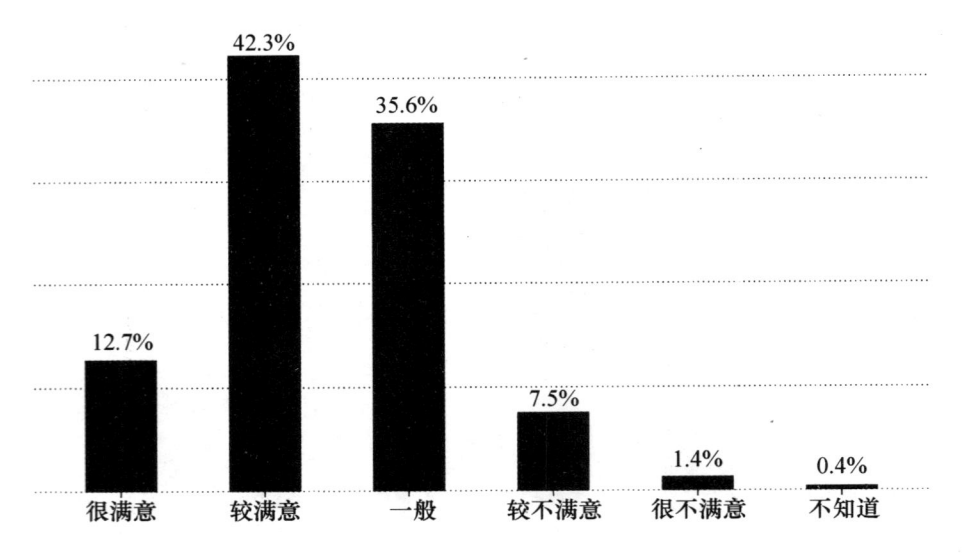

图 123　对人际关系满意度（N=7141）

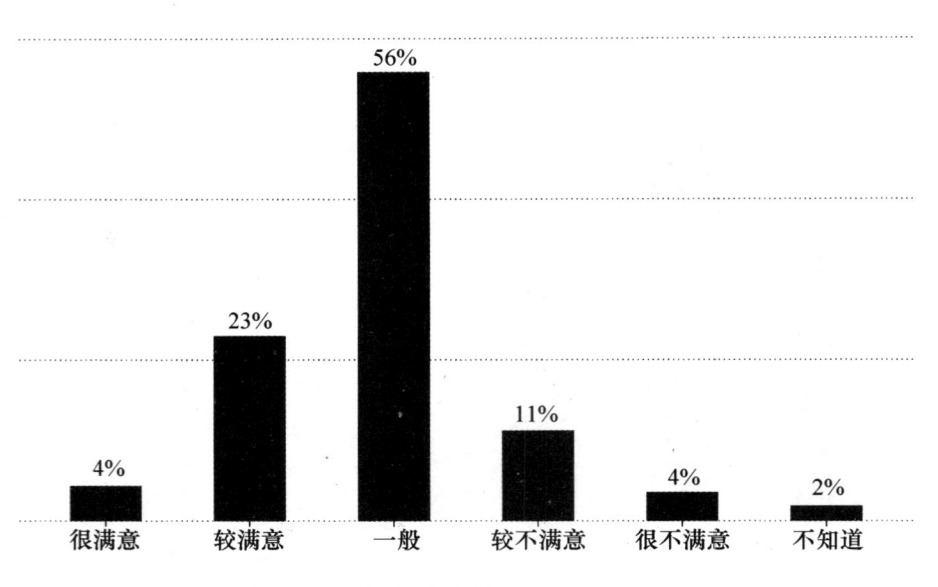

图 124　对社会地位满意度（N=7037）

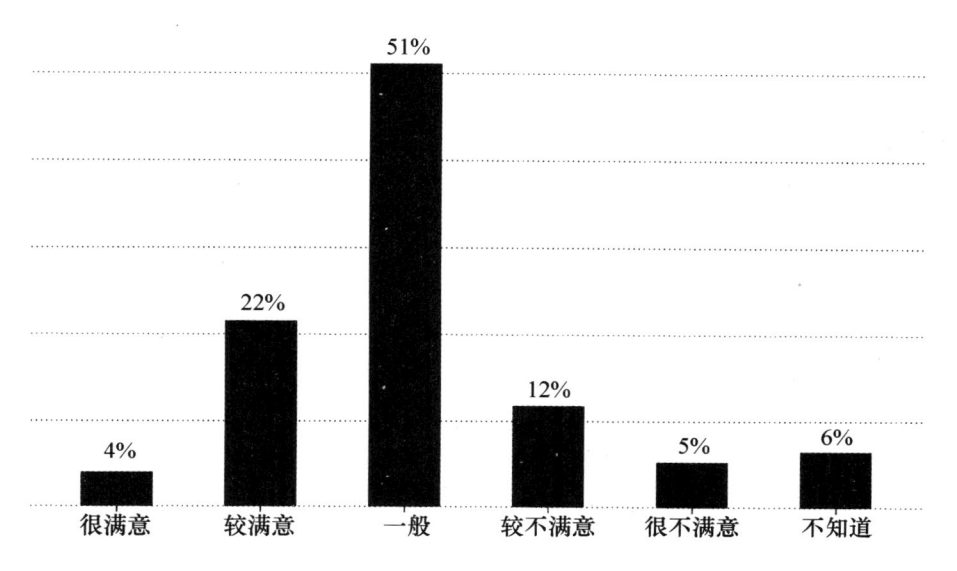

附录二　调查数据主要变量频数　　479

图 125　对发展机会满意度（N = 6713）

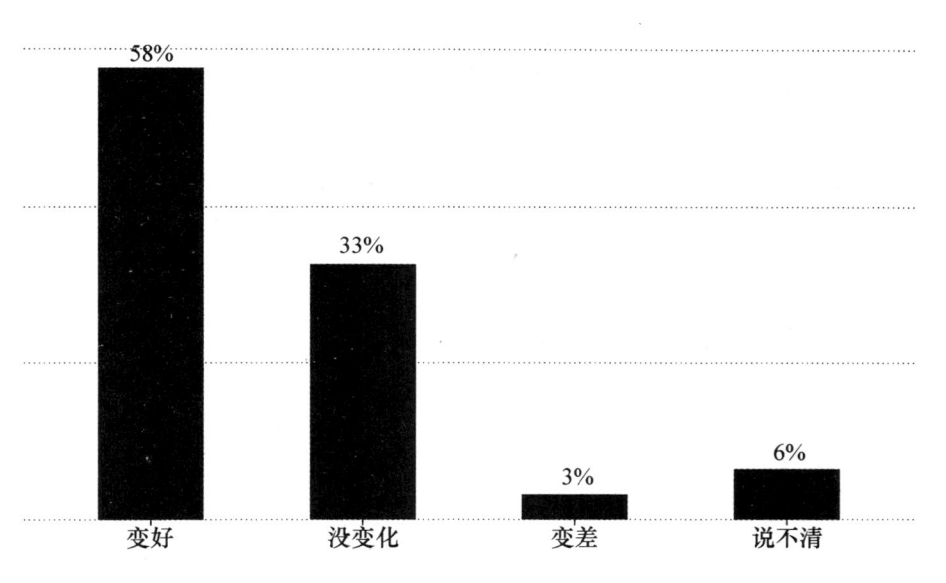

图 126　总体满意度（N = 6709）

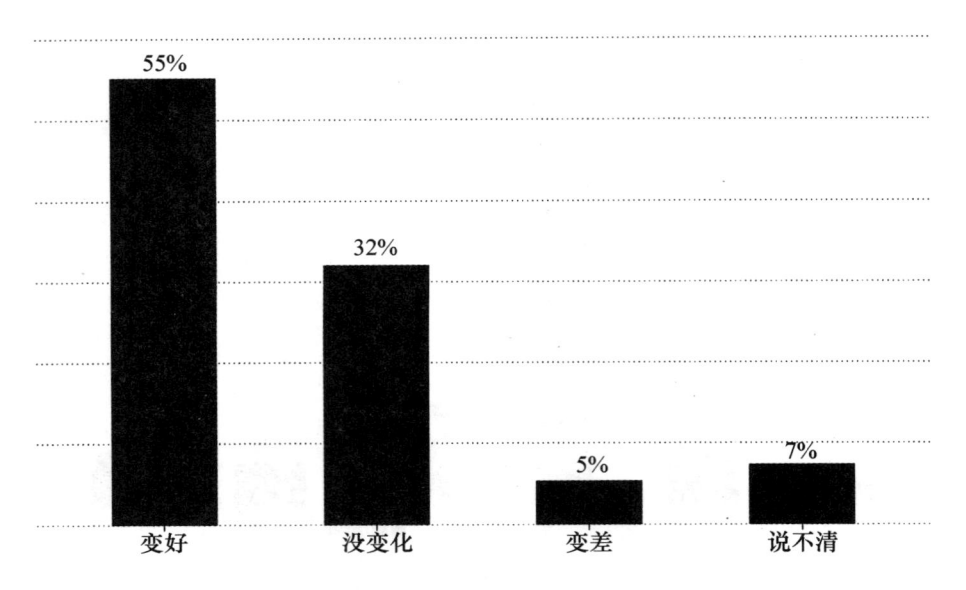

图 127　个人收入水平（N = 6643）

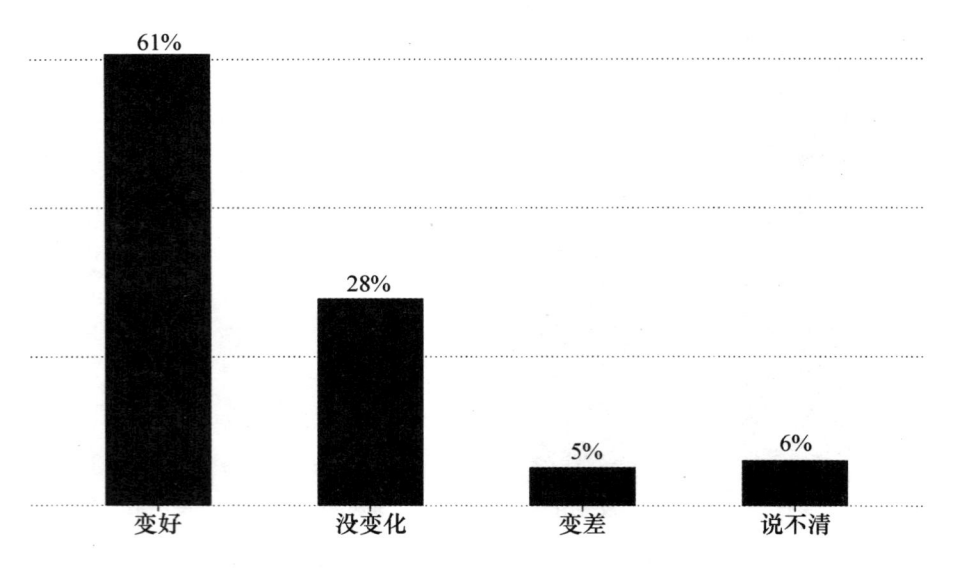

- 变好：55%
- 没变化：32%
- 变差：5%
- 说不清：7%

图 128　对家庭经济状况的期望（N = 6731）

- 变好：61%
- 没变化：28%
- 变差：5%
- 说不清：6%

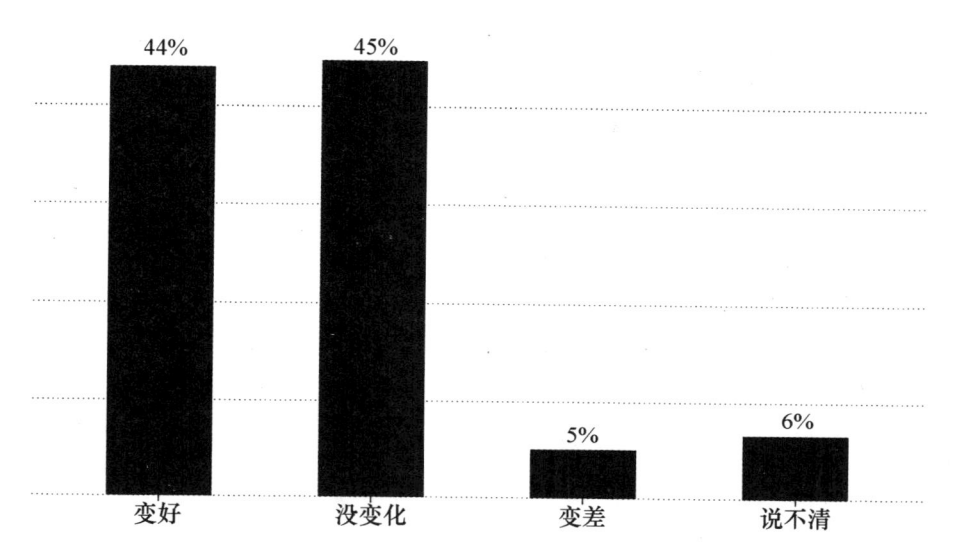

图 129　对住房状况的期望（N = 6705）

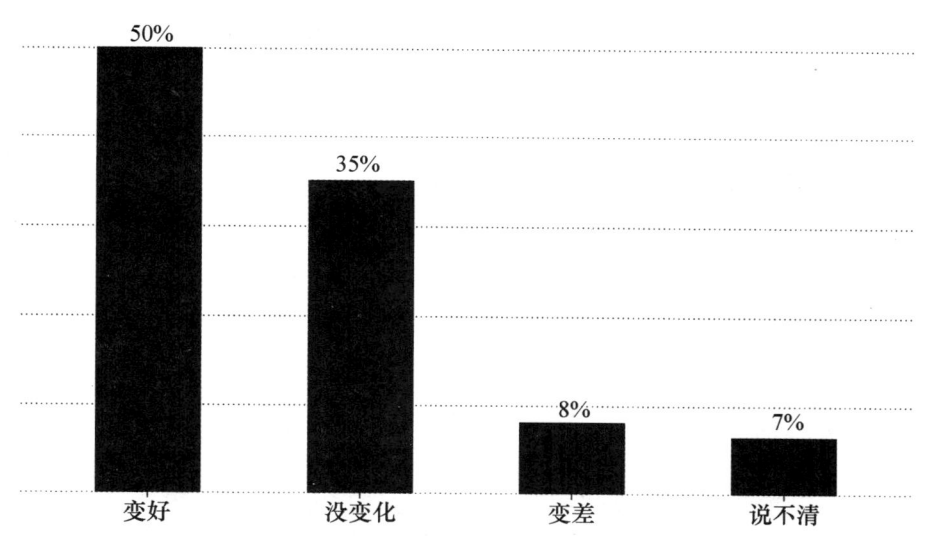

变好	没变化	变差	说不清
44%	45%	5%	6%

图 130　对健康状况的期望（N = 6701）

变好	没变化	变差	说不清
50%	35%	8%	7%

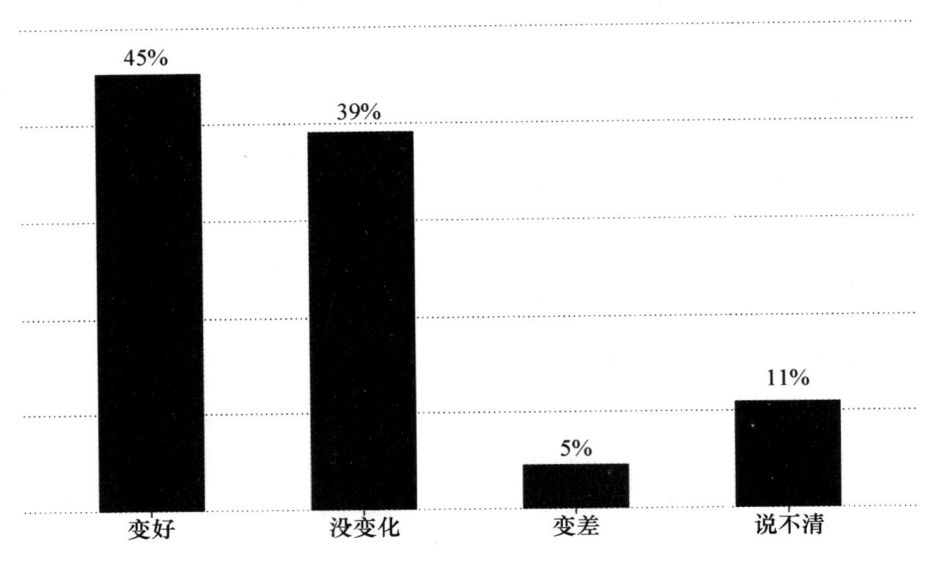

图 131　对工作状况的期望（N = 6385）

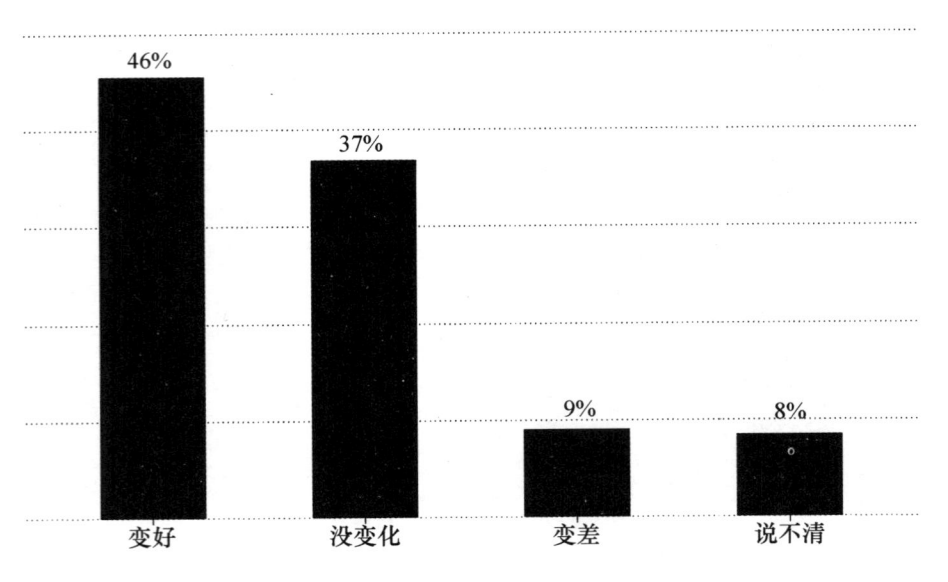

图 132　对生活压力的期望（N = 6563）

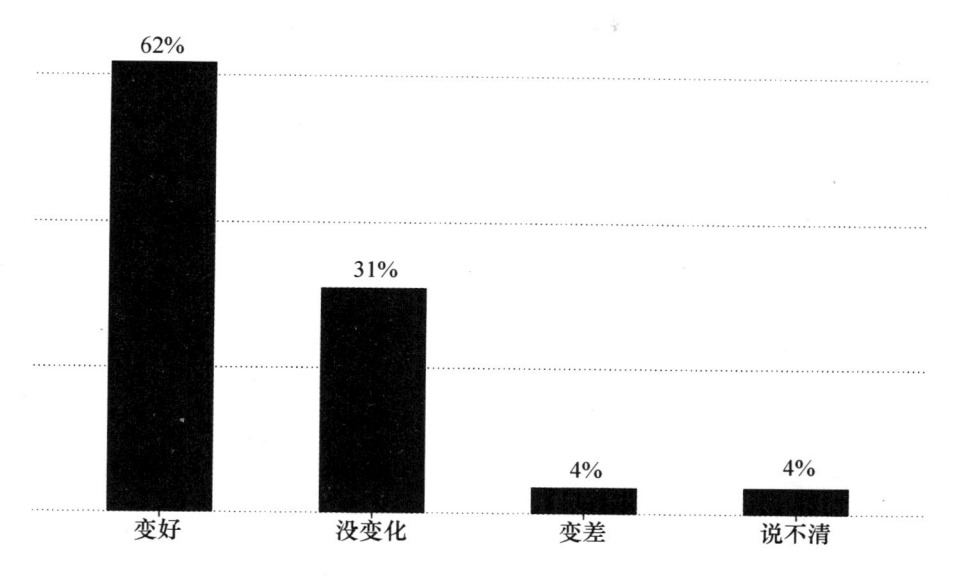

图 133　对家庭关系的期望（N = 6900）

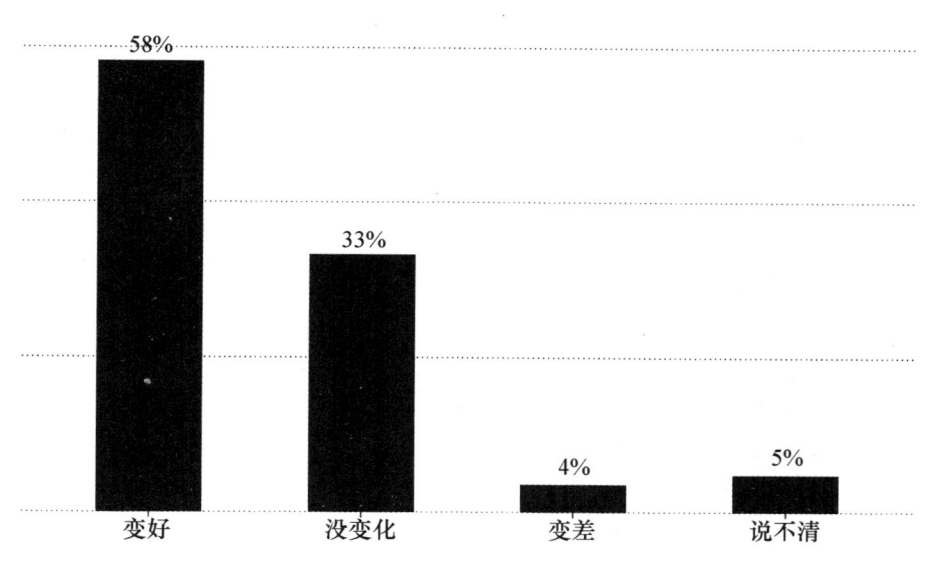

变好	没变化	变差	说不清
62%	31%	4%	4%

图 134　对人际关系的期望（N = 6820）

变好	没变化	变差	说不清
58%	33%	4%	5%

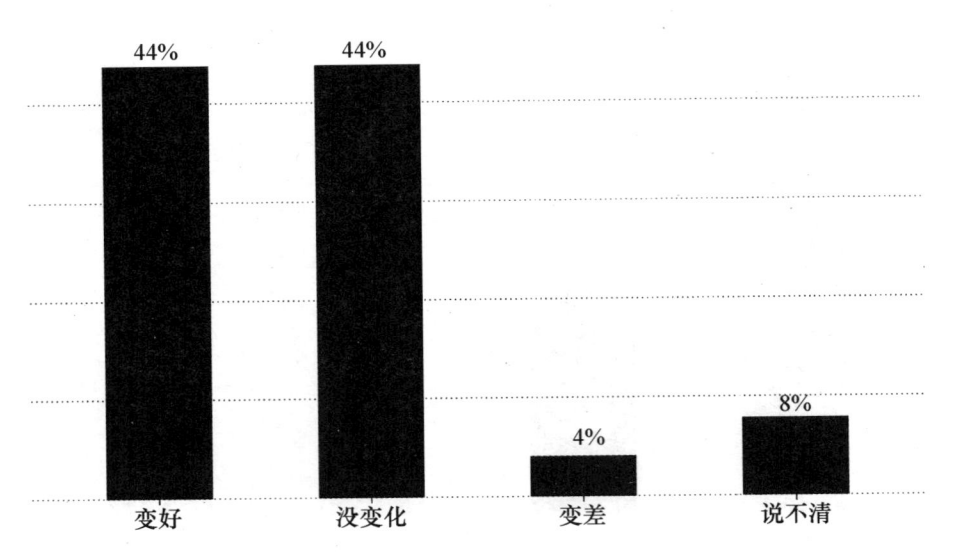

图 135　对社会地位的期望（N = 6609）

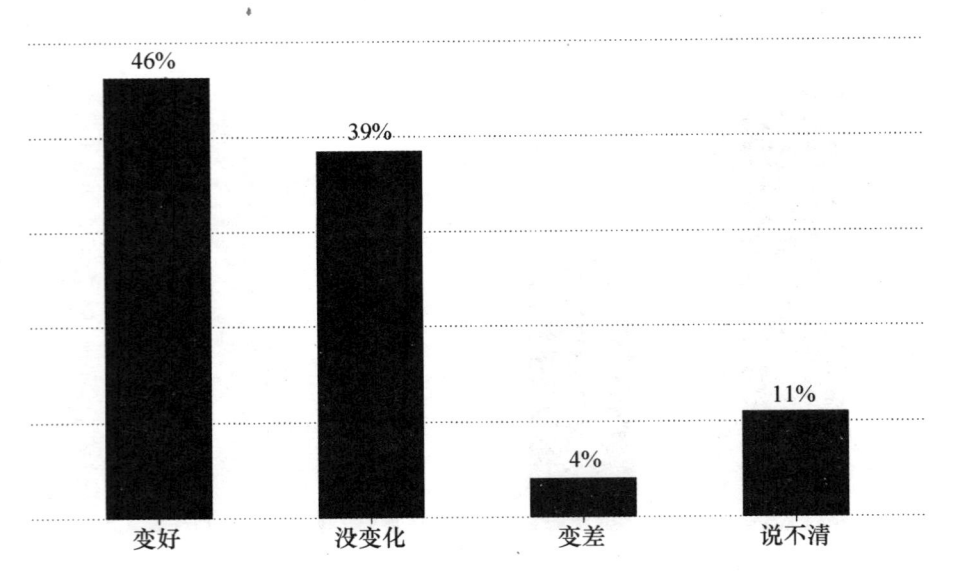

变好 44%　没变化 44%　变差 4%　说不清 8%

图 136　对发展机会的期望（N = 6380）

变好 46%　没变化 39%　变差 4%　说不清 11%

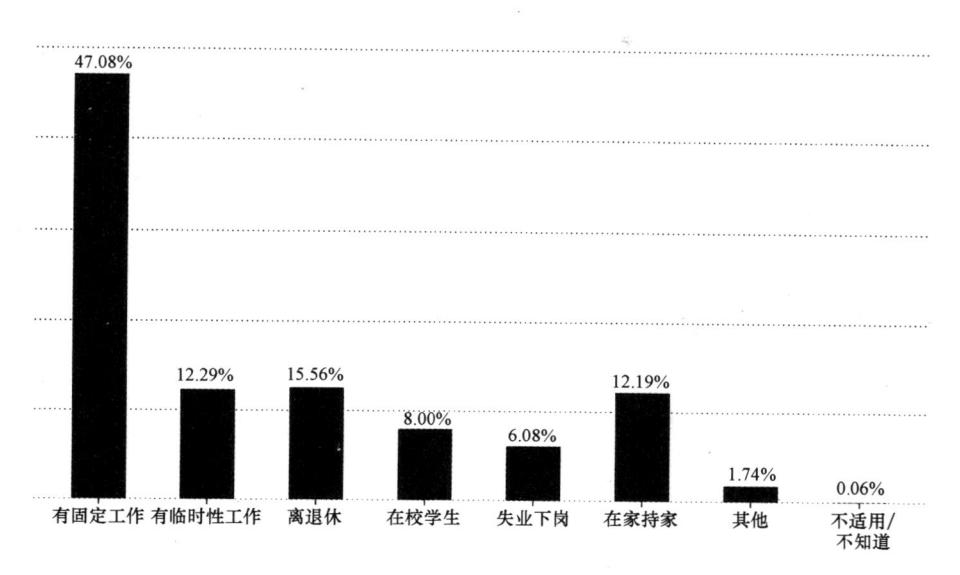

图 137　是否有工作（N=7167）

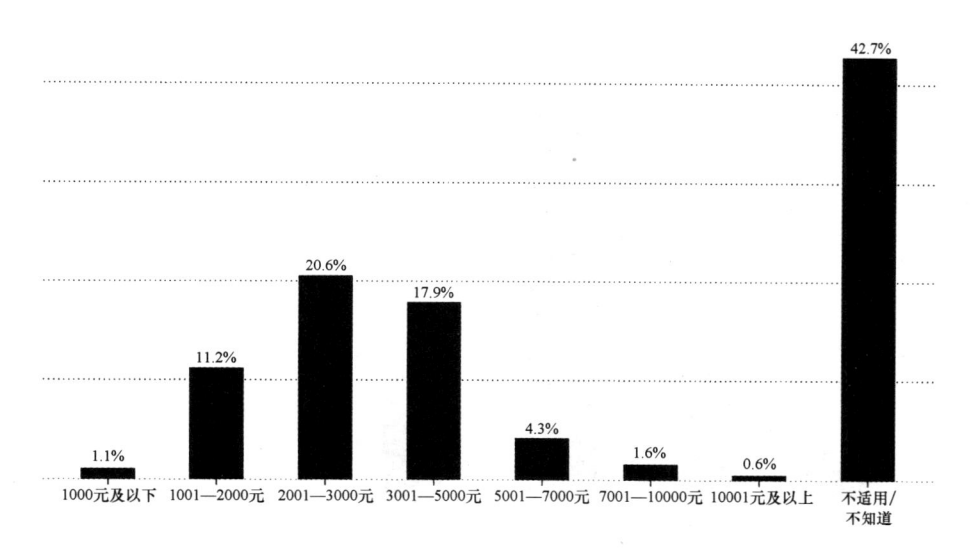

- 有固定工作：47.08%
- 有临时性工作：12.29%
- 离退休：15.56%
- 在校学生：8.00%
- 失业下岗：6.08%
- 在家持家：12.19%
- 其他：1.74%
- 不适用/不知道：0.06%

图 138　月收入范围（N=4106）

- 1000元及以下：1.1%
- 1001—2000元：11.2%
- 2001—3000元：20.6%
- 3001—5000元：17.9%
- 5001—7000元：4.3%
- 7001—10000元：1.6%
- 10001元及以上：0.6%
- 不适用/不知道：42.7%

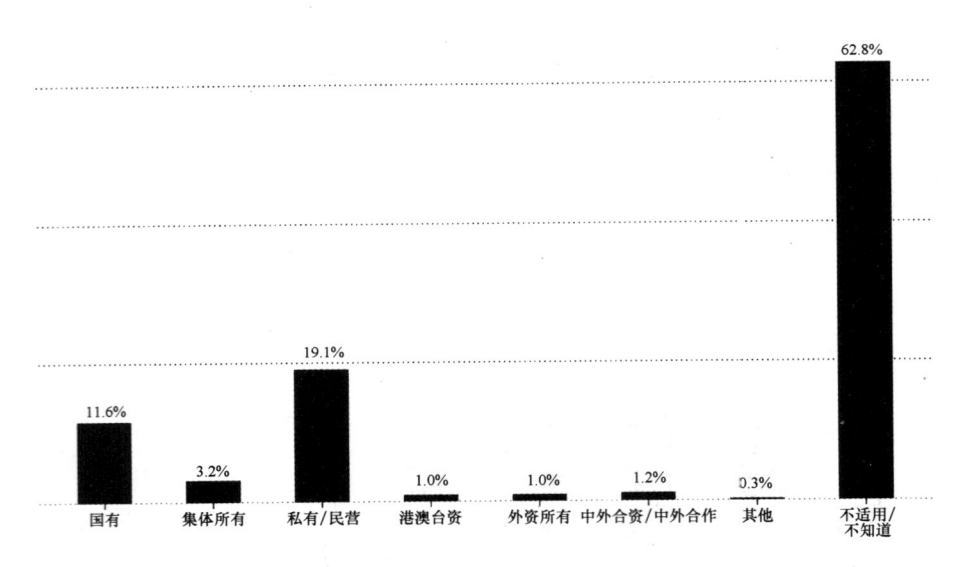

图 139　工作单位所有制（N = 2667）

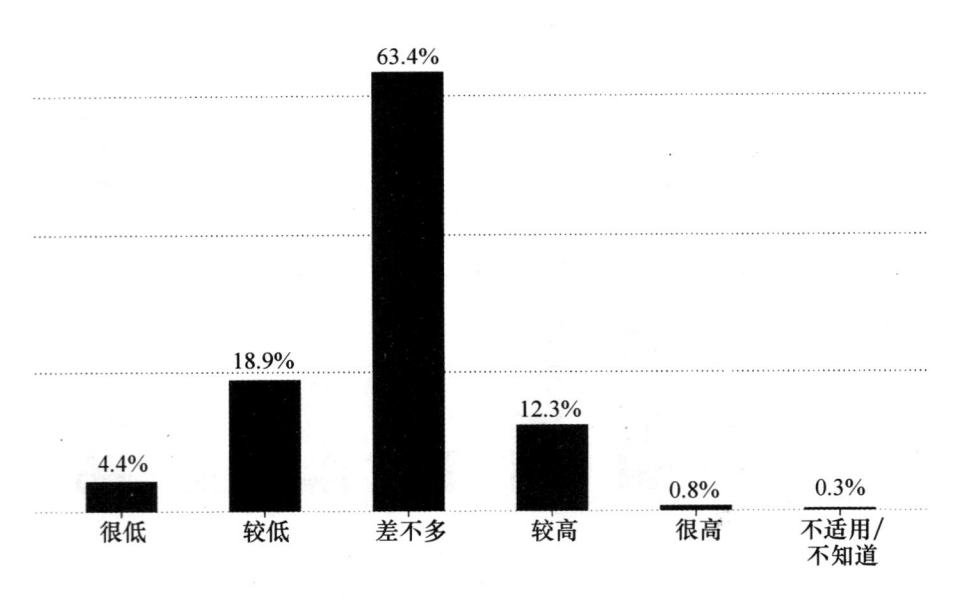

图 140　亲朋好友经济收入（N = 7146）

附录二 调查数据主要变量频数

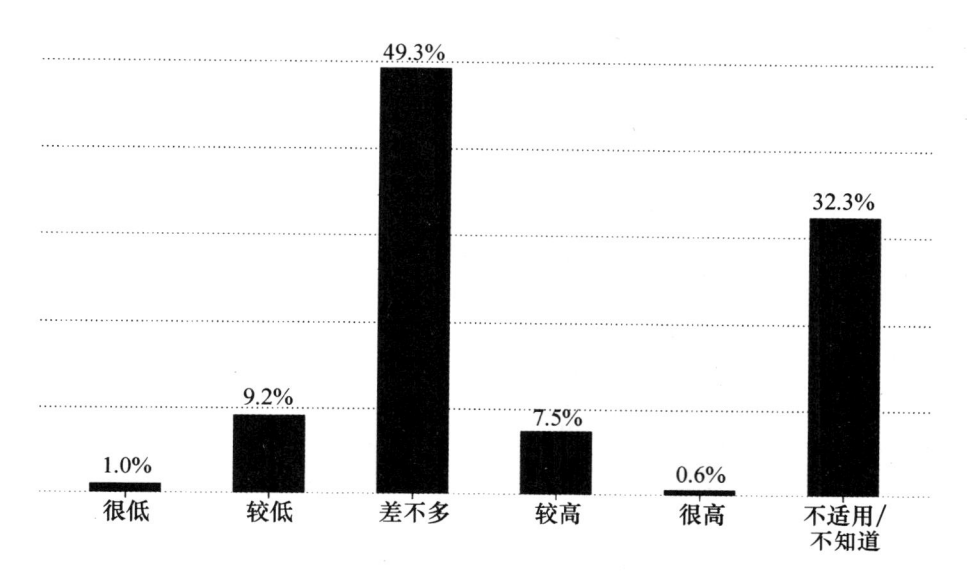

图 141 单位同事经济收入（N = 4854）

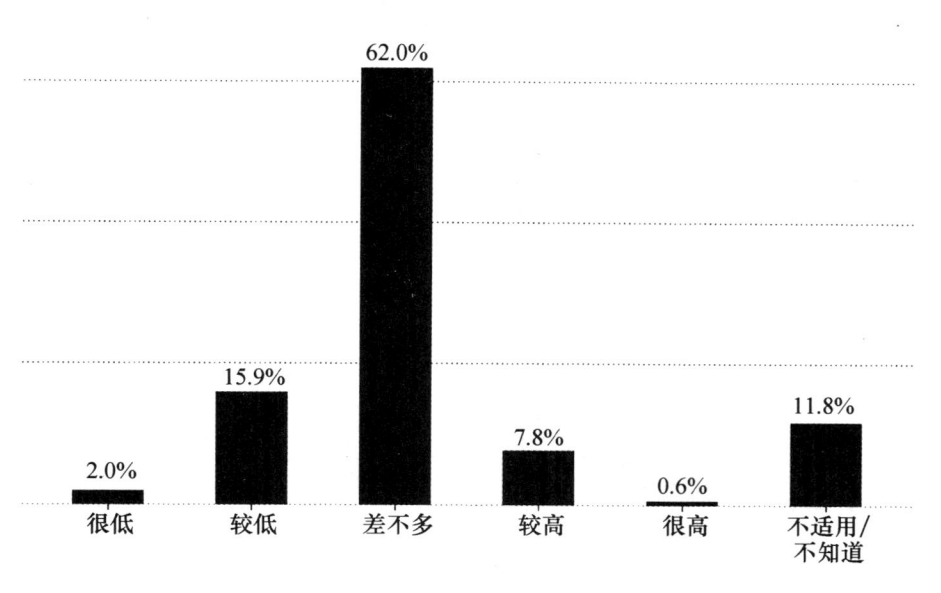

- 很低: 1.0%
- 较低: 9.2%
- 差不多: 49.3%
- 较高: 7.5%
- 很高: 0.6%
- 不适用/不知道: 32.3%

图 142 相同职业经济收入（N = 6326）

- 很低: 2.0%
- 较低: 15.9%
- 差不多: 62.0%
- 较高: 7.8%
- 很高: 0.6%
- 不适用/不知道: 11.8%

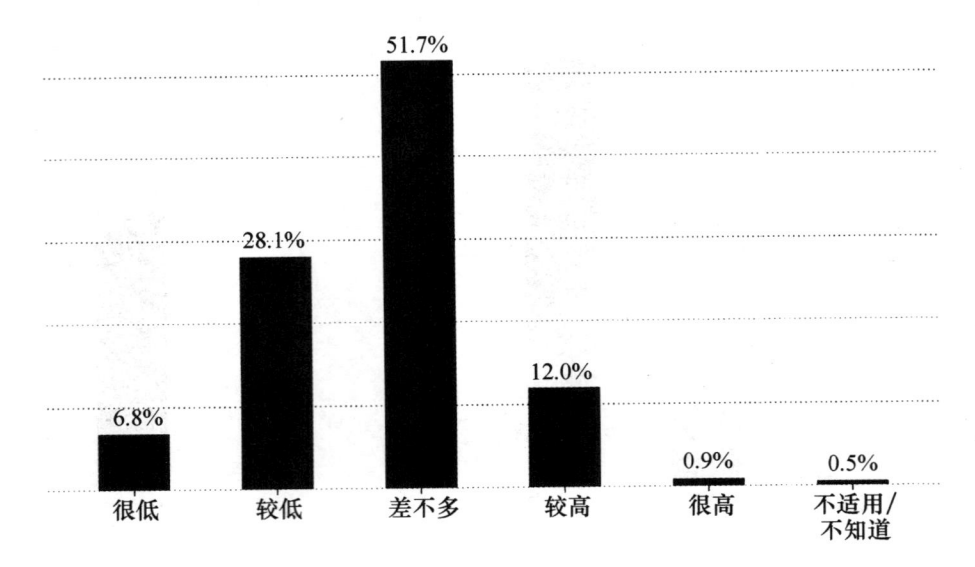

图143　社会上其他人经济收入（N=7135）

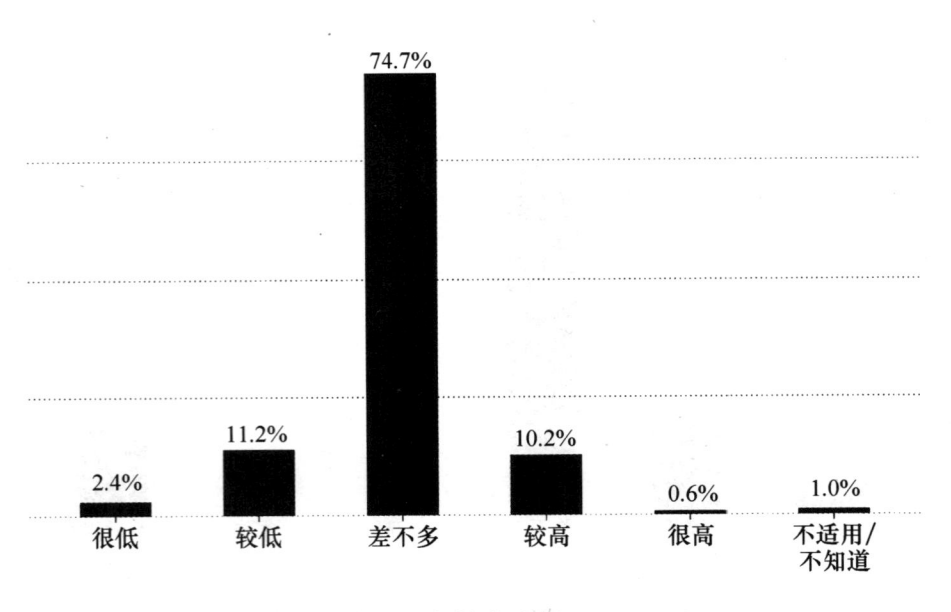

很低 6.8%　较低 28.1%　差不多 51.7%　较高 12.0%　很高 0.9%　不适用/不知道 0.5%

图144　亲朋好友社会地位（N=7102）

很低 2.4%　较低 11.2%　差不多 74.7%　较高 10.2%　很高 0.6%　不适用/不知道 1.0%

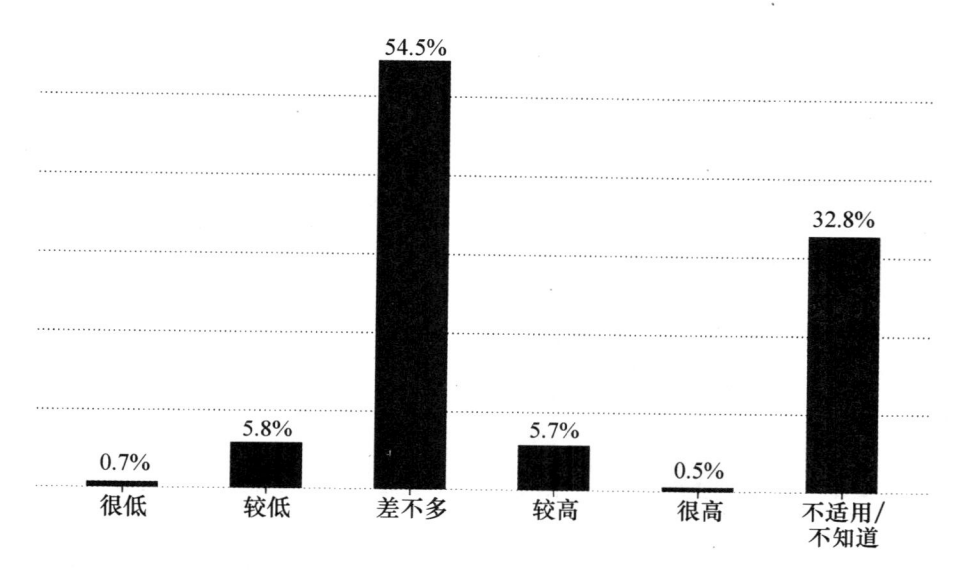

附录二　调查数据主要变量频数　　489

图 145　单位同事社会地位（N = 4822）

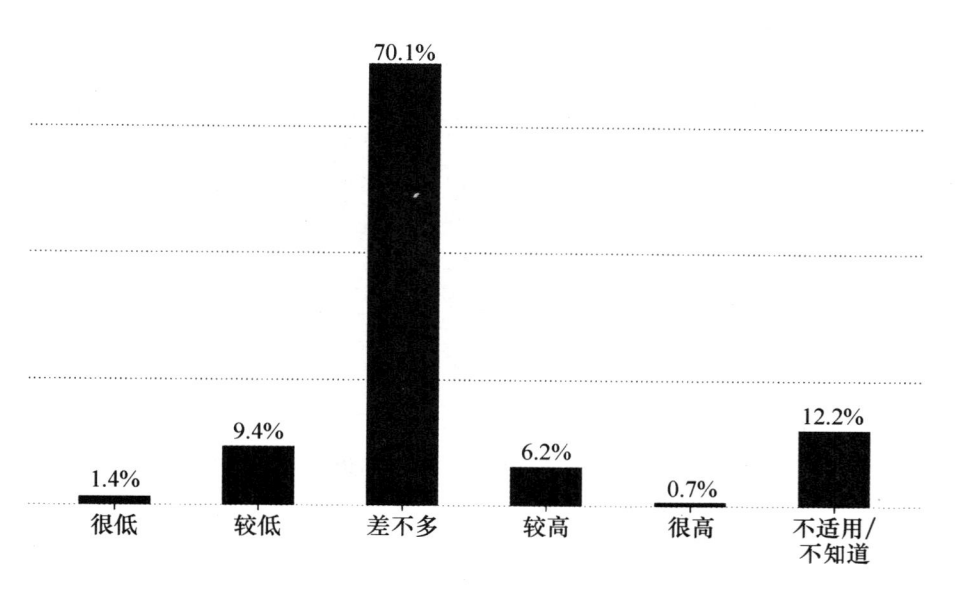

很低 0.7%　较低 5.8%　差不多 54.5%　较高 5.7%　很高 0.5%　不适用/不知道 32.8%

图 146　相同职业社会地位（N = 6297）

很低 1.4%　较低 9.4%　差不多 70.1%　较高 6.2%　很高 0.7%　不适用/不知道 12.2%

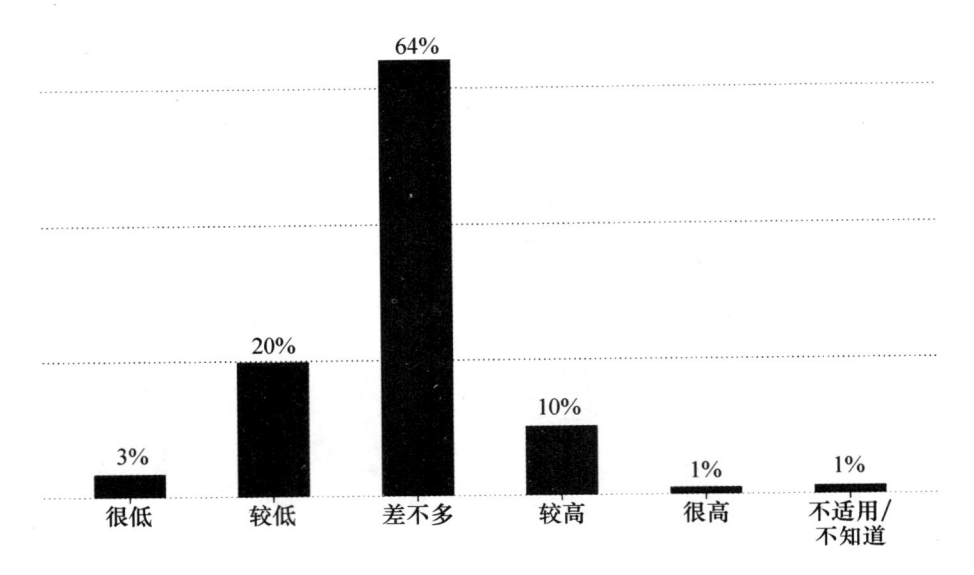

图147 社会上其他人社会地位（N=7085）

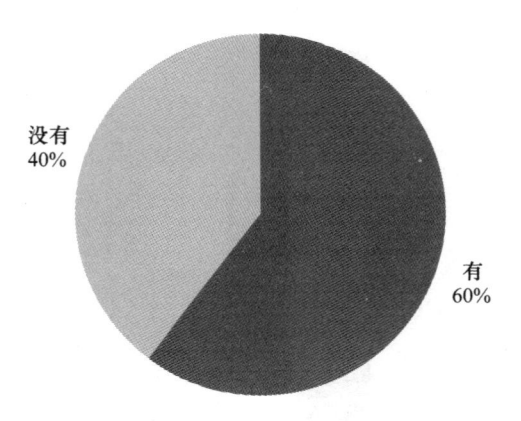

图148 养老保险（N=7082）

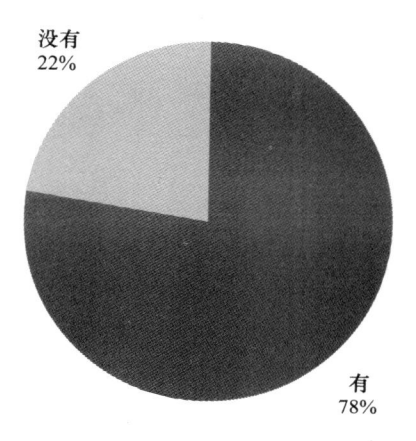

附录二 调查数据主要变量频数　　491

图 149　医疗保险（N = 7114）

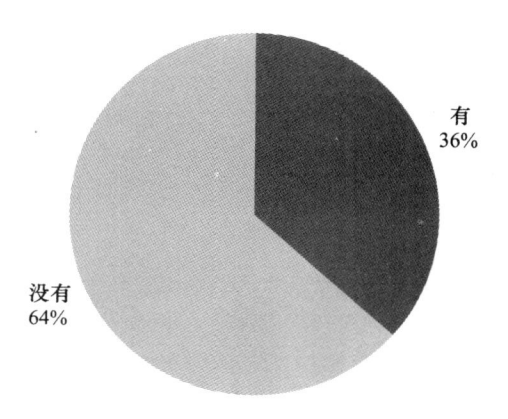

图 150　失业保险（N = 5162）

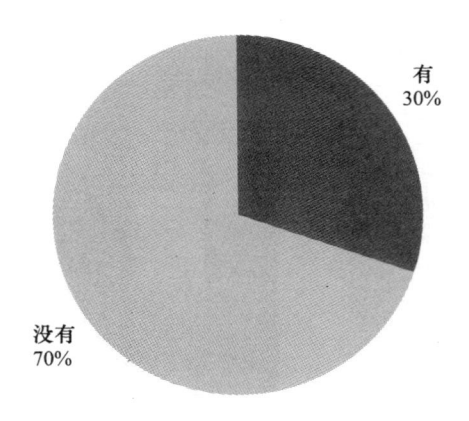

图151　住房公积金（N = 5160）

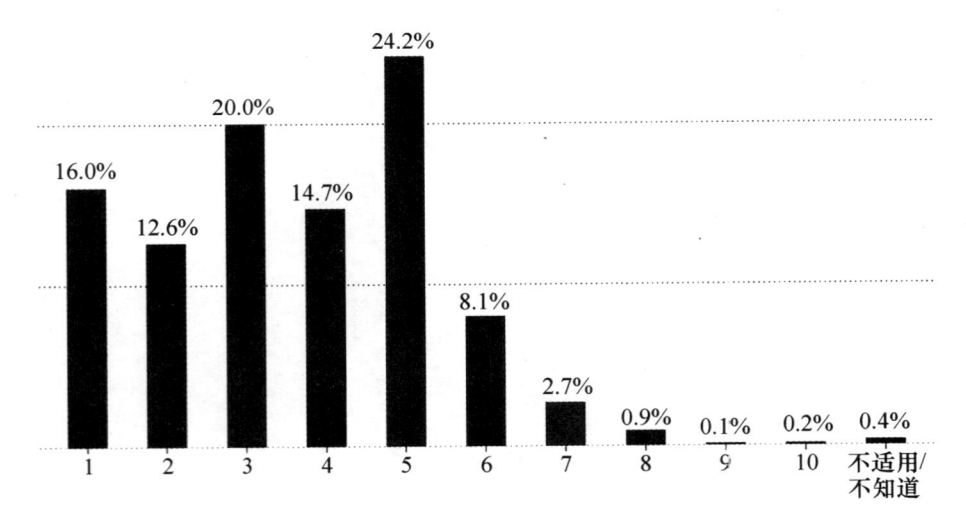

图152　收入层级（N = 7145）

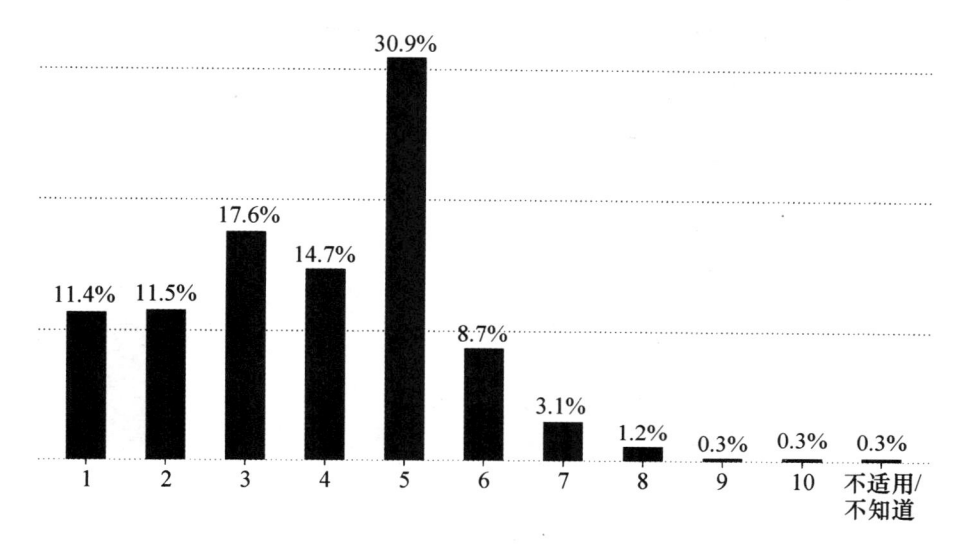

附录二　调查数据主要变量频数　　493

图153　社会地位层级（N=7150）

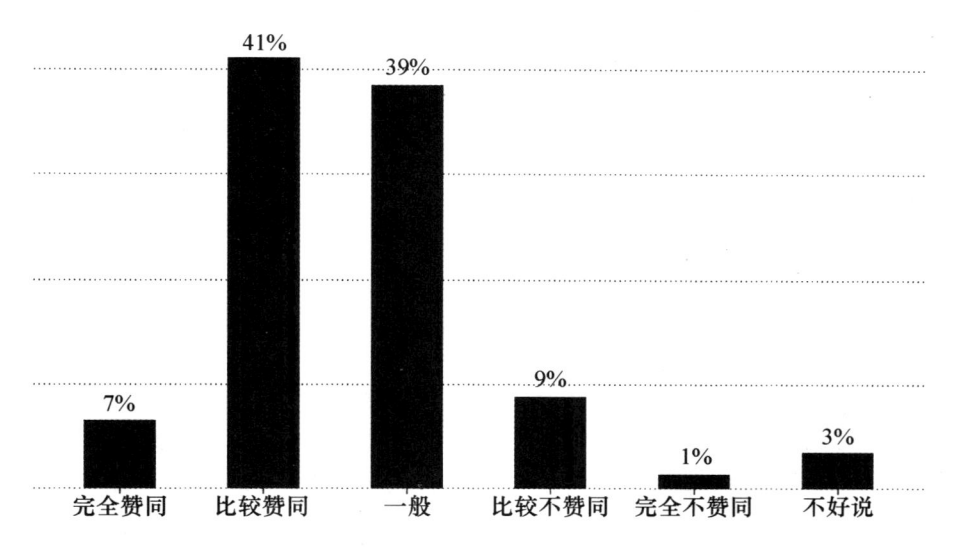

图154　是非标准很模糊（N=6921）

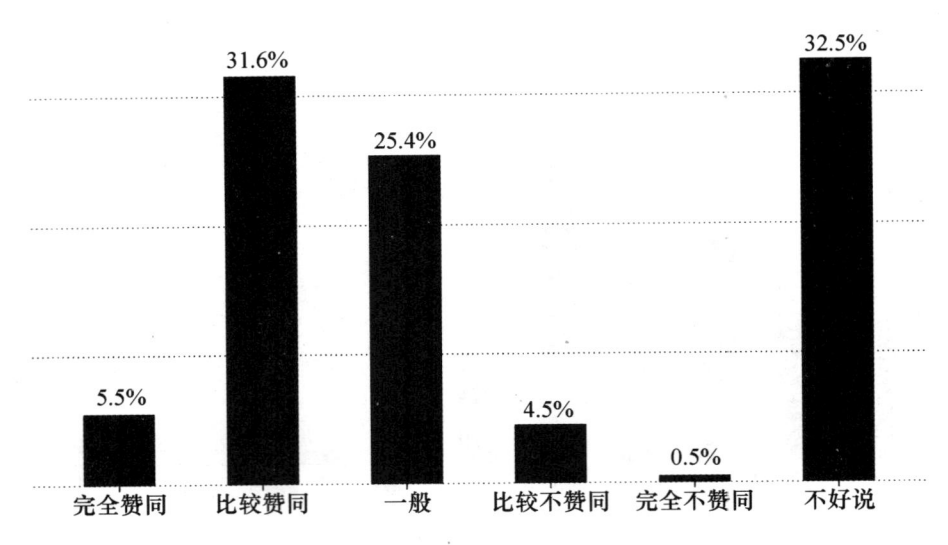

图 155　工作中获得同事的帮助支持（N = 4837）

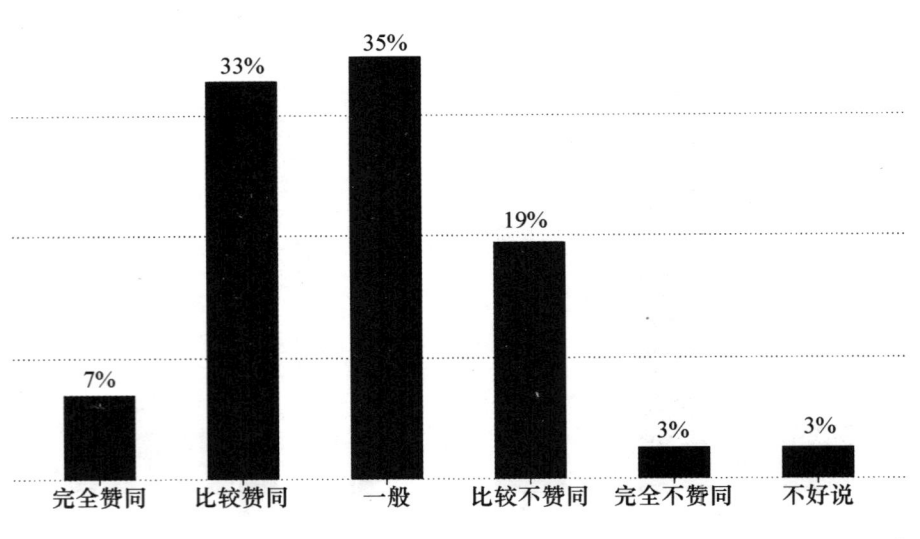

图 156　很难找到可信赖的朋友（N = 6979）

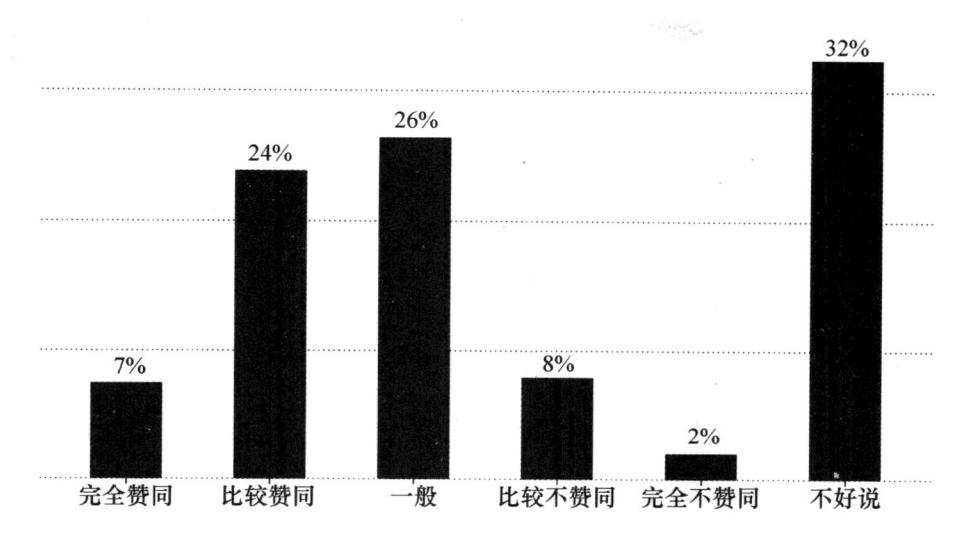

图157　工作压力大而感到很累（N=4848）

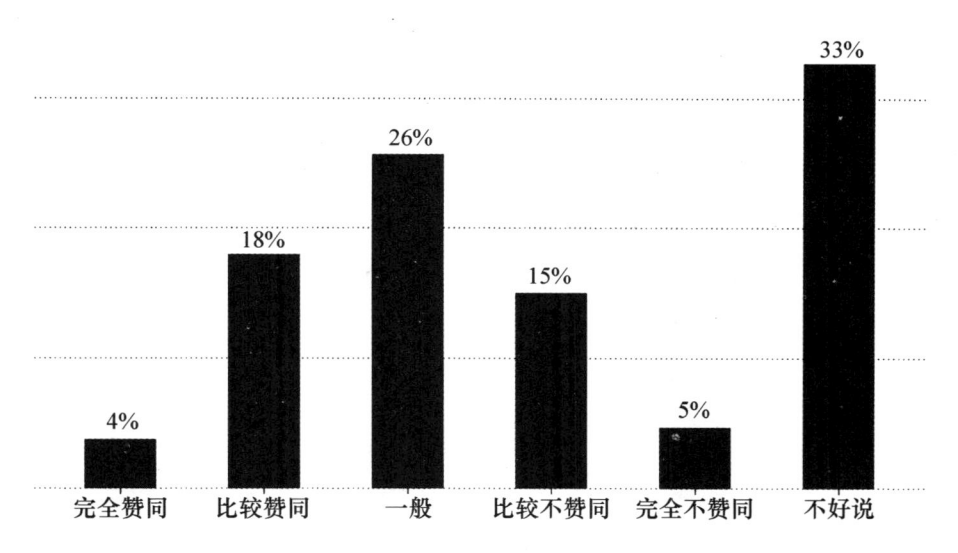

完全赞同	比较赞同	一般	比较不赞同	完全不赞同	不好说
7%	24%	26%	8%	2%	32%

图158　工作中遇到性别和年龄歧视（N=4823）

完全赞同	比较赞同	一般	比较不赞同	完全不赞同	不好说
4%	18%	26%	15%	5%	33%

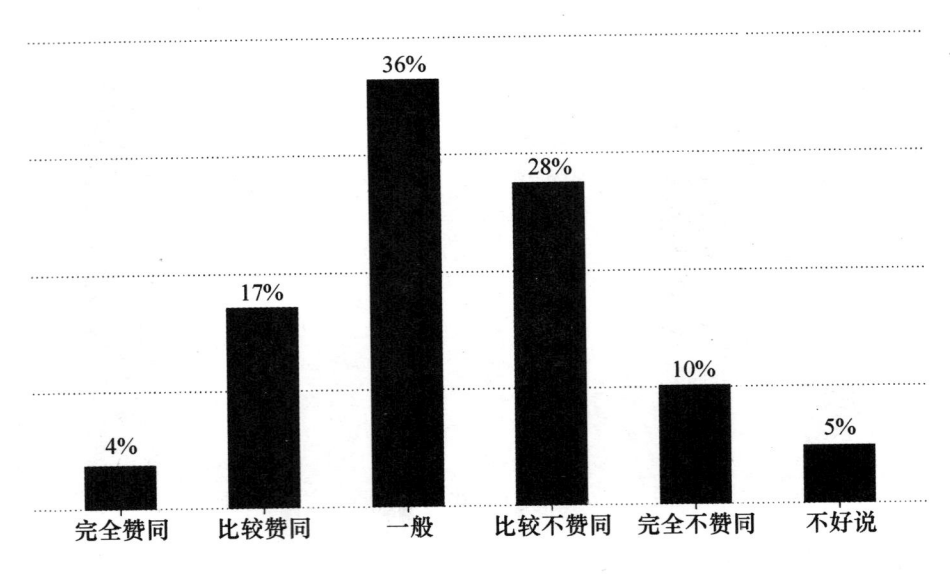

图 159　前途渺茫没信心（N = 6818）

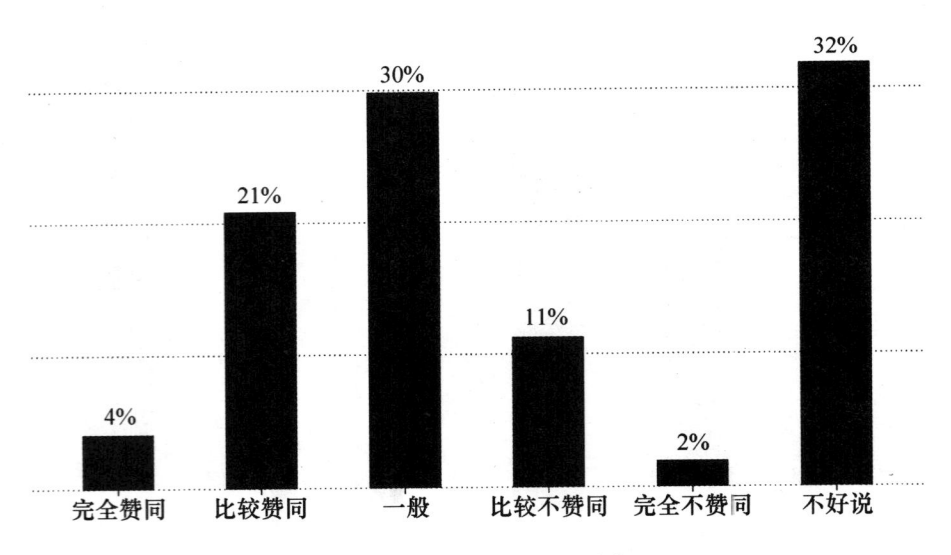

图 160　工资报酬与付出和能力相适应（N = 4882）

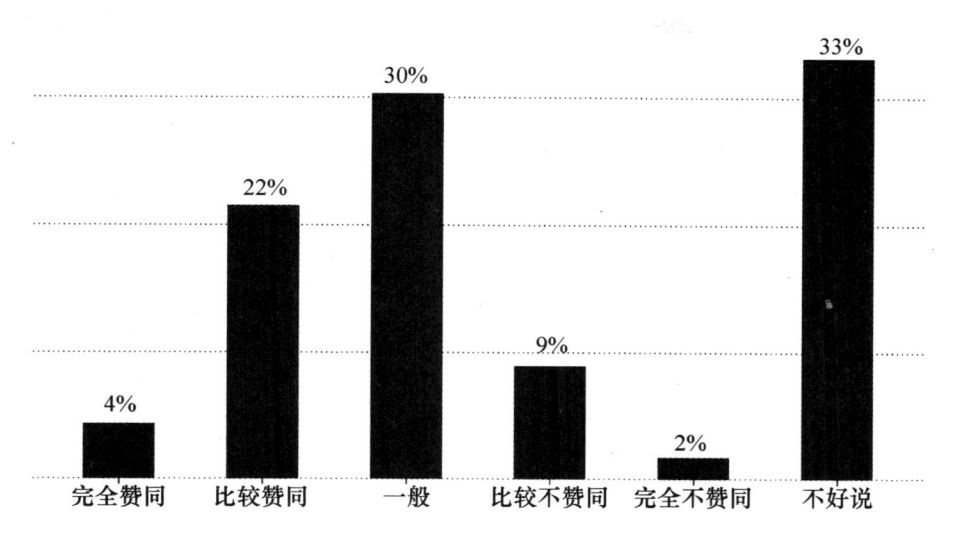

图 161　工作让我有成就感（N = 4795）

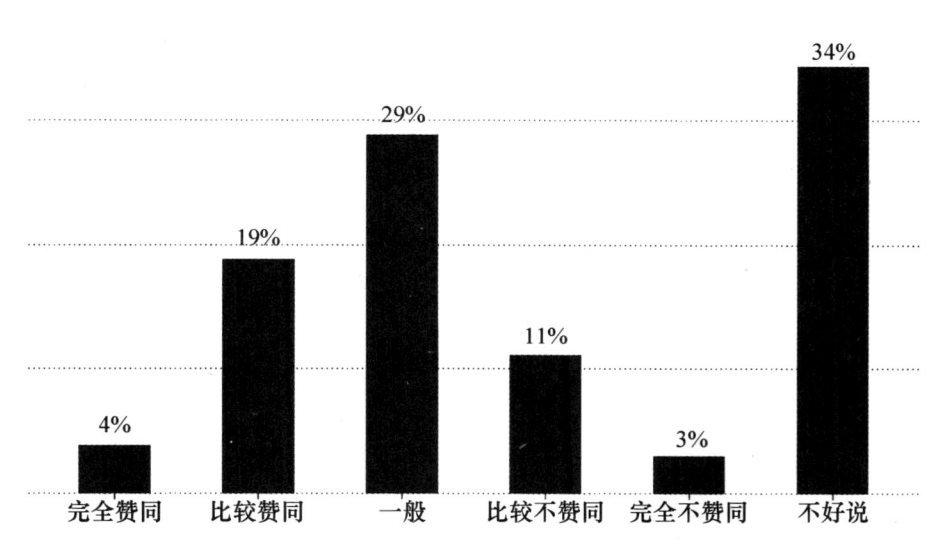

图 162　工作有良好的发展前景（N = 4706）

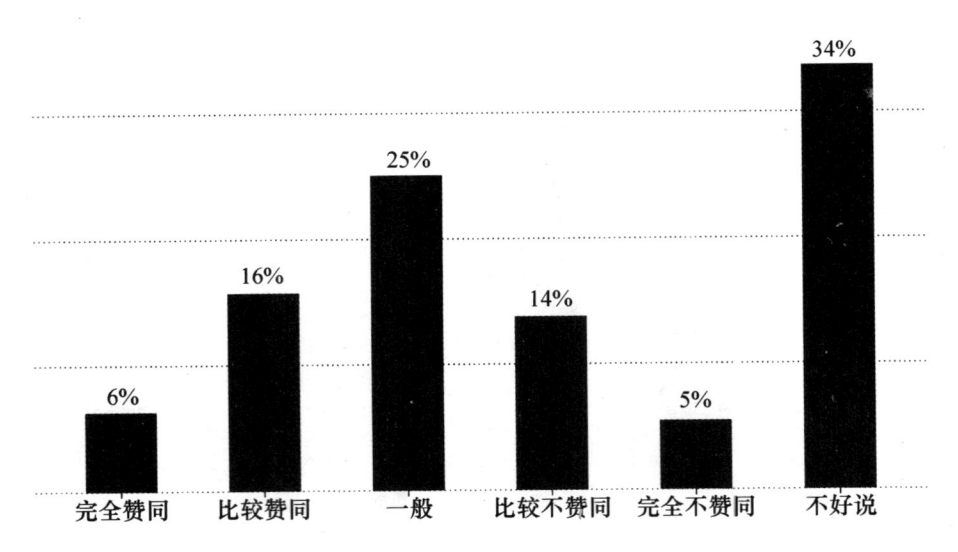

图 163　经常加班工作（N=4755）

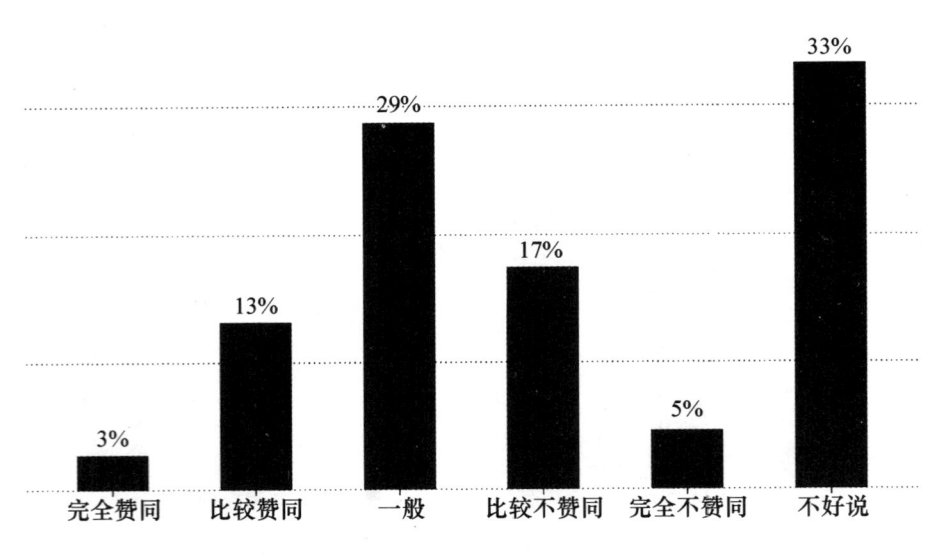

图 164　生活琐事常让我无法集中精力工作（N=4781）

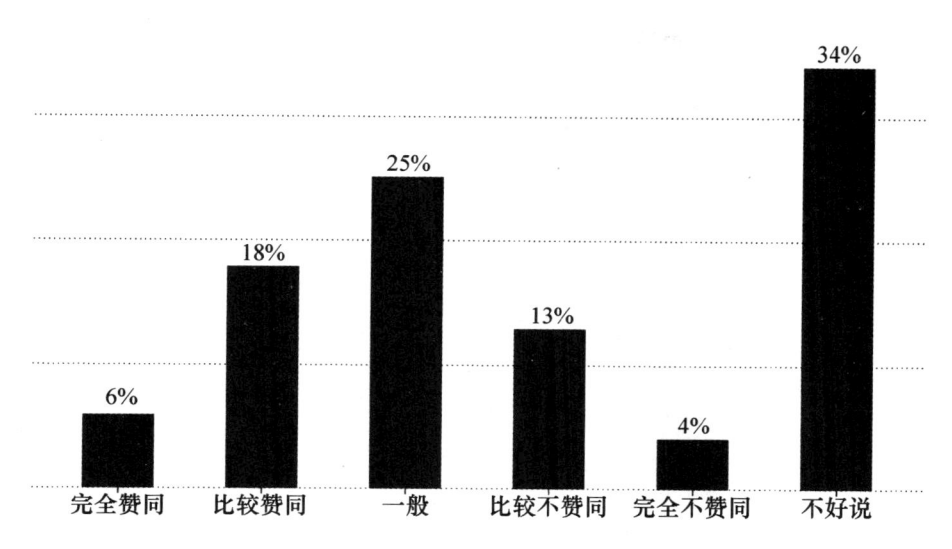

附录二　调查数据主要变量频数　　499

图 165　不担心会失业（N = 4729）

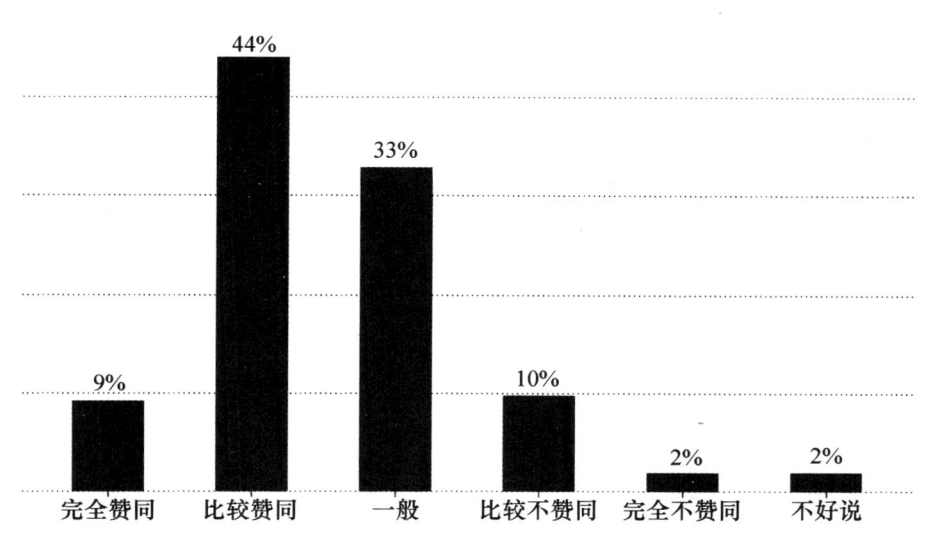

完全赞同	比较赞同	一般	比较不赞同	完全不赞同	不好说
6%	18%	25%	13%	4%	34%

图 166　大多数的人值得信任（N = 7011）

完全赞同	比较赞同	一般	比较不赞同	完全不赞同	不好说
9%	44%	33%	10%	2%	2%

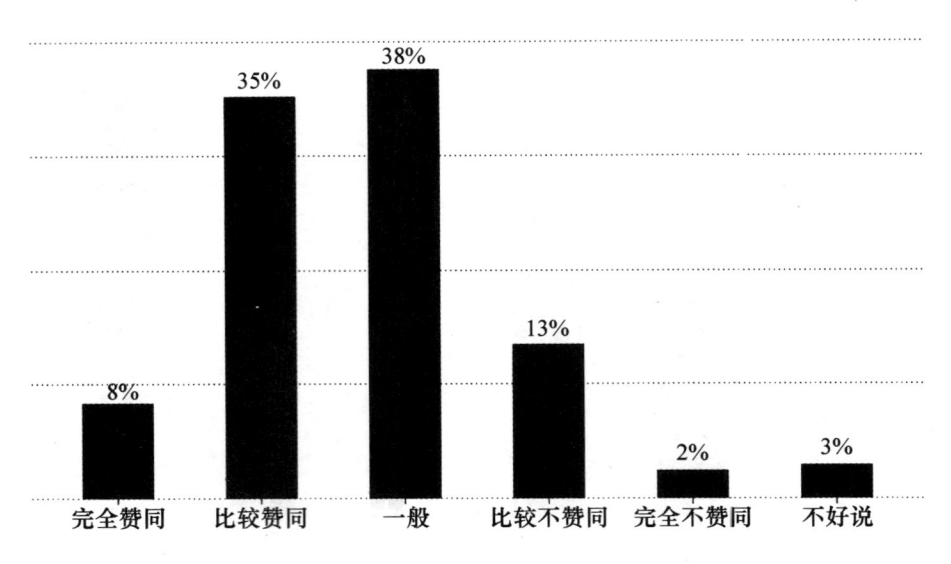

图 167 大多数人不关心小区公共事务（N=6963）

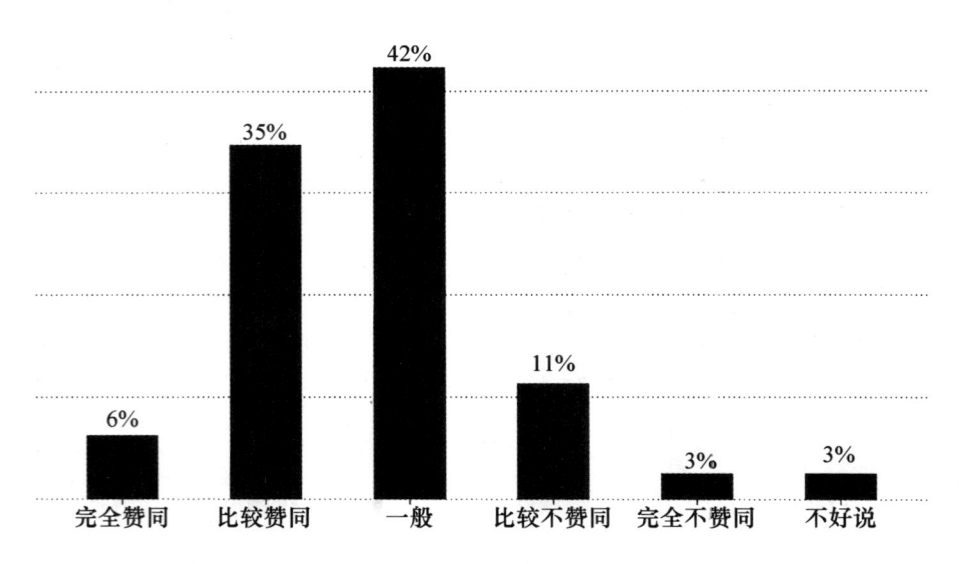

完全赞同 8%
比较赞同 35%
一般 38%
比较不赞同 13%
完全不赞同 2%
不好说 3%

图 168 生活中遇到困难总能及时得到帮助（N=6978）

完全赞同 6%
比较赞同 35%
一般 42%
比较不赞同 11%
完全不赞同 3%
不好说 3%

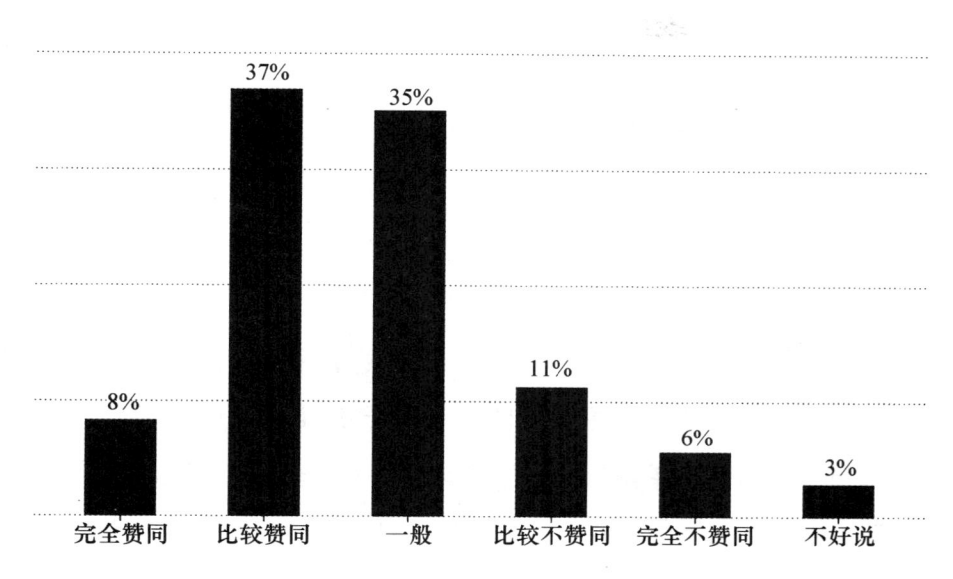

图 169　政策主要为老百姓考虑（N = 6972）

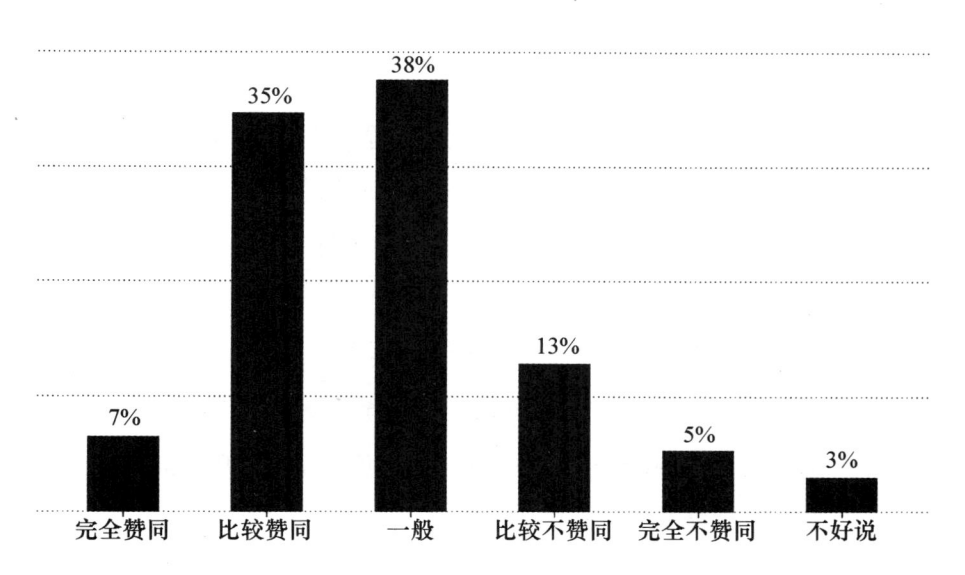

- 完全赞同 8%
- 比较赞同 37%
- 一般 35%
- 比较不赞同 11%
- 完全不赞同 6%
- 不好说 3%

图 170　老百姓的利益得到切实保护（N = 6954）

- 完全赞同 7%
- 比较赞同 35%
- 一般 38%
- 比较不赞同 13%
- 完全不赞同 5%
- 不好说 3%

后　　记

《中国社会发展年度报告（2014）》是集体研究的成果。这份报告分析的数据基础来源于中国社会科学院社会发展战略研究院在2014年下半年组织的一次全国性调查。社会发展战略研究院的科研人员参与了问卷的设计与调查。夏传玲和魏钦恭负责了整个调查的抽样，葛道顺、陈华珊、张彦、邹艳辉负责了整个调查实施的管理，调查的督导由吴莹、艾云、杨清媚、高勇、陈华珊、邹艳辉、张巍巍、张彦、梁萌、张帆、陈建伟、邱雅静、李英飞、许博、李荣山、刘梦洋、吴伟、杨欣萌、吴敏、张金慧等同志精心地进行了组织，张晨曲、黎元、张竹静、兰丽霞同志对问卷印刷以及寄送等后勤服务工作进行了周到细致的安排。课题组的全体成员认真参与了多次研究报告的讨论。刘白驹对各个分报告进行了认真的审读。

在这份年度报告中，第一章由高勇撰写；第二章由李汉林、魏钦恭撰写；第三章由艾云撰写；第四章由张彦撰写；第五章由吴莹撰写；第六章由吴建平撰写；第七章由钟宏武、张蒽撰写；第八章由邹艳辉撰写，第九章由高勇撰写；第十章由杨斌、邓子钢撰写；第十一章由陈华珊撰写；第十二章由葛道顺撰写；第十三章由张巍巍执笔；附录一和附录二分别由魏钦恭与陈华珊撰写。